D1671534

JAMIE SUSSKIND

DIGITAL REPUBLIC

Warum unsere neue Welt eine neue Ordnung braucht

Aus dem Englischen von
Heike Schlatterer und Sigrid Schmid

HOFFMANN UND CAMPE

Die Originalausgabe erschien 2022 unter dem Titel *The Digital Republic.*
On Freedom and Democracy in the 21st Century bei Bloomsbury, London.

1. Auflage 2023
Copyright © 2022 Jamie Susskind
Für die deutschsprachige Ausgabe
Copyright © 2023 Hoffmann und Campe Verlag, Hamburg
www.hoffmann-und-campe.de
Umschlaggestaltung: Rothfos & Gabler, Hamburg
Umschlagcredit: © shutterstock / tuulijumala
Satz: Pinkuin Satz und Datentechnik, Berlin
Gesetzt aus der Minion und der Avenir
Druck und Bindung: GGP Media GmbH, Pößneck
Printed in Germany
ISBN 978-3-455-01332-0

Ein Unternehmen der
GANSKE VERLAGSGRUPPE

Für Joanna

»Gebt euren Königen Gesetze –
lasst die Großen nicht ungezügelt walten.«

John Keats

INHALT

VORWORT

Vor nicht allzu langer Zeit wurde die Tech-Branche weithin bewundert, und das Internet galt als ein Stärkungsmittel für Freiheit und Demokratie. Heute ist das nicht mehr so. Jeden Tag überschlagen sich die Schlagzeilen mit Berichten über rassistische Algorithmen, Datenlecks und Social-Media-Plattformen, auf denen Unwahrheiten und Hass gären. Politiker stellen die Tech-Giganten wortreich an den Pranger. Die Regulierungsbehörden lassen bedrohlich die Fingerknöchel knacken. In den Vorstandsetagen des Silicon Valley rüsten sich Anwälte und Lobbyisten für den Kampf ihres Lebens.

Was ist schiefgelaufen?

Man ist versucht, einfach mit dem Finger auf ein paar große Unternehmen zu zeigen und auf die Menschen, die sie leiten. In der Tat wird die Geschichte der digitalen Technologie oft als Shakespeare-Tragödie erzählt, die von den Fehlern und Makeln ihrer Hauptfiguren lebt. Was aber, wenn die menschlichen Schwächen nur einen kleinen Teil der Geschichte ausmachen? Was, wenn die Kernprobleme der Tech-Branche viel größer sind als jeder einzelne Mensch und jedes Unternehmen?

Dieses Buch soll Sie davon überzeugen, dass die Herausforderungen, vor die uns die digitale Technologie stellt, nicht die Schuld von ein paar wenigen schwarzen Schafen sind. Sie sind die Folge unseres gemeinsamen Versagens, die Technologie angemessen zu regulieren, ein Versagen, dessen Ursache in jahrzehntealten wirren Vorstellungen und Wunschdenken liegt. Um die Verheißungen der digitalen Technologie wiederzubeleben und die Dinge zu schützen, die uns am wichtigsten sind, müssen wir mehr tun, als mit dem erhobenen Zeigefinger zu drohen oder die Hände zu ringen. Die Aufgabe ist sehr viel grundlegender. Wir müssen die Art und Weise ändern, wie wir über Informationstechnologie, uns selbst und einander *denken*.

Dieses Buch zeigt auf, wie das gehen könnte.

TEIL I

DAS KONZEPT DER DIGITALEN REPUBLIK

»Probleme kann man niemals mit der Denkweise lösen, durch die sie entstanden sind.«

Albert Einstein (zugeschrieben)

EINLEITUNG

UNKONTROLLIERTE MACHT

Wie können Freiheit und Demokratie in einer Welt, die durch digitale Technologien transformiert wird, überleben und sogar aufblühen? Um diese Frage geht es in diesem Buch. Es richtet sich an Menschen, die sich für digitale Innovationen begeistern, aber befürchten, dass wir auf die Zukunft, die sich am Horizont abzeichnet, nicht vorbereitet sind. Die zentrale Herausforderung lässt sich in zwei Worten zusammenfassen: *unkontrollierte Macht*. In den Anfangstagen des kommerziellen Internets stellten Wissenschaftler fest, dass der Computercode im Cyberspace als eine Art »Gesetz« fungiert.[1] Es war nicht die Art von Gesetz, wie wir es kennen – öffentliche Regeln, die von Gesetzgebern beschlossen und von Richtern entschieden werden –, sondern ein Gesetz, das in die Technologie selbst eingebettet ist. Jedes Mal, wenn man eine App, eine Plattform, ein Smartphone oder einen Computer benutzt, hat man keine andere Wahl, als den strengen Regeln zu folgen, die in diese Technologien hineinkodiert sind. Zum Teil handelt es sich dabei um ganz banale Regeln, wie etwa die, dass *man ohne das richtige Passwort keinen Zugang zum System bekommt.* So kam es, dass ein Mann mehr als 200 Millionen Dollar verlor, weil er sich nicht mehr an das Passwort für seine E-Wallet erinnern konnte.[2] Andere Regeln sind umstrittener. Ende des Jahres 2020 machte Twitter es Nutzern unmöglich, einen umstrittenen Artikel der *New York Post* über Korruptionsvorwürfe gegen Joe Bidens Sohn zu teilen, mit der Begründung, er verstoße gegen die Richtlinien der Plattform, nach denen kein gehacktes Material geteilt werden darf.[3] Unsere Handlungen, Interaktionen und Transaktionen werden immer mehr durch digitale Technologie vermittelt, und im selben Maß stellen die Menschen, die den Code dafür schreiben, auch zunehmend die Regeln auf, nach denen der Rest von uns lebt. Softwareentwickler werden zu Gesellschaftsentwicklern.[4]

Programmcode hat auch noch eine andere Macht: die Macht zu beeinflussen, wie wir die Welt wahrnehmen. Jedes Mal, wenn wir eine Suchmaschine, einen digitalen Assistenten, eine Nachrichten-App, eine Social-Media-Plattform oder Ähnliches benutzen, lassen wir zu, dass andere unsere Perspektive unterschwellig manipulieren. Digitale Systeme heben Themen ins öffentliche Bewusstsein oder lassen sie verschwinden. Sie geben den Rahmen dafür vor, wie wir uns selbst und andere sehen. Sie beeinflussen unsere Normen und Gewohnheiten, was wir für wahr oder unwahr, echt oder unecht, richtig oder falsch halten. Dabei handelt es sich um eine subtilere Form der Macht als die Fähigkeit, harte Regeln zu verfassen. Sie wirkt auf die Herzen und Köpfe. Aber das macht sie nicht weniger mächtig.

Eine weitere Form der Macht bildet die Datensammlung durch digitale Technologien. Laut Prognosen wird es in der

Welt des Jahres 2025 mehr als 175 Zettabytes an Daten geben. Würde man diese Daten auf DVDs brennen (erinnern Sie sich noch an DVDs?), würde der daraus resultierende Disc-Stapel 222-mal um die Erde reichen.[5] Immer mehr von unseren Gedanken, Gefühlen, Bewegungen, Einkäufen und Äußerungen werden von Systemen erfasst und analysiert, die um uns herum im Stillen arbeiten. Mit jedem Jahr werden sie besser darin, unsere Vorlieben, Ängste und Gewohnheiten zu erkennen. Dadurch sind wir immer stärker der Beeinflussung ausgesetzt und machen uns zunehmend Gedanken über die Datenspur, die wir hinterlassen.

Trotz gegenteiliger Behauptungen sind digitale Systeme nicht moralisch neutral oder objektiv. Sie sind mit Tendenzen, Vorurteilen und Prioritäten behaftet. Jeder Algorithmus, der beispielsweise zur Beurteilung von Stellenbewerbungen oder Kreditanträgen eingesetzt wird, wurde zwangsläufig auf der Grundlage eines bestimmten Wertesystems entwickelt. Für andere Algorithmen gilt dasselbe. Im Jahr 2021 erhielten Facebook-Nutzer, die ein Video mit schwarzen Männern sahen, eine automatische Einblendung, ob sie »weitere Videos über Primaten« sehen wollten.[6] Dieser Fehler resultierte wahrscheinlich aus qualitativ schlechten Trainingsdaten. Aber er war keine Anomalie. Die Technologie rangiert uns nicht einfach herum. Sie hat die Macht, den moralischen Charakter einer Gesellschaft zu formen, zum Guten wie zum Schlechten.

Kurzum: Technologien üben Macht aus. Diese Macht nimmt zu und ist jenen anvertraut, die den Code schreiben. Knifflig ist daran, dass Technologie meist nicht eindeutig politisch aussieht, zumindest nicht in dem Sinne, wie dieser Begriff normalerweise verstanden wird. Digitale Macht residiert in keinem Palast und in keinem Parlamentsgebäude. Sie agiert jenseits traditioneller Kanäle der hohen Politik. Das stellt eine Gefahr dar. Wenn wir so weitermachen wie bisher, dann werden diffuse technologische Kräfte unsere Freiheit unterdrücken und die Demokratie aushöhlen, Kräfte, die nicht einem einzelnen Unternehmen oder einer einzelnen Person zugeschrieben werden können.[7]

***

Wie haben die hochentwickelten Demokratien der Welt auf den Aufstieg dieser neuen und seltsamen Form der Macht in ihrer Mitte reagiert? Bis vor kurzem mit einer Mischung aus Verwirrung und Untätigkeit, vor allem in den Vereinigten Staaten, wo Handeln am dringendsten erforderlich ist.

Vor dem jüngsten Präsidentschaftswahlkampf in den USA etwa veröffentlichte die Zeitschrift *The New Yorker* einen Artikel mit der Überschrift »Kann Mark Zuckerberg Facebook reparieren, bevor es die Demokratie zerstört?«[8] Im Wahlkampf startete Joe Biden eine Petition, in der er Facebook aufforderte, zu verhindern, dass »bezahlte Falschinformationen« die Wahl beeinflussen.[9] Die Sprecherin des Repräsentantenhauses, Nancy Pelosi, forderte Werbekunden auf, von den IT-Unternehmen zu verlangen, dass sie die Online-Falschinformationen reduzieren.[10]

Geschichten wie diese sind so alltäglich, dass sie ihre Schockwirkung verloren haben. Aber in einem gesunden politischen System sollten Amtsinhaber nicht an Unternehmen appellieren müssen, die Integrität des demokratischen Systems zu schützen. Es sollte nicht Herrn Zuckerberg, Werbeleuten oder irgendeinem Unternehmen überlassen werden, über das Schicksal einer großen Demokratie zu entscheiden. Müssen wir einfach darauf hoffen, dass die Tech-Unternehmen mit der ihnen zur Verfügung stehenden Macht richtig umgehen werden? Oder sollten wir nicht vielmehr eine andere Frage stellen: *Warum gewährt man ihnen überhaupt diese Wahl?*

Angesichts der wachsenden Kritik hat die Tech-Branche sich bemüht, der Welt zu versichern, dass der Wettbewerb auf dem Markt die Unternehmen dazu zwingen wird, im Interesse der Verbraucher zu handeln. Denn wenn die Unternehmen den Menschen nicht das geben, was sie wollen, würden sie doch wohl gegenüber ihren Konkurrenten den Kürzeren ziehen, oder nicht? Dieses Argument ist bestechend, aber letztlich falsch. Dieses Buch zeigt, dass der Markt die Macht der Tech-Konzerne nicht zügelt, sondern ihnen oft noch mehr Macht verleiht. Der Markt schränkt schlechtes Verhalten nicht ein, sondern fördert es. Und statt die Bürger zu stärken, entzieht der Markt uns unsere individuelle und kollektive Handlungsfähigkeit.

Alternativ wurde vorgeschlagen, die Tech-Branche über Selbstregulierung zur Verantwortung zu ziehen. Doch wenn Tech-Lobbyisten von Selbstregulierung sprechen, meinen sie damit nicht die Selbstregulierung, wie sie von Fachleuten wie Ärzten verstanden wird. Im Gegensatz zur Medizin muss man keine verbindlichen ethischen Qualifikationen vorweisen, um als Softwareentwickler oder IT-Führungskraft zu arbeiten. Es gibt keinen einklagbaren Verhaltenskodex der Branche. Es gibt keine obligatorische Zertifizierung. Es gibt keine Verpflichtung, die Öffentlichkeit über den Profit zu stellen. Es gibt kaum Konsequenzen für schwerwiegende moralische Verfehlungen, niemand muss wirklich befürchten, suspendiert oder entlassen zu werden. In den letzten Jahren gab es eine explosionsartige Zunahme von Ethikerklärungen für KI und dergleichen, gefüllt mit wohlmeinenden Allgemeinplätzen über den verantwortungsvollen Umgang mit leistungsstarken Computern. Doch wenn Verstöße keine Konsequenzen nach sich ziehen, sind diese Chartas bloß unverbindliche Absichtserklärungen. Die Tech-Branche fordert uns im Grunde auf: *Vertraut uns.* Aber blindes Vertrauen ist nicht das übliche Vorgehen, wenn man Ärzte, Anwälte, Banker, Piloten oder andere Personen in nicht gewählten Positionen mit sozialer Verantwortung regulieren will. Digitale Technologie ist die Ausnahme, und die Gründe dafür sind unklar.

Was ist mit Gesetzen? Nicht dem »Gesetz« des Programmcodes, sondern dem geltenden Recht, das uns vor Übergriffen der Mächtigen schützen soll? Anders, als der Mythos besagt, ist die Digitalbranche nicht unreguliert. Für sie gelten viele sich überschneidende Regelwerke. Das Problem ist, dass die heutigen Gesetze uns nicht den Schutz bieten, den wir brauchen. Sie überlassen es dem Einzelnen, für sich selbst zu sorgen. Sie lassen Tech-Unternehmen mit schwerem Fehlverhalten davonkommen. Einige schützen Plattformen sogar vor gesetzlichen Haftpflichten, denen sie sonst unterliegen würden.

Die zunehmende Macht der Tech-Branche ist nicht mit einer entsprechenden Zunahme der rechtlichen Verantwortung einhergegangen. Es gibt keinen guten Grund, warum Unternehmen großen Einfluss auf den Rest von uns ausüben können sollten, nur weil sie digitale Technologien entwickeln und kontrollieren. Der römische Jurist Cicero schrieb vor mehr als 2000 Jahren, Freiheit bedeute nicht, »dass wir einen gerechten Herrn haben, sondern überhaupt keinen«.[11] Cicero und seine Anhänger waren der Meinung, dass wichtige Entscheidungen über unser Leben – was wir glauben, sagen und tun, welche Regeln wir uns selbst auferlegen – von uns selbst getroffen werden müssen und nicht an mächtige andere delegiert werden dürfen. Aber je mehr Macht wir jenen geben, die den Code schreiben, umso weniger sind wir frei, unseren eigenen Kurs festzulegen.

Die Geschichte lehrt uns, dass jedwede Macht ohne Rechenschaftspflicht eine Krankheit ist, die die Gesellschaft zerfrisst. Sie beschädigt die gemeinschaftlichen Bindungen, die uns zusammenhalten. Sie untergräbt die Funktionsfähigkeit der demokratischen Institutionen. Sie befleckt unsere Würde und schränkt unsere Freiheit ein. Und oft geschieht dies *unbeabsichtigt*, ohne dass es jemand bewusst anstrebt. Politischer Verfall ist selten das Werk eines heimtückischen Magnaten, der in seinem Vulkanversteck die Fingerspitzen aneinanderlegt.

In den letzten Jahren war es zu einfach, bei Mark Zuckerberg und den anderen Bonzen im Silicon Valley mit den Augen zu rollen, deren Fehler im Rückblick immer so offensichtlich aussehen. Letztlich ist jedoch nicht Mark Zuckerberg das Problem, sondern das *Konzept* von Mark Zuckerberg. Es geht darum, dass er und all die anderen Zuckerbergs, die da sind und noch kommen werden, ohne Angst vor Konsequenzen Entscheidungen über unser kollektives Schicksal treffen dürfen. Manche Zuckerbergs werden weise sein, andere Zuckerbergs Schurken. Doch was geschieht in einer Welt immer mächtigerer Zuckerbergs mit uns anderen? Wir bleiben passiv und ohnmächtig zurück angesichts von Mächten, die wir nicht verstehen und noch weniger kontrollieren können.

All dies mag in den frühen 2020er Jahren ein wenig überzogen klingen. Schließlich wirken die meisten Tech-Gadgets für Verbraucher sehr nützlich, und die Welt ist bisher, trotz einiger aufsehenerregender Berichte, noch nicht zusammengebrochen. Aber das ist kein Grund, um sich beruhigt zurückzulehnen oder die Hände in den Schoß zu legen. Wir müssen nach vorne schauen. Der technische Wandel beschleunigt sich immer mehr, und entsprechend wird die Macht der Tech-Branche schneller zunehmen, als sich unsere gebrechlichen Sozialsysteme anpassen können. Unsere Gesetze sind in die Jahre gekommen. Unsere Institutionen bröckeln. Unsere Regulierungskonzepte sind verworren und überholt. Und in diesem Durcheinander führen wir Systeme ein, die so mächtig sind, dass sie selbst die Fundamente der wohlgeordnetsten Gesellschaften erschüttern würden.

Kein Wunder, dass wir das Gefühl haben, die Kontrolle zu verlieren – wir tun es.

***

Zunächst sollten wir das Problem deutlich darstellen: Die aktuellen Gesetze sind nicht die natürliche Ordnung der Dinge. Sie sind von Menschen geschaffen. Wir können sie rückgängig machen oder umgestalten, wie wir wollen. Wir standen nie vor der Wahl zwischen *Regulierung* oder *Deregulierung*. Die eigentliche Frage lautet: *Welche Art von Regulierung ist die beste?*[12]

Wenn Sie sich dafür interessieren, was praktisch getan werden kann, um die Tech-Branche in Zukunft besser zu regulieren, dann wird dieses Buch für Sie hoffentlich von Nutzen sein. Es bietet viele konkrete Vorschläge. Neue Rechtsnormen. Neue öffentliche Einrichtungen und Institutionen. Neue Pflichten für Plattformen. Neue Rechte für normale Bürger. Neue Regulierungsbehörden mit der Befugnis zu prüfen, zu inspizieren, zu zertifizieren und zu vollstrecken. Neue Verhaltenskodizes für Menschen in der Tech-Branche. Im Laufe des Buches geht es um Fragen wie:

- Was ist »Ethics Washing« und warum ist es ein Problem?
- Lässt sich die digitale Technologie »demokratisieren«?
- Welche Regeln und Normen sollten für wichtige Algorithmen gelten?
- Sollten die Mächtigen in der Tech-Branche reglementiert werden wie Ärzte und Anwälte?
- Warum sind »Allgemeine Nutzungsbedingungen« so nutzlos?
- Ist das derzeitige Kartellrecht für diesen Anwendungsbereich geeignet?
- Welche Regeln sollten für die Nutzung und den Missbrauch personenbezogener Daten gelten?
- Sollte die Tech-Branche global oder von Staaten oder Regionen reguliert werden?
- Können wir die sozialen Medien reglementieren, ohne die Meinungsfreiheit einzuschränken?

Viele Länder auf der ganzen Welt suchen nach Antworten auf diese Fragen. In den letzten Jahren gab es eine Fülle von Gesetzes- und Regulierungsinitiativen, bei denen die EU die Führung übernahm. Auch im akademischen Bereich wird zunehmend zur Governance (das heißt zur Regulierung beziehungsweise Kontrolle) digitaler Technologien geforscht; viele dieser Untersuchungen sind in den Endnoten dieses Buches zu finden. Ich glaube jedoch, dass diese politischen Fragen nicht beantwortet werden können – zumindest nicht schlüssig oder nachhaltig –, ohne dass zunächst einige noch grundlegendere Fragen geklärt werden:

- Warum regulieren wir überhaupt Dinge?
- Welche Rolle spielen Gesetze und Regulierungen in einer freien und demokratischen Gesellschaft?
- Welchen Zweck verfolgen wir mit der Regulierung der digitalen Technologien? Was wollen wir damit erreichen?

Das sind große (und, wie ich finde, spannende) Fragen. Es sind Fragen für Philosophen, nicht nur für Juristen oder Politiker. Dieses Buch bietet ihnen eine große Antwortmöglichkeit – einen Leitfaden, *warum* wir Dinge regulieren, *wie* wir digitale Technologien regulieren sollten und *was* wir damit erreichen sollten. Die Idee hat einen sehr alten Ursprung, der auf einige der ältesten Traditionen der westlichen politischen Kultur zurückgeht – ist aber modern in der Anwendung. Ich nenne sie *digitalen Republikanismus.*

***

Der Begriff *Republikanismus* kann verwirrend sein, daher lohnt es sich, zunächst zu klären, was er, zumindest in diesem Kontext, nicht bedeutet. Er bezieht sich nicht auf die heutige Republikanische Partei in den Vereinigten Staaten, obwohl sich die frühe Republikanische Partei natürlich als Teil der republikanischen Tradition sah. Es ist auch keine Anspielung auf die Unterscheidung zwischen Republik und Demokratie, die manchmal James Madison zugeschrieben wird (wenn Leute sagen: *Amerika ist eine Republik, keine Demokratie*). Schließlich geht es im Republikanismus auch nicht um die Hinrichtung von Königen und Königinnen – obwohl die Guillotine Teil der Geschichte des Republikanismus ist. Nein, der in diesem Buch beschriebene Republikanismus ist eine uralte Sicht auf Macht und Freiheit. Er kann weder von links noch von rechts beansprucht werden. Er ist weder einer Kultur noch einer Epoche allein vorbehalten. Er trat an vielen Wendepunkten der Geschichte in den Vordergrund – in Kriegen und Revolutionen, Erklärungen und Verfassungen – und fand seinen Ausdruck in der Römischen Republik, der englischen und amerikanischen Revolution und vielen anderen politischen Bewegungen.

Republikaner zu sein bedeutet im Wesentlichen, sich gegen gesellschaftliche Strukturen zu wenden, die es einer Gruppe erlauben, unkontrollierte Macht über andere auszuüben, diese anderen also zu *dominieren*.[13] In der Vergangenheit kämpften Republikaner gegen die dominante Herrschaft von Königen, Kaisern, Eroberern, Priestern, Grundbesitzern und Bossen. Sie taten dies nicht, indem sie die Grausamkeit oder Ignoranz ihrer Unterdrücker beklagten, sondern indem sie die Sozialstrukturen reformierten, die es ihren Unterdrückern überhaupt erst ermöglicht hatten, sie zu beherrschen. Republikaner – in dem Sinn des Wortes, der in diesem Buch verwendet wird – lehnen Imperien grundsätzlich ab, nicht nur böse Imperatoren. Sie lehnen die Institution der absoluten Monarchie ab, nicht nur die Fehler einzelner Könige. Sie kämpfen für die Rechte von Mietern, nicht nur für gnädigere Vermieter. Sie fordern Schutzgesetze am Arbeitsplatz, nicht nur nettere Chefs. In der Inkarnation, die in diesem Buch vorgestellt wird, wenden sie sich gegen das *Prinzip* eines Menschen mit Mark Zuckerbergs Macht, nicht gegen Herrn Zuckerberg selbst.

In der Römischen Republik sah man die größte Bedrohung für die Freiheit im *Imperium*: unkontrollierte Macht in den Händen des Staates. Jahrhunderte später ist diese Bedrohung immer noch nicht verschwunden. Im Staat konzentriert sich bis heute enorme Macht, und die digitale Technologie verstärkt diese Macht noch zusätzlich. Der Republikanismus warnt aber auch vor dem *Dominium*, der unkontrollierten Macht in den Händen von Privatpersonen und Unternehmen.[14] Madison erkannte das und forderte, »nicht nur die ganze Gesellschaft vor der Unterdrückung durch ihre Regenten zu schützen, sondern auch den einen Teil der Gesellschaft vor der Ungerechtigkeit des anderen Teils«.[15]

Für den *digitalen* Republikaner hat das Gesetz den Zweck, zu verhindern, dass die enorme Macht der digitalen Technologie den akzeptablen Kontrollgrenzen entgleitet, und dafür zu sorgen, dass die Tech-Branche nicht (weder gezielt noch unbeabsichtigt) die Werte einer freien und demokratischen Gesellschaft untergraben kann. Daraus ergeben sich vier Grundprinzipien, nach denen sich die künftige Regulierung in diesem Bereich richten sollte:

1. Das Gesetz muss die grundlegenden Institutionen, die für eine freie Gesellschaft notwendig sind (wie ein funktionierendes demokratisches und juristisches System), bewahren.
2. Das Gesetz sollte die unkontrollierte Macht derjenigen, die digitale Technologien entwickeln und kontrollieren, auf ein Minimum reduzieren.
3. Das Gesetz sollte weitestmöglich sicherstellen, dass machtvolle Technologien die moralischen und staatsbürgerlichen Werte der Menschen widerspiegeln, die unter ihrer Macht leben.
4. Das Gesetz sollte auch den Staat ebenso einschränken, und die Regulierung sollte immer so gestaltet sein, dass der Staat so wenig wie möglich eingreift.

Vielleicht halten Sie diese Grundsätze für ziemlich offensichtlich. Wenn ja – wunderbar! –, dann sind Sie womöglich schon Republikaner. Ich glaube, dass die »verlorene Sprache der Freiheit« in der republikanischen Philosophie tatsächlich viele unserer gemeinsamen Ideale und Intuitionen widerspiegelt.[16] Tatsächlich basieren viele Vorschläge in diesem Buch unverhohlen auf den Arbeiten von Wissenschaftlern und Aktivisten, die sich früher vielleicht nie als Republikaner gesehen hätten.

In der Praxis wäre ein Übergang zum digitalen Republikanismus jedoch ein scharfer Richtungswechsel. In den letzten Jahrzehnten hat sich die digitale Technologie vor allem nach einem rivalisierenden Denksystem entwickelt, das ich *Marktindividualismus* nenne.[17] Der Marktindividualismus ist alt, wenn auch nicht ganz so alt wie der Republikanismus. Er kennzeichnet das westliche politische Denken seit Jahrhunderten. Er besagt, dass sich der gesellschaftliche Fortschritt in erster Linie daraus ergibt, dass jeder Einzelne seine eigenen Interessen verfolgt. Demnach ist die Gesellschaft das Ergebnis einer großen vertraglichen Übereinkunft zwischen den einzelnen Mitgliedern: ein Vehikel für das Streben nach individuellem Vorteil, das nicht das übergreifende Streben nach Gemeinwohl beinhaltet. Für Marktindividualisten ist das Gesetz grundsätzlich freiheitsfeindlich, mehr Gesetze bedeuten im Allgemeinen also weniger Freiheit.

Der Marktindividualismus hat die moderne Tech-Branche geprägt. Im Namen der ökonomischen Orthodoxie haben wir Gesetze abgelehnt, die die Macht von Tech-Unternehmen beschneiden, und gleichzeitig Gesetze verabschiedet, die sie schützen. Im Namen der Freiheit haben wir uns auf die Macht des Staates fixiert und gleichzeitig die zunehmende Macht der Unternehmen ignoriert. Im Namen der Innovation haben wir die digitale Technologie in erster Linie als wirtschaftliches Phänomen behandelt, obwohl alles darauf hindeutet, dass sie auch zu einer politischen Kraft geworden ist. Im Namen der Autonomie des Einzelnen haben wir die Menschen angesichts der gewaltigen Macht der Unternehmen sich selbst überlassen, geschützt nur durch Pop-up-»Nutzungsbedingungen«, die nur wenige lesen und noch weniger verstehen.

Silicon-Valley-Insider wie politische Reformer haben, oft unwissentlich, dem Marktindividualismus das Wort geredet und seine Konzepte und Prinzipien so eingesetzt, als könne man sich nur danach die Welt vorstellen und sie ordnen. Doch es geht auch anders. Wenn wir nicht anfangen, anders über Technologie zu *denken*, werden wir immer wieder dieselben Fehler machen.

In diesem Buch geht es also nicht nur um Tech-Politik. Es entwirft eine Vision für eine freiere und demokratischere Gesellschaft. Es zeichnet das Bild eines neuen Gesellschaftstyps – einer digitalen Republik –, beginnend mit dessen historischen Grundlagen, gefolgt vom philosophischen Gerüst und schließlich der Architektur aus Gesetzen und Institutionen.

Noch während ich an diesem Buch schreibe, gibt es zahlreiche Gesetzesinitiativen überall auf der Welt. Einige dieser Entwürfe sind zumindest im Geiste, wenn auch nicht dem Namen nach, republikanisch.[18] Was aus ihnen wird, bleibt abzuwarten. Aber zumindest in Großbritannien, in den Vereinigten Staaten und in der EU wird an den Ideen gearbeitet. In diesem Buch geht es also nicht um spezifische Gesetze, die von der EU oder anderen ähnlich denkenden Regierungen vorgeschlagen wurden. Ein solches Buch wäre innerhalb weniger Wochen veraltet. Dieses Buch soll stattdessen ein dauerhafter Leitfaden für jene sein, die verstehen wollen, wie wir

Technologie bisher reguliert haben und was wir in Zukunft besser machen können.

***

Wer eine knallharte Analyse technischer Protokolle wünscht oder die Datenschutz-Grundverordnung Zeile für Zeile analysiert haben will, wird enttäuscht sein. Dies ist kein Lehrbuch, auch wenn es ein paar der besten Ideen aus akademischen Kreisen einem breiteren Publikum nahebringen soll. Es skizziert eine andere Zukunft, bietet aber keine Blaupause (auch wenn in den Anmerkungen etwas mehr Details zu finden sind). Es ist auch kein politisches Strategiewerk. Die düstere Realität ist, dass in den meisten Demokratien die Debatten über die Regulierung der digitalen Technologie von politischem Stillstand geprägt sind. Sinnvolle Veränderungen zu erreichen wird verdammt schwer sein. Meine bescheidene Hoffnung ist, dass wir, wenn wir die Argumente für eine Reform ein wenig deutlicher machen können, zumindest ein Hindernis auf dem Weg des Fortschritts beseitigen können.

Mir ist auch klar, dass die meisten Vorschläge in diesem Buch nicht für jedes Land geeignet sind – sondern nur für Länder mit einem funktionierenden demokratischen und rechtsstaatlichen System. Die Beantwortung der heiklen Frage, wie die Tech-Branche in nichtdemokratischen Ländern geregelt werden sollte, überlasse ich anderen.

Mancher Leser fragt sich vielleicht, warum ich nicht mehr auf Initiativen zu *globaler* Regulierung eingehe. Ich bin der Meinung, dass eine weltweite Regulierung der Tech-Branche eher das Ergebnis eines Flickenteppichs nationaler Bemühungen sein wird als einer von oben verordneten Mission zur

Unkontrollierte Macht

Durchsetzung eines Weltgesetzes.[19] Aber selbst wenn ich damit falsch liegen sollte, gibt es vernünftige Gründe, die dafür sprechen, die Tech-Branche zunächst auf nationaler oder regionaler Ebene zu regulieren, auch wenn diese Regelungen nicht perfekt sind (Kapitel 27).

Es gibt da draußen viele Bücher für jene, die wissen wollen, wie man die Online-Identität besser schützen, persönliche Daten verwalten oder die Kinder vor online lauernden Gefahren bewahren kann. Dies ist kein solches Buch. Stattdessen weicht es respektvoll von der marktindividualistischen Annahme ab, dass wir – Sie und ich als Einzelpersonen – die erste und letzte Verteidigungslinie sein müssen, wenn es um den Schutz unserer digitalen Freiheit geht. Die Wahrheit ist, dass das, was wir selbst tun können, gravierende Grenzen hat. Der Republikaner fragt nicht nur: »Was kann ich tun, um mich zu schützen?«, sondern auch: »Was können wir tun, um uns und andere zu schützen?«

***

Bei der Lektüre dieses Buches werden Ihnen vielleicht berechtigte Zweifel an dem kommen, was hier vorgeschlagen wird. Würde das nicht mehr Schaden anrichten als Nutzen bringen? Das klingt in der Theorie ganz nett, aber würde es in der Praxis wirklich funktionieren? Das klingt teuer: Wer soll das bezahlen? Dies wäre kein Buch über politischen Wandel, wenn es nicht derartige Reaktionen hervorriefe. *Res technica, res publica*, wie die Römer gesagt hätten. Das Digitale ist politisch.

Sicherlich gibt es Gründe, bei aller Entschlossenheit mit Vorsicht vorzugehen. Jedes neue Kontrollsystem muss berücksichtigen, dass sich Innovationen schneller entwickeln als die

Gesetzgebung. Die Behörden hinken in der Regel hinterher.[20] Oft sind heruntergekommene Regulierungsbehörden innerhalb und außerhalb des Gerichtssaals unterlegen. K. Sabeel Rahman stellt fest, dass die Regulierungsbehörden in komplexen Branchen wie der Digitaltechnik »epistemisch im Nachteil« sind, weil die Unternehmen selbst die Daten horten, die für den Entwurf neuer Gesetze benötigt würden.[21]

Außerdem besteht das ständige Risiko, dass Lobbyisten und Sonderinteressen den Regulierungsprozess »kapern« und ihn zu ihrem eigenen Vorteil nutzen.[22] Aufsichtsbehörden, Inspektoren, Richter und andere könnten jenen zu nahe kommen, die sie eigentlich im Auge behalten sollten – vielleicht weil sie selbst aus der Branche kommen oder (schlimmer noch) weil sie nach ihrem Ausscheiden aus dem öffentlichen Dienst lukrative Jobs in der Privatwirtschaft anstreben.[23] Der oberste PR-Mann von Facebook, Nick Clegg, war vor gar nicht allzu langer Zeit stellvertretender Premierminister des Vereinigten Königreichs. Im Jahr 2020 wechselte auch der Direktor für Inhaltsstandards bei Ofcom, der vermeintlichen britischen Regulierungsbehörde für soziale Medien, zu Facebook – womöglich, um das Unternehmen in Bezug auf Vorschriften zu beraten, die er selbst mitverfasst hatte. Die »Drehtür« ist in Branchen wie der digitalen Technologie, in denen es nur einen relativ kleinen Experten-Pool gibt, ein besonderes Problem.[24]

Eine weitere Sorge ist, dass neue Gesetze und Verordnungen zu politischen Spielbällen werden, die von Politikern umhergeworfen werden, die mehr auf einen schnellen Sieg für ihre Seite abzielen statt auf eine dauerhafte Reform. Dieses Risiko besteht insbesondere bei der Regulierung von Social-Media-Plattformen (Teil X), die selbst zu hart umkämpften Arenen des politischen Kampfes geworden sind.

Unkontrollierte Macht

Eine noch größere Herausforderung besteht darin, dass die Regulierung die Vorteile der großen Akteure festschreiben kann, während es für Markteinsteiger schwieriger wird, Fuß zu fassen.[25] Manchmal liegt dies einfach daran, dass größere Unternehmen mehr Einfluss auf den Gesetzgebungsprozess haben und die Gesetze auf ihre Bedürfnisse zugeschnitten werden. Es kann aber auch ein Nebeneffekt sein. Für Unternehmen mit tiefen Taschen und Heerscharen von Anwälten ist es einfacher, sich im »Regulierungsdickicht« zurechtzufinden, als für kleinere Unternehmen mit knapperen Budgets.[26] Ein Kritikpunkt am wichtigsten Datenschutzprogramm der EU, der Datenschutz-Grundverordnung (DSGVO), lautet, dass jüngere Unternehmen damit schwerer zurechtkommen als etablierte.[27]

All diese Herausforderungen sind gewaltig, aber nicht neu. Einige sind so alt wie die Vorstellung von Governance selbst. Sie sollten nicht als Argumente gegen Veränderungen, sondern als Anstoß für die Suche nach neuen und besseren Formen der Regulierung gesehen werden: besser ausgestattet, besser gegen Korruption geschützt, flinker und flexibler, mit neuen Schlössern für die »Drehtür« und angemessener Berücksichtigung der Bedürfnisse kleinerer Unternehmen.[28] Es ist leicht, die mit einer guten Regulierung verbundenen Schwierigkeiten aufzuzählen, aber sie sind kein Argument dafür, nichts zu tun. Sie sind ein Argument dafür, es besser zu machen.

***

Dieses Buch beginnt mit einer kurzen Einführung in den Republikanismus und beschreibt, wie er sich von seinem großen intellektuellen Rivalen, dem Marktindividualismus, unterscheidet. Der Rest der ersten Hälfte besteht im Prinzip aus einer Diagnostik mit fünf Hauptpunkten.

Im ersten Punkt geht es darum, dass digitale Technologien echte Macht ausüben können. Sie enthalten Regeln, die der Rest von uns zu befolgen hat. Sie bestimmen unser Verhalten, oft, ohne dass wir uns dessen bewusst sind. Sie prägen unsere Wahrnehmung der Welt und bestimmen, welche Informationen uns in welcher Form erreichen. Sie unterwerfen uns einer nahezu pausenlosen Kontrolle. Sie legen die Regeln für die öffentliche Diskussion und Willensbildung fest, indem sie entscheiden, welche Regeln gelten, wann und wie sie durchgesetzt werden und wann sie nicht gelten. Diese Formen der Macht stecken sozusagen noch in den Kinderschuhen, aber sie werden in dem Maße wachsen, in dem die Technologien leistungsstärker werden.

Zweitens ist Technologie nicht neutral, objektiv oder unpolitisch. Digitale Systeme sind von Voreingenommenheit und Vorurteilen durchdrungen.

Drittens wird im derzeitigen System die digitale Technologie in erster Linie nach der Logik der Marktwirtschaft geordnet. Das bringt Vorteile mit sich, wie wirtschaftliche Effizienz, aber es hat auch Nachteile. Statt die Macht der Konzerne zu zügeln, stärkt der Markt diese Macht. Statt die schlimmsten Instinkte in der Tech-Branche einzudämmen, fördert der Markt diese Instinkte. Statt Innovationen im Interesse der Allgemeinheit zu fördern, belohnt der Markt privates Gewinnstreben. Statt die Bürger zu ermächtigen, entzieht der Markt ihnen die individuelle und kollektive Handlungsfähigkeit.

Viertens hat das aktuelle System nichts Natürliches oder Unvermeidliches an sich. Es ist zu einem großen Teil das Ergebnis eines maßgeschneiderten gesetzlichen Regelwerks, das einer privaten Ordnung Vorrang vor dem Schutz der Allgemeinheit einräumt. Dieses Regelwerk lässt sich ändern.

Und schließlich ist das gesamte System der technologischen Entwicklung – wie wir neue Technologien entwickeln *und* wie wir versucht haben, sie zu regulieren – über Gebühr von der Ideologie des Marktindividualismus geprägt.

In der zweiten Hälfte des Buches geht es um die Frage, was wir anders machen sollten. Darin wird die Philosophie des digitalen Republikanismus vorgestellt und ein neues System republikanischer Governance skizziert. Es gibt Kapitel darüber, wie man Daten, Algorithmen, Kartellrecht, soziale Medien und vieles andere mehr regulieren kann. Das Buch ist am einfachsten zu verstehen, wenn man es von Anfang bis Ende liest, aber man kann auch ohne allzu große Schwierigkeiten zwischen den Teilen hin und her springen.

Zum Abschluss noch eine persönliche Bemerkung:

Meine Generation (ich bin 32) ist die letzte, die sich an die Zeit vor dem kommerziellen Internet erinnern kann. Wir waren zu jung für den Cyber-Utopismus der neunziger Jahre, aber wir wurden in den ersten Jahren der Online-Plattformen erwachsen. Facebook ging an den Start, als wir Teenager waren. Soziales Leben und soziale Medien wurden untrennbar miteinander verbunden. In unseren frühen Zwanzigern kamen Smartphones auf den Markt, und die Grenzen, die für unsere Eltern noch klar waren – zwischen online und offline, zwischen realem Raum und Cyberspace –, begannen zu verschwimmen. Wir konnten sehen, dass sich die Welt veränderte, aber diese offensichtliche Realität tauchte in unseren Lehrbüchern nirgends auf. In meinem ersten Buch, *Future Politics* (2018), behaupte ich, dass wir für die Welt, die wir erschaffen, noch nicht bereit seien – weder intellektuell, philosophisch noch moralisch. Damals wie heute bin ich der Meinung, dass wir die ersten Beben einer großen Erschütterung erleben, die tiefgreifende und unumkehrbare Folgen für unser Zusammenleben haben wird.

Beim Schreiben von *Digital Republic* hatte ich jedoch unter anderem die Befürchtung, dass es ein System zu verändern versucht, das für Millionen, wenn nicht gar Milliarden Menschen sehr attraktiv ist. »Kein altes Regime ist bloß unterdrückerisch«, schreibt Michael Walzer, »es ist auch verlockend, denn sonst wäre die Flucht vor ihm viel leichter.«[29] Die meisten von uns betrachten die technologische Entwicklung mit Ehrfurcht und Optimismus, und das ist auch gut so. Die Zukunft wird auf jeden Fall aufregend werden. Aber ich lehne die Vorstellung ab – und das sollten Sie auch –, dass wir die Wunder der digitalen Technologie nur dann genießen können, wenn wir uns der unkontrollierten Macht derer unterwerfen, die sie entwickeln und kontrollieren.

Ein anderes System ist möglich, und in diesem Buch geht es darum, wie es aufgebaut werden kann: eine digitale Republik, in der Menschen und Technologie gleichermaßen gedeihen.

KAPITEL 1

DER GEIST DER EMPÖRUNG

Wenn wir versuchen, uns die Zukunft vorzustellen, nutzen wir dieselben Teile unseres Gehirns wie bei der Erinnerung an die Vergangenheit.[1] Wir haben keine Erinnerungen an die Zukunft, daher werden die Bausteine unserer Vorstellung zwangsläufig aus dem Rohmaterial früherer Erfahrungen gebildet. Wenn wir uns also einen bevorstehenden Besuch im Lieblingsrestaurant vorstellen, erinnern wir uns in Wirklichkeit an großartige Mahlzeiten, die wir dort in der Vergangenheit genossen haben.

Was für das menschliche Gehirn gilt, gilt auch für politische Kulturen. Die Grenze zwischen Vergangenheit und Zukunft, zwischen Erinnerung und Prophezeiung ist oft weniger klar, als es scheint. Unsere Generation ist nicht die erste, die mit dem rasanten Aufstieg einer neuen Form der Macht konfrontiert ist. Die Geschichte ist voll von Legenden über die vielen, die das Joch der wenigen abschütteln. Hinter vielen dieser Geschichten steht die *republikanische Idee*. Aber was ist diese republikanische Idee? Was können wir aus der langen und wechselvollen Geschichte des Republikanismus lernen? Und was sollte sie uns über die Macht der digitalen Technologie lehren? Um diese Fragen geht es in den nächsten beiden Kapiteln, bevor wir uns dann mit der Technologie selbst beschäftigen.

***

In der Römischen Republik, vor mehr als 2500 Jahren, wurde von jedem Bürger erwartet, dass er *sui juris* – sein eigener Herr – sei.[2] Die Römer wie auch die alten Griechen verstanden jedoch, dass es Anarchie und nicht Freiheit bedeuten würde, wenn jeder nur seine eigenen Interessen verfolgte, ohne jede Rücksicht auf andere.[3] Sie sahen sich mit einem Paradoxon konfrontiert: Wie konnten Menschen zusammenleben und gleichzeitig die Herrschaft über sich selbst behalten? Ihre Antwort war die selbstverwaltete Republik. Der Begriff »Republik« leitet sich vom lateinischen *res publica* ab, was so viel wie »Sache des Volkes« oder »Angelegenheit des Volkes« bedeutet.[4] Manchmal wird er auch mit »Gemeinwesen« übersetzt.[5] Unter Republik verstand man schließlich einen Staat, der nicht von fremden Mächten beherrscht wurde und in dem die Bürger nicht von anderen mächtigen Mitgliedern der Gesellschaft oder dem Staat selbst dominiert wurden.

Die Römische Republik war ein äußerst unvollkommenes System. Aber eine ihrer Stärken war, dass von den Bürgern erwartet wurde, dass sie am kollektiven Leben teilnahmen und ein öffentliches Bewusstsein, Empathie und Wachsamkeit entwickelten.[6] Sie überdauerte 500 Jahre. Nach ihrem Zusammenbruch folgte ein Jahrtausend, in dem die republikanische Idee nur noch eine flüchtige Erinnerung war.[7] Europa geriet unter die Herrschaft von Königen, Kaisern, Klerikern und Kriegsherren.

Im 11. und 12. Jahrhundert kam es zu einer Renaissance der republikanischen Idee. Die Stadtstaaten in Nord- und Mittelitalien ersetzten ihre adligen Herrscher durch Magistrate, die sogenannten *Podestà*, die für begrenzte Zeit durch Netzwerke von Bürgerräten regierten.[8] Das waren zwar keine Demokratien, aber die Regierenden konnten an der Wahlurne oder im Gerichtssaal zur Rechenschaft gezogen werden.[9] Mit der Zeit bezeichneten die Italiener ihr System der Selbstverwaltung als *res publica*.[10]

Die republikanische Idee verbreitete sich im späten 16. Jahrhundert auch in England, etwa zu der Zeit, als die großen Chronisten des republikanischen Rom – Cicero, Sallust, Livius, Tacitus – ins Englische übersetzt wurden.[11] England erwies sich als fruchtbarer Boden für republikanische Ideen. Die Engländer glaubten, sie seien die Erben einer ungeschriebenen Verfassung, die sie mit Freiheiten ausstattete, die ihnen niemand wegnehmen konnte. Was die Römer als *liber* bezeichnet hatten, nannten die Engländer *freeman* – Freie.[12] Doch in einem Land, in dem immer noch ein Erbmonarch regierte, war die republikanische Idee eine reine Phantasievorstellung.

Im 17. Jahrhundert spitzte sich die Lage zu. Die Stuart-Könige wähnten sich im Besitz unbegrenzter Befugnisse bei Besteuerung, Kriegspflicht und Strafverfolgung. Die Republikaner hielten dagegen, die Befugnisse des Königs seien durch Tradition und Common Law eingeschränkt.[13] Im Jahr 1628 verurteilten Dissidenten die Steuerpolitik des Königs aufs schärfste und wetterten, seine Untertanen seien »in letzter Zeit ohne ersichtlichen Grund inhaftiert worden«.[14] Aus diesem Rumoren wurde eine Rebellion, und am Ende wurde der König gefangen genommen, angeklagt und enthauptet. Die Tage, in denen er »nach eigener Willkür« regieren konnte, wie es der Dichter und Polemiker John Milton ausdrückte, waren gezählt.[15]

England war eine Republik geworden, zumindest dem Namen nach.

Was in England als politische Revolte gegen einen bestimmten König begonnen hatte, entwickelte sich zu einer intellektuellen Revolte gegen das Königtum an sich.[16] Inspiriert von den Römern (oder auch von der eher diktatorischen Herrschaft, die in England nach dem Königsmord ausgeübt wurde) räsonierten die englischen Republikaner, jeder Herrscher, der nicht durch Gesetze kontrolliert werde, sei praktisch ein Tyrann.[17] In seinem Buch *Eikonoklastes* (1649) polterte Milton, das Wohl des Volkes dürfe niemals der »Gabe und Gunst einer einzelnen Person« anvertraut werden.[18]

Die englische Republik währte nicht lange, aber ihre Nachbeben zogen sich durch die Jahrhunderte. In England ist das Common Law bis heute ein Bollwerk gegen unkontrollierte Macht.[19] Als die britische Regierung im Jahr 2019 erklärte, sie könne das Parlament dank der Macht, die ihr die Krone übertragen habe, einfach in die Zwangspause schicken, war der Oberste Gerichtshof anderer Meinung. Unter Berufung auf einen Präzedenzfall aus dem Jahr 1611 entschied das Gericht: »Der König hat kein anderes Vorrecht als das, welches ihm das Gesetz des Landes zugesteht.«[20]

* * *

In Nordeuropa fand die republikanische Idee im 17. und 18. Jahrhundert rasch Verbreitung. Polen und die Schweiz stilisierten sich als Erben der römischen Tradition. Die mächtige niederländische Republik entwickelte eine religiöse Vorstellung von der republikanischen Idee, die vom jüdischen Gemeinwesen der alten Hebräer inspiriert war: »eine *Respublica* vom Volk Gottes«.[21]

Im Jahr 1765 erließ das britische Parlament dann ein Gesetz, das die Untertanen in den amerikanischen Kolonien dazu verpflichtete, für bestimmte Dokumente geprägtes Papier zu verwenden – und dafür eine Steuer zu bezahlen. Das sorgte für Empörung und führte dazu, dass dieser »Stamp Act« innerhalb eines Jahres wieder aufgehoben wurde. Das Parlament nahm jedoch weiterhin für sich in Anspruch, es habe die »umfassende Macht und Autorität, Gesetze zu erlassen«, um seine amerikanischen Kolonien »in allen Fällen jedweder Art« zu regieren.[22] Das war leichtfertig. Nicht nur waren die Amerikaner in dem Gremium, das ihre Gesetze beschloss, nicht vertreten, es gab auch weder irgendeine Kontrolle über das Parlament noch ein Gegengewicht zu seiner Macht.[23]

Das kam in Amerika, gelinde gesagt, nicht gut an. Die revolutionäre Gegenreaktion, die zur Unabhängigkeit führte, war der Startschuss für das größte republikanische Experiment, das die Menschheit je erlebt hat. Alexander Hamilton erkannte die besondere Stellung, die die Vereinigten Staaten in der Geschichte eingenommen hatten:

> Man hat oft festgestellt, dass es dem Volk dieses Landes vorbehalten zu sein scheint, durch sein Verhalten und sein Vorbild die wichtige Frage zu entscheiden: Sind menschliche Gesellschaften wirklich dazu fähig, eine gute politische Ordnung auf der Grundlage vernünftiger Überlegung und freier Entscheidung einzurichten, oder sind sie für immer

dazu verurteilt, bei der Festlegung ihrer politischen Verfassung von Zufall und Gewalt abhängig zu sein?[24]

So sehr sich die Briten damals auch ärgerten, konnten sie den Amerikanern doch kaum vorwerfen, sich unvernünftig zu verhalten. Schließlich folgte die amerikanische Revolution im Grunde derselben Logik wie die englische Revolution ein Jahrhundert zuvor: Niemand sollte der Gnade eines unberechenbaren Herrschers ausgeliefert sein, ob er nun gütig war oder nicht.[25] Sich auf das Wohlwollen der Mächtigen verlassen zu müssen war nicht akzeptabel. Joseph Priestley drückte es 1769 so aus: »Mit derselben Macht«, mit der das englische Volk die Amerikaner zwingen könne, »*einen Penny zu zahlen*, kann es sie zwingen, ihren *letzten Penny* zu zahlen«.[26] Einige Jahre später reihte sich auch Frankreich bei den Republiken der Welt ein.

***

Diese verkürzte historische Darstellung könnte den Eindruck erwecken, dass der Republikanismus sich nur mit der ungezügelten Macht von Königen und Eroberern befasst. Die republikanische Philosophie wendet sich tatsächlich jedoch gegen alle Formen ungezügelter Macht. Sie ist, spätestens seit dem Ausmarsch des einfachen Volkes im antiken Rom, die Sprache der Arbeiter gewesen, die sich gegen Unterdrückung wehren.[27] Sie ist auch die Sprache von Feministinnen wie Mary Wollstonecraft gewesen, die im Jahr 1792 fragte: »Wer hat den Mann zum alleinigen Richter erhoben?«[28] Sie ist die Sprache von Abolitionisten wie Frederick Douglass gewesen, der die Sklaverei nicht wegen der schlechten Behandlung ablehnte, die er erfahren hatte, sondern »weil ich überhaupt als Sklave betrachtet wurde«. Das Problem war nicht die Grausamkeit der Sklavenhalter, sondern die Institution der Sklaverei an sich.[29]

Die republikanische Idee steht heute für die Überzeugung, dass Freiheit überall dort verloren geht, wo ein systematisches Machtungleichgewicht zwischen zwei Parteien besteht, das der einen Partei die Möglichkeit gibt, sich willkürlich in das Leben und die Angelegenheiten der anderen einzumischen. Man denke dabei an die misshandelte Tochter, die nur dann einer Tracht Prügel entgeht, wenn ihr Vater zu müde ist, um die Hand zu heben. Oder an den Schwarzarbeiter, der vor seinem Chef katzbuckeln muss, um den Job zu behalten. Für republikanisch gesinnte Menschen ist die Frage nicht, ob der Vater zu müde ist, um seine Tochter zu verprügeln, oder ob der Chef seinen Arbeiter wirklich entlassen würde. Entscheidend ist, dass ein Mensch völlig der Gnade eines anderen ausgeliefert ist. Freiheit, die vom Wohlwollen der Mächtigen abhängt, ist keine echte Freiheit.[30] Als der Polizeibeamte Derek Chauvin aus Minnesota, gegen den bereits siebzehn Beschwerden wegen Fehlverhaltens eingegangen waren, sich auf den Hals von George Floyd kniete, bis dieser aufhörte zu atmen, zeigte er der Welt das Gesicht der unkontrollierten Macht.[31] Aus republikanischer Sicht spielt es keine Rolle, dass die meisten Polizeibeamten sich niemals so verhalten würden wie Chauvin, und auch nicht, dass Chauvin selbst anschließend ins Gefängnis kam. Er arbeitete innerhalb eines Systems, das ihm Macht verlieh und ihn diese Macht ohne angemessene Kontrolle ausüben ließ.

* * *

Das republikanische Projekt läuft inzwischen seit mehr als 2000 Jahren. Aber die republikanische Realität hat oft nicht gehalten, was die Theorie versprach. Wie die meisten westlichen Philosophien wurde sie immer wieder als Fassade für autoritäre Herrschaft oder für das Horten von Macht durch (meist weiße, männliche) Eliten missbraucht.[32] Im Kern geht es bei dem republikanischen Projekt jedoch nicht um eine Politik oder gar ein Prinzip, sondern vielmehr um eine Geisteshaltung. Adam Ferguson sprach vom »Geist der Empörung« des republikanischen Bürgers.[33] In den kommenden Jahren werden wir uns neu über die unkontrollierte Macht der digitalen Technologie empören müssen. Und der Republikanismus kann wiederbelebt und reformiert werden, sodass er dieser neuen Form der Macht gewachsen ist. Aber wie unterscheidet sich der Republikanismus von den heute vorherrschenden Vorstellungen? Darum geht es im folgenden Kapitel.

KAPITEL 2

ALTES UND NEUES DENKEN

Flaubert schrieb, die beste Regierungsform sei eine, die erschöpft ist, da »sie im Sterben einer anderen Platz macht«. Wie wir noch sehen werden, liegt das System, mit dem wir die digitale Technologie regulieren, im Sterben, wenn es nicht schon tot ist. Aber was wird danach kommen? Wir brauchen ein rechtliches Regelwerk, das sich von unserem jetzigen unterscheidet, aber unseren Instinkten und Traditionen treu bleibt. Am Anfang stehen hier keine politischen Lösungen – die kommen später in diesem Buch –, sondern eine andere Denkweise.

***

Bislang waren die durch Technologie aufgeworfenen Probleme *und* viele unserer Antworten auf diese Probleme – häufig unreflektiert – auf eine Reihe von ideologischen Festlegungen beschränkt, die ich als *Marktindividualismus* bezeichne.[1]

In ihrer reinsten Form betrachtet die Philosophie des

Marktindividualismus das individuelle Streben nach Eigennutz als ultimative Quelle von politischer Ordnung und Legitimität. Sie geht davon aus, dass Fortschritt dadurch entsteht, dass Menschen miteinander Geschäfte machen und handeln, und das primär gemäß den Normen des Wettbewerbs. Die Regierung spielt in diesem Modell eine minimale Rolle: Sie soll den Markt schützen, für die Sicherheit des Reiches sorgen und sich ansonsten weitestmöglich aus allem heraushalten.

Der Marktindividualismus ist wahrscheinlich die bestimmende politische Philosophie der Neuzeit. Auf jeden Fall ist er seit mehr als einem Jahrhundert ein Ordnungsprinzip der angloamerikanischen Zivilisation. Aber er wird auch kritisiert. Einige sehen in ihm ein Synonym für die Gier der Unternehmen. Andere sagen, er werde bald vom staatskapitalistischen Modell überholt werden, das in China vorherrscht. Die Kritik in diesem Buch ist bescheidener. Es geht gar nicht darum, den Marktindividualismus insgesamt abzuschaffen. Aber im Bereich der digitalen Technologie ist er an sich selbst gescheitert und sollte nun durch etwas Besseres ersetzt werden.

Die Alternative, die ich vorschlage, ist der Republikanismus. Er unterscheidet sich vom Marktindividualismus in zwei wichtigen Punkten.

Erstens stehen die Republikaner anders zur *Freiheit.* Der Unterschied lässt sich am besten anhand einer Analogie erklären. Stellen Sie sich einen König vor, der so mächtig ist, dass er sich in das Leben seiner Untertanen einmischen kann, wie es ihm gefällt. Auf seinen Befehl hin werden sie in den Kerker geworfen oder mit dem Schwert erschlagen. Er verfügt über unbegrenzte Befugnisse, um seine Untertanen zu besteuern oder zum Kriegsdienst einzuberufen. Wenn ihm das Eigentum eines anderen gefällt, braucht der König nur mit den Fingern zu schnippen. Leben und Sterben der Menschen hängen von seiner Gnade ab. Sein Wort ist Gesetz.

Die Tatsache, dass der König diese Macht *besitzt*, heißt jedoch nicht, dass er sie auch *nutzt*. Er kann böse sein, aber auch gütig. Es gibt Zeiten, in denen er seine Macht zurückhaltend ausübt.

Würden Sie das als eine freie Gesellschaft bezeichnen?

Der Marktindividualist beantwortet diese Frage mit: »Es kommt darauf an.«[2] Wenn der König sich wie ein Tyrann verhält, dann ist das Volk unfrei.[3] Aber wenn er gute Laune hat und das Volk sein Leben weiterführen lässt, dann ist es streng genommen frei.

Die Antwort des Republikaners lautet anders. Wirklich frei zu sein bedeutet, außerhalb der Willkür eines anderen zu leben. Solange der König die *Möglichkeit* hat, als Tyrann zu regieren, und die Entscheidung allein bei ihm liegt, ist sein Land nicht frei. Wer unter einem Diktator lebt, lebt in Knechtschaft, selbst wenn es ein wohlwollender Diktator ist. Ein Sklave mit einem gütigen Herrn ist immer noch ein Sklave.

Der Unterschied lässt sich folgendermaßen zusammenfassen: Der Marktindividualist befürchtet vor allem *Einmischung* und vertritt die Ansicht, dass wir immer dann frei sind, wenn wir nicht von jemand anderem physisch oder rechtlich genötigt werden.[4] Der Republikaner teilt diese Sorge, beschäftigt sich aber auch mit *Dominanzen*: Wir sind nur dann frei, wenn niemand die Möglichkeit hat, uns zu etwas zu drängen, ohne dafür Rechenschaft abzulegen. Für den Republikaner ist unkontrollierbare Macht an sich ein Problem.

Dieser Grundsatz lässt sich ganz einfach auf die Digitaltechnik anwenden. Wir sollten uns über die zunehmende Macht der digitalen Technologie Gedanken machen, *selbst wenn uns nicht stört, wie sie eingesetzt wird.* Solange nämlich ein Tech-Unternehmen oder eine Regierung einfach die Meinung ändern und seine beziehungsweise ihre Macht nutzen kann, um unsere Rechte und Freiheiten zu beschneiden, sind wir unfrei. Eine Metapher aus dem englischen Bürgerkrieg beschreibt es so: Blindes Vertrauen in die Macht anderer ist so, als würde man den Kopf in das Maul eines Wolfes stecken und hoffen, dass er nicht zubeißt.[5] Das gilt selbst dann, wenn der Wolf die meiste Zeit über flauschig und süß ist.

Republikaner und Marktindividualisten sind sich auch in Bezug auf das Wesen der *Demokratie* uneinig.

Für beide Traditionen ist Selbstbestimmung wichtig. Aber für den Marktindividualisten ist der Zweck der Demokratie recht begrenzt. Demokratie ist demnach nur eine vertragliche Vereinbarung unter vielen. Sie bietet einen Rahmen für das persönliche Vorankommen *durch* die Gemeinschaft, nicht für die Verbesserung der Gemeinschaft als Ganzes (obwohl das ein willkommener Nebeneffekt sein mag). Wenn Marktindividualisten Argumente vorbringen, die den Interessen anderer entsprechen, dann tun sie dies hauptsächlich aus Eigeninteresse – dem Wunsch, ein gutes Geschäft zu machen –, nicht aus gemeinschaftlichem Pflichtgefühl heraus.

Für Republikaner ist die Demokratie jedoch nicht nur die Summe der persönlichen Präferenzen Einzelner. Republikanische Demokratien erwarten von ihren Mitgliedern, dass sie sich als Bürger und nicht nur als Verbraucher verhalten; dass sie das Gemeinwohl ebenso im Blick haben wie private Wünsche; dass sie ihre Entscheidungen in gutem Glauben treffen und dabei gelassen in Betracht ziehen, dass jemand ihre Meinung ändern könnte. Dieser letzte Punkt ist wichtig und erklärt, warum der digitale Republikaner der *Viralität* in den sozialen Medien – also der bevorzugten Verbreitung von Redebeiträgen, die viele Klicks oder Likes erhalten (Kapitel 36) – möglicherweise kritisch gegenübersteht. Viralität wirkt demokratisch: Was ist falsch daran, mehr Aufmerksamkeit auf die Inhalte zu lenken, die den meisten Menschen gefallen? Die republikanische Antwort lautet: In der Politik geht es nicht nur darum, bereits bestehende Meinungen der Leute zusammenzurechnen, sondern sie durch öffentliche Debatten zu formen und zu gestalten. Das tut die Viralität nicht. Anstatt die Mehrheitsmeinung infrage zu stellen, verstärkt sie diese. Sie befördert eine »Daumen hoch / Daumen runter«-Kultur, in der die Sicht von Minderheiten und unbequeme Wahrheiten zu algorithmischer Bedeutungslosigkeit verurteilt werden.[6]

***

Wir brauchen also eine andere Sicht auf *Freiheit* und *Demokratie*. Aber wir können noch weiter gehen. Wir können neue Vorstellungen darüber entwickeln, was die Begriffe *Gesellschaft, Politik* und *Recht* bedeuten. Wenn wir das tun, wird der Weg, der vor uns liegt, klarer.

Wenig überraschend ist für Marktindividualisten die Basiseinheit der Gesellschaft der einzelne Mensch. Sie betonen die fundamentale Eigenständigkeit der Menschen: ihre kognitive Autonomie, ihre verschiedenen Eigeninteressen. Bei dieser Sicht gibt es keine Gesellschaft jenseits der einzelnen Menschen, aus denen sie sich zusammensetzt. Gesellschaften sind das Ergebnis von Gesellschaftsverträgen. Jede Gesellschaft ist eine »kooperative Unternehmung mit dem Nutzen der einzelnen Mitglieder als Zielsetzung« oder ein »Plan zur Zusammenarbeit« mit dem Ziel, vorformulierte Wünsche zu realisieren.[7] Diese Sicht der Welt hat ihren Ursprung im 17. Jahrhundert.

Die republikanische Vision ist wesentlich älter. Wie Marktindividualisten glauben auch Republikaner an die Integrität und Autonomie des Einzelnen. Aber Republikaner betrachten es als natürlichen Zustand des Menschen, in der Gesellschaft anderer Menschen zu sein. Wir sind »Gemeinschaftswesen«, keine einsamen Atome, die durch den Äther treiben.[8] Wie Hannah Arendt feststellt, hieß »leben« für die Römer so viel wie »unter Menschen weilen«.[9]

Was wie eine subtile Uneinigkeit über die Bedeutung von *Gesellschaft* erscheinen mag, führt zu einer grundsätzlicheren Meinungsverschiedenheit über das Wesen von *Politik*. In der Tradition der Marktindividualisten besteht die Standardreaktion auf ein soziales Problem darin, zu erwarten, dass der Markt oder die Zivilgesellschaft das Problem schon lösen werden. Mit anderen Worten: Marktindividualisten vertrauen darauf, dass Ökonomien von Menschen, die aus ihrem persönlichen Interesse heraus handeln, im Allgemeinen zu einem akzeptablen Gleichgewicht gelangen.

Die republikanische Tradition steht der Vorstellung, dass das unkoordinierte Handeln ganz verschiedener Menschen soziale Probleme löst, skeptischer gegenüber. Es gibt einen Grund, warum man uns nicht selbst entscheiden lässt, auf welcher Straßenseite wir fahren oder welchen Steuersatz wir zahlen. Einige soziale Systeme erfordern Koordination und Kooperation, ja sogar Zwang, nicht nur Wettbewerb. Marktindividualisten und Republikaner glauben beide an die Freiheit des Einzelnen. Republikaner glauben jedoch, dass es oft *gemeinsames* Handeln erfordert, um die Freiheit des Einzelnen zu erhalten.

Altes und neues Denken

Nicht nur das politische Handeln, sondern das Konzept von Politik an sich trennt Marktindividualisten und Republikaner. Der Marktindividualist neigt dazu, alles wirtschaftliche Geschehen als etwas »Privates« zu behandeln, das vom »öffentlichen« Bereich der Politik getrennt ist. Aus diesem Grund sehen Marktindividualisten wenig Ungerechtigkeit in den asymmetrischen Machtverteilungen, die im rauen Wirtschaftsleben entstehen. Denn der Markt gehört (gemäß dieser Weltanschauung) eigentlich gar nicht zur Politik.[10]

Der Republikanismus verschwendet keine Zeit mit diesem Denken. Ein Politikverständnis, das blind ist für jedes andere Machtgefälle als das zwischen Regierung und Volk, ist offensichtlich lückenhaft. Es lässt die Politik zwischen den Geschlechtern, zwischen Nationen, ethnischen Gruppen und Religionen, zwischen Alt und Jung, Reich und Arm außen vor – im Grunde all die Dynamiken, die Politik interessant und wichtig machen. Und natürlich lässt sie eine der entscheidenden politischen Beziehungen unserer Zeit völlig außer Acht – die zwischen jenen, die digitale Technologien entwickeln und kontrollieren, und jenen, die unter der Macht dieser Technologien leben müssen.

Der letzte Unterschied zwischen den beiden Traditionen hat mit ihrem Rechtsbegriff zu tun. Er ist wichtig, weil es dabei um die angemessene Rolle des Staates bei der Regulierung der Macht der digitalen Technologie geht.

Die marktindividualistische Rechtsauffassung sieht in etwa so aus: Der Mensch wird frei geboren, sein Handeln unterliegt aber gesetzlichen Beschränkungen. Einige Gesetze sind zwar zur Wahrung der Sicherheit notwendig, doch stellt jedes einzelne eine Einschränkung der Freiheit dar. Die Einschränkung mag gerechtfertigt sein, aber sie bleibt eine Einschränkung.

Jeremy Bentham brachte es im 19. Jahrhundert auf den Punkt: »Alle Zwangsgesetze schränken die Freiheit ein.«[11] Diese Sichtweise hat erhebliche Konsequenzen. Wenn Recht und Freiheit wirklich Feinde sind, dann bedeutet mehr Recht zwangsläufig weniger Freiheit. Da ist es nicht mehr weit zu der Vorstellung, dass Freiheit grundsätzlich die Abwesenheit jedweder Regierung oder Regulierung bedeutet.

Die republikanische Position ist differenzierter. Sie sieht in einer zu wenig regulierten Gesellschaft die Gefahr, dass die Starken die Schwachen nach Belieben ausbeuten können und dass die Macht unweigerlich den Reichsten, Größten und Gewalttätigsten zufällt. Alle anderen müssen sich mit dem begnügen, was übrigbleibt, nachdem die Mächtigen gesättigt sind. Einem Republikaner zufolge sollte das Recht als Mittel betrachtet werden, um die Übermächtigen zu zügeln und so Raum für die Entfaltung aller zu schaffen. James Madison schrieb, dass »Freiheit genauso durch den Missbrauch von Freiheit wie durch den Missbrauch von Macht gefährdet werden kann«.[12] In der republikanischen Tradition sind Recht und Freiheit also keine Gegensätze. Ganz im Gegenteil: Das Recht macht Freiheit oft erst möglich.[13]

Republikaner glauben jedoch nicht, dass *mehr* Gesetze automatisch besser sind. Ganz im Gegenteil legt man in der Tradition großen Wert darauf, die Macht der Regierung zu begrenzen. Wie jede andere Machtkonzentration kann auch die Regierung nur so lange gerechtfertigt werden, wie sie dazu dient, die Dominanzen in der Gesellschaft abzubauen. Wenn sie zu weit geht, ist sie nicht mehr zu rechtfertigen. »Die beste Regel für eure Gesetze im Allgemeinen«, schrieb der Republikaner James Harrington im 17. Jahrhundert, »lautet, dass sie wenige sein sollten.«[14]

***

Republikaner und Marktindividualisten sind sich nicht in allen Fragen uneinig. Aber es lässt sich nicht leugnen, dass diese beiden Traditionen, die beide zum westlichen Kanon gehören, sehr unterschiedliche Weltanschauungen vertreten. Wenn es um Freiheit und Demokratie geht, stellen sich die Republikaner eine andere Zukunft vor als die, die wir jetzt haben. Und wenn es um Gesellschaft, Politik und Recht geht, wird dieser Unterschied nur noch deutlicher.

Wenn Sie sich selbst eher als Marktindividualisten betrachten, befinden Sie sich in guter Gesellschaft. Wie wir sehen werden, war der Marktindividualismus in weiten Teilen der modernen Geschichte die Standardeinstellung für die Politik der Anglosphäre (und eines Großteils der westlichen Welt), während der Republikanismus kaum mehr als eine Fußnote war.[15] Viele unserer »Lösungen« für die Probleme der digitalen Technologie entstammen letztlich demselben intellektuellen Paradigma, das die Probleme überhaupt erst geschaffen hat: mehr Markt, mehr Ökonomisierung, mehr individualisierte Entscheidungsfindung und mehr Wettbewerb.[16]

Es ist an der Zeit, eine andere Denkweise und eine neue Art der Governance beziehungsweise des Regulierens auszuprobieren, bevor diese Chance für immer verschwindet.

Wir werden die Idee des digitalen Republikanismus später im Buch ausführen. Aber zunächst müssen wir eine Diagnose für das Kernproblem finden. Hier liegt der Schwerpunkt des nächsten Teils: digitale Macht – woher sie kommt, wie sie wächst und warum sie wichtig ist.

TEIL II

DAS HAUS DER MACHT

»Und in einer solchen [...] Situation gibt es nichts mehr, wofür es sich zu kämpfen lohnte, als das, was das Älteste ist [...] – nämlich die Sache der Freiheit gegen das Unheil der Zwangsherrschaft jeglicher Art.«

Hannah Arendt

KAPITEL 3

AUTOKRATEN DER INFORMATION

Elektroscooter sind der letzte Schrei im städtischen Verkehr. Sie stehen auf Bürgersteigen herum und können von jedem gemietet werden, der ein Smartphone und eine Kreditkarte besitzt. Mit einem E-Scooter ist man schneller als zu Fuß, damit fährt es sich einfacher als mit dem Fahrrad, und die Scooter sind wendiger als Autos. Mit ihnen wird die Stadt zum Spielplatz. Das Scooterfahren ist ein unbeschwertes Erlebnis – aber es ist kontrollierter, als es scheint. Jede Fahrt wird von Anfang bis Ende aufgezeichnet. Und die Roller fahren nie schneller als eine bestimmte Geschwindigkeit, ganz egal, wie stark man den Gashebel durchdrückt. Sie weigern sich, ausgewiesene Stadtgebiete zu verlassen. Und um den Fahrpreis wird nicht gefeilscht: Eine App zieht, je nach Dauer der Fahrt, einen genauen Betrag ab.

Prinzipiell ist gegen nichts davon etwas einzuwenden. E-Scooter liefern jedoch ein anschauliches Beispiel für das große Paradoxon digitaler Technologien: Sie bieten Freiheit, aber nur im Austausch für einen gewissen Kontrollverzicht.[1] Dieses Paradoxon wird sich nie vollständig auflösen lassen. Man wird sich immer fragen müssen, ob das richtige Gleichgewicht zwischen Freiheit und Kontrolle gefunden ist.

***

Computercode verfügt über die beeindruckende Fähigkeit, menschliche Aktivitäten zu kontrollieren – geräuschlos, automatisch, präzise –, und duldet dabei keinerlei Einspruch.[2] So wird eine wachsende Zahl von gesellschaftlichen Regeln durchgesetzt. In der Vergangenheit musste man ein ausgeliehenes Buch vor Ablauf der vereinbarten Frist in der Bibliothek zurückgeben. Eine verspätete Rückgabe wurde mit einer kleinen Strafgebühr und einem missbilligenden Blick der Bibliothekarin geahndet. Wenn ein Kunde heute ein E-Book über eine entsprechende App ausleiht, ist eine verspätete Rückgabe gar nicht mehr möglich. Sobald die Leihfrist abgelaufen ist, verschwindet das Buch ganz einfach vom Gerät des Lesers. Entsprechend verschwindet ein über Amazon Prime ausgeliehener Film, wenn die Frist abgelaufen ist. Die Regeln setzen sich selbst durch.

Code ist heute in fast allen Beschäftigungen, Transaktionen und Interaktionen präsent, die ein sinnvolles Leben ausmachen. Er ist unvermeidbar. Und sein Reich ist nicht mehr auf die abgesonderte Dimension des »Cyberspace« beschränkt. Wir können ihm auch nicht entkommen, wenn wir den Laptop ausschalten oder uns ausloggen. Wir sind physisch von Technologie umgeben und jeden Tag mit Hunderten oder Tausenden von digitalen Objekten konfrontiert. Bruce Schneier schreibt: »Früher enthielten Objekte Computer.

Heute *sind* sie Computer«.[3] Bald werden Milliarden von einst dummen Gegenständen mit dem Internet verbunden, mit Sensoren und Rechenleistung ausgestattet sein, sodass sie mit uns und miteinander interagieren können.[4] All diese Technologien werden Regeln enthalten, und wir werden sie befolgen müssen.

Natürlich ist der Hype um das »Internet der Dinge« zum Teil tatsächlich nur ein Hype. Nicht alles wird digitalisiert werden. Ich vermute zum Beispiel, dass Verbraucher keine »intelligenten Toiletten« haben wollen werden, die sie anhand der einzigartigen Form ihres Hinterns identifizieren können (nur eines der Produkte, die angeblich gerade in der Entwicklung sind).[5] Aber selbst bei konservativer Schätzung gibt es kein Entrinnen vor der digitalen Technologie mehr, wenn man ein erfülltes und ausgewogenes Leben führen will. Das Tech-Imperium kennt keine Grenzen oder Schranken. Die digitale Technologie ist ein allgegenwärtiges Merkmal des Lebens im 21. Jahrhundert, sie breitet sich aus und umgibt uns. Algorithmen bestimmen zunehmend unseren Zugang zu Gütern, die für eine zivilisierte Existenz lebensnotwendig sind: Arbeit, Kredite, Versicherungen, Wohnraum, Sozialhilfe und vieles mehr. Als soziale Kraft wird der Code schließlich mit der unsichtbaren Hand des Marktes und der harten Faust des Staates konkurrieren.

Die Grenze zwischen online und offline verschwimmt und damit auch die Unterscheidung zwischen Tech- und Nicht-tech-Unternehmen. Ist ein Hersteller von »intelligenten« medizinischen Geräten ein »Tech«-Unternehmen? Ist Airbnb ein Vermieter? Gehören Ford und Google in dieselbe Kategorie, weil sie beide selbstfahrende Autos entwickeln? Die chinesische Mitfahrplattform Didi Chuxing hat sich vom Transportwesen auf den Bereich der persönlichen Finanzen verlegt, indem sie die Daten, die sie über ihre Fahrgäste sammelt – wo sie wohnen, mit wem sie zusammenleben, wo sie arbeiten, wo sie essen –, dazu nutzt, um Vorhersagen über den finanziellen Status und die Vorlieben der Kunden zu treffen. Das Unternehmen bietet nun Kredite und Versicherungen an, ohne dass die Kunden einen einzigen Fragebogen ausfüllen müssen.[6] Die digitale Technologie ermöglicht es Unternehmen, von einer gesellschaftlichen Funktion zur anderen zu wechseln und so Macht aus einem Lebensbereich auf andere Lebensbereiche zu übertragen.

Die Computerpionierin des 19. Jahrhunderts Ada Lovelace sah in einem Programmierer einen »Autokraten der Information«, der an der Spitze »der harmonisch diszipliniertesten Truppen« marschiert.[7] Eine treffende Analogie. Code ist es egal, ob man mit ihm einverstanden ist oder nicht. Er ist nicht auf die Zustimmung oder Mitarbeit der Menschen angewiesen. Er ist selten das Ergebnis eines demokratischen Prozesses oder einer Parlamentsdebatte. Er leitet sich nicht aus irgendeinem Gesellschaftsvertrag ab. Für normale Menschen – die Milliarden von uns, die ihm passiv unterworfen sind – ist es fast unmöglich, ihn zu ändern oder auf ihn einzuwirken. Code erhebt keinen Anspruch auf Legitimität, sondern nur auf Effektivität. Er ist zunehmend einfach eine Tatsache des Lebens: eine unsichtbare Schranke, die mit harten Kanten die Grenzen dessen markiert, was wir tun können und was nicht.

***

Wie wird die Macht des Codes genutzt? Primär für kommerzielle Zwecke. Unternehmen managen etwa ihre Mitarbeiter mit digitalen Werkzeugen, wie es vor einigen Jahrzehnten noch undenkbar gewesen wäre. Die Systeme von Amazon ermahnen Mitarbeiter, die ihre Kisten nicht schnell genug packen, und entlassen jene, die zu wenig Leistung bringen.[8] Die Uber-Software deaktiviert die Konten von Fahrern, deren Bewertungen unter ein bestimmtes Niveau fallen, sodass sie keine weiteren Fahrgäste mehr aufnehmen können.[9] Unternehmen werben gezielt neue Mitarbeiter mit Online-Anzeigen an und überprüfen sie dann mit Systemen, die ihre Lebensläufe nach Schlüsselwörtern durchsuchen. Sie »führen Vorstellungsgespräche« mit Bewerbern über eine Software, die einfache schriftliche Kommunikation simuliert,[10] und mit Programmen, die aus Diktion, Tonfall, Augenbrauen-, Lippen- und Kinnbewegungen Rückschlüsse ziehen.[11] (Ob diese Technologie funktioniert, ist eine andere Frage. Wie sieht eine inakzeptable Kinnbewegung aus? Welches Maß an Augenbrauenbewegung ist angemessen?) In manchen Unternehmen könnte »People Analytics« irgendwann Lebensläufe und Vorstellungsgespräche ganz ersetzen. Arbeitgeber werden in der Lage sein, Rückschlüsse auf die Gewohnheiten und das Freizeitverhalten der Bewerber, ihre Zwänge und Süchte, ihre Freunde und sozialen Kontakte zu ziehen – all das wird durch die Daten offengelegt.[12]

Code entfaltet seine Macht jedoch nicht nur in der Wirtschaft. Sie wird zunehmend auf offenkundig politische Weise ausgeübt, und zwar nicht nur von Regierungen. Während der Covid-19-Krise löschte Facebook kurzerhand Veranstaltungsseiten, mit denen Proteste gegen die Quarantäne organisiert wurden, und verhinderte damit die Proteste effektiv.[13] Facebook war zu diesem Schritt weder gesetzlich verpflichtet, noch wurde es durch ein Gesetz daran gehindert. Das Unternehmen bewertete etwas als gesellschaftlich schädlich und nahm das Gesetz selbst in die Hand. Für diese Entscheidung erntete Facebook Kritik, aber wenn es diese Gruppen hätte walten lassen, wäre es ebenfalls dafür kritisiert worden. Früher lagen Entscheidungen dieser Art in der Hand von Amtsträgern. In Zukunft werden sie immer häufiger von Technologieunternehmen getroffen werden. Und wie das nächste Kapitel zeigt, wissen diese Unternehmen mehr über uns als jemals irgendeine Regierung in der Vergangenheit.

KAPITEL 4

DIE HERRSCHAFT DER DATEN

Stellen Sie sich einen riesigen Basar vor, auf dem reges Treiben herrscht. Ein Schild am Eingang verkündet, dass Händler aus aller Welt hierherkommen. Jedes Jahr wechseln Hunderte von Milliarden Dollar den Besitzer.

Aber dies ist kein normaler Markt.

An den Marktständen, an denen man eigentlich Frisch- oder Haushaltswaren erwarten würde, wird nur ein einziges Produkt zum Verkauf angeboten: die persönlichen Daten von Menschen.[1] Was sie frühstücken, wo sie schlafen, welcher Arbeit sie nachgehen, woran sie glauben und was ihnen wichtig ist, was sie sich im Fernsehen anschauen, ihr Alter und ihre sexuellen Vorlieben, wovor sie sich fürchten – diese Daten gibt es über Hunderte Millionen von Menschen. Manche Händler verkaufen kübelweise dreckige Rohdaten, die gereinigt werden müssen. Andere bieten saubere Pakete an, die genau auf die Bedürfnisse der Kunden zugeschnitten sind. Ein Anbieter verhökert eine Liste von Vergewaltigungsopfern – 79 Dollar für 1000 Namen – zusammen mit einer Liste von Opfern häuslicher Gewalt.[2] Und Gesetzeshüter sind weit und breit nicht zu sehen.

* * *

Dieser Datenmarkt existiert tatsächlich, aber er ist natürlich zu groß für einen einzigen physischen Raum. Er floriert, vor allem in den Vereinigten Staaten, weil es ein reichhaltiges Angebot und eine enorme Nachfrage gibt.[3] Die Welt wird zunehmend in Daten abgebildet. Satelliten erfassen jeden Tag den gesamten Planeten mit einer so feinen Auflösung, dass »jedes Haus, jedes Schiff, jedes Auto, jede Kuh und jeder Baum auf der Erde zu erkennen ist«.[4] Auf der Erde hinterlässt fast jede menschliche Begegnung mit Technologie eine Datenspur, die aufgesaugt und weiterverkauft werden kann. Daten gibt es in unerschöpflicher Menge. Wir erzeugen sie allein durch unsere Existenz, und immer mehr davon werden erfasst und gespeichert. Tausende von Unternehmen, die mit diesen Daten handeln, sind inzwischen aus dem Boden geschossen.[5] Und die Geschäfte gehen gut.

Was geschieht mit all diesen Daten? In der Regel sind die Käufer nicht an den schmutzigen Details aus dem Leben von einzelnen Menschen interessiert, eine Tatsache, die bei den Debatten über den Online-Datenschutz untergehen kann. Ihren wahren Wert entwickeln Daten, wenn sie in gigantischen Mengen gesammelt werden, um Computersysteme zu konstruieren, die Muster aufspüren und Verhalten vorhersagen können. Für diese Systeme sind die Menschen keine Individuen mehr, sondern werden zu einem Bündel von Attributen – Millennial, Dackelbesitzer, Käsesüchtiger –, einer »Voodoo-Puppe«,[6] die zerhackt, verändert und mit den Attributen von

Tausenden anderen zusammengeführt werden kann.[7] Die Verheißung von »Big Data« besteht darin, dass es Korrelationen gibt, die man nur erkennt, wenn Tausende oder Millionen von Fällen gemeinsam betrachtet werden. Und wenn diese Muster enthüllt werden, können Fremde Dinge über uns erfahren, die wir vielleicht nicht einmal selbst wissen. Das ist eine Form von Macht.[8]

***

In der Vorstellung des 20. Jahrhunderts bedeutete Überwachung einen Geheimagenten, der unbemerkt hinter dem Vorhang eines abgedunkelten Raums hervorspäht. Manche klammern sich noch immer an dieses Bild. Steven Pinker etwa führt zur Beruhigung das Argument an, dass wir technisch seit langem die Möglichkeit haben, in »jeder Bar und jedem Schlafzimmer« Überwachungskameras zu installieren, dass wir das aber nicht getan haben, weil »Regierungen« nicht »den Willen und die Mittel haben, eine solche Überwachung bei aufmüpfigen Menschen durchzusetzen, die daran gewöhnt sind, zu sagen, was sie wollen«.[9] Pinker denkt dabei jedoch an eine Welt, die so nicht mehr existiert. Heute müssen die Obrigkeiten uns nicht mehr zwingen, Überwachungsgeräte in unseren Häusern anzubringen. Und sie müssen uns nicht sehen, um uns überwachen zu können. Wir setzen unser Leben der Überwachung aus, wann immer wir mit einem Telefon, einem Computer oder einem »intelligenten« Haushaltsgerät interagieren; jedes Mal, wenn wir eine Website besuchen oder eine App verwenden. Und persönliche Daten gelangen in der Regel irgendwie in die Hände derer, die sie am meisten wollen. Als die Polizei in den USA Informationen über Black-Lives-

Die Herrschaft der Daten

Matter-Aktivisten haben wollte, musste sie diese Leute nicht mit Kameras in Kneipen ausspionieren. Die Polizisten kauften einfach auf dem Datenmarkt, was sie brauchten. Facebook besaß eine Fülle von Daten über Nutzer, die sich für Black Lives Matter interessierten, und verkaufte diese an Drittanbieter, die sie wiederum an die Strafverfolgungsbehörden weiterverhökerten.[10] Für pikante Daten, die auf dem freien Markt nicht zu haben sind, hat Facebook ein spezielles Portal für die Polizei eingerichtet, über das die Behörde Fotos, Daten über Anzeigenklicks, genutzte Anwendungen, Freunde (auch gelöschte), Suchanfragen, gelöschte Inhalte sowie Likes und Anstupser anfordern kann. In 88 Prozent der Fälle stellt Facebook angefragte Daten auch zur Verfügung.[11]

Selbst in der physischen »Privatsphäre« des eigenen Zuhauses gibt es kaum ein Entkommen vor Datensammlern. Wenn Sie während der Covid-19-Krise über Zoom mit Ihrer Familie Kontakt gehalten haben, dann hat Zoom Details über Ihren Wohnort, den Zeitpunkt, zu dem Sie die App geöffnet haben, das Modell Ihres Laptops oder Smartphones und eine »eindeutige Kennung für Werbetreibende« an Facebook übermittelt, die es Unternehmen ermöglicht, Sie gezielt mit Werbung zu versorgen.[12] Zoom gehört nicht einmal zu Facebook. Es verwendete lediglich einen Teil von dessen Software.[13] Ein kommerziell verfügbarer Datensatz enthüllte kürzlich, dass aus abgesicherten Bereichen der Vatikanstadt, die nur für hochrangige Mitglieder der katholischen Kirche zugänglich sind, mit mindestens 32 mobilen Geräten Dating-Apps genutzt wurden.[14] Derartige Geheimnisse wären in der Vergangenheit wahrscheinlich verborgen geblieben.

In der Zukunft erwartet uns kein Großer Bruder im Sinne eines staatlichen Monolithen, der uns alle gleichzeitig überwacht. Stattdessen erwartet uns eine »große Bruderschaft« von verborgenen, starren Augen, von denen manche dem Staat gehören, zahllose andere aber privaten Firmen, die uns beobachten und selbst dabei unsichtbar bleiben.[15]

***

Ein weiteres Erbe des 20. Jahrhunderts ist das Gefühl, dass Anonymität nicht mehr möglich ist; dass irgendwelche Mächtigen immer genau wissen werden, wer wir sind und wo sie uns finden können, selbst wenn wir uns noch so gut verstecken. In den letzten Jahren hat diese Angst zu Bedenken über den verbreiteten Einsatz von Gesichtserkennungssystemen geführt.[16] Tatsächlich sind unsere Gesichter nur eine Möglichkeit, um uns zu identifizieren und zu orten. Die eindeutigen Identifikatoren in unseren Smartphones und Zahlungsgeräten zeigen unsere Anwesenheit an, wo immer wir uns aufhalten.[17] Anhand der Standortdaten von Millionen von Mobiltelefonen konnten Journalisten innerhalb von Minuten den Aufenthaltsort des Präsidenten der Vereinigten Staaten ermitteln.[18] Es gibt Systeme, die aus der Ferne den Herzschlag von Menschen überwachen und ihre Iris lesen können.[19] Andere identifizieren Personen per drahtloser Technologie durch Wände hindurch. Mit der richtigen Ausrüstung lässt sich der einzigartige Gang jedes Menschen genauso leicht identifizieren wie ein Fingerabdruck. In Zukunft kann man womöglich die »Raumzeit googeln« und so herausfinden, wo jemand an einem bestimmten Tag zu einer bestimmten Zeit war.[20]

Langfristig dürften die Ängste, *identifiziert* zu werden, von der Sorge, *analysiert* zu werden, abgelöst werden. Wir sind

Die Herrschaft der Daten

nicht so geheimnisvoll, wie wir gerne glauben, auch wenn die Fähigkeiten von Computern manchmal überbewertet werden. Derzeit werden Systeme entwickelt, die unsere Gefühle und Stimmungen anhand kleinster körperlicher Anzeichen interpretieren.[21] Sie sollen in der Lage sein, die Stimmungen von Menschenmengen blitzschnell zu erfassen.[22] Sie erkennen an den winzigen Bewegungen unserer Gesichtsmuskeln, ob wir gelangweilt oder abgelenkt sind.[23] Sie erkennen an unserem Gang, ob wir traurig sind.[24] Sie können kognitive Störungen daran erkennen, wie wir auf unseren Smartphones herumtippen.[25] Sie können aus unseren Beiträgen in den sozialen Medien unsere Befindlichkeit herauslesen.[26] Bekanntermaßen lassen sich anhand der Facebook-Likes in 85 Prozent der Fälle die politischen Präferenzen einer Person vorhersagen, in 88 Prozent der Fälle die sexuelle Orientierung und in 95 Prozent der Fälle die ethnische Zugehörigkeit.[27]

Anhand von Daten, die aus Tausenden Quellen gesammelt werden, durchleuchten uns heutige Systeme genauer und umfassender, als es ein Regierungsbeamter je könnte. Und wie wir im nächsten Kapitel sehen werden, können diese Systeme dadurch unsere kognitiven Zustände nicht nur interpretieren, sondern auch beeinflussen. Die Technologien von morgen werden sogar noch mehr Möglichkeiten haben.

***

Nicht jedem ist bewusst, in welchem Ausmaß er überwacht wird, und man könnte auf die Idee kommen, dass eine entsprechende Aufklärung der Menschen ihre Aussichten auf Freiheit verbessern könnte. Digitale Kompetenz ist sicherlich wichtig, und es lohnt sich, die Systeme, die wir nutzen, und die Unternehmen, die sie herstellen, besser zu verstehen. Paradoxerweise kann eine übermäßige Sensibilisierung sich aber auch negativ auf die Freiheit auswirken. Je mehr wir uns bewusst sind, dass andere uns beobachten, desto mehr achten wir auf unser eigenes Verhalten. Lange bevor Michel Foucault *Überwachen und Strafen* (1975) schrieb, vertraten die Republikaner im revolutionären England die Ansicht, dass allein das *Wissen* um die Macht der anderen ausreicht, dass sich Menschen anders verhalten.[28]

Dementsprechend könnten junge Menschen, wenn sie wüssten, dass künftige Arbeitgeber ihre Aktivitäten in den sozialen Medien unter die Lupe nehmen, jedes Verhalten vermeiden, das dazu führen könnte, dass ein peinliches Foto von ihnen im Internet veröffentlicht wird. Würde man Menschen, die einen Kredit beantragen wollen, sagen, dass die Facebook-»Freundschaft« mit einer bankrotten Person ihre *eigene* Kreditwürdigkeit herabsetzen kann, würden sie es sich genau überlegen, bevor sie diese Person in ihr Netzwerk aufnehmen. Wenn Verbraucher wüssten, dass ihre Gespräche mit persönlichen digitalen Assistenten von echten Menschen mitgehört werden können, würden sie es sich gut überlegen, bevor sie eine peinliche Frage über ihren neu aufgetretenen Hautausschlag stellen.[29] Wenn weithin bekannt wäre, dass Websites zum Thema Drogenmissbrauch die Identität ihrer Besucher an Dritte weitergeben, würden die Menschen vielleicht nur noch zögerlich Rat suchen.[30]

Viele Arbeitgeber erkennen instinktiv die disziplinierende Wirkung der Überwachung. Mitarbeiter, denen gesagt wird, dass ihr »Produktivitätswert« sinkt, wenn sie zu oft auf die Toilette gehen, könnten es sich eher verkneifen, trotz aller Unannehmlichkeiten.[31] Fahrradkuriere, denen gesagt wird, dass ihre Lieferungen ständig mit Richtwerten – »Dauer der Auftragsannahme«, »Fahrtdauer zum Restaurant«, »Aufenthalt beim Kunden« – verglichen werden, strampeln wahrscheinlich etwas schneller.[32] Angestellte im Homeoffice, die wissen, dass per »Hubstaff«-Software ihre Mausbewegungen, Tastenanschläge und Internetaktivitäten verfolgt werden, werden sich eher weniger vor der Arbeit drücken oder etwas aufschieben.[33] Schlimmer noch: Wer weiß, dass die App »Sneek« einen alle paar Minuten über die Webcam fotografieren kann, wird bei der Arbeit verständlicherweise nur ungern ein Nickerchen machen.[34] Kürzlich wurde bekannt, dass Amazon regelmäßig Berichte über die Social-Media-Posts seiner Fahrer erhält, sogar aus vorgeblich »privaten« Online-Gruppen, und diese auf Streik- und Protestpläne hin untersucht.[35] Wenn Sie ein Fahrer wären und wüssten, dass das geschieht, würden Sie wahrscheinlich weniger online posten, oder?

Wissen ist nicht immer Macht, und schon das Wissen, dass wir beobachtet werden, kann lähmend wirken.

***

Bürger einer freien Republik sollten erhobenen Hauptes dastehen, anderen in die Augen schauen und ihr Leben zuversichtlich planen können.[36] Menschen, die unter ständiger Überwachung stehen, werden jedoch mit der Zeit Verhaltensweisen annehmen, von denen sie hoffen, dass sie anderen gefallen, anstatt sich selbst treu zu bleiben. Nervös, zappelig, befangen – der überwachte Bürger ist ein kleinlautes und ängstliches Geschöpf, das Angst vor seinem eigenen Datenschatten hat. Natürlich werden wir nie völlig frei von Überwachung sein. Aber ständig beobachtet zu werden entfaltet unmerklich eine enorme Wirkung. Mit der Zeit könnte das bedrückend werden.

Im letzten Kapitel haben wir die erste Dimension der Macht von Technologie gesehen: die Macht, Regeln aufzustellen, die andere befolgen müssen. Manchmal sind diese Regeln so streng, dass sie nicht gebrochen werden können. Sie *zwingen* uns buchstäblich dazu, uns auf eine bestimmte Weise zu verhalten. In diesem Kapitel haben wir einen Blick auf die zweite Dimension der Macht geworfen: Die Technologie ermöglicht einigen wenigen Einblicke, wie sie kein Sterblicher je gewinnen könnte. Das nächste Kapitel befasst sich mit einer dritten Form der Macht: der Fähigkeit, zu bestimmen, wie wir uns selbst und andere wahrnehmen.

KAPITEL 5

MEISTER DER WAHRNEHMUNG

Haben Sie schon einmal versucht, sich von einer Mailingliste abzumelden, oder waren frustriert von winzigen versteckten Optionen, endlosen Hyperlinks und verwirrenden Aufforderungen, längst vergessene Passwörter einzugeben? Die Ursache dafür, dass Sie nicht tun konnten, was Sie tun wollten, könnte schlampiges Design gewesen sein, aber diese Hindernisse könnten Ihnen auch absichtlich in den Weg gelegt worden sein.[1] In jedem Fall konnten Sie Ihr Vorhaben nicht umsetzen. Und irgendwann haben Sie aufgehört, es zu versuchen.

Vielleicht erinnern Sie sich an einen Abend, an dem Sie sich vorgenommen hatten, Ihre To-do-Liste abzuarbeiten, stattdessen aber sechs Stunden lang *Real Housewives of Cheshire* geschaut haben. Vielleicht war die Serie einfach so gut. Oder aber Sie könnten Opfer sorgfältiger Planung geworden sein. Streaming-Plattformen sind generell auf ein gewisses Suchtverhalten ausgelegt. Dort wird die nächste Folge schon vorbereitet, während die vorherige noch läuft, wie der Kellner, der einem diskret nachschenkt, bis man zu betrunken ist, um es zu merken.

Zur Freiheit gehört auch, dass wir unsere eigenen Vorlieben ausbilden und aus eigenen Gründen handeln können.[2] Die Digitaltechnik erschwert dies. Wir werden ermutigt, zu kaufen oder zu konsumieren, Zeit oder Aufmerksamkeit zu opfern, persönliche Informationen preiszugeben. In gewissem Rahmen ist dies zu erwarten. Zum Menschsein gehört es, dass andere Forderungen an uns stellen. Aber die Technologie beschränkt sich nicht auf die herkömmlichen Mittel der Beeinflussung. Oft verändert sie unser Verhalten eher durch »Konditionierung« als durch Vernunft oder Überredung.[3] Sie arbeitet zum Teil im Unterbewusstsein der Menschen, und zwar so, dass es eher manipulierend als beeinflussend wirkt.

Natürlich kann ein einzelner kleiner Akt der Konditionierung für sich genommen kaum als inakzeptabler Eingriff in unsere Freiheit gelten. Die Netflix-Algorithmen sind keine echte Bedrohung unserer Lebensweise. Aber zusammengenommen können die zahllosen Anreize, Anstöße und Ansprüche an unsere Aufmerksamkeit unsere Freiheit erheblich einschränken.[4] Wie wir gesehen haben, kann die Technologie uns zwingen, dieses oder jenes zu tun. Ihr subtilerer Effekt besteht aber darin, dass sie uns die Fähigkeit nimmt, zu entscheiden, was wir überhaupt wollen – oder den Willen, das anzustreben, was wir wollen.[5] Dies ist eine wirkungsvolle Form der Macht, und sie ist das Thema dieses Kapitels.

***

Menschen sind auch deswegen anfällig für kognitive Beeinflussung, weil unsere Kapazität, Informationen zu sammeln, zu speichern und zu verarbeiten, begrenzt ist. Selbst die klügsten Köpfe können nur einen winzigen Bruchteil der Informationen dieser Welt in ihren Köpfen speichern. Um diese Einschränkung auszugleichen, entwickeln wir Datensysteme, die die Realität in einer verwertbaren Form erfassen und darstellen. Sprachen, mathematische Symbole, Datenbanken, Bücher und Zeitungen sind allesamt Früchte des menschlichen Bemühens, die Welt klarer wahrzunehmen. Ohne sie wäre das Leben noch verwirrender und chaotischer, als es ohnehin schon ist: ein strukturloser Strom von Eindrücken, der uns Augenblick für Augenblick überschwemmt.

Die Verarbeitung von Informationen könnte man für eine trockene und komplizierte Angelegenheit halten, die man am besten Experten überlässt, wie die Medizin den Ärzten. Doch damit läge man weit daneben. Es gibt nichts Politischeres als die Möglichkeit, zu beeinflussen, wie andere die Welt wahrnehmen. Die Systeme, die wir entwickeln, um Informationen zu sammeln, zu speichern, zu analysieren und zu kommunizieren, haben für unsere gemeinsame Existenz eine ebenso grundlegende Bedeutung wie alle anderen wirtschaftlichen, rechtlichen oder politischen Institutionen.[6] Sie filtern, was wir wissen und was wir für wertvoll halten. Sie prägen unsere Gewohnheiten und Rituale. Sie bestimmen, was gesagt werden darf und was ungesagt bleiben muss. Sie beeinflussen unsere Interessen, Vorlieben und Wünsche. Sie brüten unsere Memes und Klischees aus. Sie sind das Prisma, durch das wir einander und uns selbst sehen.

Die Generation, die in den neunziger Jahren zum ersten Mal einen Heimcomputer benutzt hat, hat das frühe kommerzielle Internet noch als ein Wirrwarr aus persönlichen Websites, unübersichtlichen Hobbyseiten und erbärmlich schlecht formatierten Messageboards in Erinnerung. Das World Wide Web war Neuland, unergründlich und unkontrollierbar: eine Datenautobahn ohne Verkehrsregeln und Fahrbahnmarkierungen. Findige Menschen sahen jedoch einen Wert darin, Ordnung in das Chaos zu bringen. Und so wurden Suchmaschinen erfunden, die die Informationen der Welt ordneten und sortierten. Die alten Chatforen wurden durch riesige, polierte Plattformen ersetzt, auf denen wir alles austauschen können, was es über uns zu wissen gibt. Derartige Systeme drängten sich in die Räume zwischen den Menschen, aber auch zwischen die Menschen und die Informationen. Nachdem sie sich einmal dort eingenistet hatten, erlangten sie die Fähigkeit, unsere Gedanken zu beeinflussen und den öffentlichen Diskurs zu prägen.

Nehmen wir ein einfaches aktuelles Beispiel: die beliebte Plattform TikTok, auf der sich mehr als eine Milliarde Nutzer tummeln, viele davon junge Erwachsene oder Kinder. TikTok ist vom Design her nicht offensichtlich politisch. Die Nutzer posten dort kurze Videos von sich selbst, oft mit Musik unterlegt. Doch die schiere Größe und Reichweite haben aus TikTok eine starke gesellschaftliche Kraft gemacht. Beim Öffnen der App sehen die Nutzer als Erstes die »Für dich«-Seite mit Inhalten, die Nutzer ansprechen könnten. Diese Inhalte werden zum Teil von Algorithmen und zum Teil von Menschen kuratiert. Im Jahr 2020 wurde bekannt, dass die menschlichen Kuratoren von TikTok die Anweisung erhalten hatten, Bilder von »molligen« Menschen und solchen mit einer »abnormen Körperform« von der »Für dich«-Seite fernzuhalten. Auch Bilder von Menschen mit Kleinwuchs oder Akromegalie wurden herausgefiltert, ebenso Bilder von »Senioren« und Menschen mit »hässlichen Gesichtern«. Die Kuratoren wurden außerdem angewiesen, keine Videos in den Feed zu lassen, die in einer »schäbigen oder baufälligen« Umgebung aufgenommen wurden.[7]

Durch dieses Vorgehen hat TikTok auf subtile Weise die Unattraktiven und Armen marginalisiert. Das Unternehmen hat gezeigt, dass im digitalen Zeitalter eine Person, eine Gruppe oder eine Idee nicht geblockt oder zensiert werden muss, um irrelevant zu werden. Sie muss nur herabgewürdigt oder abgewertet, in einer Flut anderer Informationen ertränkt oder so präsentiert werden, dass man ihr kaum noch Aufmerksamkeit schenken will. Wie eine Plattform Informationen präsentiert und priorisiert, wirkt sich unweigerlich auf die Perspektive der Nutzer aus. Dies ist ein weiteres Privileg, das denjenigen zuteilwird, die Code schreiben: die Möglichkeit, unsere Wahrnehmung der Welt zu gestalten.

Im Jahr 2012 führte Facebook während der Wahlen zum US-Kongress eine randomisierte kontrollierte Studie durch. Einer Gruppe wurde ein Banner mit einem »Ich habe gewählt«-Button gezeigt, das die Betrachter aufforderte, wählen zu gehen. Einer anderen Gruppe wurde das gleiche Banner mit Fotos von Freunden angezeigt, die bereits auf »Ich habe gewählt« geklickt hatten. Einer dritten Gruppe wurde nichts gezeigt. Bei der zweiten Gruppe – jenen, die Fotos von Freunden sahen, die bereits gewählt hatten – war die Wahrscheinlichkeit, dass sie wählen gingen, um 0,4 Prozent erhöht. Das klingt nicht besonders beeindruckend, bis man bedenkt, dass die Methode an mehr als 60 Millionen Menschen getestet wurde. Die Autoren der Studie behaupteten, so die Wahlbeteiligung um rund 340 000 Stimmen erhöht zu haben – ein Stimmenzuwachs, der ausreichen würde, um viele Wahlen entscheidend zu beeinflussen.[8]

Einige Bedenken im Zusammenhang mit dieser Form von Macht sind allseits bekannt. Eine zu niedrige Platzierung auf den Google-Ergebnisseiten kann für Unternehmen zum Verhängnis werden, weshalb sie jedes Jahr zig Milliarden Dollar ausgeben, um auf den vorderen Positionen zu bleiben.[9] Bei anderen Bedenken geht es um Missbrauch und Manipulation. Die Europäische Kommission fand heraus, dass Google in seinen Suchergebnissen manchmal die eigenen Produkte gegenüber Konkurrenzprodukten bevorzugt. Es wurden auch Bedenken geäußert, dass Suchmaschinen die Ergebnisse von Wahlen beeinflussen könnten. Vor den US-Präsidentschaftswahlen 2016 waren die beiden ersten Suchvorschläge auf Yahoo! für »Hillary Clinton«:

»… ist eine Lügnerin«
»… ist eine Kriminelle«

Auf Bing waren es:

»… ist eine dreckige Lügnerin«
»… ist eine Mörderin«

Google hingegen schlug folgende Suchanfragen vor:

»… gewinnt«
»… ist großartig«.[10]

Was ist wichtig daran, dass diese Ergebnisse sich so deutlich voneinander unterschieden? Ein Grund ist der Negativitätsbias: Unangenehmes fesselt und erregt unsere Aufmerksamkeit intensiver als Neutrales oder Positives. Wenn unentschlos-

Meister der Wahrnehmung

sene Wähler nach dem Namen eines politischen Kandidaten suchen und drei positive Suchvorschläge (zum Beispiel: »Kamala Harris ist … lustig« oder »Kamala Harris ist … clever«) und nur einen negativen (zum Beispiel: »Kamala Harris ist … eine Schande«) präsentiert bekommen, dann werden sie unverhältnismäßig oft auf das negative Ergebnis klicken, was sich wiederum auf ihre Wahlentscheidung auswirken könnte. Die Befürchtung ist, dass Suchmaschinen die Meinungen der Menschen »dramatisch verändern« könnten, indem sie einfach »eine unterschiedliche Anzahl negativer Suchvorschläge« für jeden Kandidaten anbieten.[11] Dies könnte absichtlich oder unabsichtlich geschehen. In jedem Fall ist es ein bedeutender Machtfaktor. Unter den richtigen Umständen könnte er einflussreicher sein als jede Werbekampagne oder politische Ankündigung. Google meinte es daraufhin gut und veränderte seinen Algorithmus so, dass extremistische Veröffentlichungen aus dem Newsfeed nach unten geschoben wurden, doch führte dies unbeabsichtigt auch zu einem Rückgang des Datenverkehrs auf staatlichen Websites, die über extremistische Inhalte *berichteten*. Auf einer solchen Seite brach der Traffic um 63 Prozent ein.[12]

In Zukunft wird man bei einer »Suche« kaum noch Wörter in einen Kasten tippen, sondern es wird eher wie ein ständiges Gespräch mit einem digitalen persönlichen Assistenten sein. Aber das Problem wird dadurch nicht verschwinden: Jede Entscheidung, einem Nutzer eine bestimmte Information anzubieten, bedeutet gleichzeitig, dass ihm eine andere Information vorenthalten wird. Das ist keine Kritik, aber so funktionieren Informationstechnologien ganz einfach.

***

Im Jahr 2018 trat der CEO von Twitter, Jack Dorsey, vor den US-Kongress und informierte das amerikanische Volk bedauernd darüber, dass die Algorithmen der Plattform 600 000 Konten, darunter einige Mitglieder des Kongresses, aus der automatischen Vervollständigungsliste für Suchanfragen und den »neuesten Ergebnissen« der Plattform »ungerechtfertigterweise herausgefiltert« hatten. Das war ein bedeutendes Eingeständnis. Es bestätigte die seit langem gehegten Befürchtungen, die Plattform könne den politischen Prozess manipulieren, ohne dass dies jemand beabsichtigte oder auch nur bemerkte.[13]

Mr. Dorsey erntete für sein Geständnis Lob, doch zeigte sein Auftritt auch, wie unterwürfig wir angesichts der Macht der Technologie geworden sind. Es war ernüchternd zu sehen, wie Amerikas ranghöchste Politiker schweigend zuhörten, während ein junger Geschäftsmann erklärte, wie seine Plattform die amerikanische Demokratie negativ beeinflusst hatte. Als er versprach, er werde das Problem lösen, blieb den Politikern nur zu hoffen, dass er es auch ehrlich meinte.

Für unsere Zwecke brauchen wir uns nicht sonderlich um einzelne Unternehmen oder CEOs zu sorgen. Das Problem ist struktureller Art. Die Unternehmen, die die Informationen der Welt sortieren und ordnen, entscheiden jetzt zu einem großen Teil, was auf die Tagesordnung der Gesellschaft kommt. Sie mögen ihre Macht so nutzen, wie es uns gefällt oder auch nicht gefällt. Aber in jedem Fall tragen sie eine große politische Verantwortung, die mit Risiken behaftet ist.

Innerhalb weniger Jahrzehnte hat eine relativ kleine Anzahl von Unternehmen sich dazu ermächtigt, zu bestimmen, wie der Rest von uns die Welt sieht. Und dabei – das ist das Entscheidende – haben wir selten ein Mitspracherecht, unabhängig davon, ob wir mit bestimmten Entscheidungen dieser Unternehmen einverstanden sind oder nicht. Das ist unbefriedigend. Die Struktur und das Wohl der Informationswelt sollten nicht als Unternehmensangelegenheiten behandelt werden. Sie gehen uns alle an. Sie sind das, was die Römer eine *res publica*, eine Sache oder Angelegenheit des Volkes, genannt hätten.[14]

In den nächsten beiden Kapiteln geht es um eine weitere Quelle der Macht für jene, die digitale Technologien entwickeln und kontrollieren – die Macht, die Demokratie selbst zu beeinflussen. Das politische System ist in zunehmendem Maße der Gnade der Zirkusdirektoren in den großen Arenen der digitalen Debatte ausgeliefert.

KAPITEL 6

REPUBLIK DER VERNUNFT

Die Briten sind nicht gerade für übertriebene Gefühlsausbrüche bekannt. Wenn etwas Dramatisches passiert, nehmen sie genüsslich einen Schluck Tee, denken an die Königin und sprechen nie wieder über die Angelegenheit. Von Zeit zu Zeit jedoch wird das Land aus seiner, wie Ihre Majestät es nannte, »ruhigen, gutmütigen Entschlossenheit« heraus in einen schrecklichen Wutrausch versetzt.[1]

Ein solcher Vorfall ereignete sich im Jahr 2020.

Dominic Cummings war einer der wichtigsten Berater des Premierministers und einer der Initiatoren des strengen Covid-19-Lockdowns im Vereinigten Königreich, bei dem man nicht einmal an Beerdigungen von Angehörigen teilnehmen durfte. Auf dem Höhepunkt des Lockdowns kam heraus, dass Cummings eine 800 Kilometer lange Autofahrt unternommen und damit gegen die Vorschriften verstoßen hatte, deren Mitverfasser er war. Unterwegs hatte er, zufällig am Geburtstag seiner Frau, einen Zwischenstopp in einer hübschen, bei Touristen beliebten Stadt gemacht. Später behauptete er, es sei eine medizinische Expedition gewesen, um seine »Sehkraft zu testen«. (Eine Erklärung, die nicht alle überzeugte.)

Die britische Öffentlichkeit empörte sich ob dieser Heuchelei und forderte in den sozialen Medien seinen Rücktritt. Auf Twitter hatte der Skandal schnell einen eigenen Hashtag: *#CummingsGate*. Erfahrenen Beobachtern fiel jedoch etwas Merkwürdiges auf. Obwohl das Wort »Cummings« die landesweite Diskussion beherrschte, tauchte es bei den Twitter-Trends nicht auf. Es schien, als werde das Thema vor der Öffentlichkeit verborgen.

Warum?

Die Antwort hatte nichts mit großer Politik zu tun. »CummingsGate« wurde zensiert, weil das Wort »cumming« auf der Liste der verbotenen pornographischen Begriffe bei Twitter stand. Ganz ähnlich hatte Facebook Einwände gegen Beiträge, die sich auf »the Hoe« bezogen – auch wenn mit dem Wort niemand als »Schlampe« beschimpft wurde, sondern jemand über Plymouth Hoe schrieb, einen malerischen Ort an der Südwestküste Englands, der für seinen hübschen Leuchtturm bekannt ist.[2] Derartige Fehler sind in der Informatik als »Scunthorpe-Problem« bekannt, benannt nach der englischen Stadt, in deren Namen sich eine sehr unanständige Obszönität verbirgt. Siehe dazu auch – nur zu Bildungszwecken natürlich – die malerischen englischen Ortschaften Penistone, Cockermouth und Rimswell.

Die Cummings-Affäre zeigte in einem Mikrokosmos die ganze Komödie, Tragödie und Farce des politischen Online-Diskurses: die Intrigenwirtschaft, die hohen Wellen der viralen Empörung, wie enorm schwierig es ist, im richtigen Maßstab zu moderieren, den Hauch von Verschwörung. Sie erinnerte uns an etwas, das wir bereits wissen: Technologie und Demokratie sind heute so eng miteinander verbunden, dass man kaum noch sagen kann, wo das eine aufhört und das andere beginnt. Diejenigen, die soziale Medienplattformen entwickeln und kontrollieren, legen die Regeln der Debatte fest: was gesagt werden darf, wer es sagen darf und wie.

***

Online gibt es viele Orte, an denen sich Bürger an öffentlichen Diskussionen beteiligen können. Allein auf den Facebook-Plattformen posten die Menschen mehr als 100 Milliarden Mal pro Tag – das sind mehr als 13 Beiträge für jeden Menschen auf der Welt.[3] Die Plattformen berufen sich oft darauf, dass sie die Inhalte, die auf ihren Plattformen erscheinen, nicht selbst *erstellen*, und das stimmt in der Regel auch. Aber das bedeutet nicht, dass sie in der öffentlichen Debatte neutral wären. Weit gefehlt. Statt selbst Argumente vorzubringen, stufen sie die Ideen anderer ein, sortieren sie und ordnen sie. Sie zensieren. Sie blockieren. Sie verstärken. Sie bringen zum Schweigen. Sie entscheiden, wer gesehen wird und wer unsichtbar bleibt.

Nein sagen zu können ist die einfachste Form der Macht, über die eine Plattform verfügt.[4] Ein Nutzer – sogar ein Präsident – kann mit einem Klick für immer von einer Plattform verbannt werden. Fast 90 Prozent der Nutzungsbedingungen erlauben Social-Media-Plattformen, persönliche Konten ohne Vorankündigung oder Widerspruchsmöglichkeit zu löschen.[5] Oft haben die Verbannten ihr Schicksal verdient: Facebook löscht jedes Jahr Milliarden von gefälschten Konten sowie die Konten von unzähligen Betrügern, Sexualstraftätern und Gaunern.[6] Donald Trump hatte es mit Sicherheit verdient, als es ihm passierte. Doch wir alle sind abhängig von der Gnade

Mark Zuckerbergs. Sie oder ich könnten aus Gründen, die wir nicht ganz nachvollziehen können, von einem beliebten Forum ausgeschlossen werden. Kein Gesetz verpflichtet die Plattformen, ihre Entscheidungen zu erklären oder zu rechtfertigen. Selbst wenn man ihren Versicherungen glaubt, dass sie nicht absichtlich bestimmte politische Ansichten bevorzugen, passieren allein aufgrund der Größenordnung, auf der sie operieren, manchmal Fehler.[7]

Mitunter sind die Entscheidungen der Plattformen, wen sie *nicht* ausschließen, genauso umstritten wie ihre Entscheidungen, bestimmte Nutzer zu verbannen. Facebook wurde beispielsweise vorgeworfen, es erlaube einflussreichen Politikern in Indien, gegen die Regeln für Fake News zu verstoßen.[8]

Plattformen blockieren nicht nur Personen, sondern auch Inhalte. Die Türkei verlangt von Twitter, Tweets zu entfernen, die sich kritisch über den Präsidenten des Landes äußern.[9] Facebook entfernt im Auftrag der pakistanischen Regierung »blasphemische« Inhalte und im Auftrag der thailändischen Regierung königsfeindliche Inhalte.[10] TikTok zensiert Inhalte, die die tibetische Unabhängigkeit und den Platz des Himmlischen Friedens erwähnen.[11] Die EU drängt Plattformen dazu, Hassreden zu löschen.[12] Was wie reine unternehmerische Verfügungsgewalt aussieht, ist oft eine Mischung aus kommerziellen und staatlichen Kräften, die in einer Weise interagieren, die für normale Nutzer nicht einsichtig ist.[13]

Manchmal entfernen Plattformen Material, weil es rechtswidrig ist. Aber oft gehen sie noch weiter. In der Türkei verbot TikTok Darstellungen von Alkoholkonsum, obwohl man dort legal Alkohol konsumieren darf. Außerdem wurden Darstellungen von Homosexualität in weitaus größerem Umfang verboten, als es die dortigen Gesetze vorschreiben.[14] Die Plattform Ravelry, die von fast 10 Millionen Strick- und Häkelfans genutzt wird, verbietet (legale) Bilder, die Unterstützung für Donald Trump ausdrücken. Ein Foto von Strickwaren mit dem Schriftzug »Keep America Great« wird von den Moderatoren der Website entfernt. Aber eine Kopfbedeckung (als »Pussy Hat« bekannt), mit der gegen Trumps »Grab 'em by the Pussy«-Bemerkung protestiert wird, wird aktiv gefördert.[15]

Wenn Social-Media-Plattformen bestimmte Formen der legalen Meinungsäußerung zulassen oder entfernen, fällen sie strittige Urteile über das Wesen der freien Meinungsäußerung. Die Community-Richtlinien von Instagram verbieten beispielsweise grundsätzlich die Darstellung weiblicher Brustwarzen. Von Rihanna, Miley Cyrus und Chrissy Teigen wurden bereits Fotos entfernt, weil sie gegen diese Regel verstießen. Hätten die Schnappschüsse sie jedoch beim Stillen oder ihre Narben nach einer Mastektomie gezeigt, dann hätte Instagram sie zugelassen. Wenn die anstößigen Stellen mit Bildern von männlichen Brustwarzen überdeckt worden wären, dann wären die Bilder ebenfalls akzeptabel gewesen. Man kann mit der Herangehensweise von Instagram an dieses Thema einverstanden sein oder nicht, aber die 500 Millionen Nutzer von Instagram haben kaum eine andere Wahl, als sich an die Beurteilung der Plattform zu halten, welche Haut zu sehen sein und welche bedeckt bleiben sollte.[16] Dasselbe gilt für politische Äußerungen im Allgemeinen. Während der Covid-19-Krise entfernte Twitter Tweets der Präsidenten Brasiliens und Venezuelas, in denen sie dubiose Mittelchen gegen das Virus priesen.[17] Twitter sperrte Donald Trump dauerhaft von der Plattform. Auch hier unterstützten einige diesen Schritt, während andere sich unwohl fühlten bei dem Gedanken, dass ein privates Unternehmen ein Staatsoberhaupt zensierte. Man wies nicht ohne Grund darauf hin, dass andere umstrittene politische Persönlichkeiten wie der iranische Ajatollah Khamenei – der die Gleichstellung der Geschlechter für ein zionistisches Komplott hält, mit dem Ziel, die Rolle der Frau in der Gesellschaft zu korrumpieren[18] – weiterhin munter drauflos twittern dürfen.

* * *

Politische Werbung ist eine der wichtigsten und heikelsten Formen der Meinungsäußerung. In den Vereinigten Staaten entscheiden die Plattformen im Wesentlichen selbst, was sie zulassen. Twitter und TikTok haben politische Werbung gänzlich verboten. Snapchat lässt sie zu, aber nur, wenn sie auf faktische Korrektheit überprüft wurde. Google erlaubt sie ohne jeglichen Faktencheck.[19] Facebook erlaubt politische Werbung und prüft sie auch auf faktische Korrektheit, es sei denn, sie stammt von Politikern, dann wird nichts unternommen. Im Jahr 2019 schaltete Donald Trump eine Facebook-Werbung, in der er fälschlicherweise behauptete, Joe Biden habe ukrainischen Beamten Bestechungsgelder angeboten. Der Clip wurde so bearbeitet, dass der irreführende Eindruck entstand, Biden habe dieses erfundene Verbrechen gestanden. Er wurde von mehr als vier Millionen Menschen gesehen.[20]

Als Mark Zuckerberg in seiner muffigen Studentenbude Facebook ins Leben rief, hätte er wahrscheinlich nie geglaubt, dass es eines Tages ihm obliegen würde, die unwahren Äußerungen eines Präsidenten der Vereinigten Staaten zu reglementieren. Aber sollte tatsächlich *irgendein* privates Unternehmen regelmäßig und ganz allein derartige Entscheidungen treffen? Politische Werbung im Fernsehen unterliegt strengen

Regeln. Warum sollte Online-Werbung anders behandelt werden?

Welche Arten der Meinungsäußerung erlaubt und welche verboten werden sollten, ist eine große philosophische Frage. In den demokratischen Gesellschaften gibt es darauf unterschiedliche Antworten. In der heutigen Zeit zählen Philosophie und Tradition jedoch seltsamerweise weniger als die Ansichten von Juristen und Geschäftsleuten, die diese Entscheidungen treffen. Frustrierend ist, dass die Social-Media-Plattformen ihre wackligen Firmenphilosophien oft nach eigenem Gutdünken erfinden. Der CEO von Twitter Jack Dorsey räumt ein, dass seine Plattform »ohne einen Plan« gegründet wurde und dass »Anreize in die App eingebaut wurden, die Nutzer und Medien dazu ermutigten, Tweets zu verfassen [...], die sich eher durch Sensationslust als Korrektheit auszeichnen«.[21] Im Jahr 2021 deckte das *Wall Street Journal* auf, dass Facebook bestimmte Prominente und Politiker auf eine »Whitelist« gesetzt hatte und ihnen somit erlaubte, gegen die Regeln der Plattform zu verstoßen, ohne Sanktionen befürchten zu müssen. Beispielsweise durfte der brasilianische Fußballspieler Neymar offenbar Nacktbilder einer Frau posten, die ihn der Vergewaltigung beschuldigt hatte.[22]

Der autoritäre Jurist Carl Schmitt schrieb im Jahr 1922: »Souverän ist, wer über den Ausnahmezustand entscheidet.«[23] Die Plattformen entscheiden über die Regeln, und sie entscheiden über die Ausnahmen, meist inmitten eines Skandals. Aber reflexartiges Krisenmanagement ist keine geeignete Methode, um die Willensbildung eines freien Volkes zu regeln.

KAPITEL 7

DIE AUTOMATISIERUNG DES AUSTAUSCHES

Auf der Social-Media-Plattform Reddit hat ein Nutzer kürzlich einen bewegenden Bericht über Selbstmordgedanken gepostet, die er in der Vergangenheit hatte:

> Ich denke, was mir am meisten geholfen hat, waren wohl meine Eltern. Ich hatte ein sehr gutes Verhältnis zu ihnen, und sie waren immer für mich da, ganz egal, was passiert ist. Es gab viele Momente in meinem Leben, in denen ich mich umbringen wollte, aber wegen ihnen habe ich es nie getan. Sie wussten um meine Gefühle und haben mich sehr unterstützt. Ich bin mir nicht sicher, wie viel Einfluss das auf mich hatte, aber es hat auf jeden Fall geholfen.
> Das andere, was mir wirklich geholfen hat, waren meine Lehrer. Ich hatte einige phantastische Lehrer in der Highschool und im College, sie waren immer für mich da, wenn ich sie am meisten brauchte. Ich glaube nicht, dass ich noch leben würde, wenn es sie nicht gegeben hätte.

Es ist schwierig zu erklären, aber es gab noch ein paar andere Sachen, die mir geholfen haben. Eine davon waren meine Freunde, sie waren immer für mich da.

Sie wussten nicht wirklich von meinen Depressionen oder Selbstmordgedanken, aber immer, wenn ich mich schlecht fühlte, waren sie für mich da und hoben meine Stimmung. Wenn sie nicht gewesen wären, wäre ich wahrscheinlich nicht mehr am Leben.

Dieser Post steckte voller Menschlichkeit. Andere Nutzer reagierten warmherzig darauf. Aber sie hatten keine Ahnung, dass der anonyme Verfasser, *thegentlemetre*, gar kein Mensch war, sondern eine Texterzeugungsmaschine, ein »Bot«, dafür gebaut, die menschliche Sprache zu imitieren.[1]

In diesem Kapitel geht es um die zunehmende Fähigkeit digitaler Systeme, durch Sprache in menschliche Angelegenheiten einzugreifen – eine besondere Form der Macht in einer Gesellschaft, in der die politische Ordnung auf dem freien Meinungsaustausch zwischen den Bürgern beruht.

Als der Kolumnist der *Washington Post* Jamal Khashoggi im Jahr 2018 verschwand, vermuteten die westlichen Medien weithin, dass er auf Veranlassung von Mohammed bin Salman, dem Kronprinzen von Saudi-Arabien, ermordet worden sei. Doch die arabischsprachigen sozialen Medien verbreiteten eine andere Geschichte. An einem Tag erschien der Satz »Wir alle haben Vertrauen in Mohammed bin Salman« in 250 000 Tweets, in weiteren 60 000 Tweets hieß es: »Wir müssen zu unserem Oberhaupt stehen«, und in 100 000 Nachrichten wurden die Saudis aufgefordert, »Feinden der Nation nicht mehr zu folgen«. In der arabischen Welt waren diese Botschaften nicht zu übersehen. Und offenbar wurden die meisten da-

Die Automatisierung des Austausches

von durch nichtmenschliche Chatbots generiert, die man von der Leine ließ, um die Befehle der Anhänger des Kronprinzen auszuführen.[2]

Chatbots sind Softwareprogramme, die natürliche Sprache anwenden können. Sie reagieren auf menschliche Sprache, indem sie aus großen Speichern menschlicher Sprache die passende Antwort ableiten. Sie sind nicht intelligent im eigentlichen Sinne und werden derzeit in aller Regel nur für plumpe Propaganda eingesetzt. Der Fall Khashoggi zeigt jedoch, dass man allein mit Online-Beiträgen den öffentlichen Diskurs beherrschen kann. Erinnern Sie sich an die Aufregung über die nach Norden ziehende »Migrantenkarawane« aus Mittelamerika vor den US-Zwischenwahlen 2018? Man schätzt, dass 60 Prozent der Online-Unterhaltungen von Chatbots initiiert wurden.[3]

Nichtmenschliche Systeme werden bereits eingesetzt, um Nachrichten zu präsentieren,[4] Telefonanrufe bei Hilfehotlines zu beantworten, Werbeanrufe zu tätigen[5] und einfache Rechtsberatung anzubieten.[6] IBM gibt an, man habe dort ein System entwickelt, das »mit Menschen über komplexe Themen diskutieren kann«.[7] Das System, das *thegentlemetre* erschuf, galt anfangs als zu gefährlich, um es für eine breitere Anwendung freizugeben.[8] Dieses System, das mit fast einer Milliarde Wörtern aus von Menschen verfassten Texten trainiert wurde und dessen aktuellste Version unter der Bezeichnung GPT-3 bekannt ist, soll in der Lage sein, Fragen zu beantworten, schlechte Grammatik zu korrigieren und eigene Geschichten zu verfassen. Die Software ist kommerziell erhältlich, und derartige Systeme werden bald alltäglich sein und für Werbung, Debatten, Scherze und Flirts zur Verfügung stehen. Mit der Zeit könnten sie mit Technologien gekoppelt werden, die menschliche Emotionen lesen und darauf mit Gesichtsausdrücken und Stimmen reagieren können,[9] die attraktiv und überzeugend wirken sollen.

Es gibt bereits Bedenken wegen gefälschter, aber fotorealistischer Videos von echten Menschen, sogenannten Deepfakes.[10] Bislang wurden Deepfakes vor allem dazu verwendet, Pornodarstellern die Gesichter von Prominenten zu geben. Auch wurden Politiker mit Deepfakes imitiert.[11] In Zukunft könnte man damit einen Akt der Korruption eines Präsidenten oder die Rede eines Polizeichefs fälschen.[12] Die größte Gefahr, die von Deepfakes ausgeht, ist aber nicht, dass Menschen diesen Unwahrheiten Glauben schenken. Sie besteht darin, dass der Wahrheitsbegriff selbst an Wert verlieren wird. Die Menschen werden nicht mehr wissen, wem oder was sie vertrauen können.

Die Social-Media-Plattformen bereiten sich auf die nächste Generation an Herausforderungen vor, aber erneut werden sie weitgehend sich selbst überlassen, als wären diese Herausforderungen rein technischer Art. Das sind sie aber nicht. Bei der Frage, wie mit komplexer nichtmenschlicher Sprache umzugehen ist, könnten vernünftige Bürger durchaus unterschiedlicher Ansicht sein. Einige werden wollen, dass solche »Stimmen« verboten oder versteckt werden; andere werden sie als legitime und sogar hilfreiche Formen der freien Meinungsäußerung betrachten. Die Zukunft der Demokratie hängt davon ab, welcher Ausgleich hier gefunden wird. Im Moment liegt die Entscheidungsgewalt in privater Hand.

Insgesamt lässt sich sagen, dass wir das Allerheiligste der Republik – den demokratischen Gedankenaustausch – Unternehmen anvertraut haben, die nur wenigen Sicherungsmaßnahmen und wenig systematischer Aufsicht unterliegen.

Ist es klug, sie nach freiem Ermessen entscheiden zu lassen, welche Regeln gelten, wann und wie sie durchgesetzt werden und wann sie nicht gelten, ohne dass der Rest von uns ein Mitspracherecht hat?

Jahrelang wurde diese Frage damit beantwortet – oder besser gesagt, abgetan –, dass man die Moderation der Plattformen am besten den Unternehmen überlassen sollte, die diese Technologien entwickelt haben. Natürlich kennen die Plattformen ihre Systeme in technischer Hinsicht besser als jeder andere. Aber ihre Arbeit ist zutiefst und unweigerlich politisch, und wer etwas anderes behauptet, liegt falsch. Sogar Mark Zuckerberg scheint inzwischen zu dieser Erkenntnis gelangt zu sein: »Ich finde nicht, dass private Unternehmen so viele Entscheidungen, die grundlegende demokratische Werte berühren, allein treffen sollten.«[13]

***

In diesem Teil haben wir vier Formen digitaler Macht betrachtet: die Macht, Regeln aufzustellen, die andere befolgen müssen; die Macht, andere zu kontrollieren; die Macht, zu prägen, wie andere die Welt sehen; und die Macht, den demokratischen Austausch zu gestalten. Dies entspricht keiner Macht im traditionellen Sinne, wie sie in Parlamenten, Gerichtssälen und Armeen zu finden ist. Es handelt sich um eine neue und andere Form der Macht, die sich aus dem Besitz und der Kontrolle digitaler Technologie ergibt.

Was sollen wir mit dieser Macht anfangen? Die meisten technologischen Systeme sind schließlich dafür gedacht, das Leben der Menschen zu verbessern, nicht zu verschlechtern. Und die Menschen, die digitale Technologien entwickeln und kontrollieren, sind oft hochintelligent, gut ausgebildet und hegen gute Absichten. Aber aus republikanischer Sicht ist das nicht entscheidend. Einem kleinen, nicht rechenschaftspflichtigen Teil der Bevölkerung große Macht zu übertragen, ist grundsätzlich riskant.

Doch das Problem reicht noch viel tiefer. Die Tech-Branche präsentiert sich selbst gerne als Domäne uneingeschränkter Rationalität; als einen Ort, an dem Entscheidungen von Daten und Logik und nicht von den Launen menschlicher Vorurteile bestimmt werden. Dieser Mangel an Selbsterkenntnis wäre amüsant, wenn er nicht so gefährlich wäre. Er entpolitisiert die Macht jener, die mit digitaler Technologie arbeiten. Er lässt diese Macht natürlich, unvermeidlich und harmlos erscheinen.

Der nächste Teil des Buches hält der Tech-Branche einen moralischen Spiegel vor. Er zeigt, dass Menschen, die mit Hilfe digitaler Technologie Macht ausüben, immer schwierige Entscheidungen werden treffen müssen – genau wie Politiker, Richter oder andere Personen mit großer gesellschaftlicher Verantwortung. Man kann es in vier Worten zusammenfassen: Das Digitale ist politisch.

TEIL III

DAS DIGITALE IST POLITISCH

»In der heutigen Zeit sollten sich nur Menschen mit einem großen Herzen mit der Wissenschaft befassen – Propheten, Heilige. Gemacht aber wird sie von nüchternen Begabungen, Schachspielern, Sportlern.«

Wassili Grossman

KAPITEL 8

DIE MORALITÄT VON CODE

Vor nicht allzu langer Zeit hielt ich einen Vortrag in einem Kurs in Staatswissenschaften vor Absolventen, die bereits erste Berufserfahrung hatten. Dabei wies ich darauf hin, dass Google in der Vergangenheit bei Suchanfragen problematische Ergebnisse geliefert habe. Zum Beispiel bot es zu Suchanfragen wie: »Why do Jews …« als automatische Ergänzung »… love money so much?« an. (»Warum lieben Juden … Geld so sehr?«) In der anschließenden Diskussion meldete sich ein Student zu Wort. Er erzählte, er habe als Softwareentwickler bei Google gearbeitet, und das Unternehmen bemühe sich nach Kräften sicherzustellen, dass seine Algorithmen neutral seien. Wenn rassistische oder unangenehme Ergebnisse auftauchten, dann nur, weil viele Menschen diese Ergebnisse für nützlich hielten. Der Algorithmus propagiere lediglich die Websites, die die meisten Klicks und Links erhielten.

Diese Verteidigung war zwar gut gemeint und wahrscheinlich sachlich korrekt, aber auch ein Paradebeispiel für das, was ich als *Neutralitätsirrtum* bezeichne – die im Silicon Valley weit verbreitete fehlerhafte Vorstellung, dass *ein Algorithmus dann gerecht ist, wenn er alle gleich behandelt.*[1] Der Fehler liegt darin, dass Gerechtigkeit erfordert, Menschen unterschiedlich zu behandeln, und eben nicht gleich. Das ist der Grund, warum wir spezielle Schutzmaßnahmen für Kinder einführen oder soziale Hilfsmittel gezielt an benachteiligte Gemeinden verteilen, wo sie am dringendsten benötigt werden. Der Student hatte nicht unbedingt unrecht, als er sagte, der Google-Algorithmus sei neutral. Sein Fehler war, dass er annahm, mit Neutralität ließe sich der Vorwurf der Ungerechtigkeit entkräften. Ich fragte ihn, ob Google Maßnahmen ergreifen sollte, um Ungerechtigkeiten zu *vermindern*, indem es seinen Algorithmus so anpasst, dass rassistische Ergebnisse nicht mehr, sondern *weniger* Bedeutung bekämen (was Google inzwischen in Angriff genommen hat). Er schaute entsetzt. Das sei die Aufgabe eines Sozialingenieurs, nicht eines Software-ingenieurs. Darauf hätte ihn niemand vorbereitet, als er programmieren lernte. Er wolle diese Verantwortung nicht.

Der Neutralitätsirrtum ist im Silicon Valley endemisch. Er zeigt sich im Design vieler bekannter sozialer Netzwerke. Bei Reddit etwa werden Beiträge je nach dem Votum der Community mehr oder weniger sichtbar gemacht. Die Moderatoren greifen nicht oft ein. Sie wahren Neutralität. Nun wird Reddit jedoch von weißen Männern und oft von einer aggressiven »Geek-Kultur« dominiert, und so entsteht eine Atmosphäre, die für Frauen und People of Colour toxisch werden kann.[2] Neutralität gegenüber Beleidigung, Belästigung und Extremismus bedeutet, dass Beleidiger, Belästiger und Extremisten die Vorherrschaft bekommen. Neutralität ist nicht dasselbe wie Gerechtigkeit.

In den letzten Jahren hat eine Reihe von Kommentatoren –

Joy Buolamwini, Meredith Broussard, Ruha Benjamin, Safiya Noble und andere – angefangen, die Ungerechtigkeiten aufzudecken, die selbst in ausgefeilten digitalen Systemen lauern. Dieses Kapitel stützt sich auf einige ihrer Ideen.

***

Programmierer und Ingenieure rühmen sich ihrer Rationalität. Ihretwegen wird oft behauptet, digitale Technologien böten eine wissenschaftliche und objektive Grundlage für die Ordnung der Gesellschaft und ihrer Ressourcen. Das ist ein Mythos. Die Technologien der Macht sind in ihrer Funktionsweise selten neutral, und selbst wenn sie es wären, ist Neutralität in aller Regel ein schlechter Kompass für Gerechtigkeit.

Das lässt sich an zwei Smartphone-Apps gut illustrieren.

Die eine wurde für die Einwohner Hongkongs entwickelt und sammelt und teilt Daten über die Bewegungen der Polizei in der Stadt. Sie soll prodemokratischen Demonstranten ermöglichen, Tränengas, Gummigeschossen und Schlagstöcken zu entgehen, wenn sie sich zum Protest versammeln. Die andere App ermöglicht es Männern in Saudi-Arabien, die Bewegungen ihrer Frauen zu überwachen und einzuschränken (was in ihrem Land legal ist). Welche dieser beiden Apps sollten amerikanische Tech-Unternehmen auf ihren Plattformen zur Verfügung stellen?

Wie sich herausstellt, hat Apple die Polizei-Überwachungs-App aus dem App Store verbannt, zusammen mit mehr als sechzig anderen Apps, die verwendet werden, um die chinesische Internetzensur zu umgehen. Die saudische App zur Überwachung von Ehefrauen hingegen lässt sich im Königreich Saudi-Arabien uneingeschränkt herunterladen.[3]

Die Moralität von Code

Tech-Unternehmen treffen regelmäßig moralische Entscheidungen dieser Art. Sie haben dabei große Freiheiten und tun dies oft im Geheimen. Es ist leicht, sich von Chrom und Glas täuschen zu lassen. Unter der Oberfläche vieler Verbrauchertechnologien brodelt eine Masse von Werten, Tendenzen und Ideologien. Einige spiegeln die expliziten moralischen Präferenzen ihrer Hersteller wider. In anderen Fällen ist die politische Ausrichtung einer Technologie verborgen oder unbeabsichtigt – eher die versehentliche Folge des Designs als irgendeiner Ideologie. Und manchmal geht es einfach um Wirtschaftlichkeit: darum, was sich am besten verkauft.

***

Vor einigen Jahren hat Amazon ein Personalsystem entwickelt (aber offenbar nie benutzt), mit dem der Konzern Korrelationen zwischen (a) den erfolgreichsten Mitarbeitern bei Amazon und (b) deren Lebenslauf aufspüren wollte. Nachdem diese Korrelationen festgestellt worden waren, sollte das System Bewerber anhand dieser Daten überprüfen, um zu entscheiden, ob sie zur nächsten Bewerbungsrunde eingeladen werden sollten. Der Gedanke dahinter war, dass jene, deren Lebensläufe ähnliche Merkmale wie die Lebensläufe von erfolgreichen Amazon-Mitarbeitern aufwiesen, weiterkamen, während jene, deren Lebensläufe dies nicht taten, abgelehnt wurden. Wahrscheinlich wirkte das wie ein logischer Ansatz, der die Art von wissenschaftlicher Distanz verkörpert, für die die Tech-Industrie oft gepriesen wird. Doch es gab ein Problem. Amazon war traditionell ein von Männern dominiertes Unternehmen, und das System zog daraus den Schluss, dass *ein Mann zu sein* ein starker Indikator für den wahrscheinlichen Erfolg bei Ama-

zon war. So landeten Lebensläufe, die das Wort »Frauenfuß-
ballteam« oder die Namen von reinen Frauenhochschulen
enthielten, ganz unten im Stapel.[4] Die Entwickler dieses Systems hatten nicht die Absicht, Frauen zu diskriminieren, aber
die Daten gaben dem Erbe der Ungerechtigkeit eine konkrete
Form, und das System verstärkte es.

Systeme wie diese stützen sich häufig auf Ersatzmerkmale:
Attribute, die neutral erscheinen, aber mit Merkmalen wie
ethnischer Zugehörigkeit, Geschlecht oder Alter korreliert
sind. Wenn man Daten über den Wohnort einer Person, ihre
Kaufhistorie, ihre Kontakte über soziale Medien und ihren
Musikgeschmack kombiniert, ist es durchaus möglich, dass
man dadurch ein Profil ihrer ethnischen Zugehörigkeit, ihres
Geschlechts oder ihres Alters erhält, auch wenn das nicht das
eigentliche Ziel war.[5] Im US-Gesundheitssystem weisen Algorithmen, die für die Zuweisung medizinischer Ressourcen
verwendet werden, schwer kranken schwarzen Patienten oft
fälschlicherweise denselben Risikograd zu wie weniger kranken weißen Patienten. Warum? Weil das System die Gesund-
heitskosten der Patienten als Indikator für ihren medizinischen
Versorgungsbedarf verwendet. Da für die Gesundheitsversorgung von schwarzen Patienten generell weniger Geld aus-
gegeben wird als für weiße Patienten mit dem gleichen Bedarf,
kommt das System irrtümlich zu dem Schluss, dass schwarze
Patienten gesünder sind als weiße, wenn sie an den gleichen
Krankheiten leiden.[6] Desgleichen warnt die Software in Di-
gitalkameras Fotografen regelmäßig, asiatische Personen im
Bild würden »blinzeln«,[7] und viele Gesichtserkennungssysteme haben Schwierigkeiten, schwarze Menschen zu erkennen,
weil die Systeme mit Datensätzen »trainiert« wurden, die
überproportional viele weiße Gesichter enthalten.[8]

Derartige Computersysteme werden gewöhnlich als »maschinelles Lernen« oder »künstliche Intelligenz« bezeichnet.[9] Die Begriffe »Lernen« und »künstliche Intelligenz« implizieren Bewusstsein, Erkenntnisfähigkeit und Kreativität. Doch sie können irreführend sein. Sie vermitteln den falschen Eindruck, dass diese Systeme so denken wie wir – oder dass sie überhaupt denken. (Ich verwende den Begriff »maschinelles Lernen« in diesem Buch nur unter Protest, da er zur gängigen Bezeichnung geworden ist.)

Die Gefahr bei animistischen Metaphern wie »Lernen« und »Intelligenz« besteht darin, dass sie uns dazu verleiten, Computern eine *Geistigkeit* zuzuschreiben. Im Design von Computersystemen ist freilich nichts enthalten, was sie dazu brächte, das Richtige zu tun, wenn sie mit einem sozialen Problem konfrontiert werden (oder auch nur zwischen konkurrierenden Vorstellungen die »Richtige« zu wählen). Ihre Entscheidungen werden durch ihre Programmierung bestimmt. Die Bezeichnung »analytische Maschine«, die einem der ersten Computer gegeben wurde, beschreibt das mechanistische Prinzip, nach dem selbst die fortschrittlichsten Systeme immer noch funktionieren, besser. Diese Systeme sind der menschlichen Leistung in einigen Bereichen inzwischen überlegen, aber nicht, weil sie den menschlichen Verstand nachahmen, sondern weil sie sich so stark von ihm unterscheiden. Maschinelle Lernsysteme verarbeiten riesige Datenmengen und erkennen die darin enthaltenen Muster. Einige suchen nach einer bestimmten Korrelation, wie etwa onkologische Systeme, die Bilder von Sommersprossen scannen, ihr Aussehen mit Bildern von Krebsläsionen vergleichen und so diagnostizieren, welche Sommersprossen wahrscheinlich krebsverdächtig sind. Andere erwerben »Fähigkeiten«: Sie lernen, wie man bestimmte Spiele spielt, mit Aktien handelt, Betrug erkennt, Produkte empfiehlt, Sprache übersetzt oder nachahmt, Dokumente analysiert oder Auto fährt – all das, indem sie Daten durchforsten, die zeigen, wie diese Fähigkeiten angewendet werden. Wie auch immer sie das machen, sie machen es anders als das menschliche Gehirn.

Kürzlich wurde mit einem maschinellen Lernsystem eine sehr große Menge Text aus dem Internet analysiert. Das System suchte nach engen Verknüpfungen zwischen Wörtern. So fand es zum Beispiel heraus, dass Musikinstrumente häufiger mit angenehmen Begriffen assoziiert werden als Waffen. Das ist keine Überraschung. Aber es stellte außerdem fest, dass europäisch-amerikanische Namen wie Harry, Josh oder Roger »signifikant« häufiger mit angenehmen Begriffen assoziiert werden als afroamerikanische Namen wie Leroy, Lamont oder Tyrone. Und Männer werden eher mit Begriffen wie *Führungskraft, Management, Berufstätiger* und *Unternehmen* in Verbindung gebracht, während Frauen eher mit *Heim, Kindern* und *Familie* assoziiert werden.[10] Derartige Studien halten der Gesellschaft den Spiegel vor. Sie zeigen die Ungerechtigkeiten auf, die in unserer Sprache stecken. Doch wenn wir Systeme darauf trainieren, anhand solcher Datensätze zu lesen oder zu sprechen, reproduzieren und verstärken wir Ungerechtigkeiten, anstatt sie zu beseitigen.

Die alten Römer hatten ein Wort, das eine Verletzung der »Gleichheit des Respekts« beschrieb, die das Bürgerrecht forderte: *iniuria.* Die Herabwürdigung oder Verleugnung der Individualität eines anderen Bürgers war ein gesetzlich anerkanntes Unrecht. (Bei Sklaven sah es anders aus.)[11] Das griechische Wort *isothymia* beschreibt das Bedürfnis, anderen gegenüber als gleichwertig zu gelten.[12] Mit Würde behandelt zu werden bedeutet, als vollwertige Person und einzigartiges Individuum angesehen zu werden, mit einer Identität, die nicht in Verallgemeinerungen über ihre verschiedenen Teile zerlegt werden kann. Diese Würde zu verletzen ist eine Form von Ungerechtigkeit.

***

Langfristig sollten digitale Innovationen das Leben einfacher, sicherer und erfolgreicher machen. Es wäre jedoch ein Fehler, anzunehmen, dass technische Möglichkeiten und sozialer Fortschritt Hand in Hand gehen. Die Macht der digitalen Technologie ist nicht abstrakt. Sie kommt einigen Gruppen in der Gesellschaft zugute, während andere an den Rand gedrängt oder sogar unterdrückt werden. Jede digitale Innovation trägt eine Reihe von Annahmen und Vermutungen in sich. Die Welt wird von denjenigen, die den Code schreiben, nach ihren (impliziten oder expliziten) politischen Präferenzen umgestaltet, in der Regel ohne Rücksicht auf die Traditionen oder Meinungen derjenigen, die mit den Folgen leben müssen. Im folgenden Kapitel geht es um eine problematische, im Silicon Valley verbreitete Denkweise – eine neue Ideologie, die sich unbemerkt in unsere Mitte geschlichen hat.

KAPITEL 9

DIE COMPUTERIDEOLOGIE

Im Jahr 2020 konnten britische Schüler wegen der Pandemie keine zentralen Abschlussprüfungen ablegen und erhielten daher Noten auf der Grundlage ihrer bisherigen Leistungen. Faule, aber begabte Schüler, die geplant hatten, das ganze Jahr über zu faulenzen und dann in den letzten zwei Monaten wie wild zu pauken, wird dieses Vorgehen wenig begeistert haben. Sie sollten nach ihren vergangenen Leistungen beurteilt werden, nicht nach ihrer zukünftigen Brillanz. Zu allem Überfluss passte das Bildungsministerium die Noten der Schüler mit Hilfe eines einfachen Algorithmus an, der die Leistungen *ehemaliger* Schüler an der jeweiligen Schule berücksichtigte. Die (allem Anschein nach unbeabsichtigte) Folge war, dass 39 Prozent der Noten herabgestuft wurden, wobei ärmere Schüler die größte Abwärtskorrektur erfuhren, weil Schulen in weniger wohlhabenden Gegenden in früheren Jahren unterdurchschnittlich abgeschnitten hatten.[1] Drei Tage später protestierten junge Menschen auf den Straßen Londons mit Plakaten, auf denen »Scheiß auf den Algorithmus« stand.[2]

In einem anderen Zusammenhang erklärte ein Unternehmer aus der Kreditbranche kürzlich: »Alle Daten sind Kreditdaten, wir wissen nur noch nicht, wie wir sie nutzen können.«[3] Was er damit sagen wollte: Je mehr man über eine Person weiß, umso leichter kann man vorhersagen, ob sie ihre Kredite zurückzahlen wird (so wie die britische Regierung davon ausging, dass man die schulischen Leistungen von Schülern sicher einschätzen und ihre Noten zutreffend anpassen kann, wenn man weiß, welche Schule sie besuchen.)

Hinter dem Prüfungsfiasko und der Aussage, dass »alle Daten Kreditdaten sind«, steht implizit dieselbe politische Philosophie – eine, die Gesellschaft als Datensatz, die Menschen als Datenpunkte und das Streben nach Optimierung und Effizienz als Ziel gesellschaftlicher Organisation betrachtet. Nennen wir sie die *Computerideologie*. Diese Ideologie ist in der Tech-Branche und beim behördlichen Einsatz digitaler Technologien weit verbreitet. Sie maskiert sich als unpolitisch, neutral, objektiv oder wissenschaftlich, aber in Wirklichkeit ist sie zutiefst politisch, sowohl aufgrund dessen, was sie als wichtig erachtet, als auch aufgrund dessen, was sie ignoriert.

***

Die Menschen von heute können, wenn sie das wollen, politische und moralische Fragen als Übungen in der Analyse sehr großer Zahlen behandeln.[4] Selbst die großen Mathematiker und Versicherungsstatistiker des letzten Jahrhunderts verfügten weder über eine vergleichbare Datenmenge noch über die entsprechenden Möglichkeiten, diese zu verarbeiten. Das gesamte Leben wird zunehmend durch das Prisma der Daten betrachtet.

In *Vita activa* (1958) warnte Hannah Arendt davor, die Menschlichkeit in der großen Masse des »Alltäglichen« zu suchen und nicht in »seltenen Ereignissen« und bedeutenden Taten.[5] Doch man muss sich nur die zunehmende algorithmische Modellierung ansehen, mit der entschieden wird, wer wichtige gesellschaftliche Güter wie Arbeitsplätze, Versicherungen, Kredite und Wohnungen erhält, um zu erkennen, wie weit verbreitet das Computerdenken inzwischen ist. Es geht davon aus, dass es im menschlichen Leben eine Ordnung gibt, auch wenn sie für das menschliche Auge nicht immer sichtbar ist; dass die Einstufung und Klassifizierung von Menschen nicht nur technisch beeindruckend, sondern auch gesellschaftlich nützlich ist; und dass Hierarchie und Segmentierung wünschenswerter sind als Gleichheit und Solidarität.

Die Computerideologie gewinnt immer mehr an Einfluss, nicht weil sie in Philosophie-Lehrbüchern zu finden ist, sondern weil zunehmend praktische Anwendungen in der realen Welt auf ihr basieren. Man kann die Computerideologie gut finden oder nicht, aber man kann nicht so tun, als sei sie nicht politisch. Wie jede öffentliche Weltanschauung sollte sie genau geprüft werden, und zwar nicht nur in Wirtschaftsschulen und Vorstandsetagen, sondern auch in der Arena der öffentlichen Meinung.

Es gibt mindestens drei Gründe, sich über die Computerideologie Gedanken zu machen.

Erstens, wenn man Menschen als bloße Datenpunkte in einer umfassenden algorithmischen Übung behandelt, läuft man Gefahr, gegen den Grundsatz zu verstoßen, dass *jeder Mensch zählt*. Wenn man vor einem Richter, einem Arbeitgeber, einem Bewährungshelfer oder einem Bankberater steht, will man so gesehen werden, wie man wirklich ist, und nicht nur als Paket aus gemeinsamen Merkmalen. Es mag stimmen, dass ein älterer Arbeitnehmer eher an kognitiven Beeinträchtigungen leidet als ein jüngerer, aber sollte ein reifer Bewerber nicht nach seiner eigenen mentalen Leistungsfähigkeit beurteilt werden statt nach einem Stereotyp? Einem Algorithmus macht es nichts, wenn ein System in einem Fall von 10 000 eine falsche Antwort ausgibt, die anderen Male aber richtig liegt. Für die betroffene Person kann dieser eine Fall verheerend sein.

Zweitens ist die Computerideologie nur schwer mit der Vorstellung zu vereinbaren, dass *Menschen einen freien Willen haben und zu Veränderungen fähig sind*. Maschinelle Lernsysteme müssen davon ausgehen, dass unsere Vergangenheit ein guter Leitfaden für unsere Zukunft ist. Oft stimmt das auch: Jemand, der in der Vergangenheit geraucht hat, wird wahrscheinlich auch in der Zukunft rauchen, oder zumindest mit größerer Wahrscheinlichkeit als jemand, der noch nie eine Zigarette angefasst hat. Aber womöglich ist dies kein guter Grundsatz für die Organisation der Gesellschaft. Wir sind keine Gefangenen der Geschichte. Der Süchtige, der clean wird, der geläuterte Kriminelle und der reuige Sünder sind allesamt Ideale, die den Glauben widerspiegeln, dass Menschen ihr Leben zum Besseren verändern können. Unsere Mythen und Geschichten sind voll von der Euphorie unvorhergesehener Ereignisse – das Opfer der 300 bei den Thermopylen, die Flucht aus Dünkirchen –, die uns lehren, dass wir unser Schicksal selbst in die Hand nehmen sollten, auch wenn die Chancen schlecht stehen.[6] Tennyson schrieb, es sei noch nicht zu spät, »um nach einer neuen Welt zu streben«. Aber wenn Daten dazu genutzt werden, uns an die Vergangenheit zu fesseln, wird eine neue Welt immer unerreichbar bleiben.

Drittens haben Profiling-Systeme im Gegensatz zu Menschen keinerlei Interesse an dem *Warum* ihrer Prognosen. Muster sind nicht immer eine nützliche Richtschnur fürs Handeln. Die Tatsache – und es ist eine Tatsache –, dass eine 93-prozentige Korrelation zwischen Teekonsum und der Zahl der von Rasenmähern getöteten Menschen besteht, sagt wenig darüber aus, wie Tee oder Rasenmäher reguliert werden sollten.[7] Interessanterweise ergab eine algorithmische Analyse von hochrangigen Politikern aus fünfzehn postsowjetischen Staaten, dass ihr »geschätzter mittlerer Body-Mass-Index« stark mit »konventionellen Maßstäben für Korruption« korreliert.[8] Je pummeliger ein Politiker ist, desto eher war er also korrupt. Mir ist es trotzdem immer noch lieber, wenn Politiker gewählt als von einem Algorithmus bestimmt werden.

Riesige Datensätze sind nicht weise. Sie können uns dabei helfen herauszufinden, was *ist*, aber sie können uns nicht sagen, was *sein sollte*. Nehmen wir an, ein Algorithmus stellt fest, dass die Quersumme des Geburtsdatums einer Person aus irgendeinem Grund ein guter Indikator für ihre Kreditwürdigkeit ist. Wessen Summe über x liegt, wird Kredite mit größerer Wahrscheinlichkeit zurückzahlen als jemand, dessen Summe unter x liegt. Wäre es nun richtig, den Kreditantrag von jemandem, dessen Geburtstagssumme unter x liegt, abzulehnen? Nicht, wenn man der Meinung ist, dass jeder Bewerber nach seinen eigenen Verdiensten beurteilt werden sollte. Ebenso wenig, wenn man es für falsch hält, Urteile auf der Grundlage von Mustern zu fällen, die wir nicht erklären können.

Sollten Dinge, die in einer Gesellschaft wertvoll sind – Arbeitsplätze, Kredite, Wohnungen –, nicht auf der Grundlage moralisch vertretbarer und nicht (nur) aufgrund statistisch relevanter Faktoren vergeben werden? Dass das Einkommen und das Zahlungsverhalten die Kreditwürdigkeit einer Person beeinflussen können, ist verständlich. Aber sollte die Entscheidung über einen Kreditantrag aufgrund von Postings einer Person in den sozialen Medien bestimmt werden oder davon, welche Seiten sie im Internet besucht?[9] Diese Frage wird zunehmend für uns beantwortet. Ein System zur Bestimmung der Kreditwürdigkeit erfasst bereits, »wie schnell ein Kreditantragsteller online durch die Geschäftsbedingungen scrollt«, und verwendet dies als Indikator dafür, wie »verantwortungsbewusst« er oder sie ist.[10] US-Kreditkartenunternehmen haben schon die Kreditlimits ihrer Kunden gekürzt, wenn Zahlungen für eine Eheberatung auf der Abrechnung auftauchten, da Scheidungen in hohem Maße mit Kreditausfällen korrelieren.[11] Facebook hat ein Patent für ein System angemeldet, das es Kreditgebern ermöglicht, die »durchschnittliche Kreditwürdigkeit« im Social-Media-Netzwerk einer Person zu ermitteln – das heißt, ob ihre *Freunde* kreditwürdig sind –, um zu entscheiden, ob sie einen Kredit erhalten sollte.[12] Autoversicherer haben die Prämien von Personen erhöht, die ein Hotmail-Konto nutzen, weil Hotmail-Nutzer offenbar häufiger Unfälle verursachen als andere[13] (und auch mehr als doppelt so häufig ihre Schulden nicht zurückzahlen).[14] Kunden, die in Online-Formularen ihren Namen nur in Kleinbuchstaben eingeben (*jamie susskind* statt *Jamie Susskind*), geraten mehr als doppelt so häufig in Zahlungsverzug.[15] Aber sollten solche Dinge wirklich ausschlaggebend dafür sein, ob ich die Hypothek bekomme, die ich für den Kauf eines Hauses brauche?

Derartige Systeme sind faszinierend, aber sie sind in mindestens dreierlei Hinsicht willkürlich: Sie sind unvorhersehbar, sie entsprechen nicht notwendigerweise anerkannten

Normen und Moralvorstellungen, und sie sind gegenüber den Menschen, auf die sie sich auswirken, nicht zur Rechenschaft verpflichtet. Sollten wir solchen Systemen wirklich wichtige Entscheidungen anvertrauen, ohne dass es eine Form der Kontrolle oder eine Widerspruchsmöglichkeit gibt, falls etwas schiefläuft?

***

Ganz so eindeutig ist der Vorwurf gegen die Computerideologie dennoch nicht. Denn auch Menschen beurteilen ganze Gruppen von Menschen auf der Grundlage von Eigenschaften, die nur manche von ihnen haben. Ein vernünftiger Teenager wird in der Regel mehr für seine Autoversicherung bezahlen als eine rücksichtslose Frau mittleren Alters, obwohl er persönlich ein geringeres Risiko darstellt.[16] Wir arbeiten ständig mit Generalisierungen. Wir verallgemeinern, dass Bagels köstlich sind (obwohl manche nicht schmecken), dass Rugby gefährlich ist (obwohl sich nicht alle Spieler verletzen) und dass japanische Autos zuverlässig sind (obwohl manche kaputtgehen). Fast alle medizinischen Diagnosen beruhen auf Generalisierungen (kanzeröse Sommersprossen haben meist ungleichmäßige Ränder; ältere Männer haben ein höheres Risiko für Prostatakrebs).[17] Und sogar unsere Gesetze beruhen auf allgemeinen Annahmen über den Durchschnittsmenschen. Deshalb gelten Geschwindigkeitsbegrenzungen für gute Fahrer ebenso wie für schlechte.[18] Kurzum: Faustregeln sind notwendig, um die Welt zu vereinfachen. Computersysteme, die ihre eigenen Generalisierungen aufstellen, unterscheiden sich daher gar nicht so sehr von uns, wie wir vielleicht vermuten.

Außerdem gibt es so etwas wie eine wirklich individuelle

Beurteilung womöglich gar nicht. In einem Vorstellungsgespräch kann der Interviewer anhand der verfügbaren Daten lediglich Prognosen über die Eignung des Bewerbers stellen. Wenn der Bewerber pünktlich erscheint, ist er wahrscheinlich gut organisiert; gute Kleidung lässt vermuten, dass er professionell ist; wenn er Fragen logisch beantwortet, ist er wahrscheinlich ein guter Problemlöser; wenn er gute Noten hat, ist er wahrscheinlich intelligent. Wir treffen diese Generalisierungen, obwohl wir wissen, dass das allgemeine Muster nicht in jedem Fall zutrifft.[19] In Wirklichkeit ist das, was wir als individualisierte Analyse bezeichnen, oft »nur eine Ansammlung von Stereotypen«.[20] Auch das unterscheidet sich nicht sehr von dem, was Profiling-Systeme tun – und in vielerlei Hinsicht sind sie genauer und präziser, als wir es je sein könnten.

***

Aus diesem Kapitel lässt sich ersehen, dass die Computerideologie uns in mehrfacher Hinsicht vor Herausforderungen stellt, wie wir digitale Technologien nutzen. Neue Fragen verlangen nach Antworten. Wann sollten Vorhersagesysteme eingesetzt und wann sollten sie verboten werden? (Würden Sie ein Gerichtsurteil akzeptieren, das auf einer Prognose dessen beruht, was die Geschworenen entschieden hätten? Oder eine Hochschulnote, die auf einer Prognose Ihrer Leistung beruht?) Ist eine Generalisierung in jedem Zusammenhang unzulässig oder nur dann, wenn sie die Behandlung von historisch benachteiligten Gruppen negativ beeinflusst? Was sollte geschehen, wenn eine automatische Entscheidung ungerecht wirkt? Sollte es Möglichkeiten geben, sie anzufechten?

Im weiteren Verlauf dieses Buches werden wir versuchen,

einige dieser Fragen zu beantworten. Um jedoch einen Eindruck vom republikanischen Ansatz zu vermitteln, sei darauf hingewiesen, dass politische Gemeinschaften im Allgemeinen versuchen, soziale Institutionen aufzubauen, die ihre gemeinschaftlichen moralischen Grundsätze widerspiegeln. Welches Prinzip angemessen ist, hängt vom jeweiligen Kontext ab – manchmal sollen die Menschen bekommen, was sie *verdienen;* manchmal sollen sie bekommen, was sie *brauchen;* manchmal sollen sie bekommen, worauf sie *ein Recht haben;* manchmal sollen sie *gleiche Chancen* haben und so weiter. Die Anhänger der republikanischen Idee sind sich nicht immer einig darüber, was ein gutes Leben ausmacht. Aber sie sind sich einig, dass Entscheidungen über dieses gute Leben und darüber, wer es leben darf, nicht Instanzen überlassen werden sollten, die niemandem Rechenschaft ablegen müssen und über die die Bürger keine Kontrolle haben.

In der Frühzeit des Internets erwarteten einige Kommentatoren, seine dezentrale vernetzte Struktur werde dazu führen, dass die Gesellschaft selbst dezentraler und vernetzter würde und sich die Macht in die Peripherie und weg von den traditionellen Eliten verlagert. Tatsächlich hat das Internet zwar einigen am Rande der Gesellschaft Macht verliehen, aber auch bereits mächtige Institutionen wie Staaten und große Unternehmen noch mächtiger gemacht. Technologien werden durch den Charakter der Gesellschaften geprägt, in die sie hineingeboren werden, so wie sie ihrerseits diese Gesellschaften prägen. Ihre Werte und Prioritäten sind nicht unausweichlich oder unveränderlich. Sie können gewählt und verändert werden. Die Frage ist, ob der Rest von uns sie mitbestimmen sollte.

KAPITEL 10

TECHNOLOGIE UND DOMINANZ

Wer digitale Technologien entwirft und kontrolliert, wird zu einem ständigen Bewohner dessen, was Max Weber als »Sphäre der Macht« bezeichnet hat. Wie in Teil II gezeigt, können jene, die den Computercode schreiben, gestalten, wie wir leben. Sie bestimmen zunehmend, was getan werden kann und was nicht, was gesagt werden darf und was nicht. Sie stellen strenge Regeln auf und setzen sie durch. Sie durchwühlen ganze Ozeane von Daten, um die verborgene Dynamik des individuellen und sozialen Verhaltens zu enthüllen. Sie schmeicheln und schubsen sanft. Sie filtern und brechen unsere Wahrnehmungen von uns selbst und voneinander, formen unsere Vorlieben und Wünsche und bestimmen den öffentlichen Diskurs. Wie wir dann in diesem Teil des Buches gesehen haben, ist diese Macht von Natur aus *politisch*, auch wenn sie nicht wie gewöhnliche Politik daherkommt. Sie ist durchdrungen von Werten, Tendenzen und Ideologien. »Das Tun unserer Taten und das Denken unserer Gedanken«, wie Derek Parfit es formulierte – nichts davon ist von der Technologie unberührt geblieben.[1] Und die Technologien von morgen werden noch viel mächtiger sein als die heute verfügbaren. Während wir Zeit als linear erleben, beschleunigt sich der technologische Fortschritt. Jedes neue Kontrollsystem wird mit der Tatsache umgehen müssen, dass die soziale Macht wie auch die schieren Möglichkeiten der Technologie immer schneller zunehmen.

Natürlich ist nicht jeder, der in der Sphäre der Macht sitzt, ein Global Player. Neben den Tech-Giganten gibt es zahllose kleine Tech-Fische. Aus der Sicht normaler Menschen ist es jedoch die *Gesamtwirkung*, die zählt. Wir werden immer unfrei sein, wenn wir passiv Regeln unterworfen sind, die andere aufgestellt haben, oder wenn wir Moralkodizes unterliegen, die uns fremd sind – unabhängig davon, wer die Regeln oder Kodizes schreibt. Wir werden unfrei sein, wenn wir unter ständiger Beobachtung leben oder von anderen abhängig sind, was die Qualität unseres öffentlichen Diskurses angeht. Wir werden unfrei sein, wenn wir beim Zugang zu sozialen Gütern versteckten Algorithmen ausgeliefert sind. Ein einzelnes Produkt oder eine einzelne Plattform mag sich nur wenig auf unsere Freiheit auswirken, aber das soziotechnische System als Ganzes kann stillschweigend unterdrückend wirken.

Im Laufe der Zeit könnte sich die Gesellschaft, mit einer Metapher von Roger Brownsword ausgedrückt, in eine Art riesigen Flughafen verwandeln: eine ständig kontrollierte Zone, in der wir konstant überwacht und Nudges ausgesetzt werden, ohne dass es ein Entkommen gibt.[2] Eine solche Zukunft kann auch Wirklichkeit werden, wenn sie niemand aktiv *will*. Ohne öffentliche Kontrolle könnten sich tausend Technologien zu einer Atmosphäre der Unterdrückung zusammenfügen, auch wenn jede einzelne Technologie für sich genommen völlig vernünftig erscheint.

Technologie und Dominanz

Die Gefahr ergibt sich teilweise aus der Tatsache, dass die digitale Technologie ein so effizientes Medium zur Durchsetzung von Vorschriften ist. Eine Regel, die unauffällig ist, wenn sie in 20 Prozent der Fälle durchgesetzt wird, kann unterdrückend wirken, wenn sie in 95 Prozent der Fälle durchgesetzt wird. Autofahrer rechnen damit, dass sie gelegentlich auf Radarfallen stoßen, aber das Fahrerlebnis wäre ein völlig anderes, wenn alle 30 Meter auf jeder Straße in jeder Stadt Radarfallen stehen würden. Stellen Sie sich nun ein autonomes Fahrzeug vor, das die Geschwindigkeitsbegrenzung niemals überschreiten kann, und Sie bekommen einen Eindruck davon, wie die Zukunft aussehen könnte. Thomas Hobbes schrieb im 17. Jahrhundert, es sei »unmöglich«, Gesetze »auf alle und jede Handlung« anzuwenden.[3] Heute scheint dies weitaus möglicher zu sein – und die Regeln werden von privaten Machthabern aufgestellt, nicht nur von staatlichen. Die neue industrielle Revolution ist auch eine politische Revolution, und wir sind alle darin gefangen.

***

Warum macht es einen Unterschied, wenn die Politik von großen und kleinen privaten Unternehmen übernommen wird? Zunächst spielen hier drei prinzipielle Gründe eine Rolle.

Zum einen geht es um die Freiheit. Die Menschen sollten in der Lage sein, nach selbst gewählten Regeln zu leben, nach Normen und Werten, die sie selbst aufgestellt haben oder auf die sie zumindest Einfluss nehmen konnten. Nach diesem Grundsatz erklärten die Kolonisten in Amerika: *Keine Besteuerung ohne Vertretung.* Darauf kann unsere Generation antworten: *Keine Automatisierung ohne Gesetze.*

Zum anderen gibt es Bedenken bezüglich der Legitimität. Wirtschaftliche Tüchtigkeit ist keine gute Rechtfertigung, warum Macht durch eine Privatperson oder ein Unternehmen ausgeübt werden sollte. Aus diesem Grund erlauben wir es Reichen auch nicht, Wählerstimmen zu kaufen oder Beamte zu bestechen. »Und keine Staatsform ist hässlicher als diejenige, in der die Reichsten für die Besten gelten«, schrieb Cicero.[4] Geld ist seit langer Zeit eine Quelle politischen Einflusses, aber diese Tatsache wird zu Recht als unbefriedigend betrachtet. In den Vereinigten Staaten, wo kommerzielle und politische Interessen wohl enger miteinander verknüpft sind als anderswo,[5] gibt es eine lange Tradition des Widerstands gegen die politischen Aktivitäten der, wie Theodore Roosevelt sie nannte, »mächtigen wirtschaftlichen Kräfte«.[6] Warum sollte die Verfügungsgewalt über technische Ressourcen zur Kontrolle über Menschen führen?

Schließlich gibt es auch Bedenken bezüglich Qualität und Sicherheit. Regeln, die im privaten Sektor erlassen werden, unterliegen selten den Sicherungsverfahren, die die Grundlage legitimer Autorität bilden. In einer freien Gesellschaft sollten Regeln von öffentlicher Bedeutung nicht einfach so aufgestellt und durchgesetzt werden können. Jeremy Waldron schreibt, sie sollten auf Vorschlägen beruhen, die öffentlich diskutiert werden – zu Hause, am Arbeitsplatz, an Universitäten, in Kneipen, in den Medien und anderswo – und die dann in Grundsätze und Normen umgesetzt und den Menschen in verständlicher Weise vermittelt werden. Wenn es zu Differenzen bei der Auslegung kommt, sollte es unabhängige Klärungs- und Berufungsverfahren geben. Und Regeln sollten niemals ewig gelten. Es sollte möglich sein, sie auf offenem und friedlichem Wege zu ändern.[7]

Technologie und Dominanz

Diese Sicherungen sind meist nicht vorhanden, wenn Regeln von privater Hand hinter den verschlossenen Türen der Vorstandsetagen von Unternehmen aufgestellt werden.

***

Wie wäre es, in einer Welt zu leben, in der es mehr Regeln gibt als je zuvor *und* immer perfektere Methoden zu ihrer Durchsetzung? Brownsword und Goodwin fragen, ob es dann noch möglich sein wird, »das Richtige aus den richtigen Gründen zu tun« und nicht nur, weil die Technologie unsere Wahlmöglichkeiten einschränkt.[8] Es wird schwieriger sein, unseren Kindern Ethik beizubringen, wenn die Welt sie nicht fragen lässt, was *richtig* ist, sondern was *möglich* ist.[9]

Wir laufen Gefahr, zu einer Gesellschaft zu werden, in der glückliche Zufälle und Spontaneität durch mechanistisches Einordnen in Ranglisten, Sortierung und Indizierung des menschlichen Lebens ersetzt werden. Friedrich Hayek, der Vater des Neoliberalismus, schrieb, der Fortschritt der Zivilisation hänge ab »von der größtmöglichen Gelegenheit für den Eintritt von Zufälligkeiten«.[10] Was würde er von Prognosesystemen halten, die versuchen, den Zufall vollständig auszuschalten und das menschliche Leben auf eine Ansammlung von Wahrscheinlichkeiten zu reduzieren?

Dies sind keine einfachen Fragen. Unstrittig sollte jedoch sein, dass eine neue politische Regelung notwendig ist: eine, die nur auf einer systemischen oder strukturellen Ebene erreicht werden kann. Jedes Gerät, jede App oder jeder Algorithmus mag für sich genommen eine vernachlässigbare Auswirkung auf Freiheit und Demokratie haben, aber kumulativ könnten sie erdrückend wirken. Wenn das stimmt, ergibt es keinen Sinn, digitale Technologien auf der Ebene einzelner Unternehmen zu regulieren oder basierend auf den Entscheidungen von Einzelpersonen, die auf »Ich stimme zu« klicken und Geschäftsbedingungen akzeptieren, die sie nicht gelesen haben. *Die politische Gemeinschaft als Ganzes* muss ihre Prioritäten wählen, und es braucht ein öffentliches System von Gesetzen und Normen, um diesen Prioritäten gerecht zu werden. Das ist der republikanische Weg.

Gegenwärtig verfügen wir jedoch nicht über ein politisches und rechtliches System, wie wir es brauchen. Schlimmer noch, seit Jahrzehnten sind wir einer »Lösung« verfallen, die die Ursache vieler Probleme ist.

Dem Markt.

TEIL IV

DER MARKTPLATZ
DER IDEALE

»Volk aber ist nicht jede beliebige Ansammlung von Menschen, sondern der Zusammenschluss einer Menge, die einvernehmlich eine Rechtsgemeinschaft bildet und durch gemeinsamen Nutzen verbunden ist.«

Cicero

KAPITEL 11

DIE ROLLE DES MARKTES

In diesem Teil des Buches geht es um die Marktwirtschaft und ihre Rolle bei der Entwicklung digitaler Technologien. Dass eine gut funktionierende Marktwirtschaft in einem stabilen rechtlichen Umfeld explosionsartig produktiv sein kann, steht außer Frage und ist eine gute Sache. Eine schwierigere Frage ist jedoch, ob wirtschaftliche Kräfte allein die Macht dessen, was sie entfesseln, angemessen regulieren können. Einige argumentieren, die Marktkräfte förderten gutes Verhalten. Andere sagen, man dürfe darauf vertrauen, dass die Industrie sich selbst *gegen* die Kräfte des Marktes reguliert. Wieder andere erklären, den Verbrauchern Wahl- und Mitwirkungsmöglichkeiten einzuräumen sei das beste Bollwerk gegen die Macht der Unternehmen. In diesem Teil soll dargelegt werden, warum diese Argumente falsch oder zumindest zu stark vereinfacht sind. Probleme, die durch den Markt verursacht werden, lassen sich nicht durch den Markt allein lösen. Dazu braucht es mehr – eine gute Governance, also Kontrolle und Steuerung.

***

Im *Manifest der Kommunistischen Partei* (1848) wunderten sich Karl Marx und Friedrich Engels, hundert Jahre Kapitalismus hätten »massenhaftere und kolossalere Produktionskräfte geschaffen als alle vergangenen Generationen zusammen«.[1] Seitdem haben die Marktwirtschaften – mit wenigen Unterbrechungen – immer weiter Wirtschaftswachstum hervorgebracht.

Wie haben sie das gemacht?

In einer reinen Marktwirtschaft gibt es keine zentrale Behörde, die die Verteilung der Ressourcen steuert. Stattdessen hat jede Person Eigentum, das sie mit anderen gegen Geld, Waren oder Arbeit tauschen kann. Wenn jeder sein eigenes Interesse verfolgt, indem er mit anderen handelt und verhandelt, dann wird der Markt für jede Ressource der Gesellschaft einen Preis festlegen, und alles wird seinen Weg dorthin finden, wo es am meisten gebraucht wird. So zumindest die Theorie. Die Physiokraten des 18. Jahrhunderts (wie auch viele andere nach ihnen) sahen Märkte als sich selbst korrigierende Ökosysteme, die kaum Eingriffe von außen benötigen.[2] Sie glaubten, die Märkte würden, wenn sie sich selbst überlassen blieben, die Anhäufung von Wohlstand dort ermöglichen, wo man es am meisten verdient hatte, und das Verhalten derjenigen regulieren, die in ihnen arbeiteten. Mehr als zwei Jahrhunderte später ist diese Ansicht im Silicon Valley immer noch der Standard.[3]

Dieses Buch vertritt eine andere Sichtweise.

Zweifellos können Märkte ein effizientes Mittel zur Verteilung von Ressourcen sein und sind insofern eine lebenswichtige Form der sozialen Organisation. Sie sind jedoch weniger zuverlässig, wenn es um die Verfolgung der kollektiven Ziele einer Gesellschaft geht, wie Freiheit, Gerechtigkeit und Demokratie. Dies wurde von Adam Smith in *Der Wohlstand der Nationen* (1776), der vielleicht meistzitierten Verherrlichung des Marktsystems in der Menschheitsgeschichte, eindringlich dargelegt. Doch anders, als Smiths mythologisierter Status als Doktrinär des freien Marktes vermuten lässt, behauptete er nicht, dass der Markt allein eine zivilisierte Gesellschaft aufrechterhalten könnte. Im Gegenteil, er glaubte, dass »eine gewisse Sorge der Regierung« immer notwendig sei, »um eine völlige Verderbnis und Verwilderung der großen Masse [des Volkes] zu verhindern«.[4]

***

Die traditionelle Verteidigung des Marktes und seiner Fähigkeit, nützliches Verhalten zu fördern, beginnt mit dem Argument, dass selbst für die größten Unternehmen immer ein Anreiz besteht, Waren und Dienstleistungen anzubieten, die zu den Werten und Wünschen der Menschen passen. Tun sie dies nicht, werden die Verbraucher die Angebote ablehnen und zur Konkurrenz wechseln. Der Kapitalismus wird Produkte aus dem Markt hinausspülen, die den Anforderungen nicht gerecht werden.

Diese Sichtweise muss aus mehreren Gründen ernst genommen werden. Erstens spiegelt sie den Status quo wider, und jeder alternative Ansatz muss erklären, warum ein Wechsel die Kosten wert wäre. Darüber hinaus ist diese Sichtweise nicht nur im Silicon Valley, sondern auch in Washington, D. C. und in weiten Kreisen der amerikanischen Kultur äußerst beliebt. Das Vertrauen in den Markt gehört zu einer höchst respektablen intellektuellen Tradition, der auch republikanische Denker angehören. Da der Markt zuverlässig neue Konkurrenten hervorbringt, so die Argumentation, verhindert er, dass Verbraucher von einem einzigen Unternehmen vereinnahmt werden. In der Tat sorgt schon die *Drohung*, Verbraucher könnten zur Konkurrenz wechseln, dafür, dass die Unternehmen alles tun, um ihren Anteil am Markt zu erhalten.[5]

Es gibt Anzeichen dafür, dass Unternehmen manchmal durch Marktanreize zu einem besseren Verhalten angeregt werden. Wenn Apple erklärt, dass »Datenschutz ein Grundrecht ist« und »personenbezogene Daten Dir gehören, und keinem anderen«, dann positioniert sich das Unternehmen nicht nur prinzipiell, sondern es hebt sich damit auch von den anderen Tech-Giganten ab und versucht so, ihnen Verbraucher abspenstig zu machen.[6] In ähnlicher Weise gewährt Microsoft den Schutz der allgemeinen EU-Datenschutz-Grundverordnung all seinen Kunden, nicht nur denen, für die sie streng genommen gilt.[7]

Beginnen wir unsere Kritik an der beschriebenen Sichtweise jedoch mit der Tatsache, dass wir uns viele unserer Interaktionen mit Technologie nie bewusst ausgesucht haben. Die Arbeiter in den Zentrallagern von Hitachi und Amazon können sich kaum gegen die digitale Überwachung entscheiden, es sei denn, sie wollen ihren Arbeitsplatz verlieren. Fußgänger können sich nicht gegen die Kameraüberwachung entscheiden, wenn sie die Straße entlanggehen. Verbraucher können sich nicht gegen digitale Zahlungsplattformen entscheiden, wenn sie online einkaufen. Zwar mag es jeweils eine *theoretische* Wahlmöglichkeit geben – sich keinen Job zu suchen, nicht auf die Straße zu gehen, nicht online einzukaufen –, aber derartige Wahlmöglichkeiten sind illusorisch. In der Realität bedeutet ein erfülltes und sinnvolles Leben zunehmend die

Interaktion mit digitalen Technologien, die von anderen entwickelt und kontrolliert werden. Es gibt keine Ausstiegsoption.

Der nächste Punkt ist, dass die Wahl zwischen konkurrierenden Produkten oft keinen Sinn ergibt. Wenn ein Verbraucher sich zwischen fünf Anbietern entscheiden kann, die alle abstoßend sind, dann ist das keine wirkliche Auswahl.

Nehmen wir einmal an, die Menschen könnten tatsächlich weitgehend frei zwischen Technologien wählen und es gäbe eine echte Auswahl, so besteht das nächste Problem darin, dass die Verbraucher nicht immer über ausreichende Informationen verfügen, um konkurrierende Systeme bewerten zu können. Das ist keine Beleidigung der Verbraucher, sondern schlicht eine bekannte Form von Marktversagen. Damit Wettbewerb gedeihen kann, müssen die Menschen über ausreichende Informationen zu den verfügbaren Alternativen (Was gibt es?) und den wichtigsten Unterschieden zwischen ihnen (Welchen Unterschied würde ein Wechsel machen?) verfügen. Aber selbst wenn sie diese Informationen hätten, wären die meisten nicht in der Lage, komplexe technische Systeme zu vergleichen, auch dann nicht, wenn diese nicht geheim gehalten würden: die unzähligen Gewichtungen und algorithmischen Modelle, die Verfahren zum Sammeln, Bereinigen, Sortieren und Analysieren von Daten, die Unwägbarkeiten des Codes. Die Entwickler selbst haben oft Mühe, die Funktionsweise ihrer eigenen Systeme zu verstehen, sodass wir anderen kaum eine Chance haben. Zum Beispiel ist bekannt, dass Menschen immer wieder überschätzen, wie viel Privatsphäre ihnen auf Social-Media-Plattformen gewährt wird. 62 Prozent der Befragten wissen nicht, dass Social-Media-Unternehmen mit dem Verkauf von Daten an Dritte Geld verdienen (obwohl, genauer gesagt, die großen Unternehmen Werbeleistung ver kaufen).[8] Wenn man davon ausgeht, dass der Markt von sich aus den Nutzern »so viel Privatsphäre bietet, wie [sie] gerne hätten«, dann werden sich die Konsumenten immer unter Wert verkaufen.[9]

Nehmen wir weiterhin an, die Verbraucher könnten tatsächlich weitgehend frei zwischen Technologien wählen, es gäbe *obendrein* eine sinnvolle Auswahl an Optionen, *und* die Verbraucher verfügten über ausreichende Informationen, um eine fundierte Entscheidung treffen zu können, wofür würden sie sich dann entscheiden? Leider ist die ethische Entscheidung nicht immer die offensichtliche. Oft zwingt der Markt die Menschen, ihre Bedürfnisse gegen ihre Prinzipien abzuwägen, und zwar in unfairer Weise. Als Bürger mag ich Algorithmen missbilligen, die persönliche Daten auf unethische Weise nutzen. Aber als Verbraucher mit einem knappen Budget habe ich vielleicht keine andere Wahl, als mich für den billigsten Hypothekenanbieter zu entscheiden, trotz seiner fragwürdigen Datenpraktiken. Verbraucherprioritäten über bürgerliche Präferenzen zu stellen ist nicht irrational – so funktioniert der Markt –, aber es ist ein weiterer Grund, warum man nicht erwarten kann, dass Märkte allein dem Gemeinwohl Vorrang gewähren.

Außerdem akzeptieren Ökonomen inzwischen, was wir anderen bereits wissen: dass Menschen nicht immer rationale Entscheidungen treffen. Im Jahr 2020 waren Datenschützer entsetzt, als Massen von Menschen FaceApp herunterluden, eine kostenlose Anwendung, die Fotos so verändert, dass sie den Nutzern zeigt, wie sie um Jahre gealtert oder mit einem anderen Geschlecht aussehen würden. Keineswegs zufällig räumt die App ihren russischen Eigentümern auch eine »unwiderrufliche, nicht exklusive, gebührenfreie, weltweite, vollständig bezahlte und übertragbare Lizenz mit der Erlaubnis für Unterlizenzen« für die Verwendung der Bilder der Nutzer für jeden beliebigen Zweck ein.[10] Über den Wert dieses Deals kann man geteilter Meinung sein, aber es ist naiv anzunehmen, Verbraucher würden immer die staatsbürgerliche oder auch nur die vernünftige Wahl treffen, was oft daran liegt, dass sie die weitergehenden ethischen und politischen Auswirkungen einer scheinbar amüsanten, aber unwichtigen Entscheidung nicht durchdacht haben.

Bislang sind wir davon ausgegangen, dass Verbraucher bei entsprechendem Willen und Wissen gemäß ihren Präferenzen frei zwischen Produkten wechseln. Aber auch das ist nicht so einfach. Ein Wechsel ist oft mit hohen Kosten verbunden. Wenn ich zehn Jahre in einem sozialen Netzwerk verbracht habe – Kontakte geknüpft, eine Fangemeinde aufgebaut, Gruppen und Alben kuratiert habe –, dann verliere ich womöglich alles, wenn ich dieses Netzwerk verlasse und woanders neu anfange. Wenn ich ein Unternehmen betreibe, das von sozialen Medien abhängig ist, könnte es den finanziellen Ruin bedeuten. Die Kosten eines Ausstiegs sind besonders hoch, wenn der Wert der Technologie durch die Größe des Netzwerks entsteht. Für Verbraucher stellt sich dann nicht mehr die Frage: »*Ist dieses System besser?*«, sondern: »*Wie viele andere Menschen sind ebenfalls bereit, umzusteigen?*« Wenn die Antwort »*nicht genug*« lautet, dann wird man aus Eigeninteresse in der Regel bleiben, wo man ist.

* * *

Man kann sich also nicht nur nicht darauf verlassen, dass der Markt die ethische oder politische Funktionsweise der digitalen Technologien verbessert. Tatsächlich ist es sogar so, dass der Druck des Marktes alles oft noch *schlimmer* macht.

Nehmen wir als Beispiel das Problem der algorithmischen Ungerechtigkeit, das im vorherigen Teil des Buches angesprochen wurde. Wir wissen, dass Unternehmen bei manchen Entscheidungen über Arbeitsplätze, Kredite, Versicherungen und Ähnliches inzwischen Profiling-Systeme einsetzen. Einmal angenommen, der Markt erfüllt seine Aufgabe und zieht Algorithmen, die wirtschaftlich unbrauchbare Ergebnisse liefern (weil der Algorithmus fehlerhaft ist oder die Daten schlecht sind oder aus einem anderen Grund), aus dem Verkehr. Auf dem Markt verbleiben dann ausgeklügelte Systeme, die zuverlässige Prognosen liefern. Wenn eines dieser Systeme die Postleitzahl einer Person als guten Indikator dafür vorschlägt, ob diese Person ein produktiver Mitarbeiter sein wird, dann werden Arbeitgeber verständlicherweise diese Daten berücksichtigen wollen. Wenn sie es nicht tun, werden es ihre Konkurrenten tun. Die Tatsache, dass dies zu diskriminierenden Ergebnissen führen könnte – weil vielleicht in einem bestimmten Gebiet ein hoher Anteil einer bestimmten ethnischen Gruppe lebt –, ist aus Sicht des Marktes irrelevant. Hier *fördert* der Markt *aktiv* diskriminierendes Verhalten, anstatt es zu verhindern. Auch hier belohnt der Markt Effizienz, nicht Gerechtigkeit.

Ein ähnliches Problem stellte sich in der Zeit vor der Einführung der Bürgerrechtsgesetze in den Vereinigten Staaten. In den fünfziger Jahren war für Anwaltskanzleien, deren Klienten keine afroamerikanischen Anwälte wollten, oder für Restaurants, deren Kundschaft keine afroamerikanischen Kellner wünschte, die *wirtschaftlich vernünftige* Entscheidung eine *unmoralische:* nur weiße Mitarbeiter einzustellen. Und viele taten genau das. Die einzige Möglichkeit, diesem Teufelskreis der Diskriminierung zu entkommen, war ein kollektives Vorgehen. Das Ergebnis war das Bürgerrechtsgesetz von 1965. Durch das generelle Verbot von diskriminierendem Verhalten schützte das Gesetz die Unternehmen vor dem Druck des Marktes, der dazu führte, dass sie bei ihren Einstellungsentscheidungen diskriminierten.[11] Heute gibt es zu wenige Gesetze, um Technologieunternehmen zu schützen, die sich bemühen, ethischer zu handeln als ihre Konkurrenten.

***

In der Frühzeit der Römischen Republik fiel der griechische Feldherr Pyrrhus in Italien ein. Nach einigen Scharmützeln begannen die beiden Seiten, miteinander zu verhandeln. Rom schickte einen Abgesandten namens Fabricius zu den Griechen. Als Fabricius im griechischen Lager eintraf, bot Pyrrhus ihm »so viel Silber und Gold, dass er alle Römer übertreffen könnte, die als die reichsten galten«. Doch Fabricius lehnte das Angebot ab. Er erklärte (vermutlich in süffisantem Ton), dass es in einer Republik mehr darauf ankomme, ein hohes Amt zu bekleiden und das Ansehen der Bürger zu genießen, als großen Reichtum anzuhäufen. Warum sollte er Reichtümer annehmen, wenn er damit »Ehre und Ansehen« riskierte?[12] Fabricius' Hingabe an seine Pflicht gegenüber dem Volk wurde zur republikanischen Legende. Er war in erster Linie Bürger und erst in zweiter Linie Konsument.

Das Zeitalter der Aufklärung brachte eine gemäßigtere Form des bürgerlichen Republikanismus hervor als die von Fabricius favorisierte. Das Entstehen der »Marktgesellschaft« hatte ein beispielloses Wirtschaftswachstum ausgelöst. Doch mit dem Wohlstand kamen auch Ängste. Der schottische Denker Adam Ferguson, dessen Schriften bei den Gründervätern der Vereinigten Staaten beliebt waren, befürchtete, der Handel könne die Politik als vorherrschende Form der sozialen Ordnung verdrängen. Dies hielt er für keine gute Idee. Er schrieb: »Es gibt Nationen von Handwerksleuten, die aus Mitgliedern bestehen, welche außer ihrem eigenen besondern Gewerbe in allen menschlichen Geschäften unwissend sind.«[13]

Unwissenheit bezüglich aller menschlichen Geschäfte mag als Urteil für die umsichtigeren Bewohner des Silicon Valley zu hart sein, aber Fergusons zentraler Punkt war ohnehin ein struktureller: War der Markt wirklich der beste Weg, um die mächtige Händlerkaste zur Verantwortung zu ziehen? Mark Zuckerberg fasste diese Gefahr unabsichtlich in einem Drei-Wort-Mantra zusammen: *Company over country*, »Firma vor Vaterland«.[14] Irgendwann wird das private Gewinnstreben immer in Konflikt mit dem öffentlichen Interesse geraten.[15]

Im nächsten Kapitel wird es um eine andere Verteidigung gehen, die von den Marktenthusiasten im Silicon Valley vorgebracht wird. Sie sagen, man könne darauf vertrauen, dass sich Technologieunternehmen *trotz* des Marktes und nicht *wegen* des Marktes anständig verhalten. Oder anders ausgedrückt: Sie plädieren für Selbstregulierung.

KAPITEL 12

SELFIE

Reid Hoffman ist der Milliardär hinter PayPal und LinkedIn. Er ist eine Legende des Silicon Valley. In seinem Buch *Blitzscaling* (2018) vertritt er die Ansicht, dass ein Unternehmen in einem so »furiosen Tempo« wachsen sollte, dass es »die Konkurrenz aus dem Feld schlägt«.[1] Über das Vorrücken der deutschen Armee im Zweiten Weltkrieg schreibt er:

> Bei diesen Feldzügen verzichteten die vorrückenden Armeen auf den traditionellen Ansatz, das Marschtempo zu drosseln, um die Nachschub- und Rückzugslinien zu sichern. Stattdessen verschrieben sie sich uneingeschränkt einer offensiven Strategie, die in Kauf nahm, dass Treibstoff, Lebensmittel und Munition zur Neige gehen könnten, und riskierten eine potenziell vernichtende Niederlage – zur Maximierung der Geschwindigkeit und des Überraschungseffekts.[2]

Bei diesem Ansatz, so Hoffman, wird beim Aufbau eines

Unternehmens »Geschwindigkeit Vorrang vor Effizienz gegeben«.[3] Aus diesem Grund verlangen Risikokapitalgeber von den jungen Unternehmen, in die sie investieren, ein »Hockeyschläger-Wachstum«, damit ihre Konkurrenten keine Chance haben.[4] *Move fast and break things.*

Aus kommerzieller Sicht mag das sinnvoll sein. Aber die politischen Implikationen von Hoffmans Aussagen sollten uns zu denken geben. Wenn Tech-Unternehmer wirklich am »Aufbau der Zukunft« arbeiten, wie er behauptet, sollte ihre Leitphilosophie dann wirklich an eine militärische Strategie angelehnt sein, noch dazu von der deutschen Wehrmacht?[5]

***

Jedes Unternehmen will Geld verdienen, das ist bei Tech-Firmen nicht anders. Milton Friedman sagte, die grundsätzliche Aufgabe der Unternehmensführung bestehe darin, »so viel Geld wie möglich zu verdienen, ohne gegen die Grundregeln der Gesellschaft zu verstoßen«.[6] Nicht jeder sieht das so wie der Miltonator, aber er hat offensichtlich einige Fans im Silicon Valley, wo Erfolg im Wesentlichen am aggressiven, steroidalen Streben nach Wachstum gemessen wird.

Natürlich hat das Silicon Valley lange Zeit versucht, sich selbst und die Welt davon zu überzeugen, dass sich das Geschäft mit digitalen Innovationen von der normalen Markttätigkeit unterscheidet. »Make tools that advance humankind«, lautete das Mantra von Apple. »Don't be evil«, lautete das von Google. Ein Zyniker könnte dies als leere Marketingphrasen abtun, aber sie spiegeln einige wichtige Wahrheiten wider. Technologen arbeiten tatsächlich am Aufbau der Zukunft. Viele von ihnen meinen es gut. Und viele der mächtigen

Eichen des Silicon Valley haben nichts mehr von den Eicheln, aus denen sie gewachsen sind.

Die Frage ist jedoch, ob von Unternehmern automatisch erwartet werden kann, dass sie eine Zukunft aufbauen, die den Interessen der Menschheit im Allgemeinen nützt, oder eine, die hauptsächlich ihren eigenen kommerziellen Zwecken dient. Das ist keine Kritik. Es handelt sich einfach um die Art von Fragestellung, der sich jede mächtige Gruppierung in der Gesellschaft stellen sollte.

Solange die Entwicklung der digitalen Technologie den Marktkräften überlassen bleibt, werden Entscheidungen, die wir als politisch betrachten könnten – wie man mit persönlichen Daten umgeht, ob man bestimmte Arten von Inhalten in sozialen Medien verbietet, welche Algorithmen eingesetzt werden sollen –, nie ganz dem Druck entgehen, Geld einbringen zu müssen.[7] Das bedeutet natürlich nicht, dass jede Entscheidung einfach nur unter dem Aspekt von Gewinn oder Verlust getroffen wird. Möglicherweise besteht die beste langfristige Strategie für Rentabilität darin, eine Plattform sauber zu halten. Sie kann aber auch dazu führen, dass sich das Unternehmen bei einflussreichen staatlichen Akteuren einschmeichelt oder bei Beiträgen mächtiger Persönlichkeiten, die gegen die Leitlinien der Gemeinschaft verstoßen, ein Auge zudrückt.[8] Wir sollten also grundsätzlich nicht überrascht sein, wenn Tech-Firmen Entscheidungen treffen, die ihnen selbst nützen, nicht aber der breiten Öffentlichkeit. Die Interessen von Firmen und Öffentlichkeit sind nicht immer notwendigerweise dieselben.

Im letzten Kapitel wurde das Argument betrachtet, man könne darauf vertrauen, dass die Marktkräfte die Macht jener zügeln, die digitale Technologien entwickeln und kontrollieren. Wie dargestellt, ist jedoch oft das Gegenteil der Fall: Der Markt *stärkt* die Tech-Unternehmen auf Kosten der Verbraucher und kann Anreize für ungerechtes Verhalten bieten, anstatt es einzuschränken. Wenn also die Verfechter des freien Marktes argumentieren, dass Plattformen keiner Regulierung bedürfen, weil sie von den Marktkräften diszipliniert werden, haben sie sowohl recht als auch unrecht. Sie haben recht, weil die Marktkräfte das Verhalten der Unternehmen beeinflussen. Sie haben unrecht, weil diese Kräfte die Situation oft noch weiter verschlimmern.

Einige Verfechter des freien Marktes vertreten eine andere Argumentation. Sie sagen, man könne der Tech-Branche nicht wegen, sondern *trotz* der Märkte vertrauen. Sie sagen, Unternehmen würden sich, falls nötig, den Marktkräften *widersetzen* und das Richtige tun, auch wenn dies auf Kosten des Profits gehe. Das ist die Ideologie der Selbstregulierung.

***

In dem Gedanken der Selbstregulierung steckt ein Körnchen Wahrheit. Viele Branchen – Medizin, Rechtsprechung, Journalismus – verfügen über einen gewissen Spielraum, um ihre eigenen Regeln und Normen aufzustellen. Und einige gemeinnützige Einrichtungen haben in der Vergangenheit gute Arbeit geleistet, wenn es um technische Fragen wie Internetprotokolle und die Verteilung von Domänennamen ging.

Doch die Selbstregulierung hat ihre Grenzen.

Der Anwaltsberuf liefert eine hilfreiche Analogie. Jeden Tag stehen Anwälte vor der Wahl zwischen Recht und Unrecht. Soll ich das Gericht auf dieses für mich nachteilige Dokument aufmerksam machen oder es unter einem Stapel irrelevanter

Unterlagen begraben? Soll ich zu einem Vergleich raten (gut für den Mandanten) oder auf einen Prozess drängen (gut für mein Honorar)? Es sollte daher nicht überraschen, dass die Gesellschaft es nicht einfach den Anwälten überlässt zu erkennen, was »das Richtige« ist, und blind darauf vertraut, dass sie es auch tun werden. Sie stellt strenge Anforderungen an sie. Um Anwalt zu werden, muss eine Person ein bestimmtes Studienprogramm absolvieren und sich ordnungsgemäß qualifizieren und zertifizieren lassen. Um zu praktizieren, muss sie einer Aufsichtsbehörde unterstellt und voll versichert sein. Jedem Juristen wird beigebracht, dass Fachwissen nicht von gesellschaftlichen Pflichten zu trennen ist und dass Anwälte, ähnlich wie Ärzte, ihren Klienten besondere Treuepflichten schulden. Wenn man als Rechtsanwalt arbeiten will, muss man akzeptieren, dass das Gewinnstreben hinter beruflichen Verpflichtungen wie Ehrlichkeit, Integrität und dem Bekenntnis zur Rechtsstaatlichkeit zurückstehen muss. Aus diesen Gründen gilt das Rechtswesen, wie auch die Medizin, als Beruf und nicht nur als Job.[9] Wenn man einmal allen Zynismus darüber beiseitelässt, ob der Anwaltsberuf diesen hohen Idealen immer gerecht wird (was offensichtlich nicht der Fall ist), so existiert hier zweifellos ein funktionierendes System der Selbstregulierung mit entsprechenden Normen und Regeln. Und wenn gegen diese Normen und Regeln verstoßen wird, hat das ernsthafte Konsequenzen: Geldstrafen, öffentliche Rüge und sogar den Verlust der Existenzgrundlage.

Die Tech-Branche arbeitet, zumindest im privaten Sektor, nach einem etwas anderen Modell. Für die meisten Funktionen gibt es keine vorgeschriebenen Qualifikationen. Es gibt keinen allgemein akzeptierten Verhaltenskodex. Es gibt keine obligatorische Zertifizierung, auch nicht für heikle Positionen.

Selfie

Es besteht weder eine Verpflichtung, der Öffentlichkeit den Vorzug vor dem Profit zu geben, noch eine, sich nach höheren ethischen Maßstäben zu richten als normale Geschäftsleute. Von wenigen Ausnahmen abgesehen gibt es keine Regulierungsbehörden, die Standards festlegen oder Untersuchungen durchführen. Der entscheidende Unterschied besteht darin, dass hier niemand zur Verantwortung gezogen wird – es gibt keine Sanktionen bei groben Verstößen gegen das Berufsethos, keiner muss Angst haben, suspendiert oder entlassen zu werden. Ein Arzt oder ein Rechtsanwalt muss bei enormen moralischen Verfehlungen mit ernsthaften Konsequenzen rechnen. In der Tech-Welt ist das nicht der Fall.[10]

Wenn Leute in der Tech-Branche von »Selbstregulierung« sprechen, meinen sie also nicht die Selbstregulierung, wie sie von Anwälten oder Ärzten verstanden wird. Sie machen sich eine Zweideutigkeit des Begriffs »Selbstregulierung« zunutze. Bei der Selbstregulierung von Berufsständen gibt es in der Regel eine staatliche Aufsicht, wenn gesetzliche Regelungen formuliert, Aufsichtsgremien eingerichtet oder die Öffentlichkeit bei Beratungen einbezogen werden.[11] Im Silicon Valley hingegen bedeutet »Selbstregulierung«, dass Entscheidungen über mächtige Technologien fast ausschließlich jenen überlassen bleiben, die sie entwickeln und kontrollieren. In Wahrheit ist das überhaupt keine Regulierung.

Die Erfahrung zeigt, dass Tech-Unternehmen dem Gemeinwohl nicht verlässlich Vorrang vor dem Profit geben, wenn es keine Mechanismen gibt, um entsprechende Vorgaben durchzusetzen. Yaël Eisenstat, die dreizehn Jahre lang CIA-Agentin war, wurde von Facebook als weltweite Leiterin der Abteilung für Wahlintegrität eingestellt. Sie verließ das Unternehmen nach nur sechs Monaten wieder. »Ich bekam nicht die Befugnisse, die ich gebraucht hätte, um die Arbeit zu tun, für die ich eingestellt wurde, sondern ich wurde bewusst beiseitegeschoben und konnte nie irgendeine Veränderung bewirken oder auch nur an den meisten Besprechungen teilnehmen, die direkt mit der Arbeit zu tun hatten, für die man mich eingestellt hatte«, sagt sie. Der Grund dafür? »[Die] Dinge, die ich vorantreiben wollte, waren allesamt Dinge, die den grundsätzlichen Vorstellungen [Facebooks] davon, wie man Geld verdienen kann, zuwiderliefen.«[12]

Ross LaJeunesse, ehemaliger Leiter der Abteilung für internationale Beziehungen bei Google, schreibt über seinen erfolglosen Kampf um die Einrichtung eines Menschenrechtsprogramms innerhalb des Unternehmens, er habe feststellen müssen, dass Googles Prioritäten bei »höheren Gewinnen und einem noch höheren Aktienkurs« lagen.[13] Eine weitere Geste sozialer Verantwortung, Googles Ethikrat, wurde neun Tage nach seiner Verkündung wieder abgeschafft, weil die Berufung des Leiters einer umstrittenen Denkfabrik und des Geschäftsführers eines Drohnenherstellers in diesen Beirat für Aufregung gesorgt hatte.[14] Google hat seitdem eine Kontroverse durch Berichte ausgelöst, es habe langjährige Ethiker aus dem Unternehmen gedrängt.[15]

Sollten uns diese Berichte überraschen? Nein. Unternehmen sind ihren Aktionären verpflichtet – nicht der Allgemeinheit und nicht philosophischen Grundsätzen. Die Selbstregulierung in der Tech-Branche ist ein Rohrkrepierer, weil sie noch nicht einmal begonnen hat, zu funktionieren, und weil sie kurz- oder mittelfristig wahrscheinlich auch nicht funktionieren wird. Im Grunde läuft es darauf hinaus, dass man darauf hofft, dass die Tech-Firmen das Richtige tun werden, auch wenn starke Anreize sie in die andere Richtung zerren.

KAPITEL 13

ETHICS WASHING

Um in einem wettbewerbsorientierten Markt tätig sein und sich gleichzeitig für das Gemeinwohl engagieren zu können, bedarf es schon eines ganz besonderen Typs von Unternehmen. Das Silicon Valley ist kein günstiges Umfeld für diese Art von Unternehmen. Das liegt zum einen am harten Wettbewerb dort, zum anderen an den Ansprüchen der Investoren und schließlich an dem lähmenden Mangel an Diversität.

Das Problem beginnt an der Universität. Drei von vier Studenten in Kursen für künstliche Intelligenz sind männlich und vier von fünf Lehrstühlen mit Männern besetzt.[1] Seit 1985 hat sich die Anzahl der Frauen, die einen Bachelor-Abschluss in Informatik erhalten, halbiert. Ihr Anteil liegt jetzt bei 18 Prozent.[2] Nur etwa ein Viertel der Doktortitel in Informatik, Mathematik und Statistik wird an Frauen verliehen,[3] und mehr als 80 Prozent der Arbeiten, die auf Konferenzen zum maschinellen Lernen vorgestellt werden, sind von Männern verfasst.[4] Es ist nicht allgemein üblich, jungen Softwareingenieuren etwas über die moralischen Herausforderungen ihrer Arbeit beizubringen. Einige Hochschulen bieten einen Kurs zu »KI-Ethik« an,[5] doch dabei handelt es sich meist um ein Wahlfach.[6] MINT-Studenten müssen im Allgemeinen keine Kurse in Philosophie, Literatur, Musik, Geschichte oder Kunst belegen.[7]

In den Unternehmen der Branche gibt mehr als die Hälfte der Frauen, die in der Wissenschaft und im Ingenieurwesen arbeiten, ihren Arbeitsplatz auf, in der Regel vor ihrem 40. Lebensjahr.[8] In der Welt der Start-ups sind mehr als 90 Prozent der Risikokapitalgeber Männer.[9] Von den Gründern, die eine Finanzierung erhalten, ist nur ein Prozent schwarz.[10] In großen Silicon-Valley-Firmen liegt der Anteil der Schwarzen und Latinos unter den Programmierern bei nur ein oder zwei Prozent.[11]

Das Silicon Valley ist keine echte Monokultur, aber es gibt eine erkennbare »Ingenieursmentalität«, die sich an den Prinzipien Optimierung, Skalierung und Effizienz orientiert.[12] Die »In«-Kultur zu definieren ist schwierig, aber jene, die »drinnen« sind, wissen offensichtlich genau, wer »draußen« ist. Google hat angeblich ein eigenes Wort für die Leute, die es bevorzugt einstellt: *Googley.* Im Silicon Valley ist der »Culture Fit« wichtig, ob jemand also »zur Unternehmenskultur passt«. Das bedeutet, dass Leute eingestellt werden, die wie alle anderen im Unternehmen sind.[13]

In einem kürzlich durchgeführten Experiment wurden 5000 Lebensläufe an Arbeitgeber in der Tech-Branche geschickt. Wenn die Namen der Bewerber entfernt waren, wurden 54 Prozent der Frauen für ein Vorstellungsgespräch ausgewählt. Wurden die Namen angezeigt, sank ihr Anteil auf 5 Prozent.[14] Kein Wunder also, dass das Valley »überwiegend weiß, überwiegend männlich, überwiegend gebildet, überwiegend liberal oder libertär und bei Fähigkeiten und Weltsicht überwiegend technologisch geprägt« ist.[15] Schwarze Bewerber bei Facebook haben sich darüber beschwert, dass sie abgewiesen wurden, weil sie nicht zur Unternehmenskultur passten.[16]

Die Welt der digitalen Technologien hat sich seit der kalifornischen Gegenkultur der sechziger und siebziger Jahre stark verändert. Damals gab es ein »stark antikommerzielles« Milieu, das die Interessen der Mächtigen infrage stellen und gleichzeitig die Privatsphäre der einfachen Leute schützen wollte.[17] Heute gibt es in der Tech-Branche viele brillante Leute, die früher vielleicht ihr Glück im Rechts- oder Bankwesen versucht hätten. Die Branche hat ihre Feindseligkeit gegenüber der Macht des *Staates* beibehalten, aber ihr Misstrauen gegenüber der Macht der *Unternehmen* stillschweigend abgelegt.[18]

Natürlich hat jede Branche ihre Eigenheiten und Schwächen. Manche Unternehmen haben eine ausgeprägtere staatsbürgerliche Einstellung als andere, und manche haben – in der Regel als Reaktion auf öffentliche Empörung, Druck seitens der Regierung, Proteste der Mitarbeiter oder Informationslecks – eine gewisse Bereitschaft gezeigt, Veränderungen vorzunehmen. Aber letztlich können die Probleme der digitalen Technologie nicht durch den Markt gelöst werden. Und die Probleme des Marktes lassen sich nicht durch die Tech-Kultur lösen.

***

Nach einem öffentlichen Aufschrei hat die Tech-Branche begonnen, ethische Grundsätze und Praktiken für die Entwicklung und Nutzung fortgeschrittener Computersysteme zu entwickeln. (Auch der moderne Bereich der medizinischen Ethik

ist das Ergebnis von Skandalen, die oft den Fortschritt vorantreiben.)[19] Microsoft, Google, IBM, Amazon und eine Reihe
anderer Tech-Giganten haben alle Initiativen zur KI-Ethik
gestartet oder finanziert.[20] Ironischerweise wird Ethik inzwischen schon als »das wohl angesagteste Produkt im aktuellen
Hype-Zyklus des Silicon Valley« bezeichnet.[21] Die häufigsten
ethischen Grundsätze betreffen Schutz der Privatsphäre, Verantwortlichkeit, sichere Datenspeicherung und Schutz vor
Datendiebstahl, Transparenz und Erklärbarkeit, Nichtdiskriminierung, menschliche Kontrolle, berufliche Verantwortung
und »menschliche Werte«.[22]

Oberflächlich betrachtet ist die ethische Wende im Silicon
Valley vorsichtig zu begrüßen. Je mehr Energie darauf verwendet wird, über die moralische Dimension der digitalen
Technologie nachzudenken, umso besser. Das »Ethik«-Para-
digma ist freilich auch problematisch, und das aus mindestens
sechs Gründen.

Erstens sind die meisten ethischen Grundsätze, die aus dem
Silicon Valley (und sogar aus der Wissenschaft) kommen, so
vage und anfechtbar formuliert, dass sich niemand darauf
einigen kann, was sie bedeuten, und sie lassen sich nicht so
leicht in die Praxis umsetzen. (Der Datenschutz ist ein gutes
Beispiel. Selbst Wissenschaftler, die sich mit dem Thema Datenschutz befassen, streiten heftig darüber, was er eigentlich
umfasst.)

Zweitens sind Prinzipien schön und gut, aber die ethische
Herausforderung beginnt erst dann, wenn die Prinzipien mit
der Notwendigkeit, Geld zu verdienen, in Konflikt geraten.
Zu diesem Punkt haben die Ethik-Chartas von Tech-Firmen
verdächtig wenig zu sagen. Wenig überraschend haben Untersuchungen gezeigt, dass Mitarbeiter dazu neigen, ethische Be-

denken bei bestimmten Verhaltensweisen außer Acht zu lassen, wenn die Folgen »für das Unternehmen günstig« sind.[23] (Oder wie Groucho Marx es ausdrückte: »Ich habe eiserne Prinzipien. Wenn sie Ihnen nicht gefallen, habe ich auch noch andere.«)

Drittens wird in Ethik-Chartas selten klar beschrieben, was geschehen soll, wenn Grundsätze miteinander in Konflikt geraten. Das geschieht häufig, wenn gut gemeinte Allgemeinplätze ohne besondere Reihenfolge aufgeführt werden.[24] (Was hat Vorrang: *Datenschutz* oder *Transparenz*?)

Viertens werden ethische Grundsätze oft in unangemessen trockenen und fachspezifischen Begriffen ausgedrückt. Von der Verringerung des »Bias« in Algorithmen zu sprechen, ist schön und gut, aber das reicht nicht aus. Manchmal kann eine solche Voreingenommenheit im Sinne der Gerechtigkeit sein (zum Beispiel bei positiver Diskriminierung), in anderen Fällen kann sie inakzeptabel sein. Die Entscheidung zwischen diesen Optionen ist keine technische Frage, sondern eine politische.

Fünftens sind die meisten der verbreiteten Ethikdokumente in der Branche selbst die Schöpfung einer Elite hinter verschlossenen Türen, sei es im Silicon Valley oder an der Universität. Das macht sie nicht unbedingt falsch, aber es überschattet ihre Legitimität. Man muss kein Hardcore-Republikaner sein, um die Meinung zu vertreten, dass die Bürger selbst ein gewisses Mitspracherecht bei der Regulierung der Technologien haben sollten, die wiederum sie beherrschen.

Schließlich gehen fast alle ethischen Rahmenwerke davon aus, dass nichtmenschliche Systeme in jedem Kontext angemessen sind, solange sie ethisch korrekt eingesetzt werden. Damit wird die tiefgreifendere Frage umgangen, die man sich in fast jeder Situation stellen sollte: Ist dies etwas, das eine Maschine überhaupt tun sollte?[25]

Ein Zyniker könnte sagen, diese Mängel offenbaren eine tiefere Wahrheit: dass Tech-Unternehmen nicht die Absicht haben, ethische Grundsätze in die Praxis umzusetzen, wenn dies ihre Rentabilität ernsthaft beeinträchtigen könnte.[26] Bezeichnenderweise ergab eine Studie, dass nur eines von sechzehn KI-Ethikdokumenten überhaupt »praktische Durchsetzungsmechanismen« enthält.[27] Alle anderen geben lediglich Leitlinien an.

Zurück bleibt die nagende Sorge, dass freiwillige Ethikkodizes nur den *Anschein* ethischen Verhaltens erwecken, während sie die altbekannten Übel verschleiern. Dies ist problematisch. Es vermittelt den beruhigenden Eindruck einer ethischen Korrektur, ohne es der Sache nach zu sein.

Diese Bedenken sind Teil einer umfassenderen Kritik an der »sozialen Verantwortung von Unternehmen«. Dieser Kritik zufolge werden private Verhaltenskodizes, Ethikräte und Grundsatzerklärungen oft als Deckmantel benutzt, um den Eindruck zu erwecken, alles sei in Ordnung, während sich dahinter eine eher düstere Realität verbirgt.[28] Im Grunde sind sie ein PR-Stunt, bei dem staatliche Regulierungen abgewehrt werden sollen, indem man durch kleine Gesten den Willen zu einem bedeutsamen Wandel anzeigt.[29] Dieses Vorgehen hat sogar einen eigenen Namen: »Ethics Washing«.[30]

Dies ist kein zynisches Buch. Aber man muss kein Zyniker sein, um die Meinung zu vertreten, dass eine Selbstregulierung der Tech-Branche wahrscheinlich nicht funktionieren wird. Selbst wenn man glaubt, so wie ich es tue, dass viele, die in der IT-Branche arbeiten, brillant und wohlmeinend sind, ist es vernünftig, darüber nachzudenken, dass angesichts

(a) der immensen Macht, die diese Unternehmen innehaben, (b) des Wesens der Silicon-Valley-Kultur und (c) der verbreiteten Notwendigkeit, zu wachsen und Geld zu verdienen, die Gesellschaft insgesamt mehr Einfluss darauf haben sollte, wie diese Technologien entwickelt und eingesetzt werden.

Ein digitaler Republikaner weiß, dass Menschen – auch die besten von uns – manchmal Fehler begehen. Unsere Selbstlosigkeit kennt Grenzen. Wir sind einem starken sozialen, institutionellen und wirtschaftlichen Druck ausgesetzt. Ein großartiger Programmierer oder Unternehmer ist nicht unbedingt auch ein großartiger Richter, wenn es um Wahrheit oder Gerechtigkeit geht. Einige der von der Technologie aufgeworfenen Fragen sind so umfangreich und von Grund auf *politisch*, dass sie Gegenstand der demokratischen Debatte sein und nicht der Unternehmenspolitik unterliegen sollten. Selbst eine perfekt formulierte Ethik-Charta könnte mit der öffentlichen Moral nicht im Einklang sein. Wenn man die Mächtigen zur Rechenschaft ziehen will, sollte man ihnen nicht erlauben, ihre eigenen Hausaufgaben zu benoten. Es ist an der Zeit, von der Ethik zum Recht überzugehen.

***

Was ist mit den Verbrauchern? Die Verfechter des Marktes argumentieren, der Einzelne sei selbst am besten in der Lage, Entscheidungen über sein eigenes Leben zu treffen – ob es nun darum gehe, eine bestimmte Technologie zu nutzen, den Nutzungsbedingungen einer Plattform zuzustimmen oder zuzulassen, dass persönliche Daten über ihn gesammelt und weiterverkauft werden. Jedem von uns sei es möglich, so sagen sie, in die verschiedenen digitalen Technologien einzuwilligen (oder nicht). In der Theorie ist das eine verlockende Vorstellung, aber in der Praxis kann die Einwilligung eine Falle sein: Sie macht es allzu einfach, unsere eigenen Freiheiten und die Freiheiten anderer Menschen aufzugeben, ohne dass wir es merken. Um dieses Thema geht es im folgenden Kapitel.

DIE ZUSTIMMUNGSFALLE

Schließen Sie die Augen und versuchen Sie, sich daran zu erinnern, wie oft Sie in den letzten zehn Jahren auf »Ich stimme zu« geklickt haben, wenn Sie Online-Nutzungsbedingungen, Datenschutzerklärungen oder Ähnliches akzeptiert haben. Wahrscheinlich können Sie sich an ein paar Gelegenheiten erinnern, aber Sie wissen, dass es Tausende mehr waren. Jeder Klick schien in dem Moment unbedeutend zu sein – eine flüchtige Unannehmlichkeit, die schnell vergessen war. Ob Sie es glauben oder nicht, viele Befürworter des derzeitigen Systems sagen, diese Klicks seien die wichtigste Verteidigungslinie gegen die Macht der Tech-Konzerne. Dieses Kapitel soll zeigen, warum das Zustimmungsprinzip so verdreht wurde, dass es die Nutzer nur noch stärker gefährdet, statt sie zu schützen.[1]

***

In den letzten zwei Jahrzehnten war die Technologiepolitik (vor allem in den Vereinigten Staaten) von der Ignoranz gegenüber der Erkenntnis geprägt, dass einige der größten Probleme, die digitale Technologien mit sich bringen, nicht gelöst werden, sondern sich sogar noch verstärken können, wenn jeder seine eigenen Interessen verfolgt. Eine der bedeutendsten Fehlentscheidungen in diesem Zusammenhang war die verbreitete Anwendung dessen, was ich die Zustimmungsfalle[2] nenne:

Anstatt die Technologie auf gesellschaftlicher Ebene zu regulieren, wird der Einzelne bei der Aushandlung der Bedingungen für die Nutzung digitaler Dienste allein gelassen und ist damit dem dominanten Akteur ausgeliefert.

Die Zustimmung ist jedoch ein Konzept mit einem altehrwürdigen Stammbaum. Im liberalen Denken gilt sie spätestens seit John Locke (1632–1704) als Grundlage der politischen Legitimität. Die Vorstellung vom Staat als »Gesellschaftsvertrag« ist seit der Aufklärung populär. In jüngerer Zeit, aber immer noch vor mehr als 130 Jahren, vertraten Samuel Warren und Louis Brandeis die Auffassung, jeder Einzelne habe »ein Recht darauf, in Ruhe gelassen zu werden«,[3] und im Laufe der Zeit entwickelte sich daraus die allgemeine Annahme, dass es dem Einzelnen überlassen bleiben sollte, selbst zu bestimmen, »wann, wie und in welchem Umfang Informationen über ihn an andere weitergegeben werden«.[4] Diese Annahme bildet den Kern vieler zeitgenössischer Theorien zum Datenschutz in Wissenschaft und Rechtsprechung. Sie prägt auch heute noch das Rechtssystem in den Vereinigten Staaten. Das Paradigma ist als »Notice and Choice« bekannt: Der Einzelne wird darüber *informiert (notice)*, was mit seinen Daten geschehen soll, und hat *die Wahl (choice),* ob er diese Bedingungen akzeptiert.

Die Zustimmungsfalle

Keine Frage: Wo immer möglich, sollte der Einzelne selbst über wichtige Angelegenheiten seines Lebens entscheiden können. Aus Respekt vor seiner Würde und Selbstständigkeit. Im Zusammenhang mit digitaler Technologie ist die Zustimmung jedoch oft eine Falle, getarnt als Schutz. Sie trägt nicht dazu bei, das Machtverhältnis zwischen Verbrauchern und mächtigen Technologiekonzernen auszugleichen. Vielmehr zementiert sie die Dominanz.

***

Das offensichtlichste Argument gegen die Zustimmungsfalle: Die meisten Verbraucher lesen die Nutzungsbedingungen nicht, bevor sie ihnen »zustimmen«.[5] Können Sie sich daran erinnern, wann Sie so einen Text das letzte Mal gelesen haben? Wenn ja, dann gehören Sie zu einer winzigen Minderheit. Nur eine von tausend Personen sieht sich die Endbenutzer-Lizenzvereinbarung an, bevor sie online Software kauft.[6] Wer sie sich überhaupt ansieht, tut das im Durchschnitt nur 14 Sekunden lang bei Dokumenten, für die man mindestens 45 Minuten bräuchte, um sie zu verstehen.[7] Das liegt nicht daran, dass die Menschen dumm sind. Es liegt daran, dass viele Datenschutzerklärungen Tausende von Wörtern lang sind – ein Mehrfaches der Länge dieses Kapitels. Der Großteil dieser Texte ist selbst für sehr gebildete Menschen nur schwer verständlich. Untersuchungen haben ergeben, dass die Datenschutzrichtlinie von Facebook – von der oft behauptet wird, sie gehöre zu den verständlichsten – fast so schwer zu verstehen ist wie Immanuel Kants Abhandlung *Kritik der reinen Vernunft* von 1781, ein Buch, das so undurchdringlich ist, dass Philosophiestudenten schon beim bloßen Gedanken daran erschaudern.[8]

Und uns werden *Tausende* von digitalen Verträgen vor die Nase gesetzt. Eine Studie aus dem Jahr 2007 kam zu dem Ergebnis, dass man 76 Tage bräuchte, um alle Datenschutzrichtlinien zu lesen, mit denen ein Mensch pro Jahr konfrontiert wird.[9] Heute wäre diese Zeitspanne noch viel länger. Tatsächlich kann man wohl sagen, dass es für einen normalen Menschen unmöglich wäre, auch nur einen Bruchteil der Geschäfts- und Nutzungsbedingungen von Tech-Unternehmen zu lesen und dabei noch ein normales Leben zu führen.

Es gibt einen weiteren Grund, warum niemand das Kleingedruckte liest. Wer sich die Mühe doch macht, stößt in der Regel nur auf Klauseln, die so unpräzise sind – »wir geben Ihre Daten an Dritte weiter« –, dass sie keinen aussagekräftigen Hinweis darauf geben, womit man sich einverstanden erklärt.[10]

Das »Zustimmungs-Konzept« ist auch ungeeignet für eine Welt der umgebenden Technologie, die ohne Bildschirme oder andere Schnittstellen funktioniert, welche es einer Person ermöglichen würden, sinnvolle Eingaben zu tätigen.[11] Oft haben wir keine Ahnung, dass Daten über uns gesammelt werden. Außerdem, so stellte Shoshana Zuboff fest, hätte ein »einziger Heimthermostat« fast tausend Verträge zur Folge, die der Nutzer überprüfen müsste, wenn alle damit verbundenen Geräte und Apps mit entsprechenden Nutzungsbedingungen ausgestattet wären.[12]

Nicht nur das »informiert werden« ist illusorisch. Gleiches gilt auch für die »Wahl«. Eine Wahlmöglichkeit zwischen zwei gleichermaßen schlechten Optionen ist keine echte Wahl. Ebenso wenig wie die Möglichkeit, eine Plattform verlassen zu können, wenn dies den eigenen Interessen irreparablen Schaden zufügen würde. In der Regel haben die Tech-Unter-

Die Zustimmungsfalle

nehmen alle Trümpfe in der Hand (und teilen die Karten aus). Die Vorstellung, zwischen Verbrauchern und Tech-Anbietern würde etwas ausgehandelt, ist eine Farce. Gewöhnlichen Menschen werden fertige Bedingungen vorgelegt, die so formuliert sind, dass sie die Unternehmen schützen. Jede große Plattform hat zum Beispiel eine Klausel, die besagt, dass der Zugang einer Person »jederzeit ohne Angabe von Gründen« gekündigt werden kann.[13] Was soll man in dem Fall tun? Anwälte mit der Plattform verhandeln lassen? Der Plattform ernsthaft mitteilen, dass man sich erst anmeldet, wenn die Klausel entfernt wird?

Wenn man sich zum ersten Mal mit einem neuen digitalen Produkt oder Dienst beschäftigt, ist die Versuchung, auf »Ich stimme zu« zu klicken, meist unwiderstehlich. Normalerweise liegt das daran, dass wir bereits beschlossen haben, das Produkt oder den Dienst zu nutzen. Aber es liegt auch daran, dass es Anreize für Unternehmen gibt, Schnittstellen zu entwerfen, die uns ermutigen, allem zuzustimmen. Das Ja-Sagen wird uns durch große Schaltflächen leicht gemacht. Ein Nein wird durch langweilige, versteckte Optionen und verwirrend komplizierte »Privatsphäre-Einstellungen« unattraktiv gemacht.[14] Ein Google-Mitarbeiter sagt, die Einstellungsfunktion sei »so konzipiert, dass sie alles ermöglicht, zugleich aber so kompliziert ist, dass die Leute die Möglichkeiten nicht finden«.[15] Eine medizinische App fragt die Nutzer, ob sie Benachrichtigungen erhalten möchten – wobei die Alternative lautet: »Nein, ich möchte lieber verbluten.«[16]

In Wahrheit ist die informierte Zustimmung nicht nur ein Mythos. Sie ist ein Ding der Unmöglichkeit. Um eine echte Vorstellung davon zu bekommen, was mit unseren Daten geschehen soll, bräuchten wir große Mengen an detaillierten Informationen. Die meisten von uns können jedoch nur dann sinnvolle Entscheidungen treffen, wenn die Begriffe einigermaßen einfach und leicht verständlich sind. Dies ist das »Transparenzparadoxon«.[17] Zu wenige Informationen bedeuten keine sinnvolle Informiertheit, zu viele Informationen bedeuten keine sinnvolle Wahl. Das Problem ist nicht die Technologie. Es ist auch nicht der Mensch, der auf »Ja« oder »Ich stimme zu« klickt. Das Problem ist der rechtliche Mechanismus – die Zustimmung –, der als Mittler zwischen beiden dient.

***

Angenommen, Sie gehen tagsüber zum Zahnarzt und abends in eine Kneipe. In der Zahnarztpraxis zahlen Sie bar. In der Kneipe zahlen Sie mit Karte. Sie wissen wahrscheinlich nicht, dass Menschen, die in Kneipen Geld ausgeben, statistisch gesehen eher mit ihren Kreditrückzahlungen in Verzug geraten als solche, die beim Zahnarzt Geld ausgeben (das stimmt wirklich!).[18] Wenn Sie also zu einem späteren Zeitpunkt »zustimmen«, dass Ihre Kreditkartendaten bei der Bestimmung Ihrer Kreditwürdigkeit berücksichtigt werden, stimmen Sie damit negativen Konsequenzen zu, auf die sie bis zu diesem Zeitpunkt niemals gekommen wären.

Die Lehre daraus ist, dass eine sinnvolle Einwilligung auch dann nicht möglich wäre, wenn jeder Verbraucher ein hochqualifizierter Jurist mit einer unstillbaren Lust am Lesen langweiliger juristischer Dokumente wäre. Die Menschen können ganz einfach nicht wissen, was ihre Daten offenbaren, wenn sie mit den Daten aller anderen zusammengeführt werden.[19] Daten, die in einem Kontext völlig harmlos erscheinen, können in einem anderen Zusammenhang wertvolle Erkenntnisse liefern.[20] Das ist oft Sinn und Zweck, wenn maschinelle Lernsysteme eingesetzt werden – sie spüren Muster auf, die Menschen nicht erkennen.

Der Zustimmungsmechanismus setzt voraus, dass die Verbraucher die *kumulative* Bedeutung aller Daten, die sie in der Vergangenheit preisgegeben haben, im Kopf behalten können. Können Sie sich auch nur an einen Bruchteil der Daten erinnern, in deren Weitergabe Sie in der letzten Woche eingewilligt haben, geschweige denn in Ihrem Leben? Nein, natürlich nicht. Warum sollte man also so tun, als könnte man den Konsequenzen zustimmen, die sich aus der Analyse jedes neuen Datenpakets zusammen mit den übrigen personenbezogenen Daten ergeben, die bereits im Umlauf sind?[21]

Schließlich ist zu bedenken, dass die Zustimmungsfalle nicht alle Menschen gleichermaßen betrifft. Bestimmte Gruppen sind aufgrund von Zeit, Bildung oder anderen Faktoren schlechter darauf vorbereitet, bestimmte rechtliche Entscheidungen zu treffen, als andere. Anstatt diese Menschen zu schützen, werden sie durch das Zustimmungsparadigma ausgebeutet.

Welche persönlichen Daten gibt es da draußen über Sie? Wer hat sie? Was wird damit gemacht? Können Sie eine dieser Fragen beantworten? Nein, natürlich nicht. Keiner kann das. Die Vorstellung, dass die »Zustimmung« dem Einzelnen mehr Macht verleiht, ist unsinnig. Ein System, das den Menschen noch weniger Macht gibt, als sie derzeit haben, ist kaum vorstellbar.

Der grundlegende Fehler des Zustimmungsmodells besteht darin, dass es auf einer Reihe von Annahmen beruht, die im Kontext der Verbrauchertechnologie kaum je zutreffen, denn dort gibt es keine Verhandlungen, kein Geben und Nehmen, keinen Tausch- oder Markthandel. Zwischen den Parteien besteht ein hoffnungsloses Machtungleichgewicht. Den Verbrauchern stehen Wissen, Verständnis und Informationen nur unvollständig zur Verfügung. Doch wie Jurastudenten im ersten Semester lernen, kommt es auf den objektiven Anschein einer Einigung an. Sobald man auf »Ich stimme zu« klickt, sind dem Gesetz etwaige Bedenken oder Irrtümer egal. Das Geschäft ist abgeschlossen.[22] Dieser kompromisslose Grundsatz ergibt bei knallharten Verhandlungen zwischen Geschäftspartnern Sinn, aber nicht zwischen Einzelpersonen und den Tech-Unternehmen, die ihr Leben zunehmend bestimmen.

Verträge, Vereinbarungen und Zustimmung sind nicht der beste Weg, um eine Beziehung zwischen Starken und Schwachen zu regeln. Statt ein bestehendes Dominanzverhältnis zu korrigieren, stärken sie es durch die Kraft des Gesetzes.[23]

***

Es gibt noch einen weiteren, noch wesentlicheren Grund, der gegen das Paradigma der Zustimmung spricht. Wie wir wissen, werden Daten auf individueller Ebene gesammelt, aber gemeinsam mit den Daten einer Vielzahl von Menschen verarbeitet. Die Daten einer einzelnen Person sind wirtschaftlich oder politisch fast wertlos, aber wenn sie mit den Daten von Millionen anderen Personen kombiniert werden, können sie nützliche Analysen ermöglichen.

Daraus folgt, dass die Entscheidungen, die wir bezüglich unserer Daten treffen, nicht nur Auswirkungen auf uns selbst haben, sondern auch auf andere Menschen. John möchte vielleicht nicht, dass sein Standort verfolgt wird, und deaktiviert daher bei allen Apps auf seinem Smartphone die Standort-übertragung. Wenn aber seine Frau Jane bei ihren Apps die Standortübertragung aktiviert hat, lässt sich Johns Standort auf der Grundlage von Janes Standort ohne weiteres vorhersagen – so wie die *New York Times* den Aufenthaltsort von Donald Trump anhand des Standorts seines Bodyguards ermitteln konnte.[24] Ebenso nützt es wenig, wenn John jedes Mal, wenn er um die Weitergabe seiner Daten gebeten wird, auf »Nein« klickt, gleichzeitig aber Jim, Jack und James – Menschen mit ähnlichen Merkmalen wie John – *ihre* persönlichen Daten freigeben, die dann dazu verwendet werden können, ein hocheffektives Modell von Menschen *wie* John zu erstellen, das auf John selbst angewendet werden kann.[25] Daten sind das neue Öl. Ihre Nutzung schwappt auf andere Menschen über.

***

Der berühmte US-amerikanische Richter Learned Hand schrieb: »Eine Gesellschaft, in der die Menschen keine Einschränkung ihrer Freiheit anerkennen, wird bald zu einer Gesellschaft, wo die Freiheit nur noch der Besitz einiger weniger brutaler Einzelner ist.«[26] Wir leben nach dem Mythos, dass die Freiheit des Einzelnen am besten durch individuelles Handeln erreicht werden kann. Aber wenn man wirklich an die Freiheit des Einzelnen glaubt, lässt man den Einzelnen nicht allein für seine Freiheit kämpfen.

Der digitale Republikanismus vertritt die Auffassung, dass sich der Einzelne nur unter den richtigen gesellschaftlichen Bedingungen frei entfalten kann. Insbesondere müssen gewöhnliche Menschen frei sein von den Übergriffen durch Mächtige, die sie ihrem Willen unterwerfen können.[27] Ebendeshalb sprach der große republikanische Denker John Milton von der »allgemeinen Freiheit«.[28] Wenn aber Freiheit etwas Gesellschaftliches *und* Individuelles ist, warum behandeln wir dann unsere Beziehungen zu Tech-Unternehmen als etwas, das jeder für sich selbst regeln sollte, anstatt sie auf der Grundlage gemeinsamer Werte und Schutzmaßnahmen zu gestalten? Das Paradoxe ist: Selbst wenn jeder einzelne Verbraucher sich insgesamt weniger Eingriffe durch die Technologie wünscht, könnte die Bündelung der individuellen Entscheidungen *trotzdem* zu kollektiver Leibeigenschaft führen. Autonom zu sein sollte nicht bedeuten, sich von allen anderen abzugrenzen. Wir verlieren wenig und gewinnen viel, wenn wir zusammenarbeiten. »Wir müssen alle zusammenhängen«, sagte Benjamin Franklin, »oder wir werden alle einzeln hängen.«[29]

***

Damit ist das Ende dieses Buchteils erreicht. Er lässt sich kurz wie folgt zusammenfassen: Der Markt allein wird die Macht der digitalen Technologie niemals in die Schranken weisen; oft wird er sogar fördern, dass diese Macht auf unerwünschte Weise eingesetzt wird. Wie sieht nun die passende republikanische Haltung gegenüber der kapitalistischen freien Marktwirtschaft aus? Völlige Ablehnung oder etwas, das dem nahekommt, ist sicher der falsche Weg. Denn das hieße, die immensen innovativen und kreativen Kräfte zu opfern, die sich aus dem freien Unternehmertum ergeben, und auf die Freiheit zu verzichten, die in einer echten Wahl zwischen Alternativen liegt. Es hieße auch, James Madisons Lehre zu vergessen, wonach der Besitz und der Schutz von Privateigentum für sich genommen ein wichtiges Bollwerk gegen die Macht eines anmaßenden Staates sind.[30]

Dennoch ist das Gleichgewicht zwischen Kapitalismus und Demokratie im Bereich der Technologie zu sehr auf eine Seite verschoben, was zum Teil darauf zurückzuführen ist, dass wir die Technologie nach wie vor eher als eine wirtschaftliche und nicht als eine politische Angelegenheit betrachten. Langfristig wird ein System, das primär von den Kräften des Marktes bestimmt wird, immer Konsumimpulsen Vorrang vor bürgerschaftlichen Werten geben, Effizienz vor Gerechtigkeit, Komfort vor Freiheit und Unterhaltung vor Demokratie. Wenn das Digitale politisch ist und man die Technologie den Marktkräften überlässt, dann öffnet man der Kommerzialisierung der Politik Tür und Tor.

Das uneingeschränkte Vertrauen des Silicon Valley in den Markt ist fehl am Platze. Die digitale Technologie ist nicht immun gegen die Schwächen, die in jedem wirtschaftlichen Bereich auftreten können. Es gibt in Wahrheit keinen Grund anzunehmen, dass Tech-Unternehmen – oder ihre Werbekunden und Aktionäre – mit der ihnen zur Verfügung stehenden Macht das Richtige tun werden (selbst wenn wir uns darauf einigen könnten, was »das Richtige« ist).

Was ist die Alternative? Die Technologie mit geeigneten Gesetzen und Institutionen zu *regulieren* und dabei auf den ausgefeilten Rechts- und Regulierungsapparat zurückzugreifen, der in anderen Branchen eingesetzt wird. In Teil V werfen wir einen Blick darauf, wie die Regulierung der Technologie aktuell aussieht, und fragen: Ist sie zweckmäßig?

TEIL V

EIN HAUCH VON KONTROLLE

»Wenn es um die Macht geht, darf man keinem Menschen trauen, sondern muss alle Fesseln der Verfassung anlegen.«

Thomas Jefferson

KAPITEL 15

UNSERE EIGENEN GESETZE AUFSTELLEN

In ferner Vergangenheit glaubte man, Gesetze würden nicht gemacht, sondern entdeckt. Die Menschen betrachteten sich selbst als Spielbälle unsichtbarer Kräfte, beherrscht von Regeln, die unabhängig von ihrem eigenen Leben existierten und nur im Gebet, in der Reflexion oder in der Natur gefunden werden konnten.[1] Der bemerkenswerte Gedanke, dass Menschen ihre eigenen Gesetze aufstellen können, kam erst spät in der Menschheitsgeschichte auf.[2]

In Demokratien ist es heute selbstverständlich, dass Gesetze von Menschen geschrieben und nicht in der Natur gefunden werden. Gesetze sind nur ein Teil dessen, was man als *Governance* bezeichnet. Der Begriff leitet sich vom griechischen Wort *kybernan* ab, das »lenken, steuern oder leiten« bedeutet.[3] In diesem Buch wird er ab jetzt für jede systematische Methode zur Strukturierung sozialen Verhaltens verwendet, von Verträgen und Verfassungen bis hin zur Gesetzgebung. Heutzutage kommt Governance oft in der Form von *Regulierungen* daher: Man legt Normen fest, überwacht deren Einhaltung und bestraft Fehlverhalten.[4]

Vor dem Beginn der Neuzeit waren viele Bereiche menschlichen Handelns nur grob geregelt.[5] Die meisten alltäglichen Aktivitäten waren im Grunde überhaupt nicht reguliert; der Rest unterlag zum Großteil moralischen und gesellschaftlichen Normen, Sitten und Traditionen. Das hat sich in den letzten Jahrhunderten geändert. Heute durchdringt Governance regelrecht die Gesellschaft. Es gibt Regulierungen für die Luft, die wir atmen, das Wasser, das wir trinken, die Lebensmittel, die wir essen, die Straßen, auf denen wir fahren, für Landwirtschaft, Industrie, Bildung und Gesundheitswesen, Arbeitsplätze und fast jeden anderen vorstellbaren Bereich menschlicher Aktivität. Die Technologie bildet da keine Ausnahme.

Zunächst sollte man sich vergegenwärtigen, wie sich die Governance im Laufe der Zeit entwickelt hat. Oder mit den Worten des Essayisten Walter Bagehot aus dem 19. Jahrhundert: »Man muss sich die Mühe machen, den Grundriss eines alten Hauses zu verstehen, bevor man einen Plan zu seiner Reparatur aufstellen kann.«[6]

***

Die Geschichte der Governance ist nicht die eines reibungslosen Fortschritts. Sie schlängelt sich dahin. Das liegt daran, dass selten Einigkeit darüber herrschte, welche Rolle der Staat im wirtschaftlichen und sozialen Leben spielen sollte.

Vor dem amerikanischen Bürgerkrieg (1861–1865) war die Bundesregierung in den Vereinigten Staaten im Leben der meisten Amerikaner kaum präsent, bestenfalls durch das Postsystem. Am Ende des Krieges war das Postwesen mit mehr als 50 000 Beschäftigten der größte Arbeitgeber der Nation.[7] Die Geburtsstunde der modernen amerikanischen staatlichen Regulierung schlug im Jahr 1887, als der Kongress die Interstate Commerce Commission (Zwischenstaatliche Handelskommission) zur Beaufsichtigung der Eisenbahnen gründete.[8] Drei Jahre später wurde aus Furcht vor den großen industriellen Raubrittern mit dem Sherman Act eine bundesstaatliche Kontrolle für kartellrechtliche Missstände eingeführt.[9] Das Federal Reserve Board (US-amerikanische Zentralbank) und die Federal Trade Commission (Handelskommission des Bundes) folgten bald darauf.

In jener Zeit erlebte eine kleine Anzahl von kapitalistischen Infrastrukturanbietern – Gas- und Stromversorger, Banken, Telegraphen- und Eisenbahnunternehmen – eine erstaunliche Expansion. Die politische Gruppierung der sogenannten Progressiven stellte die Legitimität dieser großen Konzentration von Reichtum und Macht infrage.[10] Sie argumentierten, dass Unternehmen, die für wichtige menschliche Bedürfnisse verantwortlich sein wollten, einem angemessenen System aus Kontrollen unterliegen sollten. Ein öffentlicher Versorgungsbetrieb ist immer noch ein öffentlicher Versorgungsbetrieb, auch wenn er sich in privater Hand befindet.[11]

Eine ähnliche Bewegung entwickelte sich Ende des 19. Jahrhunderts im Vereinigten Königreich. Mehrere aufeinanderfolgende Regierungen ergriffen Maßnahmen, um die elenden Lebens- und Arbeitsbedingungen, die mit der industriellen Revolution einhergingen, zu verbessern.[12] Zur Zeit des Ersten Weltkriegs verfügte Großbritannien schließlich über ein Heer von Aufsichtsbehörden – für »Fabriken, Minen, Sprengstoffe, Gefängnisse, Polizei, Erziehungsanstalten und Gewerbe-

Unsere eigenen Gesetze aufstellen

schulen, Ausländer, Anatomie, Tierschutz und Trinkerheil-
anstalten« –, die alle mit hochqualifizierten Beamten besetzt
waren.[13] In den dreißiger Jahren wurden Wirtschaftsbereiche
reguliert, in denen das Gesetz bis dahin keine Rolle gespielt
hatte.[14]

Während der Weltwirtschaftskrise verstärkte sich die Stimmung gegen das Unternehmertum, und Forderungen nach
mehr staatlichen Eingriffen wurden laut. In den Vereinigten
Staaten entstand durch den New Deal eine ganze Reihe neuer
Bundesbehörden, von der Securities and Exchange Commission über die Federal Deposit Insurance Corporation bis hin
zum National Labor Relations Board.[15] Allein in den Jahren
1933 und 1934 wurden mehr als sechzig neue Behörden geschaffen, die mit der Befugnis ausgestattet waren, Vorschriften
zu erlassen und durchzusetzen.[16] Das war eine revolutionäre
Entwicklung von Governance.

Nach dem Zweiten Weltkrieg bildete sich unter den west-
europäischen Intellektuellen ein gewisser Konsens darüber
heraus, dass der Staat in der Friedenswirtschaft weiterhin
eine tatkräftige Rolle spielen sollte, wie er es während des
Krieges getan hatte. Die Regierungen übernahmen mehr und
mehr Verantwortung für Wohlfahrt, Bildung und Gesund-
heitsfürsorge, die zuvor meist privaten und freiwilligen Einrichtungen anvertraut worden waren.[17] Schlüsselindustrien
wie Kohle, Stahl, Wasser, Telekommunikation und Eisenbahnen wurden in Staatsbesitz überführt. Selbst in nicht-
sozialistischen Ländern waren die Regierungen gern bereit,
wirtschaftliche Investitionen, Produktion und Konsum zu
organisieren.[18]

Der europäische »Nachkriegskonsens« hat sich in den Vereinigten Staaten zwar nie durchgesetzt, aber Franklin Roo-

sevelts Forderung aus dem Jahr 1944 nach einer zweiten Bill of Rights gab den Anstoß für die »Revolution der Rechte«, die in den sechziger und siebziger Jahren folgte. In dieser Zeit weitete sich der Geltungsbereich der Regulierung von wirtschaftlichen auf soziale Belange aus. Die Amerikaner kamen in den Genuss von Rechten, die weit über jene hinausgingen, die in der Verfassung garantiert wurden: das Recht auf »saubere Luft und sauberes Wasser, sichere Konsumgüter und Arbeitsplätze, ein soziales Sicherheitsnetz, das angemessene Ernährung, medizinische Versorgung und Obdach umfasste, sowie Freiheit von Diskriminierung im privaten wie öffentlichen Bereich«.[19] In dieser Zeit bedeutete staatliche Governance mehr als nur den Ausgleich von Marktversagen. Gesetze und staatliche Maßnahmen wurden als Mittel gesehen, um kollektive Ziele auf der Grundlage einer gemeinsamen Vorstellung von einem guten Leben anzustreben.

Die frühen siebziger Jahre markierten den Höhepunkt des staatlichen Aktivismus auf beiden Seiten des Atlantiks. Danach ließ das staatliche Engagement in der Wirtschaft nach. Im Verlauf der siebziger Jahre hatten die europäischen Regierungen Mühe, Inflation und Arbeitslosigkeit trotz der ihnen zur Verfügung stehenden Mittel unter Kontrolle zu bringen. Die politischen Entscheidungsträger verloren das Vertrauen in die keynesianischen Glaubenssätze, die das wirtschaftliche Denken der Nachkriegszeit dominiert hatten.[20] In den achtziger und neunziger Jahren wurden staatliche Vermögenswerte an Unternehmen verkauft und daraufhin privat verwaltet. Die ministeriale Führung wurde durch eine dezente Aufsicht ersetzt.[21] Soziale Aufgaben wurden an Wohlfahrtsverbände und freiwillige Einrichtungen übertragen. Ronald Reagan gab dieser Gegenbewegung ein Credo mit auf den Weg: »Der

Unsere eigenen Gesetze aufstellen

Staat ist nicht die Lösung für unser Problem, der Staat ist das Problem.«

In den letzten Jahrzehnten hat sich ein weiterer relativ stabiler Konsens herausgebildet, diesmal über den »regulativen Staat«. Heutzutage entscheiden sich Regierungen gern für die Durchsetzung von Rechtsnormen durch unabhängige Stellen anstelle von staatlichem Eigentum oder zentraler Steuerung. In normalen Zeiten mischt sich der Staat nur zögernd in die aktive Wirtschaftsführung ein. Er regiert »aus der Ferne«.[22] In den Vereinigten Staaten herrscht nach wie vor ein tiefes Misstrauen gegenüber staatlichen Eingriffen vor, und man geht allgemein davon aus, dass der Markt der Standardmodus der sozialen Ordnung sein sollte.

Die bedeutendste Neuerung der jüngsten Zeit im Bereich der globalen Governance ist die Europäische Union. Sie ist eine eigenständige Rechtsordnung, die sich von den ihr angehörenden Mitgliedstaaten unterscheidet, und damit einzigartig in der modernen Geschichte. Und bei der Regulierung von Technologien ist die EU ganz vorne mit dabei. Wie wir jedoch im nächsten Kapitel sehen werden, verfügt selbst die EU noch nicht über die notwendigen Instrumente, um die Tech-Branche zur Verantwortung zu ziehen.

KAPITEL 16

DER MILDE WESTEN

Oft heißt es, die digitale Technologie sei unreguliert und das Internet ein Wilder Westen außerhalb der Reichweite der Regierung. Das ist ein Mythos. Tatsächlich wird die digitale Technologie durch ein barockes Geflecht sich überschneidender Gesetze, Vorschriften und Normen geregelt. Die Frage ist nicht, *ob* Technologie überhaupt reguliert wird, sondern *wer* von den bestehenden Regulierungssystemen profitiert. Die Antwort lautet allzu oft: die Tech-Branche selbst.[1]

Die technischen Aspekte der Internet-Governance – die Details zu Protokollen und Normen – wurden in der Vergangenheit überwiegend spezialisierten Gremien überlassen, von denen die meisten Menschen noch nie etwas gehört haben. Die ICANN (Internet Corporation for Assigned Names and Numbers) zum Beispiel überwacht die Verteilung der Internetdomänennamen (.com, .net und andere).[2] Die IETF (Internet Engineering Task Force), das W3C (World Wide Web Consortium) und das IEEE (Institute of Electrical and Electronics Engineers) sind gemeinnützige Standardisierungsgremien, die seit Jahren dafür sorgen, dass das Internet technisch funktioniert. Diese Gremien sind Überbleibsel eines frühen Ideals der Internet-Governance: »Selbstregulierung durch Ingenieure mittels Normen«.[3] Von der Arbeit, die sie leisten, bekommen wir meist gar nichts mit. Ihre Macht wird in der Regel durch bürokratische Verfahren eingeschränkt. Im Großen und Ganzen funktionieren sie aber gut, auch wenn in Zukunft ein Konsens schwieriger zu erreichen sein wird, denn China bemüht sich, immer mehr Einfluss auf die globale Standardisierung zu bekommen.

Die kommerziell orientierten Tech-Firmen wiederum unterliegen den üblichen Gesetzen, die für die jeweilige Branche gelten – Werbe- und Arbeitsvorschriften, nationale Sicherheit, geistiges Eigentum, Antidiskriminierungsgesetze und so weiter. Speziell für die Tech-Branche gibt es von rechtlicher Seite eine ganze Buchstabensuppe aus Akronymen. In den USA beaufsichtigt die FDA medizinische Geräte, die SEC reglementiert »Robo-Advisors«, und die NHTSA reguliert autonome Fahrzeuge. Für Kreditauskünfte gibt es den FCRA. Für Finanzinformationen gibt es den GLBA. Gesundheitsdaten von Patienten unterliegen dem HIPAA, und die Verwendung von Informationen in Schulen wird durch den FERPA geregelt. Für die Online-Sicherheit von Kindern gibt es den COPPA, für die Datenüberwachung den ECPA und für Hacker den CFAA.[4] Und dann gibt es noch die Federal Trade Commission (FTC), die befugt ist, Rechtsklagen gegen Unternehmen wegen »unlauteren Wettbewerbs« und »unlauteren« oder »irreführenden« Praktiken beim oder mit Bezug auf den Handel einzureichen.[5]

US-amerikanische Tech-Unternehmen unterliegen auch noch dem Kartellrecht. Es gibt jedoch keine eigene Kartellbehörde in der US-Bundesregierung. Diese Zuständigkeit ist zwischen dem US-Justizministerium und der FTC aufgeteilt, und die beiden Behörden vertreten in Kartellrechtsfällen im Tech-Bereich auch schon mal unterschiedliche Positionen.[6]

Neben den Bundesgesetzen unterliegen die Tech-Unternehmen zusätzlich den Gesetzen der einzelnen Bundesstaaten. Einige ergänzen die Bundesgesetze nur wenig, aber andere Staaten sind aktiver. Kalifornien zum Beispiel hat sein eigenes Datenschutzrecht eingeführt – eine abgemilderte Version des europäischen Vorbilds – sowie Gesetze, die Chatbots dazu verpflichten, offenzulegen, dass sie keine Menschen sind.[7]

Für die anspruchsvolleren juristischen Nerds bietet das amerikanische Recht auch eine Reihe von altehrwürdigen Klagegründen – »Eindringen in den Privatbereich« (*intrusion upon seclusion*), »Veröffentlichung von Privatangelegenheiten« (*public disclosure of private facts*), »Verfälschende Darstellungen« (*false light*) und »Kommerzielle Nutzung ohne Zustimmung« (*appropriation*) –, die gelegentlich im Technologiekontext für anwendbar erklärt wurden. Diese gelten als Delikte, also unerlaubte Handlungen, für die ein Opfer Schadensersatz geltend machen kann. Hausfriedensbruch und Verleumdung sind Beispiele dafür.

Die schiere Menge an Gesetzen und Regulierungsbehörden zeigt, dass die Tech-Branche nicht unreguliert ist, noch nicht einmal in den USA. Es wäre jedoch falsch anzunehmen, dass die Tech-Unternehmen konsequent zur Rechenschaft gezogen würden. Die aktuelle Regelung vereint wohl das Schlimmste an übermäßiger Komplexität und umfassender Ineffizienz.

* * *

Dass die Macht denen zugeflossen ist, die digitale Technologien entwickeln und kontrollieren, ist kein Zufall. Zum Teil
liegt das an den Technologien selbst, aber auch an Gesetzen,
die die Macht der Konzerne nicht einschränken, sondern ihnen noch mehr Macht geben. In den Vereinigten Staaten geschieht dies auf dreierlei Arten.

Erstens ist das US-amerikanische Recht in diesem Bereich
grundsätzlich rund um die Zustimmungsfalle organisiert. In
Kapitel 14 haben wir gesehen, dass die Zustimmung eine weitgehend nutzlose und oft schädliche Methode ist, um die Beziehung zwischen Einzelpersonen und Tech-Unternehmen zu regeln. Dennoch wird die Zustimmung als »der vorherrschende
Ansatz zur Regulierung des Internets«,[8] das »vorherrschende
System zur Regelung des Datenschutzes«[9] und der »Dreh- und
Angelpunkt« der Durchsetzung bezeichnet.[10]

Zweitens gibt es für amerikanische Unternehmen, abgesehen von ein paar wenigen branchenspezifischen Regelungen, kaum Einschränkungen, was sie mit rechtmäßig erhobenen personenbezogenen Daten tun können. Damit sind die
USA eine der wenigen fortschrittlichen Demokratien der Welt
ohne ein umfassendes Datenschutzrecht.[11] US-amerikanische
Unternehmen haben von der FTC, der wichtigsten Behörde,
die für die Durchsetzung der Datenschutzbestimmungen zuständig ist, wenig zu befürchten. Sie hat gerade einmal fünfzig Mitarbeiter, die sich mit »Datenschutz« befassen. (Im
Gegensatz dazu beschäftigt die britische Datenschutzbehörde
mehr als 700 Mitarbeiter, obwohl die Einwohnerzahl Groß-
britanniens nur etwa ein Fünftel jener der Vereinigten Staaten
beträgt.)[12] Im Durchschnitt hat die FTC seit 1997 pro Jahr nur
zehn Datenschutzklagen eingereicht. Die höchste jemals ver-
hängte Strafe war eine Geldbuße in Höhe von 5 Milliarden US-

Dollar gegen Facebook im Jahr 2019 – eine beträchtliche Summe, aber immer noch nur ein Drittel des Facebook-Umsatzes in jenem Quartal. Als das bekannt wurde, *stieg* der Aktienkurs von Facebook.[13] Obwohl sich die FTC mit Facebook auf einen Vergleich einigte, unter der Vorgabe, dass das Unternehmen einige seiner Datenschutzpraktiken verbessern sollte, wurden keine Führungskräfte bestraft.

Ältere Delikte wie das »Eindringen in die Privatsphäre« mögen zwar für gelegentliche Aufregung bei juristischen Connaisseurs sorgen, doch in Wirklichkeit sind diese Klagegründe nur wenigen bekannt, werden selten geltend gemacht und sind weitgehend unwirksam, wenn es darum geht, den Einzelnen vor den Methoden maschinellen Lernens zu schützen.[14]

Schließlich schirmt das US-Rechtssystem auch noch viele Tech-Unternehmen vor rechtlichen Risiken ab, denen sie sonst ausgesetzt wären. Das stimmt tatsächlich: Anstelle einer *verschärften* Haftung werden mächtige Tech-Unternehmen vor Gesetzen geschützt, die für alle anderen gelten. Wer den Film *The Wolf of Wall Street* (2013) gesehen hat, erinnert sich vielleicht daran, wie in der Investmentfirma im Film Kokain geschnupft, Quaalude eingeworfen, Prostituierte angeheuert und Alkoholexzesse gefeiert werden. Im echten Leben verklagte der Firmenpräsident (im Film gespielt von Jonah Hill) im Jahr 1995 ein Online-Forum wegen verleumderischer Nachrichten, in denen es unter anderem hieß, die Firma sei ein »Kult von Brokern, die entweder für ihren Lebensunterhalt lügen oder gefeuert werden«. In der Verhandlung wies das Gericht den Einwand der Website, sie habe die fraglichen Beiträge nicht verfasst, zurück. Nach dem Verleumdungsrecht war sie dennoch »Herausgeberin« der mutmaßlichen Verleumdung und daher juristisch verantwortlich.

Dieses und einige weitere Urteile lösten in Washington, D. C. Besorgnis aus. Websites für die rechtswidrigen Beiträge ihrer Nutzer haftbar zu machen, erschien kurzsichtig. Es könnte dazu führen, dass Websites rechtlich problematische Inhalte entfernten, was die freie Meinungsäußerung behindern und das Wachstum der digitalen Wirtschaft bremsen würde. Als Reaktion darauf erließ der Kongress den Abschnitt 230 des Communications Decency Acts von 1996. Das zu der Zeit wenig beachtete Gesetz beinhaltete zwei maßgeschneiderte Schutzmaßnahmen für die Tech-Branche, die sich als revolutionär erwiesen. Die erste stellte sicher, dass Mittelsleute fast nie für die Äußerungen ihrer Nutzer haftbar gemacht werden können. Die zweite sorgte dafür, dass sie fast nie haftbar gemacht werden können, wenn sie »guten Glaubens« den Zugang zu »obszönem, unzüchtigem, laszivem, schmutzigem, übermäßig gewalttätigem, belästigendem oder anderweitig anstößigem« Material beschränkten – selbst wenn dieses Material »verfassungsrechtlich geschützt« war. Kurz gesagt, schützte das Gesetz jeden, der »interaktive Computerdienstleistungen« anbot, wenn er Plattformen *moderierte* oder wenn er sich dafür *entschied, Plattformen nicht zu moderieren.* Die Gerichte haben das Gesetz großzügig ausgelegt.[15]

Die Auswirkungen von Abschnitt 230 in den letzten Jahrzehnten sind kaum zu überschätzen. Dank ihm konnten Plattformen wachsen, ohne ständig Gefahr zu laufen, verklagt zu werden. Er befreite sie von der mühseligen Arbeit, ihre Inhalte vorab zu prüfen. Das Gesetz beseitigte jeden rechtlichen Anreiz, übermäßig zu zensieren. Es schuf Raum, um mit Moderationsmethoden zu experimentieren. Und es förderte eine explosionsartige Zunahme der Internetaktivitäten. Im Silicon Valley ist Abschnitt 230 zu »einer Art heiliger Kuh« geworden –

»ein unantastbarer Schutz von fast verfassungsrechtlichem Rang«.[16] Auf jeden Fall sähen das Internet und die Welt ohne dieses Gesetz völlig anders aus.

Seit 1996 haben sich die Zeiten jedoch geändert, und Abschnitt 230 genießt nicht mehr allgemeine Zustimmung. Vielmehr steht er in der Kritik.[17] Als der US-Kongress das Gesetz verabschiedete, hatte er dabei persönliche Homepages im Blick, Community Message Boards, kleine kommerzielle und Einzelhandels-Websites und dergleichen. Damals hatten nur etwa 40 Millionen Menschen überhaupt Zugang zum Internet.[18] Heute haben etwa 25 bis 30 Milliarden Geräte eine Verbindung zum Internet – vier für jeden Menschen auf diesem Planeten.[19] Allein Facebook zählt fast drei Milliarden Menschen zu seinen Mitgliedern, was etwa zwei Fünfteln der Weltbevölkerung entspricht.[20] Das Problem ist heute nicht mehr, dass die Plattformen zu angreifbar sind, sondern dass sie zu mächtig sind. Gesetze, die ihnen zusätzlichen Schutz gewähren, wirken archaisch. Der US-Kongress wird sich dieser Tatsache zunehmend bewusst.

In Wahrheit gab es schon immer prinzipielle Gründe, bei Abschnitt 230 Unbehagen zu empfinden. Wenn Plattformen davon profitieren, dass sie die Beiträge bösartiger Akteure verstärken, fällt es schwer, sie als schuldlos zu betrachten.[21] Und es mutet seltsam an, dass sie davon profitieren können, wenn terroristische Gruppen ihre Websites nutzen,[22] dass Opfer von »Rache-Pornos« nicht gerichtlich gegen sie vorgehen können, um das Filmmaterial löschen zu lassen,[23] oder dass sie ungestraft den Verkauf illegaler Schusswaffen ermöglichen können.[24] Dies aber sind nur einige der Auswirkungen von Abschnitt 230.

Die häufigste Kritik lautet, dass Abschnitt 230 den Plattformen keinen Anreiz bietet, ihre Nutzer zu schützen, sondern das Gegenteil bewirkt. Er hindert die Opfer von Rache-Pornos, Verleumdung, Trolling, Belästigung und Ähnlichem daran, dagegen vorzugehen.[25] Das sei, so Rebecca Tushnet, »Macht ohne Verantwortung«.[26] Oder wie es ein Republikaner ausdrücken würde: unkontrollierte Macht.

✳✳✳

In den Vereinigten Staaten tendierte man generell dazu, die Haftpflichten der digitalen Tech-Unternehmen zu minimieren, ob es nun um die Nutzung und den Missbrauch von Daten geht, wettbewerbswidriges Verhalten oder algorithmische Ungerechtigkeiten. Die Tatsache, dass man hier systematisch wegschaute, war Teil einer umfassenden Strategie, mit der die US-amerikanische Soft Power durch die Allgegenwart US-amerikanischer Technologie verbreitet werden sollte. Wenn US-amerikanische Unternehmen den Markt dominieren, ist das für die Regierung und die Wirtschaft gut.

In Europa sieht die Lage anders aus. Während es in den Vereinigten Staaten so gut wie keine Einschränkungen gibt, wie rechtmäßig erworbene Daten verwendet werden dürfen, unterliegt die Verarbeitung *jedweder* personenbezogener Daten in der EU harmonisierten Vorschriften.[27] Im Jahr 2016 führte die EU die Datenschutz-Grundverordnung (DSGVO) ein, ein vielköpfiges Monstrum von einem Gesetz, an dem ein Jahrzehnt lang gearbeitet worden war. Die DSGVO meint es, zumindest in der Theorie, auch ernst bei der Durchsetzung. Sie erlaubt es den Aufsichtsbehörden, Geldstrafen von bis zu 4 Prozent des weltweiten Jahresumsatzes eines Unternehmens zu verhängen.[28]

Die europäischen Demokratien sowie Kanada und Australien haben sich auch bezüglich der Immunität von Plattformen für einen anderen Ansatz entschieden. In den meisten europäischen Ländern genießen die Plattformen eine gewisse gesetzliche Immunität, die jedoch an Bedingungen geknüpft ist und nicht absolut gilt. Wenn jemand etwas Rechtswidriges postet und eine Plattform davon Kenntnis hat oder darauf hingewiesen wird, muss sie unverzüglich auf die Aufforderung von Nutzern oder Behörden reagieren und diese Beiträge entfernen.[29] Das deutsche Netzwerkdurchsetzungsgesetz (ein Wort, das einem nach sechs Flaschen Bier nicht mehr so leicht von der Zunge geht) verpflichtet Plattformen mit mehr als zwei Millionen Nutzern, »offensichtlich illegale« Hassreden innerhalb von 24 Stunden zu entfernen, andernfalls droht eine Geldstrafe von 50 Millionen Euro.

Die EU hat auch der Macht der großen Tech-Konzerne schneller die Stirn geboten, unter anderem mit Kartellverfahren, die regelmäßig Geldstrafen in Milliardenhöhe nach sich ziehen.[30] Doch trotz vieler lobenswerter Aspekte hat der europäische Ansatz auch echte Mängel. Die Datenschutz-Grundverordnung zum Beispiel wird nur von einer kleinen Gruppe von Fachleuten wirklich verstanden. Ihre Um- und Durchsetzung ist kostspielig.[31] Die Behörden in Irland und Luxemburg, wo viele der größten Tech-Unternehmen ihren Sitz haben, handeln bisher quälend langsam.[32] 98 Prozent der großen Fälle im Zusammenhang mit der DSGVO, die an die irischen Behörden verwiesen wurden, bleiben unaufgeklärt.[33] Wie in den USA sind die Regulierungsbehörden oft knapp bei Kasse, und ihnen fehlen die Mittel, um die Vorschriften ordentlich durchzusetzen.[34] Vieles deutet darauf hin, dass die meisten Vergehen ungestraft bleiben.[35]

Der milde Westen

Das Schlimmste aber ist, dass selbst die europäische Regelung eine Version der Zustimmungsfalle verwendet, die an denselben Mängeln leidet wie ihr US-amerikanisches Pendant.[36] Die Europäer geben jeden Tag unzählige Male ihre Rechte auf, indem sie auf »Ich stimme zu« klicken. Die Zustimmung wirkt wie ein Schleudersitz, der die Menschen des Schutzes beraubt, den sie ansonsten genießen würden. So schreibt die Datenschutz-Grundverordnung den Unternehmen beispielsweise vor, dass Daten nicht in einer Weise verwendet werden dürfen, die mit den Zwecken, für die sie erhoben wurden, unvereinbar ist.[37] Dieser Schutz wird jedoch hinfällig, wenn die Person ihre Zustimmung gibt.[38] Ebenso gibt die Datenschutz-Grundverordnung den Menschen das Recht, keiner Entscheidung unterworfen zu werden, die sie erheblich beeinträchtigt und »ausschließlich auf einer automatisierten Verarbeitung« beruht[39] – solange man nicht auf »Ich stimme zu« geklickt hat.[40] So streng die europäische Definition der Einwilligung auch gefasst sein mag[41] – und sie ist strenger als die US-amerikanische –, sieht die Wahrheit dennoch so aus, dass die Menschen immer noch viel zu viel von ihrem Datenschutz wegklicken.

KAPITEL 17

PRIVATE ORDNUNG

Wie im letzten Kapitel gezeigt, hat die Tech-Branche, insbesondere jene in den Vereinigten Staaten, also von einem rechtlichen Umfeld profitiert, das ihre Macht festigt. Manchmal geschieht das durch fehlende Regulierung, etwa mangelhafte Bundesdatenschutzgesetze, manchmal durch bestehende Regulierung, die den Mächtigen zugutekommt, wie etwa die Zustimmungsfalle, und gelegentlich durch Schutzschilde, die der Branche besonderen Schutz gewähren, wie Abschnitt 230 des Communications Decency Acts.

Die traditionell enge Beziehung der Tech-Branche zum Gesetz geht aber noch weiter. Ohne die Märkte, die ihr Wachstum vorantreiben, hätte sie ihre heutige Größe und ihren jetzigen Entwicklungsstand niemals erreicht. Aber kommerzielle Märkte entstehen nicht einfach spontan und natürlich. In der freien Natur kommen sie nicht vor. Sie gedeihen nur in Ländern mit komplizierten rechtlichen Regelungen, die sie erhalten. Nehmen wir nur einmal das Eigentumsrecht. »Ein Gesetz, das fünfzig Jahre alt ist, ich meine, aus der Zeit vor dem

Internet, das kann ja nicht mehr zutreffen«, sagte Larry Page, der Mitbegründer von Google.[1] Aber wo wären Google und andere Tech-Unternehmen heute, wenn es keine Gesetze zum Schutz des geistigen Eigentums gäbe, die ihre Erfindungen schützen und es ihnen ermöglichen, ihre Algorithmen vor der Öffentlichkeit zu verbergen?[2] Für Herrn Page mag es selbstverständlich sein, dass Menschen Dinge besitzen und austauschen können, auch immaterielle Dinge wie Ideen, Zinsen und Schulden. Aber es gab eine Zeit, in der niemand einfach »Das gehört mir« sagen und erwarten konnte, dass andere seinen Anspruch respektierten. Wie Thomas Jefferson im Jahr 1813 schrieb, ist »stabiles Eigentum« ein »Geschenk sozialer Gesetze« – und zwar eines, das »erst spät im Fortschreiten der Gesellschaft« gegeben wurde.[3]

Oder man denke auch an die Kapitalgesellschaft, diesen mächtigen Baustein der Tech-Wirtschaft. Auch sie ist ein juristisches Konstrukt. Unternehmen sind fiktive Personen, die per Gesetz erschaffen wurden. Die Vorstellung, dass eine nichtmenschliche Körperschaft als »Person« gelten könnte, kam erstmals zur Zeit der Römer auf. Im Mittelalter akzeptierte Papst Innozenz IV., dass eine Körperschaft eine *persona ficta* – eine erfundene Person – sein kann.[4] In der frühen Neuzeit waren Körperschaften nur für öffentliche Zwecke wie den Straßenbau, die Instandhaltung von Wasserwegen oder den Handel mit dem Ausland zugelassen. Im 18. Jahrhundert schrieb der Rechtsgelehrte William Blackstone, diese Körperschaften seien »von menschlichen Gesetzen für die Zwecke der Gesellschaft und der Regierung erschaffen und erdacht«.[5] Bevor Massachusetts, Virginia und andere heutige US-Staaten Kolonien wurden, waren sie vom englischen Staat verbriefte Unternehmen. Sie hatten ihre Anfänge nicht als Privatunternehmen, sondern als »Körperschaften des öffentlichen Rechts«.[6] Erst im 19. Jahrhundert erlaubten die Regierungen in den USA und in Westeuropa die Gründung von Kapitalgesellschaften ohne staatliche Genehmigung. Das Gesetz gewährte diesen eine unbegrenzte Lebensdauer und ließ zu, dass ihre Führungskräfte und Agenten über Generationen hinweg ausgetauscht werden konnten. Mit der Zeit räumte das Gesetz ihnen weitere Rechte ein – das Recht, Vermögenswerte zu besitzen, Verträge zu unterzeichnen und andere zu verklagen.[7] Das Gesetz erlaubte ihnen, zwischen Rechtssystemen zu wechseln, ohne an einen anderen Ort ziehen zu müssen.[8] Das Gesetz verpflichtete sie nur noch ihren Anteilseignern gegenüber zur Rechenschaft, nicht mehr gegenüber der Allgemeinheit.[9] Das Gesetz schützte die Anteilseigner vor den Verbindlichkeiten der Unternehmen, die ihnen gehörten (sei es für Löhne, Schulden oder Steuern), und es schützte bankrotte Unternehmen vor den Ansprüchen der Anteilseigner und Gläubiger.[10] Auch heute noch gewährt das Gesetz Kapitalgesellschaften Rechte, die früher Menschen aus Fleisch und Blut vorbehalten waren.[11] Kürzlich entschied der Oberste Gerichtshof der USA, dass die »Meinungsäußerungen« von Unternehmen den Schutz des Ersten Verfassungszusatzes genießen.[12]

Die Macht moderner Unternehmen ist alles andere als naturgegeben. Sie erlangen Macht, weil das Gesetz es ihnen erlaubt. Sie *existieren*, weil das Gesetz es ihnen erlaubt. Zu behaupten, Unternehmen sollten oder könnten frei von staatlichen Eingriffen sein, ist absurd: Sie sind selbst Schöpfungen des Staates und profitieren in hohem Maße von den geltenden rechtlichen Regelungen.

Das Gleiche gilt für den einfachen Vertrag, das wichtigste Instrument des modernen Handels. Verträge haben uns aus einer Welt herausgeführt, in der Geschäftsvorgänge allein durch Stärke und Ehre geregelt wurden. Tech-Unternehmen schließen Abertausende von Verträgen ab, und dabei sind sie fundamental auf den Schutz der Gerichte angewiesen.[13] Ohne detaillierte rechtliche Vorschriften darüber, was ein Vertrag ist, wie er auszulegen ist und was geschieht, wenn er gebrochen wird – und ohne ein kompetentes Rechtssystem, in dem diese Vorschriften durchgesetzt werden können –, wäre es unmöglich, Geschäftsbeziehungen so komplex zu gestalten, wie es der moderne Handel erfordert.

***

Derzeit regulieren wir die digitale Technologie, insbesondere in Amerika, aber auch anderswo, vor allem dadurch, dass wir die gesellschaftlichen Bedingungen schaffen, unter denen sie durch private Vereinbarungen geordnet und organisiert werden kann.[14] Es gibt durchaus Gesetze, aber das Gesetz lässt die Unternehmen gemeinhin selbst entscheiden, welche Regeln gelten sollen. Es handelt sich um ein »System der privaten Rechtsetzung«.[15] Das kann eine effektive Methode sein, um einige Aspekte des gesellschaftlichen Lebens zu organisieren, aber wenn es ein erhebliches Ungleichgewicht zwischen der Macht der regulierten Gruppe und jenen gibt, die das Gesetz schützen soll, können die Mächtigen rücksichtslos über alle anderen hinweggehen. Das lässt sich überall beobachten. Unser Leben wird in zunehmendem Maße nicht nur durch die in die Technologien selbst eingebetteten Regeln bestimmt (Teil II), sondern auch durch die Standardformulierungen in den Verträgen, die wir für ihre Nutzung unterzeichnet haben.[16] Millionen, ja Milliarden von Menschen leben unter rechtlichen Regelungen, die ausschließlich von Tech-Unternehmen entwickelt wurden und bei denen die Nutzer so gut wie kein Mitspracherecht haben. Wir sind Besucher in dem »Rechtsuniversum«, das die Tech-Unternehmen erschaffen haben.[17]

Das sorgt für ein ungutes Gefühl bei Republikanern, weil es privaten Unternehmen erlaubt, ihr eigenes Recht festzulegen und es in vielen wichtigen Lebensbereichen durchzusetzen. Einige der Bedrohungen für Demokratie, Freiheit und soziale Gerechtigkeit haben wir bereits gesehen. Wo sind die Schutzmaßnahmen? Wo bleibt die demokratische Kontrolle? Wo bleibt die öffentliche Kontrolle? Welche Möglichkeiten der unabhängigen Beschwerde und Überprüfung gibt es?

Man kann den US-amerikanischen Gesetzgebern nicht einmal vorwerfen, dass sie es nicht geschafft haben, die Macht der Tech-Unternehmen zu beschneiden. Denn zumindest bis vor kurzem war das nie ihr Ziel. Das aktuelle Governance-System sollte Tech-Firmen ermutigen, ihre eigenen Verhaltensnormen zu entwickeln. Der Preis dafür war jedoch, dass die Kontrolle durch die Bürger fast vollständig aufgegeben wurde.

***

Die digitale Technologie ist nicht »unreguliert«. Sie unterliegt Gesetzen, auch jenen, die den Markt bestimmen. Dieser einfache Punkt ist wichtiger, als Sie vielleicht denken.

Selbst die Menschen, die für eine bessere Regulierung eintreten, stellen die derzeitigen Regelungen als die natürliche Ordnung der Dinge dar, die nicht durch die Hand des Staates befleckt ist. Sie reduzieren die Debatte auf eine Wahl zwischen »staatlicher Intervention« und »keiner staatlichen Intervention« oder »Regulierung« versus »Deregulierung«. Doch die eigentliche Frage war schon immer eine andere: *Welche Art von staatlicher Intervention ist die beste?*[18] Das derzeit geltende System ist nicht die moralische oder intellektuelle Norm. Es ist auch kein Zufallsprodukt. Es ist eine Schöpfung des Menschen, und wir können es verändern, wie wir wollen. Warum sollten wir nicht ein System einrichten, das die unkontrollierbare Macht der Tech-Branche einschränkt, anstatt sie zu fördern?

»Wenn ich einen Zauberstab schwingen könnte«, schrieb Ira Magaziner, ein hochrangiger Berater von Präsident Clinton, in einem einflussreichen Artikel aus dem Jahr 1999, »dann würde ich sagen, wir sollten das Internet vollständig deregulieren und dem Markt freien Lauf lassen.«[19] Inzwischen sollte das Problematische an derartigen Aussagen klar sein. Sie setzen fälschlicherweise »Deregulierung« mit »dem Markt freien Lauf lassen« gleich. Magaziner hat allerdings *nicht* gefordert, dass die Technologie von jeglicher Regulierung befreit werden sollte. Eigentumsrecht, Gesellschaftsrecht, Vertragsrecht – all *das* wollte er nicht deregulieren. Nein, mit »Deregulierung« meinte er, dass die Gesetze beibehalten werden, die die Technologiebranche auf den Markt gebracht und gestärkt haben, und jene Gesetze abgeschafft werden, die das Gegenteil bewirken. Seine Vision hat sich aus heutiger Sicht durchgesetzt. Und warum? Weil das gesamte System, über das wir hier sprechen – die Kombination aus mächtigen Technologien, Marktnormen und Gesetzen, die auf die private Ordnung ausgerichtet sind –, auf einem Fundament veralteter Ideen ruht – einem marktindividualistischen Fundament, das beseitigt werden muss, wenn wir Fortschritte machen wollen.

TEIL VI

GRUNDPFEILER DER DIGITALEN REPUBLIK

»Untersucht man daher sorgfältig die Vergangenheit, so ist es ein leichtes, die zukünftigen Ereignisse vorherzusehen und dieselben Hilfsmittel anzuwenden, welche von den Alten angewendet worden sind, oder, finden sich nicht gerade solche, neue, der Ähnlichkeit der Vorfälle angemessene, zu ersinnen.«

Niccolò Machiavelli

KAPITEL 18

VIER GRUNDSÄTZE

Wir haben das Ende der diagnostischen Phase dieses Buches erreicht. Daher möchte ich die bisherigen Argumente noch einmal zusammenfassen. Es gibt fünf Hauptpunkte.

Erstens können digitale Technologien Macht ausüben. Sie enthalten Regeln, die der Rest von uns zu befolgen hat. Sie bestimmen unser Verhalten, oft, ohne dass wir uns dessen bewusst sind. Sie prägen unsere Wahrnehmung der Welt und bestimmen, welche Informationen uns in welcher Form erreichen. Sie unterwerfen uns einer nahezu pausenlosen Kontrolle. Sie legen die Regeln für die öffentliche Meinungsbildung fest, indem sie entscheiden, welche Regeln gelten, wann sie durchgesetzt werden und wann sie nicht gelten.

Zweitens ist Technologie nicht neutral, objektiv oder unpolitisch. Digitale Systeme sind von Tendenzen und Vorurteilen durchdrungen.

Drittens wird im derzeitigen System die digitale Technologie in erster Linie nach der Logik der Marktwirtschaft strukturiert. Das bringt Vorteile mit sich, wie wirtschaftliche Effizienz, aber es hat auch Nachteile. Statt die Macht der Konzerne zu zügeln, stärkt der Markt diese Macht. Statt die schlimmsten Instinkte in der Tech-Branche einzudämmen, fördert der Markt diese Instinkte. Statt Innovationen im Interesse der Allgemeinheit zu fördern, belohnt der Markt privates Gewinnstreben. Statt die Bürger zu ermächtigen, entzieht der Markt ihnen die individuelle und kollektive Handlungsfähigkeit.

Viertens hat das aktuelle System nichts Natürliches oder Unvermeidliches an sich. Es ist zu einem großen Teil das Ergebnis einer Rechtsordnung, die einer privaten Ordnung Vorrang vor dem Schutz der Allgemeinheit einräumt. Das Gesetz gewährt Unternehmen, vor allem in den Vereinigten Staaten, zu viele Freiheiten, mit unseren persönlichen Daten alles zu tun, was sie wollen. Es zementiert die Zustimmungsfalle als vorherrschende Form der Regulierung. Es macht Tech-Unternehmen immun gegen Klagen vor Gericht, ohne dafür eine Gegenleistung zu verlangen.

Fünftens sind die Entwicklung und die Regulierung der digitalen Technologie bisher durch die Ideologie des Marktindividualismus geprägt, nach der gesellschaftlicher Fortschritt primär daraus entsteht, dass Individuen ihre eigenen Interessen verfolgen.

Diesen fünf Thesen können wir nun eine sechste hinzufügen, nämlich die, dass das derzeitige System untragbar ist, weil es zu viel unkontrollierte Macht zulässt. Als Bürger sollten wir nach Regeln leben, die wir selbst aufgestellt haben, nach Normen und Werten, die wir selbst gewählt haben oder auf die wir Einfluss nehmen konnten. Es gibt keinen guten Grund, warum private Unternehmen über große politische Macht verfügen sollten, nur weil sie digitale Technologien entwickeln und kontrollieren. Es ist unbefriedigend, dass es keine

Schutzmechanismen gibt, wie sie in anderen Lebensbereichen die Grundlage für legitime Autorität sind.

Kurz gesagt – und das ist die Essenz der republikanischen Kritik: Unsere gemeinsame Zukunft ist zunehmend der Gnade jener ausgeliefert, die digitale Technologien entwickeln und kontrollieren. Und das bedeutet, dass wir unfrei sind.

Im Rest des Buches geht es nun um die Frage: *Was können wir dagegen tun?* Meine Antwort ist der *digitale Republikanismus*, ein System von Ideen zur Regulierung von Technologie, das eine Abkehr von den letzten Jahrzehnten bedeutet. Wir brauchen neue Ideen, neue demokratische Verfahren, neue Rechte und Normen, neue Möglichkeiten, die digitale Macht anzufechten, neue Zertifizierungssysteme und Regulierungsbefugnisse, neue Verpflichtungen zur Offenheit und neue Gesetze für die Kontrolle sozialer Medien.

Diese Maßnahmen entstehen jedoch nicht zufällig. Sie leiten sich von Prinzipien ab, die das Rückgrat des digitalen Republikanismus bilden. Ich nenne sie das *Erhaltungsprinzip*, das *Beherrschungsprinzip*, das *Demokratieprinzip* und das *Sparsamkeitsprinzip*. Sie sind eine kurze Erinnerung daran, *warum* wir die Technologie regulieren sollten und *wie* wir es tun sollten. Um sie soll es in diesem Kapitel gehen.

***

Das grundlegende Ziel des digitalen Republikanismus ist das Überleben des demokratischen Staates an sich. Kurz gesagt: Das Gesetz muss den Menschen ein friedliches Zusammenleben in einem freien und stabilen politischen System ermöglichen. Es muss die Rechte, Pflichten und Institutionen festschreiben, die wir brauchen, um uns demokratisch zu regieren. Wir müssen die Freiheit haben, abzuwägen und zu grübeln, zu widersprechen und zu kritisieren, uns zu versammeln und zu protestieren und die Menschen, Grundsätze und Konzepte zu wählen, von denen wir regiert werden. Dies ist das *Erhaltungsprinzip*.

Das Erhaltungsprinzip ist zwar offensichtlich wichtig, aber es ist auch das Prinzip, das im täglichen Umgang mit der Technologie am wenigsten zum Tragen kommt. Trotz des Hypes werden die meisten Technologien nie zur existenziellen Bedrohung für die Demokratie oder die Rechtsordnung werden, auf der die Zivilisation beruht. Aber es ist nicht abwegig anzunehmen, dass eine zukünftige Technologie, die noch nicht erfunden wurde, die Integrität des demokratischen Prozesses untergraben könnte. Die oberste Priorität des digitalen Republikanismus ist es, dafür zu sorgen, dass dies nicht geschieht.

***

Der zweite Grundsatz des digitalen Republikanismus ist das *Beherrschungsprinzip*. Dieses besagt, dass wir die unkontrollierte Macht der digitalen Technologie auf ein Minimum reduzieren sollten. Niemand sollte sich auf das Wohlwollen oder die Weisheit privater Unternehmen in Angelegenheiten verlassen müssen, die seine grundlegenden Freiheiten oder das Funktionieren des politischen Systems betreffen.

Ziel des Beherrschungsprinzips ist es nicht, die Macht der Technik zu eliminieren. Das wäre unmöglich. Vielmehr geht es darum, diese Macht *offenzulegen*, sie zur *Verantwortung* zu ziehen, zu *zerstreuen*, zu *zügeln* und sicherzustellen, dass sie nicht von einer Gruppe dazu eingesetzt werden kann, andere zu dominieren.[1]

***

Der dritte Grundsatz besagt, dass die Entwicklung und der Einsatz leistungsstarker Technologien so weit wie möglich die moralischen und staatsbürgerlichen Werte der Menschen widerspiegeln sollten, die unter ihrer Kontrolle leben. Dies ist das *Demokratieprinzip*. Es bedarf einiger Erklärungen.

Die meisten Technologien werden niemals die Existenz der Republik bedrohen, doch manche werden für neue Probleme sorgen, bei denen die bestehenden Gesetze nicht greifen. Nehmen wir ein einfaches Beispiel. Die meisten Länder haben schon vor langer Zeit Gesetze eingeführt, um Menschen vor Belästigungen zu schützen. Diese Gesetze waren auf physische Belästigung oder Bedrohung ausgerichtet. Doch mit der zunehmenden Verbreitung des Internets eigneten sich diese Gesetze immer weniger, um gegen Online-Belästigungen vorzugehen, die sich von Offline-Belästigungen unterscheiden. Niemand hatte beschlossen, *dass Belästigung jetzt in Ordnung sei*; im Gegenteil, das Gesetz versuchte immer noch, sie zu verbieten. Aber die Technologie ermöglichte neue Formen der Belästigung, und das alte Gesetz wurde von der Technologie überholt.[2] Damit wurde auch der demokratische Wille der Wähler untergraben, die Belästigung verbieten wollten. Das Gesetz brauchte ein Update.

Noch ein zweites Beispiel: In vielen Rechtssystemen ist es Versicherern gesetzlich untersagt, Antragstellern bestimmte Fragen zu ihrem Privatleben zu stellen. Darin zeigt sich die demokratische Entscheidung, dass benachteiligte Menschen wegen gewisser Punkte in ihrem Privatleben nicht gezwungen werden sollten, höhere Prämien zu zahlen. In Zukunft aber werden neugierige Versicherer nach derartigen Informationen nicht mehr *fragen* müssen. Sie werden womöglich Daten kaufen oder sammeln können, die sehr viel mehr Details enthalten, wenn schon nicht über *uns* selbst, dann über Menschen *wie* uns. Die Online-Kaufhistorie kann Aufschluss über den Gesundheitszustand geben. Suchanfragen können Lebensgewohnheiten offenlegen. Wenn sich die Gesetze nicht ändern, wird ihre Zielsetzung untergraben werden. Vielleicht müssen Versicherer daran gehindert werden, bestimmte Arten von Daten überhaupt zu kaufen oder zu verwenden.[3]

Ein drittes Beispiel ist der Kompromiss, den die meisten Rechtssysteme zwischen dem Recht der Arbeitnehmer, sich gewerkschaftlich zu organisieren, und dem Wunsch der Unternehmen, ungehindert arbeiten zu können, eingehen. Die meisten Länder haben ein Gleichgewicht zwischen beiden Interessen gefunden, mit Vorschriften, die festlegen, was eine rechtmäßige Gewerkschaft ist, welche Abstimmungen einem Arbeitskampf vorausgehen müssen und so weiter. Dieses Gleichgewicht ist oft umstritten, aber in der Regel auch durch ein demokratisches Verfahren legitimiert. Die Technologie droht nun, die sorgfältigen Abwägungen, die getroffen wurden, über den Haufen zu werfen. Große Unternehmen können anhand von Dutzenden Kennzahlen gewerkschaftliche »Hot Spots« ermitteln und so die Aktivitäten der Gewerkschaften überwachen.[4] Computersysteme ordnen Mitarbeiter nach ihrer wahrscheinlichen Einstellung zu gewerkschaftlicher Organisierung ein, wobei die Systeme Daten über die Mitarbeiter verwenden, die in einem anderen Kontext gesammelt wurden.[5] Facebook hat sogar eine Chatplattform in Erwägung gezogen, in der die Formulierung »gewerkschaftlich organisieren« auf eine schwarze Liste gesetzt ist, sodass sie von den Mitarbeitern nicht einmal geäußert werden kann.[6] Diese Entwicklungen sind indirekt sehr undemokratisch. Wenn eine Gemeinschaft ein empfindliches rechtliches System zur Regelung einer sozialen Aktivität – in diesem Fall der Arbeitsbeziehungen – geschaffen hat, dann sollte es nicht ohne sorgfältige demokratische Prüfung durch digitale Technologie zerschlagen werden.

Das Demokratieprinzip erkennt an, dass sozialer Wandel unvermeidlich und oft wünschenswert ist, sieht aber auch vor, dass dieser Wandel ebenso durch demokratische Politik vorangetrieben werden sollte wie durch Technologie.

Das Demokratieprinzip erfordert auch, dass man genau darauf achtet, wie die Gesetze *durchgesetzt* werden, und nicht nur darauf, was in ihnen steht. Im Profisport gibt es eine Situation, die gut vergleichbar ist. Die Fußballregeln wurden vor langer Zeit aufgestellt. Sie enthalten einfache Verbote, etwa dass die Spieler den Ball nicht mit der Hand spielen dürfen, und komplexere Regeln wie die berüchtigte Abseitsregel. Über Generationen hinweg haben Schiedsrichter diese Regeln bestmöglich durchgesetzt, wobei allerdings ein natürliches Maß an Fehlern und Nachlässigkeit vorkam. Gelegentlich übersahen sie kleine Verstöße oder nahmen sie einfach nicht wahr. Heutzutage sind die Regeln dieselben, aber sie werden zunehmend mit Hilfe von Technologie durchgesetzt. Die Spielfunktionäre setzen präzise Aufzeichnungssysteme ein, mit denen das Spielgeschehen bis ins mikroskopische Detail untersucht werden kann. Plötzlich werden kleine technische Verstöße, die früher nie bemerkt worden wären, mit gnadenloser Effizienz geahndet. Kritiker sagen, dadurch wirke das Spiel unnatürlich, zusammenhanglos und manchmal ungerecht. Der Sport verliert seine Freiheit.[7]

Diese Lektion gilt für die Gesellschaft im Allgemeinen. Im Jahr 2018 schrieb ich über das »Hinterland der Unartigkeit«,

Vier Grundsätze

das den Menschen in einer wirklich freien Gesellschaft offen-
steht:

Haben Sie schon einmal im Supermarkt eine Einkaufstüte
mitgenommen, ohne sie zu bezahlen? Oder jemanden bar
entlohnt, wohl wissend, dass er das Geld nicht versteuern
würde? Vielleicht haben Sie auch schon eine Folge von
Game of Thrones gestreamt, ohne zu bezahlen, sind ohne
Fahrschein Bus gefahren, haben so lange am Getränke-
automaten gerüttelt, bis etwas »umsonst« rausfiel, am
Obststand eine Weintraube zu viel »probiert«, das Alter
Ihres Kindes falsch angegeben, um ein besseres Angebot
zu bekommen, oder weniger Steuern für ein Take-away-
Essen bezahlt und es dann doch im Restaurant gegessen.
All dies sind illegale Handlungen. Doch einer Umfrage zufolge geben 74 Prozent der Briten zu, eine solche begangen
zu haben. Das ist kaum überraschend, liegt aber nicht daran, dass die Briten Gauner wären. Menschen sind nicht
perfekt. Es wäre absurd zu behaupten, dass die Welt besser
wäre, wenn jeder derartige Fehltritt aufgedeckt und bestraft würde.
Alle zivilisierten Rechtssysteme bieten einen schmalen
Spielraum, in dem Menschen manchmal ungestraft mit Ge-
setzesverstößen davonkommen können. In diesem Spielraum existiert eine erstaunliche Freiheit. Seine Existenz ist
ein pragmatisches Zugeständnis an die Tatsache, dass man
den meisten von uns vertrauen kann, dass sie sich meistens
an die Gesetze halten.

Beim Verfassen dieser Zeilen hatte ich die Befürchtung, dass
die Technologie dieses kostbare Hinterland der Unartigkeit

immer weiter einschränken würde. Heutzutage macht es die Technologie zur Verwaltung digitaler Rechte (Digital Rights Management, DRM) dem Normalnutzer sehr schwer, Inhalte online zu streamen, ohne dafür zu bezahlen. Bald wird der Fahrpreis für den Bus beim Einsteigen automatisch von der Smart Wallet abgebucht. Der Limonadenautomat wird ein Gesicht erkennen und jede Ausgabe der erkannten Person zuordnen. Der »intelligente« Obststand wird kreischen, wenn sich jemand unerlaubt an ihm bedient. Das Alter der Kinder wird durch biometrische Scans überprüft. In vielen Lebensbereichen werden die Durchsetzungsmaßnahmen heimlich, still und leise verschärft. Jedes noch so aufgeklärte Rechtssystem wird freilich repressiv, wenn es viel strikter durchgesetzt wird, als man es bei seiner Schaffung erwarten konnte.

Verwirrenderweise erschweren einige Technologien die Durchsetzung von Gesetzen und Regeln eher, als dass sie sie erleichtern. Antidiskriminierungsgesetze sind dafür ein gutes Beispiel. In den meisten Demokratien gibt es Gesetze, die Diskriminierung bei der Einstellung und der Entlassung von Arbeitnehmern verhindern sollen. Diese Gesetze können vor Gericht eingeklagt werden. Die entsprechenden Verfahren – Regeln für die Offenlegung und Beweisführung, die Beweislast und so weiter – wurden jedoch mit Blick auf menschliche Diskriminierer entwickelt. Wenn aber *nichtmenschliche* Systeme Entscheidungen treffen oder beeinflussen, können Menschen manchmal nur noch sehr schwer nachweisen, dass sie Opfer einer Diskriminierung geworden sind. Maschinen diskriminieren nicht nur anders als Menschen (Kapitel 8), sondern ihre internen Prozesse sind oft recht undurchsichtig.[8] Auch hier ist es für eine Demokratie unbefriedigend, wenn sie sich auf einen Grundsatz geeinigt hat – in diesem Fall, dass Arbeitnehmer nicht aufgrund bestimmter Merkmale benachteiligt werden dürfen – und dann feststellen muss, dass dieser Grundsatz durch eine Technologie ausgehöhlt wird, die seine Durchsetzung erschwert. Um dieses Problem zu lösen, müssen die Durchsetzungsmechanismen reformiert werden.[9]

Das Demokratieprinzip sieht eine Welt vor, in der die leistungsfähigsten digitalen Systeme von den Normen und Werten der Gemeinschaften geprägt sind, in die sie hineingeboren werden. Dies könnte bedeuten, dass festgelegt wird, was Technologien nicht tun und wofür sie nicht eingesetzt werden dürfen. Es könnte aber auch bedeuten, dass man soziale Werte und Ziele in die Technologien selbst einbaut. Es könnte Plattformen geben, die so gestaltet sind, dass sie die demokratische Meinungsbildung fördern, statt sie zu untergraben, oder Algorithmen, die Ungerechtigkeiten verringern, anstatt sie zu bestärken.

***

Das letzte Prinzip ist eine Einschränkung der anderen drei Prinzipien. Es besagt, dass ein republikanisches Governance-System der Macht des Staates entschiedene Grenzen setzen und dem Staat nicht mehr Macht geben sollte, als er unbedingt braucht, um seine Regulierungsfunktionen zu erfüllen. Dies ist das *Sparsamkeitsprinzip*.[10]

Friedrich Nietzsche schrieb: »Staat heißt das kälteste aller kalten Ungeheuer.«[11] Bei all der Aufregung über die Tech-Branche verliert man leicht aus den Augen, dass die Staaten durch die Macht der digitalen Technologie in den Turbogang geschaltet haben. Sie drängen Vermittler, Inhalte zu sperren und Websites zu entfernen.[12] Sie drängeln und hacken sich in private Kommunikationssysteme und Datenbanken hinein.[13] Sie nutzen Algorithmen, um die Bevölkerung zu sortieren, einzuordnen und zu überwachen. Die russische Regierung verlangte kürzlich von Apple und Google, eine taktische Wahl-App, die von Anhängern des Oppositionsführers Alexej Nawalny entwickelt worden war, aus ihren Online-Stores zu entfernen. Die Unternehmen taten, wie ihnen geheißen wurde.[14]

Die eiserne Faust der Regierung verbirgt sich oft im Samthandschuh von »Vollstreckerfirmen«, die für den Staat die Arbeit machen.[15] Die Türklingelkamera Ring, die zu Amazon gehört, unterhält Partnerschaften mit mehr als 400 Strafverfolgungsbehörden in den Vereinigten Staaten, denen das Unternehmen Videos liefert. Clearview AI stellt Bilder von Milliarden von Gesichtern zur Verfügung, mit denen die Gesichtserkennungssysteme der Polizei »trainiert« werden.[16] Staaten lassen Tech-Unternehmen online Gesetze durchsetzen.[17] Die Überwachungsallianz der Five Eyes (Vereinigte Staaten, Vereinigtes Königreich, Kanada, Australien und Neuseeland) sammelt Informationen von Unternehmen und lässt sie dann von anderen Regierungen »waschen«, um so Gesetze zu umgehen, die es ihnen verbieten, ihre eigenen Bürger auszuspionieren.[18] Die Snowden-Dokumente enthüllten nicht nur, dass die US-amerikanische NSA »jede erdenkliche Art von Computer- und Kommunikationssystemen rund um den Globus« infiltriert hat, sondern auch, dass sie erfolgreich Informationen von Tech-Giganten angefordert hat, die Daten über Personen im Ausland gesammelt haben.[19] Und obwohl die US-Verfassung eine Massenüberwachung durch die Regierung verbietet, sagt das US-amerikanische Recht wenig darüber aus, was die Regierung mit Daten anstellen kann, die sie von privaten Unternehmen erworben hat.[20]

Vier Grundsätze

Ein Governance-System, das lediglich das *Dominium* der Tech-Konzerne durch das *Imperium* des übermächtigen Staates ersetzt, wäre aktiv schädlich. James Madison schrieb: »Zuerst muss man die Regierung in die Lage versetzen, die Regierten zu kontrollieren; dann muss man sie dazu zwingen, sich selbst zu kontrollieren.«[21] In der Praxis bedeutet das erstens, dass jede staatliche Maßnahme dem Zweck streng angemessen sein muss. Dann sollte die Regulierungsmacht, wo immer möglich, mit gebührendem Abstand zum Zentralstaat ausgeübt werden. Und schließlich muss das Gesetz strenge Beschränkungen dafür vorsehen, was der Staat selbst mit der digitalen Technologie tun darf.

***

Die Kernaussage des digitalen Republikanismus ist einfach: Die digitale Technologie sollte nicht die Möglichkeit haben, die demokratische Grundordnung zu bedrohen, als Dominanzmittel zu dienen oder die Gesellschaft in einer Weise umzugestalten, die die Interessen oder Werte der Bürger nicht respektiert oder die Voraussetzungen für eine demokratische Selbstverwaltung untergräbt. Einige alte Gesetze werden überarbeitet werden müssen, andere müssen neu geschaffen werden, und beides so, dass die Macht des Staates auf ein Minimum beschränkt wird.

Nach der Theorie können wir uns nun endlich den praktischen Maßnahmen zuwenden. Wir beginnen mit Ideen, wie die Technologie *demokratischer* gemacht werden kann.

KAPITEL 19

TECHNOLOGIE UND DEMOKRATIE

In einem Blogbeitrag aus dem Jahr 2009 kündigte Mark Zuckerberg an, Facebook solle demokratischer werden. Er wollte, dass die Nutzungsbedingungen der Plattform »die Prinzipien und Werte« ihrer Nutzer widerspiegeln. Über ein neues Abstimmungsverfahren sollten Nutzer ein Veto gegen Richtlinien einlegen können, die ihnen nicht gefielen.[1] Es sollte ein großes Experiment in digitaler Demokratie werden.

Im Jahr 2012 gab es einen Testlauf. Facebook schlug seinen Nutzern neue Nutzungsbedingungen vor. Diese aber stimmten mit 88 Prozent der Stimmen dagegen. Aber ihre Stimmen zählten nicht.[2] Facebook hatte die Mindestschwelle für ein Veto auf 30 Prozent *aller* Nutzer festgesetzt, was im Jahr 2012 rund 300 Millionen Stimmen erfordert hätte.[3] Das sind nur etwas weniger als die Gesamtbevölkerung der Vereinigten Staaten und fast viermal so viele Menschen, wie im Jahr 2020 für Joe Biden gestimmt haben (der mehr Stimmen erhielt als jeder andere US-Präsidentschaftskandidat vor ihm). An der Facebook-Abstimmung nahmen jedoch weniger als eine Million Menschen teil. Inzwischen hat Facebook das neue Abstimmungsverfahren wieder abgeschafft. Und in einem Akt der Vertuschung, auf den selbst Stalin stolz gewesen wäre, wurde als Name des Verfassers bei dem Blogbeitrag von 2009 still und heimlich Mark Zuckerberg durch den Namen eines anderen Mitarbeiters ersetzt.[4]

Über diesen gescheiterten Versuch der Do-it-yourself-Demokratie kann man sich leicht lustig machen, aber man könnte auch eine Lehre daraus ziehen, wie Tarleton Gillespie bemerkt hat.[5] Ein digitaler Republikaner vertritt den Standpunkt, dass digitale Technologien den Menschen gegenüber rechenschaftspflichtig sein sollten, über die sie Macht ausüben, und dass sie nach deren Werten gestaltet werden sollten. Demokratische Verfahren in irgendeiner Form werden unabdingbar dafür sein, dies zu erreichen. Die unbeholfenen Bemühungen von Facebook kann man getrost vergessen. Auf der Grundlage von politischer Theorie aus Jahrtausenden und der besten empirischen Forschung lassen sich bessere Wege zur Demokratisierung des Digitalen finden. Das ist das Thema dieses und des nächsten Kapitels.

***

Welche Rolle spielt die Demokratie in der digitalen Republik – theoretisch und praktisch?

Nun, für die Demokratie sprechen mindestens drei grundlegende Argumente. Erstens *Freiheit:* Wir sind nur dann wirklich frei, wenn wir nach Regeln leben, die wir selbst aufgestellt haben. Das gilt (zumindest im Prinzip) für die Regeln, die in mächtige Technologien eingebettet sind, ebenso wie für geltendes Recht. Zweitens *Gleichheit*: Jeder, über den Macht ausgeübt wird, die in persönliche Bereiche eindringt, sollte die gleichen Möglichkeiten haben, seine Interessen und Präferenzen zu Gehör zu bringen. Auch dieser Grundsatz gilt gleichermaßen für digitale Macht wie für juristische und politische Autoritäten. Drittens *Wirkmacht*: Demokratische Deliberation ist eine gute Möglichkeit, um bestimmte Arten von moralischen und politischen Entscheidungen zu treffen. Unter Deliberation versteht man den Austausch von Argumenten unter Gleichberechtigten mit dem Ziel, dass am Ende die besseren Argumente und nicht die Mehrheitsabstimmung die Entscheidungen prägen und so bessere Entschlüsse ermöglichen. Auf jeden Fall ist sie sinnvoller, als die Entscheidungen einer kleinen Elite zu überlassen.

Mehr Demokratie ist jedoch nicht automatisch besser. Es besteht keine Notwendigkeit, die Tech-Branche in staatliches Eigentum zu überführen oder Wahlen für die CEO-Posten bei Facebook und Google abzuhalten. Innovatoren müssen die Freiheit haben, Ideen zu entwickeln, ohne dass Beamte jeden ihrer Schritte überwachen. Privatwirtschaftliche Unternehmen, die unter günstigen politischen Bedingungen arbeiten, sind immer noch der beste Weg, um großartige Dinge zu produzieren, von denen die Menschen nicht wissen, dass sie sie wollen, bis sie sie sehen. (Wie Mariana Mazzucato gezeigt hat, findet kapitalistische Innovation jedoch nicht in einem Vakuum statt. Sie ist oft das Ergebnis umfangreicher staatlicher Investitionen und Beteiligung.)[6]

Es muss immer ein Gleichgewicht zwischen dem moralischen Primat der Demokratie und der Produktivkraft des Kapitalismus gefunden werden. Dieser Balanceakt ist nicht neu. Seit dem 19. Jahrhundert wird der Begriff »soziale Demokratie« verwendet, um ein System von Umverteilungssteuern, Rechten am Arbeitsplatz und Antidiskriminierungsgesetzen zu beschreiben – die allesamt für die Durchsetzung demokratischer Werte gegenüber kommerziellen Werten stehen.[7] Der Ansatz des Abwägens und Ausgleichens mag alt sein, der Kontext ist jedoch neu. Andere Produkte und Dienstleistungen in einer kapitalistischen Wirtschaft können gelegentlich eine Gefahr darstellen, aber nur wenige haben die Macht, tief in das Leben der Menschen einzugreifen und es zu beeinflussen.

Wenn es nun um die Rolle des demokratischen Staates bei der *Steuerung* kapitalistischer Innovationen geht, so gibt es zwei Denkrichtungen. Die eine besagt, dass der Staat nur eingreifen sollte, um die schlimmsten Auswüchse des Marktes einzudämmen. Wie wir gesehen haben, ist dies der Ansatz, den derzeit viele Regierungen in den Industrieländern verfolgen. Er hat jedoch keine zufriedenstellenden Ergebnisse gebracht und wird mit der Zeit nur noch ungeeigneter werden. Nach einem gewagteren Ansatz sollten wir bisweilen weiter gehen, als nur sekundäre Korrekturen am Markt vorzunehmen. Bestimmte Innovationsformen sollten sich nicht nur am Profit orientieren, sondern auch an gemeinsamen gesellschaftlichen Zielen und einer kollektiven Übereinkunft darüber, was ein gutes Leben ausmacht.[8] Dieser Ansatz setzt voraus, dass diejenigen, auf die sich mächtige Technologien auswirken, in den Vorstandsetagen und Arbeitsräumen im Silicon Valley Gehör finden, entweder direkt oder durch die Stimme des Gesetzes.[9]

Mit dem berühmt-berüchtigten »Trolley-Problem« im Zusammenhang mit selbstfahrenden Autos lässt sich das gut illustrieren:

Sie fahren mit einem selbstfahrenden Auto auf der Schnell-
straße, als vor Ihnen plötzlich ein kleines Kind auf die
Fahrbahn läuft. Wenn Sie die Kontrolle über das Auto hätten, würden Sie das Lenkrad herumreißen, um dem Kind
auszuweichen. Ihnen ist klar, dass das zu einer Kollision
mit dem Lkw auf der Nachbarspur führen würde, bei der
wahrscheinlich sowohl Sie als auch der Lkw-Fahrer ums
Leben kämen – aber um das Leben des Kindes zu retten,
sind Sie bereit, dieses Opfer zu bringen. Ihr Auto sieht das
jedoch anders. Es kommt zu dem Schluss, dass es besser
ist, zwei Leben zu retten als eines, und dabei ist es egal, ob
diese Meinung nun bewusst einprogrammiert oder von anderen »erlernt« ist. Und so haben Sie keine Wahl: Sie sind
gezwungen, das Kind zu überfahren und zu töten.[10]

Falls automatisierte Fahrzeuge zur Normalität werden, werden
sich derartige moralische Dilemmata jeden Tag zahllose Male
stellen. Was sollen die Autos tun? Sie könnten so program-
miert sein, dass sie tun, was andere Menschen in ähnlichen
Situationen in der Vergangenheit getan haben. Oder so, dass
eine maximale Anzahl an Menschen gerettet wird. Oder so,
dass das Leben eines Kindes doppelt so viel wert ist wie das
eines Erwachsenen. Oder dass sie niemals vom Kurs ab-
weichen, auch nicht, um mehr Leben zu retten. Vernünftige
Menschen werden sich über die richtige Vorgehensweise
streiten, aber eines scheint klar zu sein: Diese (und ähnliche)
Entscheidungen sollten wahrscheinlich nicht den Ingenieuren
und Geschäftsführern von Tesla oder Ford überlassen werden.
Unter den richtigen Bedingungen sollten große moralische
Entscheidungen, auf die es keine eindeutige Antwort gibt, von
den Menschen allgemein getroffen werden, direkt oder indi-

Technologie und Demokratie

rekt. Schließlich sind wir es, die mit den Konsequenzen leben müssen.[11] Das heißt aber nicht, dass der Einzelne notwendigerweise die Möglichkeit bekommen sollte, die Einstellungen selbst zu wählen. Sollte eine Feministin in einer Situation, in der eine »tragische Wahl« getroffen werden muss, eine Einstellung wählen können, die das Leben einer Frau über das eines Mannes stellt? Oder ein Rassist eine Einstellung wählen können, die Weißen gegenüber Schwarzen den Vorzug gibt?[12] Nein – wie Antje von Ungern-Sternberg betont, ist die Gleichwertigkeit jedes menschlichen Lebens ein »zentraler Grundsatz moderner Gesellschaften«. Persönliche Entscheidungen können diesen Grundsatz nicht außer Kraft setzen.[13]

Wie mindestens ein Autor bemerkte, lässt sich dieses Problem nicht einfach dadurch lösen, dass man die eine »wahre oder richtige Moraltheorie« findet und sie in Maschinen implementiert. Eine solche Moraltheorie gibt es nicht – zumindest keine, auf die sich alle Menschen einigen könnten. Die Menschen haben unterschiedliche Einstellungen zu moralischen Fragen, und was wir brauchen, ist ein Verfahren, um zwischen diesen Überzeugungen abzuwägen, sie in Einklang zu bringen und eine Entscheidung zu treffen.[14] Das ist Aufgabe der Politik. Und das beste politische Verfahren, das wir haben, ist die Demokratie.

***

So viel zur Theorie. Nun zur Praxis. Wie können die Bürger an der Gestaltung mächtiger Technologien beteiligt oder dabei zumindest repräsentiert werden?

Die gewählten Gesetzgeber sind der offensichtliche Ansatzpunkt. Die Menschen wählen Politiker, damit diese in ihrem

Namen Gesetze erlassen. Die Gesetze sollen letztlich den Willen des Volkes widerspiegeln. Daher sollte die Gesetzgebung eindeutig zur Regulierung mächtiger digitaler Technologien eingesetzt werden. Aber auch sie hat ihre Grenzen. Der Gesetzgebungsprozess ist umständlich, undurchsichtig und wird durch Effekthascherei, Verzögerungstaktiken, Abstimmungsabsprachen und Schmiergeldzahlungen beeinträchtigt. Die Zeit ist in der Regel knapp bemessen, und verschiedene Themen beanspruchen Priorität auf der Tagesordnung. Das Vertrauen in die Politiker ist gering. Der gewöhnliche Gesetzgebungsprozess wird, so unschön er ist, auch in der digitalen Republik eine Rolle spielen, aber er muss aktualisiert oder durch andere Formen der Entscheidungsfindung ergänzt werden.

Eine einfache Möglichkeit, um die Leistungsfähigkeit der Gesetzgebung zu verbessern, bestünde darin, Gremien wie das US Office of Technology Assessment (OTA), das 1995 unerklärlicherweise geschlossen wurde, einzuführen, wiederzubeleben oder ihren Kompetenzbereich zu erweitern. Bruce Bimber schreibt, das OTA sei »eine staatliche Denkfabrik, die institutionell in den politischen Prozess eingebunden war, aber über keine eigene politische Autorität verfügte«.[15] Es wurde 1972 vom US-Kongress geschaffen und war mit Wissenschaftlern und Experten besetzt, nicht mit Politikern. Es fungierte als überparteilicher Berater der Abgeordneten im US-Kongress.[16] Die Denkfabrik setzte sich nicht für ein bestimmtes Vorgehen ein, sondern legte den gewählten Vertretern Optionen vor, die diese in Erwägung ziehen konnten.[17] Mindestens ein Kandidat bei den Vorwahlen zur US-Präsidentschaft sprach sich im Jahr 2020 für die Wiedereinführung des OTA aus, und das mit gutem Grund: Die Legislative wird nie mit der technischen Feuerkraft der Tech-Branche mithalten können, aber sie sollte

Technologie und Demokratie

zumindest ihre eigenen Experten haben, die sie bei ihren Entscheidungen beraten.[18]

Eine Alternative wäre, dass die Legislative die Verantwortung an Ministerien, Behörden, Ämter und Verwaltungsorgane abgibt, die über Qualitäten verfügen, die in der Legislative oft fehlen – wie Fachwissen, Anpassungsfähigkeit und die Fähigkeit, langfristig zu planen.[19] Beamte werden nach Eignung und Fachwissen ausgewählt, nicht nach Beliebtheit oder Protektion. Das politische Vorgehen wird abseits des Blickes der Öffentlichkeit entwickelt.[20]

In jeder Demokratie wäre es sinnvoll, zumindest ein Gremium einzurichten, das sich systematisch Gedanken über die Zukunft der digitalen Technologie macht. Ein solches Gremium würde sich – gestützt auf Expertenmeinungen, die besten verfügbaren Forschungsergebnisse und die öffentliche Meinung – Gedanken über absehbare Probleme machen und darüber, was getan werden kann, um sie zu verhindern.[21] Natürlich kann man die Zukunft nicht wirklich vorhersagen – aber der Versuch ist nicht annähernd so töricht, wie darauf zu warten, dass diese Zukunft eintrifft, und einfach das Beste zu hoffen. Bruce Schneier träumt von einer nationalen Cyber-Behörde nach dem Vorbild des Director of National Intelligence in den Vereinigten Staaten, unter deren Dach weitere Einrichtungen wie ein Nationales Zentrum für künstliche Intelligenz, ein Nationales Robotikzentrum und ein Nationales Algorithmuszentrum untergebracht würden.[22] Die gemeinnützige Organisation Doteveryone plädiert für ein »Zentrum für verantwortungsvolle Technologie« mit dem Auftrag, vorausschauend zu regulieren und zu versuchen, das Regulierungssystem »zukunftssicher« zu machen. All das sind sinnvolle Ansätze.[23]

Welches Maß an Unabhängigkeit den nichtgewählten Beamten gewährt wird, ist eine Frage des nationalen Geschmacks. Im Vereinigten Königreich wird von ihnen im Allgemeinen erwartet, dass sie die vom Parlament getroffenen Entscheidungen konkret ausarbeiten und keine eigenen Pläne verfolgen.[24] In den Vereinigten Staaten hingegen sind viele Behörden sowohl vom Kongress als auch vom Rest der Bundesregierung operativ unabhängig. Sie sind mit weitreichenden Befugnissen ausgestattet und können tun, was sie wollen.[25]

In jedem Fall bieten nichtgewählte Staatsorgane, auch wenn sie viele Vorzüge haben, keine große demokratische Legitimität.[26] Ihr Wert liegt meist gerade in der Tatsache, dass sie von allem politischen Trubel isoliert sind. Eine digitale Republik wird sicherlich Bedarf an hochqualifizierten Beamten haben, dennoch muss deren Rolle letztlich anderen, demokratischen Ansätzen untergeordnet werden, insbesondere wenn es um Werturteile geht. Bürgerschaftliches Engagement lässt sich nicht an Experten ausgliedern.

Wie steht es mit Volksabstimmungen? Die direkte Demokratie hat ihren Platz (wie man in der Schweiz sehen kann), und per Volksabstimmung wurde bereits über Angelegenheiten entschieden, die die Tech-Branche betreffen. In Kalifornien sprachen sich die Wähler im Jahr 2020 dafür aus, bestimmte Gig-Economy-Unternehmen von strengeren Gesetzen für den Einsatz flexibler Arbeitskräfte auszunehmen – ein großer Sieg für Uber und Lyft. In Zukunft könnte die Technologie die Direktwahl deutlich vereinfachen. Wir könnten per Handy bequem von zu Hause aus zehnmal am Tag daran teilnehmen.[27] In der Realität sind Volksabstimmungen jedoch nur eine begrenzte Spielart der demokratischen Kunst. Eine binäre Abstimmung trägt wenig dazu bei, erfolgreiche Delibe-

ration zu ermöglichen, einen Konsens zu fördern oder bürgerschaftliche Wertvorstellungen zu entwickeln.

***

Auf den ersten Blick scheint die Maschinerie der modernen
Demokratie demnach für die Aufgabe, das Digitale zu demokratisieren, zwar notwendig, aber unzureichend zu sein. Wir
brauchen neue Möglichkeiten, damit die Bürgerinnen und
Bürger ein Mitspracherecht bekommen. Im nächsten Kapitel
wird das Konzept der *deliberativen Mini-Öffentlichkeiten* vorgestellt, neue Mikro-Institutionen, die unsere bestehenden
Möglichkeiten ergänzen könnten.

KAPITEL 20

DELIBERATIVE
MINI-ÖFFENTLICHKEITEN

»Für viele aktive Politiker ist es kaum zu verstehen, dass die meisten Leute während des Großteils ihrer Zeit kaum einen Gedanken an Politik verschwenden«, schrieb Tony Blair. Er hat recht. Viele Leute finden Politik nicht besonders anregend. Sogar Politiknerds wie ich (und Sie?) haben selten die Zeit für tiefgründige Gedanken über politische Themen. Normale Menschen machen sich im Alltag Gedanken um andere Dinge: »um ihre Kinder, ihre Eltern, ihre Hypotheken, ihren Chef, ihre Freunde, ihr Körpergewicht, ihre Gesundheit [...]«.[1] Haben Sie sich aber jemals gefragt, ob wir nützlichere Bürger sein könnten, wenn wir die Gelegenheit dazu bekämen? Ob wir unter den richtigen Bedingungen bessere Entscheidungen für uns und andere treffen könnten?[2]

In einer *deliberativen Demokratie* haben die Menschen eine echte Chance, konkurrierende Argumente zu einer bestimmten politischen Frage abzuwägen, bevor sie eine Entscheidung treffen. Sie können auf zuverlässige Informationen zugreifen. Sie haben die Zeit und den Raum, um Fragen zu stellen und sich alles durch den Kopf gehen zu lassen, um zuzuhören und in kleinen und großen Gruppen zu sprechen. Sie haben Zugang zu Experten, die sie informieren können, ohne ihnen ihre eigene Meinung aufzudrängen. Und ihre Entscheidungen werden ernst genommen. Entscheidend ist, dass sie manchmal ihre eigene Meinung und die der anderen ändern.[3]

***

Wenn alle unsere Meinungen feststünden und unveränderlich wären, wäre es sinnlos, Nachrichten zu lesen oder sich an öffentlichen Debatten zu beteiligen. Es wäre unmöglich, Meinungsverschiedenheiten aufzulösen oder nach Gemeinsamkeiten zu suchen. Die Bürgerinnen und Bürger würden ihre Stimme einfach nach ihren vorgefertigten Ansichten abgeben, und die einzige Aufgabe der Politik wäre es, Stimmzettel auszuzählen.

Die Grundidee der deliberativen Demokratie besteht darin, dass Menschen tatsächlich ihre Meinung ändern können[4] und dass sie unter den richtigen Bedingungen anderen zuhören, konkurrierende Argumente abwägen, Beweise prüfen und mit gegenseitigem Respekt Einigungen erzielen können. Das ist typisch republikanisch. Es ist mehr als ein Abstimmungsverfahren. Es ist ein System öffentlicher Diskussion, bei dem die Bürger ihre Argumente in einer offenen Debatte prüfen. In der Verfassung der amerikanischen Republik findet sich die Überzeugung wieder, dass ein politisches System in der Lage sein sollte, auch die schärfsten Differenzen zwischen Menschen in Einklang zu bringen. Die Urheber der Verfassung fürchteten sich nicht vor Meinungsverschiedenheiten; sie begrüßten sie als »kreative und produktive Kraft«, die »das Hervortreten allgemeiner Wahrheiten fördert«.[5]

In einer wohlgeordneten Republik ist es gleichermaßen wichtig, *wie* politische Entscheidungen getroffen werden und *welche* Entscheidungen das sind.[6] Wenn die Bürger wissen, dass sie bei den Regeln, die ihr Leben bestimmen, ein gewichtiges Wort mitzureden haben und dass sie eine faire Chance haben, andere von ihrem Standpunkt zu überzeugen, dann können sie, wenn sie die Auseinandersetzung verlieren, die Zähne zusammenbeißen und das Ergebnis respektieren. Freiheit bedeutet, Macht anfechten zu können – nicht nur an der Wahlurne, sondern auch bei der Meinungsbildung.

Selbst in der Polis der Antike gab es nie nur einen einzigen Ort für öffentliche Diskussion. Die Bürger setzten sich in Häusern, Tavernen, auf Märkten und Foren miteinander auseinander. In den letzten Jahrhunderten fand diese deliberative Willensbildung typischerweise in Parlamenten und Kaffeehäusern statt, auf Versammlungen und Kundgebungen, in Debatten, Büchern, Pamphleten, Zeitschriften und Zeitungen sowie in Radio und Fernsehen.

Natürlich darf man die Geschichte der Deliberation nicht romantisieren. Bei politischen Diskussionen wimmelte es schon immer von Unwahrheiten, Unvernunft, Kurzsichtigkeit und Vorurteilen. Lautstarke Meinungsverschiedenheiten gehören zum Leben, und Unhöflichkeit ist manchmal der Preis für Veränderungen. Wir befinden uns derzeit freilich in einer Phase des Wandels. Die Diskussion verlagert sich von der analogen in die digitale Welt. Dadurch bietet sich uns die Chance, ein System öffentlicher Diskussion zu schaffen, das, wenn es auch nicht perfekt ist, doch zumindest unsere höheren Instinkte fördert und nicht unsere niedersten. Das ist bisher nicht geschehen, was unter anderem daran liegt, dass so wenige von uns ein Mitspracherecht bei den Regeln haben, die den Online-Diskurs bestimmen. Diese Macht ist den Unternehmen vorbehalten, die jene Plattformen entwickeln und kontrollieren, auf die der Rest von uns angewiesen ist.

***

Die deliberative Demokratie unterscheidet sich deutlich von Abstimmungen und Umfragen, bei denen die Teilnehmer nur ihre eigene Meinung äußern, ohne sie mit anderen zu diskutieren. Sie unterscheidet sich auch von öffentlichen Anhörungen, bei denen die Beteiligten unabhängige Beiträge einreichen, die aber nicht miteinander in Verbindung gebracht werden. Sie unterscheidet sich von Wahlkämpfen und Volksabstimmungen, bei denen das gesamte Gemeinwesen auf einmal lautstark diskutiert. Und sie ist auch nicht vergleichbar mit dem viralen Internetdiskurs, bei dem allein die Popularität eines Beitrags zählt.

Echte Deliberation ist in Wahrheit nur in relativ kleinen Gruppen möglich. Im antiken Athen wurden Gesetze von einer Versammlung aller Bürger beschlossen. Bevor ein Vorschlag überhaupt in die Versammlung eingebracht werden konnte, musste er jedoch von einem Rat aus 500 zufällig ausgewählten Delegierten genehmigt werden. Dann wurden die Beschlüsse der Versammlung einem besonderen Gericht vorgelegt, das sich wiederum aus 500 per Los ausgewählten Bürgern zusammensetzte und das befugt war, »illegale oder unkluge« Vorschläge abzuschmettern. Die Beschlüsse der Versammlung wurden nur dann Gesetz, wenn sie von gesetzgebenden Ausschüssen gebilligt wurden, die sich ebenfalls aus zufällig ausgewählten Bürgern zusammensetzten.[7] Die Athener mobilisierten also nicht jedes Mal die gesamte Bürgerschaft, sondern nutzten Versammlungen ausgeloster Vertreter – »Mikrokosmen« oder »Mini-Öffentlichkeiten« –, um Entscheidungen im Namen des gesamten Volkes zu treffen. Deren Entscheidungen waren bindend.[8]

Mini-Öffentlichkeiten sind ein unterschätztes Instrument im Werkzeugkasten der Demokratie. Sie werden in der digitalen Republik eine wichtige Rolle spielen. Sie sollen Wahlen und Volksabstimmungen nicht ersetzen oder das Primat der Legislative an sich reißen. Ihr Zweck bestünde darin, die bestehenden Institutionen zu ergänzen und eine neue Ebene der Legitimierung für die Politikgestaltung in Bezug auf digitale Technologien zu schaffen.

***

Inzwischen wurden Tausende von deliberativen Mini-Öffentlichkeiten in der ganzen Welt durchgeführt, und es gibt eine Reihe von Forschungen über ihre verschiedenen Formen und Funktionen.[9]

Es gibt *Bürger- oder Einwohnerversammlungen*, in denen um die 100 Personen über ein Jahr hinweg regelmäßig zusammenkommen, um detaillierte Empfehlungen zu großen Verfassungsfragen zu erarbeiten. In Kanada werden bereits seit mehr als zehn Jahren Bürgerversammlungen durchgeführt. In Irland wurde die Irish Citizens' Assembly (2016 bis 2018) einberufen, um mehrere schwierige Fragestellungen anzugehen, darunter die gleichgeschlechtliche Ehe und Abtreibung. Auf der Grundlage ihrer Empfehlungen führte die irische Regierung ein Referendum durch, das zu einer Überarbeitung der irischen Abtreibungsgesetze führte.[10]

Bürgerversammlungen folgen in der Regel einem bestimmten Schema. Nachdem die Mitglieder der Versammlung nach dem Zufallsprinzip (oder nach Repräsentativität) ausgewählt wurden, treten sie in eine »Lernphase« ein, in der sie sich mit den politischen Themen befassen und in der ihnen von Experten und betroffenen Gruppen verschiedene Sichtweisen präsentiert werden. Danach haben die Mitglieder die Möglichkeit, Fragen zu stellen und weitere Informationen anzufordern. Als Nächstes folgt eine »Konsultationsphase«, bei der die Öffentlichkeit um Beiträge gebeten wird. Danach folgt eine »Debattierphase«, in der die Mitglieder der Versammlung die Aussagen und Belege diskutieren, die Argumente abwägen und Empfehlungen ausarbeiten. Diese Sitzungen, die von ausgebildeten Moderatoren geleitet werden, erfolgen nach Regeln, die es jedem ermöglichen, gehört zu werden. Erst dann wird abgestimmt – wobei sich in der Regel die Mehrheit durchsetzt, doch es gibt auch Minderheitenberichte, die jene Meinungen enthalten, für die sich kein Konsens erreichen ließ.[11]

Eine kompakte Alternative zu Bürgerversammlungen sind *Bürgerjurys* oder *Bürgerpanels*, die aus etwa dreißig Personen bestehen. Sie treten für einige Wochen täglich zusammen, um Empfehlungen zu bestimmten Problemen zu erarbeiten. Auch sie durchlaufen die Phasen von Lernen, Konsultation, Deliberation und Entscheidungsfindung. Mit Bürgerjurys wurde bereits über den Standort eines britischen Krankenhauses und den Zehn-Jahres-Haushalt der Stadt Melbourne entschieden.[12]

Bei den sogenannten *Konsensuskonferenzen* trifft sich ein noch kleineres Gremium (in der Regel etwa sechzehn Personen) an zwei Wochenenden. Das erste Wochenende ist dem Lernen gewidmet, das zweite einem Expertengremium und der Debatte. Die Empfehlungen dieser Konferenz werden dann von Experten und Politikern diskutiert. Dieses Modell wurde bereits mehr als fünfzig Mal in der ganzen Welt angewandt.[13] *Bürgerdialoge* (auch bekannt als *Bürgergipfel* und *deliberative Workshops*) sind zweitägige Verfahren, bei denen die Bürger keine eigenen Empfehlungen abgeben, sondern um Feedback zu bestimmten Vorschlägen gebeten werden.

Für deliberative Mini-Öffentlichkeiten gibt es keine feste Form. Sie können je nach der Fragestellung, mit der sie sich befassen sollen, gestaltet werden. Sie können groß sein, wie die niederländischen G1000-Gipfel mit fast tausend Teilnehmern, oder klein, wie die fünfzehnköpfigen Bürgerräte, die in Österreich eingesetzt werden.[14] Sie können dauerhafte Gremien sein, wie der ostbelgische Bürgerrat, oder Ad-hoc-Gremien, die zu einem bestimmten Thema einberufen werden.[15] Sie können Tage oder Monate dauern. Ihre Entscheidungen können verbindlich sein, eine parlamentarische Debatte oder ein Referendum auslösen oder als Empfehlungen behandelt werden. Entscheidend ist, dass sie den Menschen bei Angelegenheiten, die ihr Leben betreffen, die Möglichkeit der Mitsprache bieten.

Die bisherigen Erfahrungen deuten darauf hin, dass gewöhnliche Bürgerinnen und Bürger unter den richtigen Bedingungen kompetent und zivilisiert miteinander debattieren. Unter den sorgfältig konstruierten Bedingungen einer Mini-Öffentlichkeit bilden sich nur schwer Echokammern oder Gruppen mit gemeinsamer ethnischer Identität oder Ideologie.[16] Bei ausgewogenen Informationen, Expertenaussagen und einer sorgfältigen Moderation werden Menschen weniger extrem, sind weniger stark dem Diktat der Identität verhaftet, weniger abhängig von parteipolitischem Framing und eher geneigt, ihre Meinung zu ändern.[17] Forschungen legen nahe, dass deliberative Verfahren auch die Empfänglichkeit für Fake News verringern, da sich die Teilnehmer nicht allein auf ihre Intuition verlassen können.[18] Außerdem vertrauen die Menschen stark auf ihre eigene Entscheidungsfähigkeit.[19]

***

Deliberative Mini-Öffentlichkeiten sind nicht nur dazu da, große Entscheidungen qualitativ aufzuwerten oder politische Blockaden zu überwinden. Sie besitzen eine hohe Legitimität. Es ist leichter, mit schwierigen Entscheidungen zu leben, wenn man weiß, dass sie von Mitbürgern getroffen wurden, die unter idealen Bedingungen intensiv nachgedacht haben, und nicht von einer politischen oder industriellen Elite.

Das wissen die Bürger von Taiwan sehr genau, die mit ihrem vTaiwan-Verfahren eine Vielzahl schwieriger politischer Fragen aufwerfen und diskutieren. Am Anfang steht eine Crowdsourcing-Phase, in der Fakten und Beweise gesammelt werden.[20] Dann folgt eine »Reflexionsphase«, in der die Teilnehmer über eine spezielle, in Seattle entwickelte Social-Media-Plattform namens Polis eine visuelle »Landkarte« ihrer Ansichten und Gefühle erstellen. Diese Karte gruppiert die Teilnehmer nach Bereichen, in denen sie übereinstimmen. Sie fördert Inhalte, die auf breite Zustimmung stoßen. Um Aufmerksamkeit zu bekommen, müssen die Teilnehmer also nicht nur Unterstützer, sondern auch Gegner ansprechen. »Die Leute wetteifern um die differenziertesten Aussagen, die die meisten Menschen überzeugen können«, beschrieb es die Digitalministerin von Taiwan. »Innerhalb von drei oder vier Wochen erreichen wir immer einen Zustand, bei dem die meisten Menschen mit den meisten Aussagen übereinstimmen [...]. Die Menschen verbringen viel mehr Zeit damit, ihre Gemeinsamkeiten zu entdecken, statt sich in ein bestimmtes Thema zu verbeißen.«[21] Ziel des Verfahrens ist es, »Konsenserklärungen« zu finden – allgemeine Aussagen, mit denen alle Seiten weitgehend einverstanden sind. Diese bilden die Hauptgrundlage für die Politik.[22] Das vTaiwan-Verfahren hat zu vielen neuen Gesetzen und Verordnungen geführt. Berühmt wurde es, als es dazu beitrug, einen erbitterten Streit zwischen jenen, die Uber verbieten wollten, und jenen, die Uber positiv bewerteten, zu schlichten. Das Verfahren endete mit einem Kompromiss: Uber durfte weitermachen, aber nur mit lizenzierten Fahrern.[23]

Taiwan bietet einen Ausblick, wie deliberative Mini-Öffentlichkeiten in der digitalen Republik eingesetzt werden könnten. Aber jede Republik sollte ihren eigenen Weg wählen. Die Forschung legt nahe, dass deliberative Mini-Öffentlichkeiten besonders effektiv sind, wenn es um drei Arten von Fragen geht: »ethisch motivierte Dilemmata« (moralische Fragen, auf die es keine offensichtliche Antwort gibt), »komplexe Probleme, die Kompromisse erfordern«, und »langfristige Fragen, die über die kurzfristigen Motivationen von Wahlzyklen hinausreichen«.[24] Zufälligerweise sind dies genau die Arten von Problemen, die durch die Macht der digitalen Technologie aufgeworfen werden. Im Vereinigten Königreich hat das Ada Lovelace Institute bereits erfolgreich einen fünfzigköpfigen Bürgerrat für Biometrik eingesetzt, um über den Einsatz biometrischer Technologien wie Gesichtserkennungssysteme zu beraten. Nach sechzig Stunden Debatte kam der Rat zu beeindruckenden Ergebnissen.[25] Auch in Kanada arbeitet die Canadian Commission on Democratic Expression mit Hilfe von deliberativen Methoden Empfehlungen aus, wie sich die negativen Auswirkungen der Digitalisierung begrenzen lassen.[26]

***

Der digitalen Republik wäre mit einer Reihe neuer deliberativer Gremien gut gedient. Eine ständige Bürgerversammlung (die sich jedes Jahr durch Losentscheid neu konstituiert) könnte mit der Beantwortung großer Grundsatzfragen betraut werden. *Nach welchen Grundsätzen sollten soziale Medien moderiert werden? Sollte Datenverarbeitung besteuert werden?* In jedem Fall könnte die Versammlung Parameter, Leitlinien und Best Practices ausarbeiten.

Spezifischere Fragen könnten an Bürgerjurys oder Konsensausschüsse delegiert werden. Bei welchen Daten sollte die Verwendung durch Arbeitgeber oder Versicherer verboten werden? Welche Haftungspflichten sollten für die Hersteller von selbstfahrenden Fahrzeugen gelten, die tödliche Fehler begehen? In der »Lernphase« würden den Teilnehmern die Ergebnisse von Audits, Wirkungsprognosen, nützliche Daten und Ähnliches zur Verfügung gestellt, und sie würden dabei fachlich beraten. Wenn in einem bestimmten Bereich die Regierung das Vorgehen bestimmt, könnten Bürgerdialoge genutzt werden, um alle Pläne zu überprüfen.

Manchmal können deliberative Mini-Öffentlichkeiten, wie die griechische *dikastēria*, auch Urteile über bestimmte Systeme, Merkmale oder Funktionen fällen. Sollte diese Übernahme genehmigt werden? Hat diese Suchmaschine die für sie geltenden rechtlichen Standards erfüllt? Benachteiligt dieses Gesichtserkennungssystem People of Colour?

Statt Mini-Öffentlichkeiten im politischen Zentrum ein-
zuplanen, könnte das Gesetz große Unternehmen dazu verpflichten, deliberative Mini-Öffentlichkeiten in ihre eigenen
Entwicklungsprozesse einzubinden (unter Aufsicht einer
unabhängigen dritten Partei). Wenn möglich, sollten Mini-
Öffentlichkeiten von akkreditierten, nichtstaatlichen Stellen
organisiert und moderiert werden, die ihrerseits einer Aufsicht unterliegen.[27]

***

Es gibt keinen Grund, so zu tun, als wäre die Planung und
Umsetzung deliberativer Mini-Öffentlichkeiten einfach. Man
darf sie nicht wie Furunkel auf dem Staatsschiff behandeln. Sie
müssen mit angemessener Autorität und Würde ausgestattet
werden. Ihnen müssen angemessene Mittel zur Verfügung
gestellt werden, und sie müssen über geeignete Räumlich-
keiten verfügen. Sie müssen wirklich repräsentativ für die Bevölkerung insgesamt sein, und ihre Arbeit muss angemessen
transparent sein.[28] Laut Empfehlung der OECD müssen ihre
Aufgaben klar definiert und ihre Entscheidungen zeitnah umgesetzt werden.[29] Deliberative Mini-Öffentlichkeiten werden
nicht immer perfekt funktionieren. Aber das ist nicht entscheidend. Die entscheidende Frage ist, ob sie dem überlegen
sind, was wir jetzt haben: Unternehmenseliten, die wichtige
politische Entscheidungen hinter verschlossenen Türen treffen.

Manch einem in der Tech-Branche sträuben sich bei der
Vorstellung eines deliberativen Verfahrens, das ein gewisses
Maß an Reibung in den Innovationsprozess einbringt, ver-
mutlich die Haare. Schließlich wird Reibung oft als etwas be-

trachtet, das es wegzuglätten und technisch zu beseitigen gilt. Aber bei der Deliberation geht es ja unter anderem gerade darum, Reibung zu erzeugen. Die Probleme, die Technologie aufwirft, sind zu schwierig und subtil, als dass man sie wie einen Designfehler einfach ignorieren oder überpinseln könnte. Die Einführung von deliberativen Verfahren vergrößert die Probleme nicht, sondern erkennt lediglich an, wie komplex die bereits bestehenden Probleme unweigerlich sind, und bietet einen Weg, sie zu lösen.[30]

Gut möglich, dass die deliberative Mini-Öffentlichkeit jenen, die als Vertreter ausgewählt werden, ein wenig beschwerlich vorkommt. Aber mit der Zeit könnte es als eine weitere Bürgerpflicht wie der Dienst als Geschworener oder Schöffe anerkannt werden. Wir sollten uns nicht davor scheuen, ein wenig mehr voneinander zu verlangen. Für Aristoteles war ein Bürger erkennbar »an seiner Teilnahme bei der Rechtsprechung und bei den Ämtern«.[31] Cicero schrieb, dass »niemand als Privatmann abseitsstehen darf, wenn es um die Erhaltung der Freiheit der Bürger geht«.[32] Madison bezeichnete es als »eine chimärische Idee«, dass »irgendeine Regierungsform die Freiheit oder das Glück ohne jegliche Tugend des Volkes sichern wird«. Im Vergleich zu den Republiken der Antike wird die digitale Republik uns nicht viel abverlangen. Der Preis der Freiheit ist nicht ewige Wachsamkeit, sondern gelegentliches Engagement. Das ist nicht zu viel verlangt.

***

Wenn die Menschen ein Mitspracherecht bei der Entwicklung digitaler Technologien bekommen haben, was sollen sie dann mit dieser Macht anfangen? Genau darum geht es im Rest des

Buches – um neue Regelungen für die Kontrolle von Daten, Algorithmen, sozialen Medien und mehr. Die nächsten beiden Kapitel drehen sich jedoch weniger um den *Inhalt* neuer Gesetze als vielmehr darum, die bereits verfügbaren gesetzlichen *Mechanismen* zu beschreiben. Die beiden Mechanismen, die hier betrachtet werden, sind *Rechte* und *Normen,* die beide die unkontrollierte Macht der Technologie einschränken können.

KAPITEL 21

REPUBLIKANISCHE RECHTE

Stellen Sie sich vor, Grace ist unzufrieden mit etwas, das von einem digitalen System erledigt wurde. Vielleicht wurde ihr Hypothekenantrag von einem Algorithmus abgelehnt. Oder ein Sicherheitssystem mit Gesichtserkennung sperrt sie immer wieder aus, weil es auf weiße Gesichter trainiert wurde und ihre dunklere Hautfarbe nicht »erkennt«.[1] In einer idealen Welt könnte Grace etwas gegen ihre Probleme unternehmen. Vom Hypothekengeber könnte sie eine Erklärung oder eine Überprüfung der Entscheidung verlangen. Von der Sicherheitsfirma könnte sie eine Entschuldigung oder eine Entschädigung einfordern.

Um diese Beschwerden vor Gericht zu bringen, müsste Grace jedoch nachweisen, dass eine Rechtsvorschrift verletzt wurde. Mit anderen Worten: Das Gesetz muss die Systemanbieter zu etwas verpflichtet und Grace das Recht eingeräumt haben, die Anbieter zu verklagen, wenn sie dieser Verpflichtung nicht nachgekommen sind. Das Wort *Verpflichtung* ist wichtig. Es markiert die Grenze zwischen rechtlich einklagbarem Unrecht und bloßem Ärgernis. Wenn Grace in der Lage sein will, die Macht der digitalen Technologie herauszufordern, braucht sie einen *einklagbaren Rechtsanspruch*.

Seit es das Zivilrecht gibt, gibt es auch Rechte. Sie sind keine Zauberei, sondern das Produkt der Rechtsprechung im Allgemeinen. Eine politische Gemeinschaft kann alle Rechte einführen, die sie für richtig hält, vom Recht auf freie Meinungsäußerung bis zum Recht auf einen kostenlosen Burger jeden Mittwoch. Die Gemeinschaft kann auch die Regeln festlegen, nach denen *neue* Rechte eingeführt und alte Rechte abgeschafft werden können. Das Vertragsrecht zum Beispiel erlaubt es den Parteien, im gegenseitigen Einvernehmen neue Rechte zu schaffen.

Befürworter von Tech-Reformen sprechen oft davon, dass es eine neue »Bill of Rights«, also quasi eine neue Verfassung brauche, ohne sich groß Gedanken darüber zu machen, was das in rechtlicher Hinsicht eigentlich bedeutet. Rechte gibt es in ganz verschiedenen Formen, von denen manche nützlicher sind als andere, und es ist wichtig, sie so präzise wie möglich zu betrachten. In diesem Kapitel werden einige der Rechte skizziert, die es in der Rechtsprechung derzeit gibt, und die Funktionen, die sie in der digitalen Republik erfüllen könnten.

***

Die *Menschenrechte* werden oft als eine allgemein gute Sache angeführt, wie Apfelkuchen oder David Attenborough. Im westlichen Diskurs kommen sie zwar schon seit Jahrhunderten vor, doch lässt sich die moderne Praxis der Menschenrechte auf das Ende des Zweiten Weltkriegs datieren, als die Vereinten Nationen die Allgemeine Erklärung der Menschenrechte

Republikanische Rechte

verabschiedeten.[2] In dieser Erklärung wurden die Rechte aufgelistet, die uns allein aufgrund unseres Menschseins zustehen und nicht nur, weil wir eine bestimmte Staatsangehörigkeit oder Hautfarbe haben oder einer bestimmten Klasse oder Kaste oder einem bestimmten Geschlecht angehören. Die Gelehrten sind sich uneins, worauf sich dieser Rechtsanspruch begründet – ob er von Gott oder von der Natur kommt oder ob die Menschenrechte einfach eine Erfindung der menschlichen Zivilisation sind, wie andere rechtliche Konstrukte.

Viele Menschenrechte – Privatsphäre, Meinungsfreiheit, Nichtdiskriminierung, faires Gerichtsverfahren – können durch digitale Technologien bedroht werden.[3] Im Jahr 2020 wies etwa das Bezirksgericht Den Haag die niederländische Regierung an, die Nutzung eines Algorithmus zur Erkennung von Sozialleistungsbetrug einzustellen, weil er die Menschenrechte ärmerer Menschen auf Privatsphäre und soziale Sicherheit untergrabe.[4]

Doch die Menschenrechte haben ihre Grenzen. Die wichtigste ist, dass sie in der Regel nur gegenüber Behörden und nicht gegenüber Unternehmen oder Personen durchsetzbar sind.[5] Das macht sie gelegentlich zu einem schwerfälligen Instrument: Wenn Menschenrechte von einem Unternehmen verletzt werden, kann man unter Umständen nur die Regierung verklagen, weil sie es versäumt hat, dies zu unterbinden, nicht das Unternehmen selbst.

***

Vertragliche Rechte sind etwas anderes. Sie ergeben sich aus Vereinbarungen. Wie in Kapitel 14 gesehen, sind Verträge (oder das verwandte Konzept der Zustimmung) oft die

Hauptquelle für Rechte zwischen Einzelpersonen und Tech-Unternehmen.[6] Allerdings ist, wie gezeigt, die Zustimmung zur digitalen Macht problematisch. Konzerne diktieren die Bedingungen. Nur wenige von uns lesen sie. Noch weniger verstehen sie. Wenn wir auf »Ich stimme zu« klicken, unterwerfen wir uns in aller Regel eher, als dass wir einwilligen.

Es gibt jedoch ein paar Möglichkeiten, wie vertragliche Rechte und das Konzept der Zustimmung für die Zukunft gestärkt werden könnten. Im europäischen Recht beispielsweise erfordert die »Einwilligung« bereits eine »freiwillig für den bestimmten Fall, in informierter Weise und unmissverständlich abgegebene Willensbekundung [der Person] in Form einer Erklärung oder einer sonstigen eindeutigen bestätigenden Handlung«.[7] Klare Richtlinien, verständliche Zusammenfassungen, standardisierte Sprache, Graphiken und Erklärungen könnten der Zustimmung mehr Bedeutung geben. Der US-Kongress hat sich mit dem Verbot von »Dark Patterns« befasst, Benutzerschnittstellen, mit denen Nutzer dahingehend manipuliert werden sollen, dass sie ihre Rechte aufgeben.[8] Wissenschaftler haben grelle Datenschutzwarnungen vorgeschlagen, ähnlich jenen auf Zigarettenschachteln, die Bilder von kranken Lungen zeigen.[9] (Allerdings ist unklar, wie diese aussehen könnten. Die kaum merkliche und allmähliche Einschränkung der Freiheit der Menschen lässt sich nicht leicht in einem einzigen Bild ausdrücken. Tatsächlich ist es sogar schwierig, dieser Entwicklung in einem ganzen Buch gerecht zu werden.)

Das Gesetz kann auch die *Bedingungen* bestimmter Verträge festlegen, statt dies den Unternehmen zu überlassen. So könnten bestimmte Klauseln verboten werden (wie zum Beispiel pauschale Datengenehmigungen), andere könnten

Republikanische Rechte

verbindlich vorgeschrieben werden (etwa Klauseln, die Plattformen zu einem zertifizierten Beschwerdeverfahren verpflichten oder Sammelklagen ermöglichen). Sogenannte Intelligente Verträge oder »Smart Contracts« könnten es den Bürgern auch erleichtern, ihre Rechte einzufordern. Ein Beispiel: Angenommen, das Gesetz räumt Nutzern sozialer Medien das Recht ein, dass Beschwerden über Beleidigungen oder Belästigungen innerhalb von zwölf Stunden bearbeitet werden müssen. Intelligente Verträge würden dann dafür sorgen, dass die Plattformen den Nutzern nach Ablauf dieser Zwölf-Stunden-Frist automatisch alle 15 Minuten eine Mikrostrafe von einem Dollar bezahlen.[10]

Vertragsrechte sind also nicht nutzlos. Aber sie haben Grenzen, die nie ganz überwunden werden können. Daher werden auch andere Rechte erforderlich sein.

***

Ärzte sind ihren Patienten gegenüber in der Pflicht, ihre Arbeit mit angemessener Sorgfalt und Sachkenntnis auszuführen. Autofahrer haben anderen Fahrern gegenüber die Pflicht, nicht rücksichtslos zu fahren. Nachbarn sind einander verpflichtet, um drei Uhr nachts keine schädlichen Abgase abzulassen oder laute Musik zu spielen. Diese Pflichten ergeben sich nicht aus vertraglichen Vereinbarungen oder aus den Menschenrechten. Sie ergeben sich aus dem *Deliktsrecht*, das es Menschen ermöglicht, Schadensersatz für das Unrecht zu verlangen, das andere ihnen zugefügt haben.[11] Im Laufe der Zeit hat die Gesellschaft eine Reihe von Delikten definiert. Fahrlässigkeit, Belästigung, Hausfriedensbruch und Verleumdung sind die bekanntesten.

In der digitalen Republik könnten mit Hilfe des Delikts-rechts höhere Anforderungen an Tech-Unternehmen gestellt werden, als durch Verträge vereinbart wird. Ein Wissenschaft-ler schlägt vor, dass Personen, die durch die wiederholte oder vorsätzliche Nutzung fehlerhafter Daten geschädigt werden, die Möglichkeit bekommen sollten, zusätzlichen Schadens-ersatz zu verlangen.[12] Ein anderer fordert, dass automatisierte Fahrzeuge so sicher sein sollten wie ein vernünftiger Fahrer – und dass die Hersteller von der Haftung befreit werden sollten, wenn sie diesen Standard erfüllen, aber für Schäden haften, wenn sie es nicht tun.[13] Das Deliktsrecht könnte jenen, die ma-schinelle Lernsysteme für wichtige gesellschaftliche Zwecke einsetzen, etwa um über Hypotheken oder Stellenbesetzun-gen zu entscheiden, eine Pflicht zur angemessenen Sorgfalt auferlegen. Eine solche Pflicht hätte zur Folge, dass Privatper-sonen Schadensersatz fordern können, wenn durch die fahr-lässige Verwendung von unvollständigen Daten, fehlerhaften Algorithmen oder zweifelhafter Hardware Schäden entstehen.

***

Noch strengere Pflichten ergeben sich aus dem *Treuhandrecht*. Der Begriff mag für Nichtjuristen fremd sein, aber treuhän-derische Beziehungen gibt es überall. Eltern haben treuhän-derische Pflichten gegenüber ihren Kindern, Geschäftsführer gegenüber ihren Unternehmen, Banker gegenüber ihren Kunden.[14] Treuhänderische Beziehungen bestehen häufig dort, wo eine Partei deutlich mehr Macht hat als die andere oder wo eine Partei aufgrund ihrer Verbindung zur anderen Partei dieser gegenüber eine besondere Verpflichtung übernommen hat.[15]

Das Treuhandrecht ist streng. Es verlangt von jenen, die eine Vertrauensstellung innehaben, dass sie die Interessen anderer vor ihre eigenen stellen. Einige der klügsten Köpfe auf dem Gebiet der digitalen Governance sehen im Treuhandrecht eine vielversprechende Möglichkeit, die Tech-Branche in die Schranken zu weisen.[16] Wenn Tech-Unternehmen zu »Datentreuhändern« gemacht würden, könnten Privatpersonen sie verklagen, wenn sie personenbezogene Daten in einer Weise sammeln, nutzen, verkaufen oder weitergeben, die die Interessen des Unternehmens über die der Betroffenen stellt. Der Harvard-Professor Jonathan Zittrain nennt als Beispiel die Verkehrsnavigationsapp Waze. Stellen Sie sich vor, Waze würde eine Route zu Ihrem Zielort berechnen, die Sie an einem Burger King vorbeiführt, und nicht etwa, weil es die beste Route für Sie ist, sondern weil das Unternehmen, das Waze entwickelt hat, eine Provision von Burger King erhält. In dem Fall würde das Unternehmen bei der Datennutzung seine Interessen über die Ihren stellen. Das wäre ein Verstoß gegen seine treuhänderischen Pflichten.[17]

Das Treuhandprinzip muss nicht auf Daten beschränkt sein. Unternehmen, deren Maschinen den Verbrauchern physischen Schaden zufügen könnten – zum Beispiel Haushaltsroboter –, könnten als Treuhänder der Menschen angesehen werden, mit denen ihre Geräte interagieren, was ihre Haftpflicht nach allgemeinem Recht erhöht.[18]

***

Die in diesem Kapitel skizzierten Rechtsgebiete – Menschenrechte, Vertragsrecht, Deliktsrecht und Treuhandrecht – haben wir aus der Vergangenheit übernommen. Sie haben sich als langlebig und anpassungsfähig erwiesen, auch wenn wir sie im Zusammenhang mit der digitalen Technologie bisher noch nicht optimal nutzen. Aber nichts hindert uns daran, völlig neue Rechtskategorien zu schaffen oder alte anzupassen. Wir können so gut wie jedes Recht durch Gesetzgebung und den Erlass von Verordnungen einführen. In den Teilen IX und X werden einige weitere besprochen. Was spräche zum Beispiel dagegen, große Tech-Unternehmen direkt für Menschenrechtsverletzungen verantwortlich zu machen? Oder den Menschen ein gesetzliches Recht auf algorithmische Entscheidungen einzuräumen, die technisch einwandfrei und moralisch schlüssig sind? Im nächsten Kapitel befassen wir uns mit einer Alternative zu Rechten: *Normen und Standards*, die nicht nur von Einzelpersonen, sondern vom Staat selbst durchgesetzt werden.

KAPITEL 22

REPUBLIK DER NORMEN

Bei einigen Problemen, die typischerweise im Zusammenhang mit sozialen Medien auftreten, wie etwa die Polarisierung der politischen Kultur oder die Verrohung des öffentlichen Diskurses, würde es mir schwerfallen, den persönlichen Schaden, der dadurch entstehen kann, vor Gericht mit einem Geldbetrag zu beziffern. Nicht etwa, weil die Schäden trivial wären, sondern weil sie in erster Linie die Gemeinschaft als Ganzes betreffen und nicht das einzelne Mitglied der Gemeinschaft. Manchmal kann die Technologie das soziale Gefüge schädigen, ohne die Rechte von Einzelnen zu verletzen, zumindest nicht schwer genug, um einen Rechtsanspruch geltend machen zu können.[1]

Einige digitale Schäden *wirken* sich nicht nur kollektiv *aus*, sondern sie werden auch kollektiv *verursacht*. In Zukunft könnten tausend Technologien im Zusammenspiel eine Atmosphäre erdrückender Unfreiheit schaffen. Aber daran wäre kein einzelnes Unternehmen schuld.[2] Einzelne Menschen könnten sich beschweren, dass sie ihrer Freiheitsrechte beraubt werden, aber es gäbe niemanden, den man verklagen könnte.

Manchen Gefahren lässt sich auch nur kollektiv *entgegenwirken*. Wenn eine Fabrik Giftmüll in einen Fluss ablässt, sollten die Anwohner entschädigt werden. Zugleich aber sollte es eine öffentliche Untersuchung geben, ein behördliches Eingreifen, um zu verhindern, dass so etwas noch einmal geschieht, sowie ein neues Aufsichtssystem. Keine dieser Maßnahmen kann ein Gericht einem einzelnen Kläger zugestehen, der seine Rechte einklagt.[3] Sie erfordern Regierungshandeln.

Im letzten Kapitel haben wir gesehen, dass verschiedene Arten von Rechten dem Einzelnen die Möglichkeit eröffnen können, gegen die unrechtmäßige Ausübung digitaler Macht vorzugehen. Es gibt jedoch eine inhärente Grenze, was Rechte erreichen können – weil einige Schäden kollektiv *verursacht* werden, sich kollektiv *auswirken* und nur kollektiv *bekämpfen* lassen. Ab einem gewissen Punkt macht die Einführung von zusätzlichen Rechten kaum noch einen Unterschied. Ausgereifte Rechtssysteme erkennen diese Tatsache an, indem sie die *kollektive* Durchsetzung bestimmter Regeln und Normen vorsehen. Niemand erwartet, dass man den Motor eines Busses überprüft, bevor man einsteigt, dass man die Küche eines Cafés inspiziert, bevor man bestellt, oder dass man die chemischen Eigenschaften des Leitungswassers testet, bevor man es trinkt. Wir erwarten, dass sich die Behörden um diese Dinge kümmern. Dort, wo digitale Gefahren Risiken für die öffentliche Gesundheit ähneln,[4] die sich auf die gesamte Bevölkerung verteilen, ist nicht nur eine individuelle, sondern auch eine gesellschaftliche Reaktion erforderlich. Wir brauchen *Normen und Standards*.

***

Heutzutage sind Normen und Standards recht alltäglich und dienen dazu, »das Verhalten oder die Eigenschaften von Menschen oder unbelebten Gegenständen festzusetzen«.[5] Viele Normen sind freiwillig und nicht bindend – und gleichen damit eher Leitlinien als Gesetzen. Einige sind jedoch bindend, und Verstöße gegen sie haben Konsequenzen. Diese bezeichne ich als *Rechtsnormen*.

Im Vereinigten Königreich wird die British Standards Institution (BSI) von der Regierung bestellt. Sie veröffentlicht jedes Jahr Tausende von Normen: Umweltnormen, Baunormen, Normen im Arbeits- und Gesundheitsschutz, IT-Sicherheitsnormen und Ähnliches mehr. Die BSI arbeitet nicht allein. Sie entwickelt ihre Normen in Zusammenarbeit mit Branchenexperten, Berufsverbänden und Unternehmen.

Es gibt auch internationale Gremien, die sich darum bemühen, Normen grenzüberschreitend zu vereinheitlichen. Die Internationale Organisation für Normung (ISO) ist eine Art intergalaktische Föderation aus 165 nationalen Normungsgremien. Sie umfasst mehr als 200 Fachausschüsse,[6] darunter einer mit der einprägsamen Bezeichnung ISO / IEC JTC 1 / SC 42, der sich mit der »Normung im Bereich der künstlichen Intelligenz« beschäftigt. Branchenverbände wie das Institute of Electrical and Electronics Engineers (IEEE) arbeiten ebenfalls an Normen für Datenschutz, Transparenz und algorithmische Verzerrungen.

Theoretisch sollten Rechtsnormen demokratische Prioritäten und technokratisches Wissen miteinander verbinden. Die Bürger legen die allgemeinen Parameter fest; Experten setzen sie in praktikable Normen um. Wie wir gesehen haben, sind die derzeit gültigen Rechtsnormen, die wichtige und sensible Bereiche der digitalen Technologie regeln, nicht zweckmäßig, sofern sie überhaupt existieren. Das wird sich ändern müssen.

***

Ein Regelwerk für Normen zu strukturieren ist eine überraschend heikle Kunst. Man stelle sich nur eine Regelung vor, mit der die Sichtbarkeit von Anti-Impfungs-Inhalten auf Social-Media-Plattformen verringert werden soll. Eine Variante dieser Norm könnte nur das gewünschte Ergebnis betreffen, nicht aber, wie es erreicht wird:

99 Prozent der falschen oder irreführenden Inhalte in Bezug auf die Wirksamkeit oder Sicherheit von Impfungen müssen innerhalb einer Stunde nach der Veröffentlichung entfernt werden.

Oder man könnte es allgemeiner formulieren:

Soweit dies zumutbar möglich ist, sollten die Plattformen die Sichtbarkeit falscher oder irreführender Inhalte in Bezug auf die Wirksamkeit oder Sicherheit von Impfungen verringern.

In beiden Fällen wäre es den Plattformen selbst überlassen, wie sie die Norm umsetzen.[7] Alternativ könnte man die zu verwendenden Verfahren anhand strenger Regeln festlegen, die keinen Ermessensspielraum zulassen:

Die Plattformen müssen mindestens einen zertifizierten Moderator pro 5000 Nutzer beschäftigen.

Die Moderatoren müssen gemäß der Norm X-150 über die Kompetenzen der Anti-Impf-Moderation zertifiziert sein.

Bei der Moderation von Anti-Impf-Inhalten müssen die Moderatoren die Schritte der Checkliste Y-620 befolgen.

Es gibt eine lebhafte (und, wie Sie schockiert feststellen werden, nicht immer brillante) wissenschaftliche Debatte über das optimale Format für Regelwerke von Normen. In einer Studie wurde die Regulierung von Pflegeheimen in Australien und den Vereinigten Staaten verglichen. Das australische System verwendet weit gefasste Leistungsnormen, in denen unter anderem gefordert wird, eine »Umgebung ähnlich einem Zuhause« zu schaffen. Im Gegensatz dazu mussten die amerikanischen Anbieter extrem detaillierte Vorschriften für jeden Aspekt der von ihnen erbrachten Pflege befolgen. Die Studienergebnisse wiesen darauf hin, dass das amerikanische System letztlich schlechter abschnitt, weil es verhinderte, dass Pflegekräfte Kreativität und Einfühlungsvermögen beweisen konnten, und dazu führte, dass lediglich Punkte einer Vorschriftenliste abgearbeitet wurden.[8] Das wichtigste Fazit aus der Forschungsliteratur ist jedoch, dass es keine allgemeingültige Regel gibt. In manchen Fällen ist ein »To-do-Listen«-Ansatz angebracht, insbesondere bei Produkten, die Menschen verletzen könnten. In anderen Fällen ist es besser, die Unternehmen selbst herausfinden zu lassen, wie sie die gewünschten Ergebnisse erzielen können. Dies sind pragmatische Fragen, keine ideologischen.

Anders als häufig angenommen sind Rechtsnormen für Unternehmen von Vorteil. Sie bieten eine einfache Möglichkeit, ihre Vertrauenswürdigkeit unter Beweis zu stellen. Sie schaffen gleiche Wettbewerbsbedingungen, die verhindern, dass verantwortungsbewusste Unternehmen nicht durch billigere, aber gefährlichere Mitbewerber unterboten werden. Und sie erzeugen das, was Ökonomen als »Netzwerkeffekte« bezeichnen: Produkte und Dienstleistungen gewinnen an Wert, wenn sie einem anerkannten Standard ähnlich oder auf ihn abgestimmt sind.[9]

***

Eine wohlgeordnete Republik wird eine angemessene Auswahl an neuen Rechten und Normen bieten. Diese sind jedoch nutzlos, wenn sie nicht ordnungsgemäß durchgesetzt werden können. Wir brauchen neue Institutionen, um die digitale Macht zur Verantwortung zu ziehen, sie im Namen der Freiheit in die Schranken zu weisen und sie zu entlarven. Das ist das Thema des nächsten Teils.

TEIL VII

GEGENMACHT

»Man kann es als eine allgemeine Regel gelten lassen, dass man, wenn man in einem Staate, der sich Republik nennt, jedermann ruhig vorfindet, sicher sein kann, dass dort keine Freiheit herrscht.«

Charles de Secondat, Baron de Montesquieu

KAPITEL 23

TECH-TRIBUNALE

In diesem Teil geht es um *Gegenmacht*.[1] Der Begriff wird von verschiedenen Autoren ganz unterschiedlich verwendet. Ich bezeichne damit die Fähigkeit, die Ausübung von Macht infrage zu stellen, normalerweise auf legalem Weg.[2] Ermittlungen, Untersuchungen, Überprüfungen, Audits, Einsprüche, Beschwerden und Gerichtsprozesse sind allesamt Formen der Gegenmacht.[3]

Warum ist diese Gegenmacht so wichtig? In Zukunft werden Tech-Unternehmen Entscheidungen fällen, die sich erheblich auf unser Leben auswirken werden. Diese Entscheidungen werden mitunter problematisch sein. Personen oder Gruppen werden ohne eine Erklärung von Social-Media-Plattformen ausgeschlossen werden. Produkte, die auf Online-Marktplätzen zum Kauf angeboten werden, werden ohne Angabe von Gründen verschwinden. Bei der Kreditvergabe wird Antragstellern aufgrund falscher oder irreführender Daten ein Darlehen verweigert. Durch fehlerhafte Algorithmen, nicht repräsentative Datensets und menschliche Inkompetenz können sich Fehler einschleichen. Natürlich sind Fehler unvermeidlich, die Frage ist nur, was wir dagegen unternehmen. Eine Möglichkeit ist die, den Betroffenen das juristisch durchsetzbare Recht einzuräumen, bei Fehlern Widerspruch einzulegen. Eine andere besteht darin, rechtliche Vorgaben für die Tech-Branche einzuführen. Darum ging es in den letzten beiden Kapiteln. In einem nächsten Schritt gilt es, dafür sorgen, dass diese Rechte auch wahrgenommen und die gesetzlichen Vorgaben durchgesetzt werden. Das ist mit Gegenmacht gemeint, und diese Gegenmacht erfordert neue Institutionen und Instrumente, Rechte durchzusetzen.

**

Bei einem Gericht kommt einem meist ein altehrwürdiges Gebäude im neoklassizistischen Stil in den Sinn. Anwälte in Nadelstreifenanzügen schreiten durch die mit Marmor verkleideten Gänge. An den Wänden reihen sich in Leder gebundene Gesetzbücher. Richter in Roben schlagen mit ihren Hämmerchen auf Mahagonipulte.[4]

Das ist gar nicht sooo weit von der Realität entfernt.

Bei meiner Tätigkeit als Anwalt vor Gericht trage ich eine Robe und eine Perücke aus Pferdehaar, wenn ich mich erhebe, um vor dem Richter zu sprechen. Ich verbringe meine Tage in Gerichtssälen im neogotischen Stil und sitze wie alle Prozessbeteiligten auf splittrigen Holzbänken, die aussehen und sich anfühlen – und manchmal auch so riechen –, als ob sie Folterinstrumente aus dem 19. Jahrhundert wären. Doch Orte der Rechtsprechung müssen nicht immer so imposant sein. Ein sehr beliebtes Gericht im Südosten Englands, an dem ich schon viele Klienten vertreten habe, befindet sich in einem

Einkaufszentrum mit Blick auf einen Parkplatz. Trotzdem lenkt der Geruch der brutzelnden Burger eines nahegelegenen Schnellrestaurants niemanden vom dort gesprochenen Recht ab. Was zählt, ist eine gerechte und konsequente Anwendung der Gesetze, nicht die Architektur (oder das Lüftungssystem) des Gerichts.

Derzeit gibt es jedoch ernstzunehmende Probleme in unserem Umgang mit juristischen Verfahren. Prozesse können sich über Monate oder sogar Jahre hinziehen, in manchen Ländern sind die Gerichte mit Millionen, wenn nicht sogar Hunderten Millionen Fällen im Rückstand.[5] Eine Klage ist teuer. Gerichtskosten, Anwaltshonorare und viele Stunden der Vorbereitung verschlingen enorm viel Zeit und Geld. Weltweit haben mehr Menschen Zugang zum Internet als zur Justiz.[6] Selbst in Ländern, die eine staatliche Prozesskostenhilfe anbieten, sind Gerichte für Reiche und Begüterte leichter zugänglich als für die übrige Bevölkerung.

Es muss einen besseren Weg geben, kleine Streitigkeiten zwischen Privatpersonen und Technologiefirmen beizulegen, mit überschaubaren Kosten und Verfahren. Fragen Sie sich doch einmal selbst: Was wollen wir wirklich, wenn wir einen digitalen Vorgang infrage stellen?[7] Wir wollen wissen, warum uns das angetan wurde. Wir wollen die Möglichkeit bekommen zu sagen, warum etwas unserer Meinung nach falsch war. Wir wollen, dass unser Anliegen von einem unabhängigen und vertrauenswürdigen Menschen beurteilt wird. Und wenn dieser Mensch unserer Meinung ist, wollen wir, dass er in unserem Sinn aktiv wird.[8] Wenn er anderer Meinung ist, wollen wir wissen, warum, damit wir die Angelegenheit verstehen und dann abhaken können. Das ist nicht zu viel verlangt. So etwas sollte in großem Maßstab umsetzbar sein, ohne allzu einschüchternd, teuer oder zeitaufwendig zu sein. Und man bräuchte dafür nicht einmal neoklassizistische Architektur oder eine gotische Einrichtung.

Ein naheliegender erster Schritt wäre, dass man von den Technologieunternehmen verlangt, interne Überprüfungsverfahren einzurichten, die ihrem Anspruch auch tatsächlich gerecht werden. Viele Beschwerdeverfahren, die derzeit von Technologieunternehmen angeboten werden, sind hochkompliziert, bürokratisch und in der Umsetzung geradezu kafkaesk. Die Bearbeitung von Beschwerden dauert ewig, und das Ergebnis ist oft verwirrend, widersprüchlich und unlogisch. Erfreulicherweise sieht der Entwurf des EU-Gesetzes für digitale Dienste vor, dass Plattformen, die Inhalte entfernen oder ein Konto sperren oder schließen, »Zugang zu einem wirksamen internen Beschwerdemanagementsystem« bieten müssen, das »eine elektronische und kostenlose Einreichung von Beschwerden« ermöglicht. Diese Systeme sollten laut Entwurf »leicht zugänglich« und »benutzerfreundlich« sein.[9]

Bei bestimmten Entscheidungen ist es jedoch nicht mit internen Beschwerdeverfahren getan. Mittlerweile gibt es viele Algorithmen – im Berufsleben, in der Bildung, bei der Kreditvergabe, der Gesundheitsversorgung und in der Justiz –, deren Entscheidungen Auswirkungen auf die gesamte Gesellschaft haben. Diese Algorithmen weisen bestimmte Gemeinsamkeiten auf. Erstens haben sie aller Wahrscheinlichkeit nach großen Einfluss auf das Leben der Betroffenen. Zweitens treffen sie Entscheidungen von moralischer oder politischer Tragweite, weil sie zwangsläufig bestimmte Werte gegenüber anderen vorziehen.[10] Drittens werden sie häufig in Situationen eingesetzt, in denen sich die Entscheidungsträger in einer Position relativer Macht gegenüber der Person befinden, die Gegenstand der Entscheidung ist. Ich nenne diese Algorithmen daher *Algorithmen, bei denen viel auf dem Spiel steht.* (Der Entwurf der EU für das Gesetz über künstliche Intelligenz verwendet die leicht abweichende Definition der »Hochrisiko-Algorithmen«, die jedoch in die gleiche Richtung geht.) Für die Algorithmen, bei denen viel auf dem Spiel steht, muss es ein Berufungsverfahren geben, das unabhängig vom ursprünglichen Entscheidungsträger ist. »Alles wäre verloren«, schrieb Montesquieu, »wenn ein und derselbe Mann beziehungsweise die gleiche Körperschaft« Gesetze erlassen und »private Streitfälle« aburteilen würde, die sich aus ihnen ergeben.[11] Das gilt auch für digitale Macht. Diejenigen, die Einsprüche gegen Entscheidungen beurteilen, sollten idealerweise unabhängig von jenen sein, die sie getroffen haben.

Facebook bietet eine interessante Antwort auf das Problem der Unabhängigkeit an: Ein Oversight Board soll als internes Kontrollgremium bestimmte Entscheidungen im Umgang mit veröffentlichten Inhalten überprüfen. Auf den ersten Blick hat das Board durchaus etwas für sich. Ihm gehören angesehene Persönlichkeiten an. Es hat Macht und kann Facebook anweisen, Inhalte zuzulassen oder zu entfernen, Maßnahmen zu bestätigen oder zurückzunehmen.[12] Anscheinend ist das Board in Hinblick auf sein Handeln unabhängig von Facebook, obwohl das Unternehmen ein gewisses Mitspracherecht bei der Zusammensetzung des Gremiums behält.

Das Board soll wie ein privates Gericht funktionieren. Es hat nicht die Aufgabe, Regeln zu erlassen oder allgemeines Recht anzuwenden, sondern soll ganz einfach beurteilen, ob die von Facebook getroffenen Entscheidungen mit der eigenen »Content-Politik und den eigenen Werten« übereinstimmen, wenn auch unter »besonderer Berücksichtigung« der »Menschenrechtsnormen zum Schutz der freien Meinungsäußerung«.[13] Es gilt die Doktrin des Präzedenzfalls: »Für jede Entscheidung haben frühere Entscheidungen des Boards Präzedenzwert und sollten als richtungsweisend gelten, wenn sich die Fakten, die anwendbaren Richtlinien oder andere Faktoren grundsätzlich ähneln.«[14]

Der Zynismus, der Facebook in vielen Kommentaren zum Board entgegenschlägt, ist nachvollziehbar, vor allem, da Facebook bislang nicht gerade in dem Ruf steht, beim Umgang mit den eigenen Inhalten im Interesse des Gemeinwohls zu handeln. Kritiker werfen Facebook vor, das Board sei nur eine PR-Maßnahme; ein Sicherheitsventil, mit dem Facebook besonders kontroverse Entscheidungen auf das Board abwälzen könne, ohne dafür den Kopf hinhalten zu müssen. Darin steckt wohl ein wahrer Kern. Und es ist sicher nicht förderlich, dass sich das Board nur mit einer sehr begrenzten Anzahl von Fällen befasst und es Monate dauern kann, bis eine Entscheidung gefallen ist. Für eine Beurteilung der Funktionsweise und der Qualität der Entscheidungen ist es noch zu früh, man sollte jedoch festhalten, dass das Board in den ersten fünf Fällen vier Entscheidungen von Facebook revidierte.[15]

Sich auf die Details des Oversight Boards zu konzentrieren, könnte allerdings dazu führen, dass man das große Ganze aus den Augen verliert. Denn es ist klar, dass wir Schiedsgerichte benötigen, die gleichermaßen von der Öffentlichkeit *und* den Tech-Unternehmen unabhängig sind. Sie müssen hochspezialisiert und noch dazu in der Lage sein, das Vertrauen aller Parteien zu gewinnen. In dieser Hinsicht scheint das Oversight Board von Facebook ein erster Fortschritt zu sein. Dass die Nutzer das Recht haben, die Entscheidungen von Facebook durch ein unabhängiges Tribunal überprüfen zu lassen, ist ganz im Sinne des Republikanismus, doch es ist überhaupt *nicht* republikanisch, dass die Nutzer dieses Recht nur haben, weil Facebook es ihnen gewährt. Das Unternehmen könnte jederzeit wieder beschließen, auf das Board zu verzichten. Außerdem ist bisher noch kein anderer Technologiekonzern dem Beispiel von Facebook gefolgt.

Eine digitale Republik muss ihren Bürgerinnen und Bürgern ein Forum bieten, das Streitigkeiten bei Algorithmen, bei denen viel auf dem Spiel steht, zügig und fair beilegt. Die Nutzung dieses Systems müsste einfach sein und dürfte nicht viel kosten. Es müsste strengen Vorgaben entsprechen, zuverlässig und integer sein. Und es müsste als Teil des Staatsapparats betrachtet werden, als grundlegende öffentliche Dienstleistung für eine freie Bürgerschaft, nicht als Geschenk eines Unternehmens oder CEO. Die Vision für *Tech-Tribunale* sollte also folgendermaßen aussehen: spezialisierte unabhängige Tribunale, die es den Bürgern ermöglichen, algorithmische Entscheidungen zu hinterfragen, bei denen viel auf dem Spiel steht.

***

Unabhängige, mit Experten besetzte Tribunale sind keine neue Idee. Sie wurden schon vor fast einem Jahrhundert in den Industrieländern eingeführt, um Streitfragen im Zusammenhang mit Arbeitsrecht, Sozialhilfeleistungen, Einwanderung und Steuern zu schlichten. Bei diesen spezialisierten Gerichten ging es weniger formell zu als bei den normalen Gerichten. Sie boten eine vernünftige Lösung, um neue und komplexe Bereiche des modernen Lebens zu regeln. Warum sollte es also keine Tech-Tribunale geben, besetzt mit unabhängigen Beamten, um Streitfragen zwischen Bürgern und Technologiefirmen zu klären?

Tech-Tribunale sollten in der Lage sein, komplett online zu agieren. Wie Richard Susskind seit Jahren argumentiert, ist ein Gericht kein Gebäude, sondern eine Dienstleistung. Wenn sich eine Streitfrage beilegen lässt, ohne dass sich alle zur selben Zeit im selben Gebäude versammeln müssen, dann sollten wir ein entsprechendes Verfahren entwickeln. Ein nicht unbedingt glamouröses, aber sehr lehrreiches Beispiel ist das britische Traffic Penalty Appeal Tribunal (TPT), ein Verkehrsgericht, bei dem man Einspruch gegen Bußgeldbescheide einlegen kann. Jedes Jahr beurteilen gerade einmal dreißig Schlichter etwa 25 000 Fälle.[16] Vor kurzem hat das TPT ein »schnelles Online-Einspruchsverfahren« eingeführt, bei dem die Parteien online zusammenkommen:

> Beim Tribunal, das über jedes internetfähige Gerät zugänglich ist, darunter auch Smartphones und Tablets, können Einsprüche komplett online eingereicht und bearbeitet werden. Gleichzeitig kann Beweismaterial – Fotos, Videos, PDFs – im Laufe des Falles hochgeladen und überprüft werden. Die Parteien können auf verschiedene Weise kommunizieren, etwa über Messenger-Dienste oder per Live-Chat. Die Schlichter können jederzeit mit den Parteien kommunizieren, um bestimmte Punkte zu klären oder die Beteiligten auf den neusten Stand zu bringen. Nachdem die Beweise und Argumente eingereicht worden sind, können die Prozessparteien entscheiden, ob sie ein »E-Urteil« bevorzugen, bei dem der Schlichter ein Urteil ohne eine Anhörung fällt, oder eine Telefonkonferenz mit einer

Anhörung in Anwesenheit des Schlichters und eines Vertreters der anderen Partei.[17]

Etwa 95 Prozent der bisherigen Nutzer des Verfahrens würden es »sehr wahrscheinlich« oder »auf jeden Fall« weiterempfehlen.[18] (Noch besser wäre es vermutlich, wenn sie einfach aufhören würden, rote Ampeln zu überfahren.)

Online-Schlichtungen, einst etwas völlig Neues, sind mittlerweile gar nicht mehr so selten. Die kanadische Provinz British Columbia verweist stolz auf ein Civil Resolution Tribunal, bei dem kleinere Streitfälle (bis zu einer Schadenssumme von 5000 Kanadischen Dollar) geschlichtet werden können, bei Verkehrsunfällen und Personenschäden liegt die Grenze bei 50 000 Kanadischen Dollar. Das Schlichtungsverfahren umfasst mehrere einfache Schritte, beginnend mit einem Tool, das den Nutzern ihre rechtliche Situation erklärt. In weiteren Schritten wird zu Verhandlungen und außergerichtlichen Einigungen ermuntert, erst am Ende steht die Online-Schlichtung.[19]

Puristen scheuen vielleicht davor zurück, Rechtsstreitigkeiten außerhalb der herkömmlichen Gerichtssäle zu regeln, doch diese Einwände hinken der aktuellen Entwicklung hinterher. Wenn uns die Corona-Krise eines gelehrt hat, dann die Tatsache, dass wir online weit mehr bewerkstelligen können als bisher gedacht.[20] Die meisten Streitfragen sind weder besonders umfangreich noch kompliziert. Sie lassen sich gut mit Online-Schlichtungssystemen regeln, wodurch den Gerichten mehr Zeit für Fälle bleiben würde, die man nicht online verhandeln kann.

Wir sollten die Einrichtung privater Schlichtungsstellen in Erwägung ziehen, die natürlich streng reguliert wären, aber miteinander darum konkurrieren würden, die beste Plattform für die Verhandlung kleinerer Streitigkeiten anzubieten. Der Online-Marktplatz eBay schlichtet bereits jedes Jahr Zigmillionen Streitfälle unter seinen Kunden – mehr als das amerikanische Justizwesen – und könnte als Inspiration dienen.[21] Auch in diesem Bereich ist die EU anderen Staaten voraus. Der Entwurf für das Gesetz über digitale Dienste sieht außergerichtliche »Streitbeilegungsstellen« vor, die »unparteiisch und unabhängig« sind, »die erforderliche [juristische und technische] Sachkenntnis« besitzen, »über elektronische Kommunikationsmittel leicht zugänglich« und in der Lage sind, Streitigkeiten »rasch, effizient und kostengünstig« und »nach klaren und fairen Verfahrensregeln« beizulegen.[22]

Ähnlich wie Gerichte bereits verschiedene Verfahren bei unterschiedlichen Arten von Streitigkeiten vorschreiben, könnten auch Tech-Tribunale verschiedene Verfahren für unterschiedliche Fälle anbieten. Manche würden einer schnellen und unkomplizierten Einigung den Vorzug geben, etwa bei einer einfachen Beschwerde (wenn beispielsweise eine Plattform zu langsam auf einen Hinweis auf illegale Inhalte reagiert), während andere eine umfangreiche Beweisführung und sorgfältige Abwägung verlangen würden, etwa bei Beschwerden, dass die Entscheidung eines Kreditalgorithmus nicht nachvollziehbar sei. In einigen Fällen wäre der Maßstab für eine Überprüfung simpel (*war das eine Entscheidung, zu der ein vernünftiges Unternehmen nie kommen würde?*), in anderen Fällen mit schwerwiegenderen Vorwürfen müsste man hingegen genauer hinschauen.

Tech-Tribunale würden das normale Gerichtswesen nicht ersetzen. Komplexe Fälle und Klagen gegen Entscheidungen von diesen Tech-Tribunalen würden weiter vor konventionellen Gerichten verhandelt werden. Doch die meisten Fälle sind gar nicht so kompliziert und würden sich ohne große Kosten und Umstände auch ohne ein traditionelles Gerichtsverfahren fair regeln lassen.

***

Für alle, die aufgrund der Entscheidung eines Algorithmus, bei dem viel auf dem Spiel steht, benachteiligt wurden, sollte es ein Forum geben, in dem sie ihre Rechte geltend machen können. Dieses Forum muss kein traditionelles Gericht sein. Tatsächlich *können* all diese Fälle gar nicht von einem traditionellen Gericht geregelt werden angesichts der Kosten, des Zeitaufwands und der Probleme, die ein Verfahren häufig nach sich zieht. Wenn ein Bürger, dem Unrecht widerfahren ist, für sich entscheidet, lieber nicht auf ein Tech-Tribunal zu vertrauen, ist das sein gutes Recht. Wichtig ist, dass die Bürger die Möglichkeit haben, ein Tech-Tribunal zu nutzen, wenn sie dazu bereit sind. Für den Republikaner bedeutet Freiheit immer auch die Möglichkeit, die Entscheidungen mächtiger Einrichtungen, Personen und Unternehmen anzufechten.

KAPITEL 24

KOLLEKTIVE DURCHSETZUNG

In den Jahren 1935 und 1970 verabschiedete der US-Kongress Gesetze zum Arbeitsschutz.[1] Diese Gesetze gaben den Arbeitnehmern allerdings nicht das Recht, ihre Arbeitgeber zu verklagen, wenn sie gegen die Vorschriften verstießen. Stattdessen verliehen sie Behörden die Macht, im Namen der Arbeitnehmer Verstöße zu untersuchen und zu bestrafen.[2] Im Unterschied dazu können Betroffene bei Gesetzen, die Amerikaner vor Diskriminierung am Arbeitsplatz schützen, selbst Klage erheben. Und das tun sie auch. Etwa 98 Prozent der Diskriminierungsklagen, die vor Gericht landen, werden von Einzelpersonen eingereicht.[3]

Ein Kontrollsystem für die digitale Technologie wird zum einen auf Einzel- und Sammelklagen und zum anderen auf kollektiver Durchsetzung vonseiten des Staates basieren. Stellen wir uns beispielsweise ein Gesetz vor, das Plattformen dazu verpflichtet, ihre Nutzer ausreichend zu warnen, bevor sie wegen Fehlverhaltens ausgeschlossen werden. Bei einem individuellen Durchsetzungsansatz hätten die Nutzer ein (wahrscheinlich vertraglich zugesichertes) Recht, erst nach einer angemessenen Vorwarnung von der Plattform verbannt zu werden. Wenn dieses Recht missachtet wird, könnten sie sich bei einem Tech-Tribunal beschweren. Bei einem kollektiven Ansatz würde eine Regulierungsbehörde entweder in Hinblick auf einzelne Fälle oder die Allgemeinheit untersuchen (abhängig von den jeweiligen Vorgaben), ob die Plattform ihre Nutzer angemessen gewarnt hätte. Wenn eine Plattform nicht den Vorgaben entspräche, würde die Behörde Sanktionen verhängen.

Natürlich ist auch eine individuelle und kollektive Durchsetzung zur gleichen Zeit möglich. Die Datenschutz-Grundverordnung der EU ermöglicht beides. Eine digitale Republik sollte je nach Kontext Mechanismen zur privaten Klage wie auch zur kollektiven Durchsetzung bieten. Die Möglichkeit, individuell seine Rechte einzuklagen, entlastet die unterfinanzierten Behörden. Wenn Bürger für sich selbst eintreten können, mindert das außerdem das Risiko, dass der Staat zu stark eingreift. Die Wirkung kann durchaus abschreckend sein. Tausend Klagen von Bürgern können genauso wirksam sein wie die Durchsetzungsmaßnahme einer zentralen Regulierungsbehörde.[4] (Das Büro des Attorney General von Kalifornien gab kürzlich bekannt, dass man beim Consumer Privacy Act [Gesetz zum Schutz der Privatsphäre] nicht mehr als drei Fälle pro Jahr verfolgen werde, und forderte eine Ausweitung der privaten Klagemöglichkeiten, die als »wichtige Ergänzung zur staatlichen Durchsetzung« bezeichnet wurden.)[5]

Andererseits können Behörden Fehlverhalten auch ohne ein kostspieliges Gerichtsverfahren bestrafen. In Australien zum Beispiel kann der eSafety Commissioner verlangen, dass soziale Medienplattformen missbräuchliche Inhalte und Rachepornos löschen, und bei Nichtbeachtung Geldstrafen verhängen.[6] Zudem können Regulierungsbehörden strategisch vorgehen und Prioritäten setzen. Im Gegensatz zu privaten Klägern, die nur die Fakten ihres eigenen Falls anführen dürfen, können Behörden im Interesse der Allgemeinheit handeln. Behörden sind zudem flexibel, wenn es darum geht, *wie* sie legale Vorgaben durchsetzen. Es gibt verschiedene Ansätze, von der Abschreckung (in Form von Strafen, einer Strafverfolgung oder Verboten, um den Gedanken an Verstöße gar nicht erst aufkommen zu lassen)[7] bis hin zu Übereinkünften (durch eine geduldige und kooperative Zusammenarbeit mit Unternehmen, bevor man die Peitsche schwingt).[8]

Selbst wenn Tech-Tribunale mit geringeren Kosten verbunden sind, sollten die Betroffenen nicht immer ihr eigenes Geld aufbringen müssen, um ihre Rechte durchzusetzen. Zudem wird bei alldem vorausgesetzt, dass ihre Rechte überhaupt verletzt wurden. Doch wie wir gesehen haben, kann es bei kollektiven Schäden auch vorkommen, dass eine Einzelperson gar nicht ausreichend klageberechtigt ist.[9] Oder aber man findet bei kollektiv verursachten Schäden gar niemanden, den man verklagen könnte. In diesen Fällen können nur Behörden dafür sorgen, dass das bestehende Recht auch umgesetzt wird.

In letzter Zeit haben die amerikanischen Gesetzgeber die individuelle Durchsetzung gegenüber der kollektiven bevorzugt. Das lässt sich etwa daran ablesen, dass über 97 Prozent der Klagen zur Durchsetzung von Bundesgesetzen in den Jahren 2000 bis 2010 von Privatpersonen kamen.[10] Damit nehmen die USA eine Ausnahmestellung unter den etablierten Demokratien ein, die im Allgemeinen ein Gleichgewicht zwischen individueller und kollektiver Durchsetzung anstreben.[11] Mitunter wird der amerikanische Ansatz auf die Klagefreudig-

keit der Amerikaner zurückgeführt, auf die Durchsetzungs-
fähigkeit der amerikanischen Justiz oder die Aggressivität der
amerikanischen Anwaltschaft.[12] Diese Faktoren spielen sicher
eine Rolle. Doch die amerikanische Vorliebe für individuelle
Klagen kündet auch von einer dunklen Wahrheit in der amerikanischen Politik. Ein Grund, warum die Gesetzgeber die
Durchsetzung eines Gesetzes lieber den Bürgern überlassen,
ist die Angst, dass Regulierungsbehörden in die Hände des
politischen Gegners fallen könnten. Diese Angst ist im Lauf
der Zeit immer weiter gewachsen. Von den sechziger Jahren
bis zum Jahr 2000 ist die Zahl der privaten Klagen, mit denen
Bundesgesetze durchgesetzt wurden, um 800 Prozent gestiegen.[13]

Ich persönlich plädiere für eine Mischung aus individueller und kollektiver Durchsetzung. Eine digitale Republik
braucht Bürger, die bereit sind, für ihre Rechte einzustehen,
und staatliche Einrichtungen, die bereit sind, die Republik im
Ganzen zu verteidigen. Es gibt zwar keine allgemein gültige
Regel, doch eignet sich die individuelle Durchsetzung am besten für *Entscheidungen*, die Einzelne in ihrem *persönlichen* Leben betreffen,[14] und die kollektive Durchsetzung für *Systeme*,
die der *Gesellschaft* an sich schaden.

***

Die meisten Gesetzesverstöße lassen sich mit Hilfe der
üblichen zivilrechtlichen Verfahren klären. Manche Verstöße
sind jedoch so schwerwiegend, dass die Gesellschaft sie als
»kriminell« bezeichnet und mit Sanktionen belegt, die bis
zum Verlust der Freiheit reichen können.[15] Aufgrund der gra-
vierenden Folgen sieht das Strafrecht in der Regel weitreichen-

de Absicherungen vor, darunter auch höhere Standards für die Beweisführung – *über begründete Zweifel hinaus* und nicht auf Grundlage *einer Abwägung der Wahrscheinlichkeiten* – und in einigen Ländern auch das Recht auf ein Verfahren vor einem Geschworenengericht.

Was sollte als Verbrechen gelten? Es gibt keine definitive Liste mit Kriterien. Ein Verbrechen ist eine Handlung, deren Folgen als so schwerwiegender Schaden für die Allgemeinheit eingestuft werden, dass eine besondere Reaktion erforderlich ist. Wo man die Grenze zieht, wird von Gesellschaften unterschiedlich bewertet. Es widerstrebt den Anhängern des Republikanismus, ein Verbrechen ungesühnt zu lassen, weil es eine reine Form uneingeschränkter Macht darstellt. Ein ungesühntes Verbrechen suggeriert, dass sich die Starken nach Belieben an den Schwachen vergreifen können.[16] So ist ein Teil der öffentlichen Empörung nach der Finanzkrise 2008/09 auf die mangelnde strafrechtliche Verfolgung der Bankenchefs und Manager zurückzuführen, die durch ihr Verhalten das Leben von Millionen Menschen zerstört haben. Bei der Tech-Branche darf uns das nicht passieren. Extreme, gefährliche, moralisch verabscheuungswürdige und systematische Versäumnisse sollten strafrechtlich geahndet werden. Beispielsweise werden in Australien Hosting-Dienste, die es versäumen, »verabscheuungswürdiges, gewalttätiges Material« zügig zu entfernen, strafrechtlich verfolgt; die Verantwortlichen können mit Haftstrafen von bis zu drei Jahren belangt werden.[17]

Wer in einem Tech-Unternehmen eine höhere Position mit entsprechender Verantwortung innehat – Geschäftsführer, Senior Counsel, Compliance-Beauftragte und dergleichen –, sollte sich vor strafrechtlichen Sanktionen sehr viel mehr in Acht nehmen müssen, als dies bislang der Fall ist. In extremen

Fällen sollte die Gesellschaft in der Lage sein, die Absetzung bestimmter Führungskräfte aufgrund kriminellen Fehlverhaltens zu verlangen. Vielleicht werden wir erleben, dass es »Impeachment-Verfahren« gegen die CEOs großer Technologieunternehmen gibt.

Derzeit liegt die Strafverfolgung in den meisten Fällen in den Händen von Beamten, die im Namen aller handeln (des Volkes, des Staates, des Commonwealths, der Königin / des Königs). Das heißt, das Strafrecht ist eine Form der kollektiven Rechtsdurchsetzung. Private Klagen im Strafrecht, bei denen ein Bürger von einem Gericht strafrechtliche Sanktionen verlangt, kommen zwar in einigen Ländern vor, sind aber selten.

Wie steht der Republikanismus zur strafrechtlichen Verfolgung von kriminellem Fehlverhalten? Unter Berücksichtigung des *Sparsamkeitsprinzips* sollten wir bei der Sanktionierung von Fehlverhalten zurückhaltend sein, es sei denn, es ist unbedingt notwendig. Schließlich zeigt sich der Staat bei der strafrechtlichen Verfolgung von seiner härtesten und besonders dominanten Seite. Nur besonders gravierende Vergehen sollten als kriminell eingestuft werden.[18] Beispielsweise ist es in Singapur laut der »Protection from Online Falsehoods and Manipulation Bill« (Gesetz zum Schutz vor Online-Fälschungen und -Manipulationen) strafbar, »falsche Tatsachenbehauptungen« zu verbreiten, wenn diese Informationen als »schädlich« für die Sicherheit Singapurs, die öffentliche Sicherheit, die »öffentliche Ruhe« und so weiter eingestuft werden. Das geht eindeutig zu weit. Es ist möglich, die sozialen Medien zu regulieren, ohne die Leute aufgrund ihrer Äußerungen ins Gefängnis zu werfen.

* * *

Kollektive Durchsetzung

Gegenmacht bedeutet, dass man in der Lage ist, die ungesetzliche Ausübung digitaler Macht zu ahnden. Aber gibt es vielleicht eine Form der Gegenmacht, die gleich von Anfang an verhindert, dass sich die Dinge in die falsche Richtung entwickeln? Damit beschäftigen wir uns im nächsten Kapitel.

KAPITEL 25

DIE ZERTIFIZIERTE REPUBLIK

Zertifizierung klingt nicht gerade revolutionär. Man denkt sofort an humorlose Bürokraten in grauen Anzügen, die in trostlosen Büros Formulare bearbeiten. Man kann sich den Begriff nur schwer in einem politischen Slogan vorstellen *(Zertifizierung oder Tod!)*.

Doch in Wirklichkeit ist Zertifizierung eine wichtige, ja sogar radikale Idee. Wenn eine Dienstleistung oder eine Sache zertifiziert ist, heißt das, dass die Gesellschaft übereingekommen ist, dass man ihr vertrauen kann.[1] Tatsächlich sind Zertifizierungen so allgegenwärtig, dass wir sie für selbstverständlich halten. Die Lebensmittel, die wir zu uns nehmen, die Autos, die wir fahren, die Produkte, die wir verwenden, die Leute, deren Dienste wir in Anspruch nehmen – sie alle sind in gewisser Weise zertifiziert. Doch noch im 19. Jahrhundert war eine Zertifizierung nahezu unbekannt. Es gab keine offiziellen Verfahren, die darüber informierten, ob die Person, die einem gerade einen Zahn zog, eine medizinische Ausbildung hatte; ob das Ei, das man gerade aß, vor sechs Tagen oder sechs Monaten gelegt worden war, oder ob die Maschine, die man betrieb, halbwegs sicher war.

Eine Zertifizierung ist ein Verfahren, bei dem einer Sache oder Person bescheinigt wird, dass sie einem bestimmten Standard entspricht. Wie wir bereits gesehen haben, kann sich ein Standard auf alle möglichen Qualitäten oder Eigenschaften beziehen, und bei der Zertifizierung ist das genauso: Kompetenz, Zuverlässigkeit, Sicherheit, Vertrauenswürdigkeit, Integrität, Redlichkeit. Eine Zertifizierung kann sich mit detaillierten Anforderungen befassen *(ein Automotor muss mindestens die folgenden Komponenten aufweisen)* oder auf allgemeine Eigenschaften beziehen *(ein Medikament muss sicher und wirksam sein)* oder auf bestimmte Verfahren *(ein Rechtsanwalt muss einen Abschluss in Rechtswissenschaften haben)*. Wenn etwas oder jemand zertifiziert worden ist, wird das in der Regel mit einem Nachweis belegt: einem Zertifikat, einem Logo, einem Siegel oder Ähnlichem.[2] Wichtig ist in diesem Zusammenhang, dass die Zertifizierung von einer unabhängigen dritten Partei vorgenommen wird, vorzugsweise einer, die keine eigenen Interessen daran hat.[3]

Obwohl Zertifizierungen gern mit bürokratischem Aufwand in Verbindung gebracht werden, sorgen sie in den meisten Fällen für reibungslose Abläufe in Wirtschaft und Gesellschaft. Sie ermöglichen es uns, auf die Arbeit anderer zu vertrauen, ohne uns mit eigenen Untersuchungen und Verhandlungen zu belasten. Tamsin Allen liefert hierzu einen nützlichen Vergleich. Wenn man ein Gebäude betritt, so Allen,

gibt man seine Rechte nicht auf. Man unterschreibt kein Formular mit 14 000 Seiten, in dem einem erklärt wird, wie das Gebäude konstruiert wurde und dass man das Risiko akzeptieren muss. Man vertraut darauf, dass der Architekt, der Statiker und die Bauarbeiter bestimmte Vorschriften befolgen müssen und dass es Vorgaben der Versicherungen und Haftungsbestimmungen gibt, weil das Gebäude öffentlich zugänglich ist, und verlässt sich darauf, dass man das Gebäude gefahrlos betreten kann.

Kurzum: Man geht davon aus, dass das Gebäude und diejenigen, die es gebaut haben, zertifiziert wurden.[4]

***

In der digitalen Republik schaffen Zertifizierungen Vertrauen in digitale Systeme, weil die Bürger wissen, dass die von ihnen genutzten Plattformen den von der Gemeinschaft festgelegten rechtlichen Vorgaben entsprechen.

Beispielsweise kann man mit Hilfe von Zertifizierungen steuern, wer oder was überhaupt auf dem Markt zugelassen wird. Qualitätskontrollen, Sicherheitstests, Datenüberprüfungen und die Auswirkung der verwendeten Algorithmen würden bei der Zertifizierung von Algorithmen, bei denen viel auf dem Spiel steht, eine wichtige Rolle erfüllen.[5] In Australien und Neuseeland müssen die Entwickler von Spielautomatensoftware ihre Algorithmen bereits vor der Markteinführung zur Genehmigung vorlegen. Die Vorgaben sind auf die Verwendung zugeschnitten und sehr streng. Die »nominale Standardabweichung« eines Spiels darf »nicht größer als 15« sein. Der »Hash-Algorithmus« zur Verifizierung einer Spielautomatensoftware muss dem »HMAC-SHA1 Algorithmus« entsprechen.[6] Wenn viel auf dem Spiel steht – wenn es von großer Bedeutung ist, dass ein Produkt, ein System oder eine

Die zertifizierte Republik

Person beständig einer bestimmten Norm entspricht –, ist eine Zertifizierung ein unschätzbares Kontrollinstrument. Ein Beispiel dafür wäre die Gesichtserkennung. Wenn ein derartiges System überhaupt zum Einsatz kommt, dann sollte es zertifiziert werden müssen, und diejenigen, die es betreiben, sollten irgendeine Art von Lizenz benötigen.

Eine Zertifizierung vor der Markteinführung könnte auch dafür sorgen, dass bestimmte Werte oder Prinzipien bereits in die Entwicklung der Produkte und Systeme einfließen. Das entspräche dem Prinzip *privacy by design* (Datenschutz durch Technikgestaltung), das besagt, dass bei der Entwicklung eines Systems Maßnahmen getroffen werden, um die Sicherheit von Daten zu gewährleisten, anstatt Entschädigungszahlungen zu leisten, wenn bei der Anwendung gegen den Datenschutz verstoßen wird, oder diejenigen zu bestrafen, die die Privatsphäre verletzen.[7] Es gibt keinen Grund, warum dieser Grundsatz auf den Datenschutz beschränkt bleiben sollte: *Justice by design* (Recht bzw. Gerechtigkeit durch Technikgestaltung) für Algorithmen wäre ein vollkommen realistisches Ziel. Wenn die Gemeinschaft beschließt, dass für bestimmte Systeme bestimmte Werte gelten sollten – wir erinnern uns an das Beispiel der selbstfahrenden Autos aus Kapitel 19 –, dann sollten solche Systeme eine entsprechende Zertifizierung benötigen, bevor sie zum Einsatz kommen. Natürlich ist es mit einer einmaligen Zertifizierung nicht getan. Sie muss normalerweise immer wieder überprüft und erneuert werden, um einen dauerhaften Schutz zu bieten.

Bei der Zertifizierung von Nahrungsmitteln und Medikamenten gilt für Produkte, deren Verzehr oder Anwendung mit einem gewissen Risiko verbunden ist, bereits das sogenannte *Vorsorgeprinzip*.[8] Wie schon der Name verrät, räumt man der Vorsorge Vorrang ein angesichts potenzieller Risiken, die zwar noch nicht bekannt, aber möglicherweise gravierend sein könnten. Hersteller müssen daher nachweisen, dass ihre Produkte sicher sind, bevor sie in den Verkauf kommen.[9] Technologien mit einem erhöhten Risiko für den Einzelnen oder die Allgemeinheit sollten vor ihrer Markteinführung einer besonders gründlichen Überprüfung unterzogen werden, genauso wie Technologien, die ein gravierendes moralisches oder politisches Risiko bergen könnten.[10] In diesen Fällen könnte die Zertifizierung vor der Markteinführung von der Genehmigung durch ein zu diesem Zweck einberufenes Bürgergremium abhängen.[11]

Zertifizierungen können auch zur Bewertung genutzt werden *(Dieser Algorithmus erreicht bei der Anti-Bias-Bewertung 8 von 10 Punkten. Diese Social-Media-Plattform hat ein Anti-Falschinformationssystem der Note »C«).* Und sie können zum Erstellen einer Rangfolge dienen *(Von 500 auf dem Markt befindlichen automatisierten Fahrzeugen liegt dieses Modell im Hinblick auf seine Verkehrssicherheit auf Platz 254).*[12] Sofern man die Wahl zwischen mehreren digitalen Produkten hat, sollte die Entscheidung aufgrund von Informationen gefällt werden. Eine Zertifizierung bietet eine standardisierte Form der Information.

Fast alles lässt sich zertifizieren, nicht nur Technologien und Menschen. Zum Beispiel könnten auch die Nutzungsbedingungen von Plattformen zertifiziert werden, wenn sie einem bestimmten Standard entsprechen. Es gibt bereits Einrichtungen, die (freiwillige) Zertifizierungen für Datenschutzbestimmungen in Standardverträgen anbieten.[13]

In der Europäischen Union sollen Unternehmen bereits eine »Datenschutz-Folgenabschätzung« vornehmen, sobald die

Datenverarbeitung »wahrscheinlich ein hohes Risiko für die Rechte und Freiheiten natürlicher Personen mit sich bringt«.[14] Die Datenschutz-Grundverordnung sieht auch neue Formen der Zertifizierung vor, die jedoch nicht verpflichtend, sondern freiwillig sind.[15] In der digitalen Republik wäre die Zertifizierung verpflichtend.[16] Und die Folgenabschätzung würde nicht den Unternehmen überlassen. In den meisten Fällen würde sie auch nicht geheim bleiben. Freiheit im Sinn des Republikanismus verlangt, dass alle Bürgerinnen und Bürger erfahren, ob ein digitales System den vorgegebenen Standards entspricht – und die Information würde nicht freiwillig erfolgen, sondern weil sie gesetzlich vorgeschrieben wäre.[17]

***

Bei Zertifizierung denkt man schnell an einen überfürsorglichen Staat. Es klingt stupide und bürokratisch. Anhängern der republikanischen Idee, die die Macht der Regierung genauso fürchten wie die der Konzerne, gibt das durchaus zu denken. Doch wie Gillian Hadfield zu Recht erklärt, muss die Kontrolle nicht direkt vom zentralen Staat ausgeübt werden. Sie schlägt vor, die Regulierungsbefugnisse auf ein System privater Einrichtungen unter Aufsicht einer Regierungsbehörde (einer »Superregulierungsbehörde«) zu übertragen, in dem die privaten Einrichtungen miteinander darum konkurrieren, die effizienteste und effektivste Form der Aufsicht anzubieten.

In Hadfields System wären private Regulierer dem Staat rechenschaftspflichtig und durch Zielvorgaben und Auflagen gebunden. Sie wären verpflichtet, Gesetze buchstabengetreu anzuwenden, ohne Zurückhaltung und ohne Bevorzugung. Von ihren Mitarbeitern würde die Einhaltung professioneller

Standards erwartet. Und als sekundäre Regulierungsbehörden würden die Unternehmen der Aufsicht durch die primäre Regulierungsbehörde, den Staat, unterliegen. In diesem Rahmen könnten die Unternehmen jedoch miteinander konkurrieren, um die besten Wege zur Zertifizierung digitaler Technologien zu finden. »Um in dieser Wettbewerbssituation Erfolg zu haben«, schreibt Hadfield, »müssten die privaten Regulierer ein System anbieten, das die staatlichen Zulassungskriterien erfüllt und für die regulierten Unternehmen attraktiver ist als das Angebot der Konkurrenz«.[18] Damit wäre ein Anreiz für Unternehmen geschaffen, durchdachte Zertifizierungssysteme zu entwickeln, ähnlich wie Wirtschaftsprüfer nach neuen Möglichkeiten bei der Prüfung von Finanzberichten suchen. Private Regulierer könnten herausragende Fachkräfte anlocken, flexibler auf neue technische Entwicklungen reagieren und über Fachbereiche und juristische Zuständigkeiten hinweg institutionelle Sachkenntnis aufbauen.[19]

Hadfield räumt jedoch auch ein, dass dieses Modell nicht vollkommen ist. Zum einen könnten private Regulierer versuchen, die Vorgaben weniger streng auszulegen – oder gar ein Auge zuzudrücken –, um Unternehmen als Kunden zu gewinnen. Sobald der Profit eine Rolle spielt, können sich schnell die falschen Anreize durchsetzen: Kostenersparnisse, beschleunigte Verfahren oder sogar Bestechung. Skeptiker wird das ganze System an die Beauftragung von Subunternehmern durch den Staat erinnern, die nicht immer ein Erfolg ist. Hadfield verweist in diesem Zusammenhang auf die Privatisierung amerikanischer Haftanstalten, bei der die staatliche Kontrolle der privaten Betreiber versagt hat.[20] Diese Probleme sind real und sogar offensichtlich, aber auch vermeidbar. Ohne ausreichende Ressourcen wird keinem Kontrollsystem dauerhafter Erfolg beschieden sein, unabhängig davon, ob die Kontrolle direkt oder, wie von Hadfield vorgeschlagen, indirekt erfolgt. Entweder nimmt die Gesellschaft die Kontrolle ernst oder nicht. Sie lässt sich nicht halbherzig oder mit zu wenig Geld umsetzen. Wenn man jedoch mit Sorgfalt und den nötigen Investitionen drangeht, gibt es keinen Grund, die Kontrolle der Technologie nicht entsprechend ihrer Bedeutung durchzuführen, sei es durch den Staat oder durch nichtstaatliche Einrichtungen, die im staatlichen Auftrag handeln.

Selbstverständlich müssen auch die zertifizierenden Einrichtungen und Unternehmen einer Aufsicht unterliegen. Für den Prozess, bei dem »Zertifizierende zertifiziert werden«, gibt es im Übrigen einen eigenen Ausdruck: *Akkreditierung.*[21] Auch hier kann man sich nur schwer eine mitreißende politische Parole vorstellen (*Keine Zertifizierung ohne Akkreditierung!*), dennoch ist Akkreditierung wichtig. Der Rahmen für ein besseres System zur Kontrolle der Technologie ist bereits vorhanden. Wir müssen ihn nur richtig nutzen.

KAPITEL 26

VERANTWORTUNGSBEWUSSTE ERWACHSENE

Eine Möglichkeit, die Kontrolle über die Technologie effektiver zu gestalten, besteht darin, dass wir die Kontrolle über die *Menschen* in der Technologiebranche verbessern. Wir können nicht darauf hoffen, jede wichtige Entscheidung zu überprüfen oder gerichtlich anzufechten, und wir würden es auch gar nicht wollen. Eine derart penible Überwachung wäre aufdringlich und erdrückend. Wir können allerdings das Gesetz nutzen, um eine Kultur zu fördern, in der diejenigen, die wichtige Entscheidungen treffen, verpflichtet sind, über ihre soziale Verantwortung nachzudenken, bevor sie handeln. Oder wie es der Rechtsphilosoph Herbert Hart in seinem Standardwerk *Der Begriff des Rechts* (erstmals 1961 erschienen) formulierte:

Die wesentlichen Funktionen des Rechts als eines Mittels sozialer Kontrolle werden nicht in Zivil- oder Strafprozessen sichtbar [...]. Die Hauptfunktionen des Rechts ergeben sich vielmehr aus dem vielfältigen Gebrauch, den man von

Rechtsnormen macht, um das soziale Leben auch ohne Gerichte zu kontrollieren, zu lenken und zu planen.[1]

Wir wollen, dass sich die Führungskräfte in der Technologiebranche über mögliche Ungerechtigkeiten in ihren Systemen Gedanken machen. Wir wollen, dass Unternehmen Fragen der Ethik als Fragen der Compliance behandeln. Wir wollen, dass Organisationen über institutionelle Mechanismen verfügen, die ethisches Versagen verhindern.[2] Und anstatt zu hoffen, dass sie all das tun, obwohl es Kräfte gibt, die in eine ganz andere Richtung streben, sollten wir sie dazu ermutigen, indem wir sie gesetzlich dazu verpflichten.

***

Die Schriftstellerin und Frauenrechtlerin Mary Wollstonecraft schrieb Ende des 18. Jahrhunderts: »Es ist eine wichtige Erkenntnis, daß der Stand [im Sinne von Beruf] eines Mannes in gewissem Maße seinen Charakter prägt.«[3] Wer jedoch in der Tech-Branche arbeitet, für den gibt es in der Regel kein offizielles Berufsbild: keine obligatorischen Qualifikationen, keine gemeinsamen Normen, die das Verhalten regeln, keine Verpflichtung, dem öffentlichen Wohl zu dienen, keinen Branchen- oder Berufsverband, keine persönlichen Sanktionen bei Verstößen. In anderen Lebensbereichen gelten für Berufe mit sozialer Verantwortung – Ärzte und Anwälte, Apotheker und Piloten – bestimmte gesetzlich bindende Verhaltensvorschriften. Für die Tech-Branche jedoch nicht.

Die moderne Vorstellung von »Professionalität« betrachtet Fachwissen zu Recht als eine Form von Macht. Wir brauchen Profis, die für das Wohl aller arbeiten, nicht nur für ihr eigenes. Wir erwarten von ihnen, dass sie sich an einen höheren Standard halten. Wir erwarten, dass ihre Eignung streng geprüft wurde, bevor sie sich an die Arbeit machen. Wir legen ethische und fachliche Standards fest – und wer die Vorgaben nicht einhält, wird bestraft.[4] Und wir verlangen, dass sie während ihrer gesamten beruflichen Laufbahn unter Beweis stellen, dass sie weiterhin in der Lage sind, als Anwalt, Arzt oder in ihrem sonstigen Beruf zu arbeiten. Gleichzeitig genießen sie den Vorteil der *Exklusivität*, weil niemand sonst ihren Beruf ohne die erforderliche Zertifizierung ausüben kann. Und sie genießen allgemein großes Ansehen. Im besten Fall sieht man sie als Menschen, die nicht nur ihrem Beruf, sondern einer Berufung nachgehen und ihre Arbeit als »Form der Lebensgestaltung« betrachten.[5]

Viele, die in der Technologiebranche tätig sind, haben zumindest eines mit diesen traditionellen Berufsgruppen gemeinsam: Ihre Arbeit erfordert spezielle Fähigkeiten und Fachkenntnisse. Und in den beiden vergangenen Jahrzehnten haben viele (wenn auch nicht alle) IT-Spezialisten durchaus das hohe Ansehen und die Bezahlung genossen, die mit der Ausübung einer geschätzten gesellschaftlichen Funktion verbunden sind. Diese Macht ging allerdings nicht mit der entsprechenden Verantwortung einher. Es gibt auch keine entsprechenden gesetzlichen Regelungen. Das muss sich ändern.

* * *

Stellen wir uns zwei Menschen vor. Der eine ist Softwareingenieur und entwickelt Algorithmen für die Bewertung von Bewerbungen, mit denen Tausende Kandidaten in Hunderten von Unternehmen angenommen oder abgelehnt werden. Der

Verantwortungsbewusste Erwachsene

andere hat eine leitende Funktion in einem Social-Media-Unternehmen und ist für die Content-Moderationssysteme der Plattform verantwortlich. Derzeit verrichten beide ihre Arbeit, ohne dass es dafür eine angemessene regulatorische Aufsicht gäbe. Obwohl ihre Entscheidungen gravierende Auswirkungen für die Gesellschaft haben, müssen sie sich nur gegenüber ihren Vorgesetzten verantworten. Wie können wir diese Menschen bei ihrer wichtigen Tätigkeit stärker in die Verantwortung nehmen?[6]

Ein erster Schritt wäre eine verpflichtende Ausbildung oder zumindest eine Schulung, die alle durchlaufen müssten, bevor sie eine derartige Tätigkeit ausüben dürfen. Der Softwareingenieur sollte nachweislich Seminare zur Voreingenommenheit und Ungerechtigkeit von Algorithmen belegt haben. Und die Führungskraft in einem Social-Media-Unternehmen sollte einen Kurs absolvieren müssen, in dem sich die Teilnehmer mit den aktuellsten rechtlichen und ethischen Fragen im Zusammenhang mit einer Plattformmoderation beschäftigen. Das wäre nicht allzu aufwendig, und dennoch könnten diese Schritte in der passenden Größenordnung einen Unterschied machen.

Als Nächstes könnte man von den Beschäftigten der Tech-Branche verlangen, dass für sie ähnliche Pflichten und Vorgaben gelten wie für andere Berufe. Sie könnten minimal sein, wie etwa die grundlegende Anforderung, sich alle zwei Jahre neu zertifizieren zu lassen. Sie könnten aber auch anspruchsvoller sein, ähnlich wie die Pflichten, die für Ärzte, Anwälte und Finanzberater gelten.

Darüber hinaus könnte es disziplinarische Mechanismen geben, mit denen man zur Verantwortung gezogen werden würde, wenn man den rechtlichen Vorgaben nicht entspricht:

öffentliche Beschwerdeverfahren, Ombudsleute, Prüfungsgremien und dergleichen. Ein faires Disziplinarverfahren könnte mit schriftlichen Verwarnungen, Geldstrafen, vorübergehender Suspendierung oder dem Ausschluss von der weiteren Tätigkeit in diesem Bereich enden.[7]

Und zu guter Letzt könnte es Mechanismen für die Bürger geben, denen Unrecht widerfahren ist, damit sie entweder individuell oder kollektiv Wiedergutmachung verlangen können, etwa vor einem Tech-Tribunal. Man könnte eine offizielle Entschädigungstabelle für die von fehlerhaften Algorithmen verursachten Schäden festlegen. Zur Finanzierung könnte ein branchenweiter Versicherungs- oder Entschädigungsfonds herangezogen werden, in den die von der Regulierung betroffenen Personen verpflichtend einzahlen müssten.[8]

Das hier beschriebene System würde dennoch nicht dazu führen, dass in der Technologiebranche nur noch Universitätsabsolventen und Personen mit einer abgeschlossenen Ausbildung arbeiten könnten. Doch diejenigen, die dort tätig wären, könnten zur Verantwortung gezogen werden. Zudem stünde die Tech-Branche dann auf einer ähnlichen Stufe wie beispielsweise der Finanzsektor. Die britische Finanzmarktaufsicht nennt verschiedene Funktionen, die aufgrund ihrer besonderen Bedeutung ihrer Kontrolle unterliegen, die sogenannten Controlled Functions. Es gibt eine »Direktor-Funktion«, eine »Compliance-Aufsichtsfunktion«, eine »Geldwäsche-Meldefunktion«, eine »System- und Kontrollfunktion«, eine »versicherungsmathematische Funktion«, eine »wichtige Managementfunktion« und andere. Für eine derartige Funktion benötigt man eine Zulassung und muss die Aufsichtsbehörde von seiner »Eignung und Sachkenntnis« überzeugen. Bei der Ausübung muss man sich konsequent an eine Reihe rechtlicher Vorgaben halten.[9] Warum sollte das im Technologiesektor anders sein? Es gibt keinen Grund, warum man in der Tech-Branche keine »kontrollierten Funktionen« und »Eignungsprüfungen« einführen könnte – zumindest bei den Anwendungen und Aufgaben, die für die Gesellschaft von Bedeutung sind.

***

Die Tech-Branche hat einige erste zaghafte Schritte in Richtung einer Professionalisierung unternommen, allerdings überwiegend im akademischen Bereich. Forschende an den Universitäten bilden »eine große, kollegiale internationale Community, die durch gemeinsame Interessen, Konferenzen, Vereinbarungen zur Zusammenarbeit und Berufsverbände [...] verbunden ist«.[10] Auch die Zahl der Untersuchungen zur Frage, welche Bedeutung Ethik für Softwareentwickler, Informatiker oder Datenanalytiker hat, steigt stetig. Das Problem ist nur, dass es keinen harten Kern an Übereinstimmungen gibt – was angesichts der grundlegend politischen Natur der digitalen Technologie wenig überrascht – und auch keine Möglichkeit, die Normen, auf die man sich tatsächlich geeinigt hat, durchzusetzen.

Zudem deutet einiges darauf hin, dass viele, die an der Universität forschen, ihre Arbeit immer noch durch eine rosarote Brille sehen. »Es besteht eindeutig eine tiefe Kluft«, schreibt eine Gruppe von Wissenschaftlern,

zwischen den Auswirkungen der IT-Forschung auf die reale Welt und der positiven Haltung, mit der wir in der IT-Gemeinschaft unsere Arbeit gern betrachten. Wir halten diese Kluft für ein gravierendes und peinliches intellektuelles Versäumnis [...]. Es ist so ähnlich, wie wenn in der Medizin nur über die Vorteile einer bestimmten Behandlung berichtet wird und die Nebenwirkungen völlig ignoriert werden, egal, wie gravierend sie sind.[11]

Wie wir bereits in Kapitel 12 gesehen haben, sind die selbstregulierenden Initiativen, die aus der Technologiebranche kommen, relativ zahnlos. Ein Ethikkodex, der von zwei der größten Berufsverbände für Softwareentwickler veröffentlicht wurde, dem Institute of Electrical and Electronics Engineers (IEEE) und der Association of Computing Machinery (ACM), ist »relativ kurz, theoretisch und lückenhaft im Hinblick auf fundierte Ratschläge und spezifische Verhaltensnormen«.[12]

Das langfristige Ziel sollte die Schaffung eines zusammenhängenden Regelwerks sein, in dem die Standards und die Erwartungen an die Beschäftigten der Tech-Branche festgehalten sind, gestützt auf robuste Einrichtungen, wie man sie bereits in anderen gesellschaftlich relevanten Branchen findet.[13]

KAPITEL 27

REPUBLIKANISCHER INTERNATIONALISMUS

Über die globale Reichweite der digitalen Technologie zu sprechen ist mittlerweile zum Klischee geworden. Daten kennen keine Ländergrenzen. Tech-Unternehmen umspannen ganze Kontinente. Die Architektur des Internets liegt außerhalb der Kontrolle eines einzelnen Staates. Das Internet hat zwar auch eine physische Existenz – in Form von Kabeln, Servern und Computern, die *irgendwo* stehen – und befindet sich damit innerhalb bestimmter Ländergrenzen, doch der tatsächliche Informationsfluss zwischen den Menschen und zwischen Menschen und Computern ist größtenteils dezentral und »hält nichts von Grenzen«.[1] Daher ist es schwierig, das Internet nationalen Gesetzen zu unterwerfen.

Die Gründe dafür sind vielfältig. Zum einen kann es schwierig sein, eine bestimmte Organisation oder ein Unternehmen zu nennen und zu sagen: *Sie sind dafür verantwortlich*, oder auf ein Land zu zeigen und zu sagen: *Dort ist es passiert.*[2] Ohne einen umfassenden globalen Kooperationsrahmen ist es oft mühsam, Unternehmen zur Verantwortung zu ziehen, wenn ihr Fehlverhalten technisch betrachtet auch in einem anderen Land erfolgt sein könnte. Globale Konzerne können sich nationalen Gesetzen entziehen, indem sie ihren Standort verlegen, im juristischen oder räumlichen Sinne. So gab beispielsweise Facebook 2018 bekannt, die »legale Kontrolle« der Daten von mehr als einer Milliarde Nutzern außerhalb der EU von Irland in die USA zu verlagern. Dieser Transfer fand statt, ohne dass sich in der physischen Welt irgendetwas verändert hätte. Anscheinend wollte man damit bezwecken, den Nutzern praktisch über Nacht den Schutz durch die europäische Datenschutz-Grundverordnung zu entziehen.[3]

Darüber hinaus besteht das Risiko, dass Unterschiede bei der Regulierung in verschiedenen Ländern ausgenutzt werden. Aus Sicht der Unternehmen ist es natürlich sinnvoll, ihre Zentralen dorthin zu verlegen, wo sie weniger Aufsicht und Besteuerung unterliegen. Wenn ein Land neue Gesetze einführt, können die Unternehmen einfach in ein anderes Land umsiedeln und ihrer bisherigen Heimat die wirtschaftlichen Vorteile ihrer Präsenz oder sogar ihre Dienste an sich entziehen. Deshalb beschäftigen sich Regierungen auch häufiger mit der Frage, wie sie ihr Land für Technologieunternehmen attraktiver machen können, als dass sie überlegen, wie sie deren Macht beschneiden. Unternehmen wägen stets ab, ob die Vorteile einer Standortverlagerung die Kosten eines Umzugs rechtfertigen – und bei dieser Abwägung spielen auch immer die rechtliche Situation und die steuerlichen Regelungen eine Rolle. Infolgedessen kommt es zu einem Wettbewerb zwischen Wirtschaftsblöcken, Staaten und Regionen – der manchmal auch als »Delaware-Effekt« oder »Race to the Bottom« (Unterbietungswettbewerb) bezeichnet wird.[4]

Zu all diesen Herausforderungen kommt hinzu, dass sich viele Regierungen Gedanken über die geopolitischen Auswirkungen des technologischen Fortschritts machen. Wladimir Putin brachte die Entwicklung mit der Theatralik eines Bond-Bösewichts auf den Punkt: »Wer in der künstlichen Intelligenz führend sein wird, wird auch die Welt beherrschen.«[5] In den USA liest man häufig Schlagzeilen wie »Washington muss bei der KI gewaltig zulegen, wenn es nicht an globaler Schlagkraft verlieren will«.[6] Man spricht von einem neuen Kalten Krieg beim Wettlauf um eine superintelligente KI; einflussreiche Stimmen fordern die westlichen Demokratien sogar dazu auf, sich zu einer Allianz gegen China zusammenzuschließen.[7]

China und die USA und bis zu einem gewissen Grad auch die EU nehmen den Wettlauf im Bereich der KI sehr ernst. Mit dem Aufkommen eines »digitalen Nationalismus« ist eine Reihe staatlicher Maßnahmen verbunden, die nicht gerade dazu beitragen, die Freiheit der Bürger zu erhöhen. Einige Ansätze, wie etwa die Finanzierung der Forschung im eigenen Land oder die Verhinderung der Übernahme heimischer Unternehmen durch ausländische Konzerne, lassen sich noch mit den Zielsetzungen einer digitalen Republik vereinbaren, doch andere, wie beispielsweise der Versuch, staatliche Regulierungen komplett abzuschaffen (abgesehen von Marktgesetzen), oder eine Regulierung aus geopolitischen und nicht aus innenpolitischen Gründen, könnten auf die Agenda einer digitalen Republik wie ein Bremsklotz wirken. Ganz offensichtlich besteht eine Spannung zwischen dem Bemühen, die Macht der digitalen Technologien zu beschränken, und dem Wunsch, sie zu nutzen, um das eigene Land mächtiger zu machen.

***

Und wie steht nun der Republikanismus zur Internationalität?

Bevor wir uns mit der Frage beschäftigen, ob sich eine globale Kontrolle in der Praxis umsetzen lässt, sollten wir uns zunächst einmal überlegen, ob sie überhaupt wünschenswert ist. Erinnern wir uns an das *Demokratieprinzip*, das besagt, dass in einer digitalen Republik die Gestaltung und der Einsatz mächtiger Technologien so weit wie möglich die moralischen und bürgerschaftlichen Werte der Menschen widerspiegeln sollten, auf die sich diese Macht auswirkt. Diese Werte können abhängig vom Ort stark variieren. Wie wir in Teil X noch feststellen werden, gibt es beispielsweise in den USA und Deutschland eine ganz unterschiedliche Tradition bei der freien Meinungsäußerung. Was in den USA als freie Meinungsäußerung gelten kann – etwa »Heil Hitler« vor einer Synagoge zu brüllen –, ist in Deutschland verboten. Warum sollten also bei den sozialen Medien für die Deutschen die amerikanischen Normen der Meinungsäußerung gelten oder umgekehrt die deutsche für die Amerikaner? Und warum sollte ein kanadisches Gericht darüber entscheiden können, welche Ergebnisse einer Google-Suche den Nutzern im Vereinigten Königreich angezeigt werden und welche nicht?[8]

Wenn die Bürger die Regeln festlegen sollen, die über ihr Leben bestimmen, zieht das eine weitere Frage nach sich: *die Bürger wovon?* Bei manchen Menschen ist die eigene Identität vor allem lokal oder regional verortet, bei anderen national, während wiederum andere sich als Bürger von Nirgendwo oder Überall betrachten. In vielen Ländern wird erbittert darüber gestritten, wer sich Bürger nennen darf und wer überhaupt in den Genuss einer Staatsbürgerschaft kommt. Es gibt keine universale oder definitive politische Organisationseinheit. Früher organisierten wir uns in Stämmen und Clans, heute sind es überwiegend Staaten (manche mit einer lokalen, andere mit einer transnationalen Verwaltung). Manche Menschen träumen von einer Zukunft ohne Staatsgrenzen, in der die Mauern, die uns trennen – die realen wie die unsichtbaren –, für immer eingerissen werden.

Es wäre jedoch naiv, wenn wir die Tatsache ignorieren würden, dass wir immer noch in einer Welt leben, in der das Territorialprinzip gilt und der Großteil der Regulierung auf nationaler oder subnationaler Ebene erfolgt. Das ist kein historischer Zufall. Ein Banker in London hat vielleicht viel mit einem Banker in New York gemeinsam, dennoch gibt es nationale Identitäten, Traditionen, Sitten und Bräuche, die auch durchaus ihren Sinn haben. Bei einer globalen Regierung besteht die Gefahr, dass man, wenn man alle so behandelt, als ob es keine Unterschiede gäbe, die zwischen Ländern bestehenden Unterschiede der nationalen Identität einfach übertüncht. Verschiedene kulturelle Normen, Traditionen, Regierungsstrukturen und eine unterschiedliche Geschichte – das alles lässt sich nicht einfach ignorieren. Ich möchte hier nicht dem kulturellen Relativismus das Wort reden – dass man sich etwa im Namen der kulturellen Sensibilität ein Urteil über andere Systeme verkneifen sollte. Ich verfolge einfach einen pragmatischen Ansatz. Wie bei einer Organtransplantation, bei der man vorher prüft, ob das Spenderorgan zum Empfänger passt, sollte man Gesetze und Institutionen erst dann von einem Ort auf den anderen übertragen, wenn man zuvor überprüft hat, ob sie kompatibel sind.

Ich möchte hier jedoch auch nicht für einen Nationalismus plädieren. Selbst in einem transnationalen Staatenverbund wie der EU bleiben wichtige Bereiche der Gesetzgebung und Regulierung (wie Steuern und die Regulierung der Finanzmärkte) den einzelnen Mitgliedsstaaten überlassen. Mit gutem Grund. Im restlichen Teil der Welt gibt es zwar Kooperationen, und auch die Zahl der internationalen Gesetze und Vorschriften ist gestiegen, doch an und für sich sind die Menschen ganz zufrieden damit, dass Gesetze auf nationaler oder lokaler Ebene gemacht werden. Wie der Brexit (zumindest in Großbritannien) gezeigt hat, kann der Wunsch, die nationale Kontrolle zu behalten, sogar dafür sorgen, dass man die offensichtlichen wirtschaftlichen und rechtlichen Vorteile einer internationalen Zusammenarbeit ausblendet.

Diese eher konservative Sicht auf die Politik reibt sich mit dem Internet-Utopismus der neunziger Jahre. Der Rechtswissenschaftler Tim Wu spricht in diesem Zusammenhang von zwei »duellierenden Visionen vom Internet«:

Die erste ist eine ältere Vision: Die Vorstellung, dass das Internet auf neutrale Weise alle Menschen verbindet und dass Nationalstaaten Websites nur selten blockieren oder zensieren sollten und wenn, dann mit einem triftigeren Grund als dem Willen der Herrschenden. Die zweite und neuere Vision, deren führender Vertreter China ist, ist der »Netz-Nationalismus«, der das Internet eines Landes in erster Linie als Instrument der staatlichen Machtausübung betrachtet. Wirtschaftswachstum, Überwachung und Gedankenkontrolle sind nach dieser Sichtweise die wichtigsten Funktionen des Internets.[9]

Die digitale Republik bietet eine dritte Vision: ein nationales Regierungssystem, das weder einen globalen Zusammenschluss noch eine nationale Dominanz anstrebt, sondern die Selbstbestimmung der Menschen, die in den einzelnen Republiken oder einem Verbund von Republiken leben, in den Vordergrund rückt.

Selbstverständlich werden manche Regelwerke stets über mehr globale Schlagkraft verfügen als andere.[10] Vorschriften, die in den USA, der EU oder China erlassen werden, zählen mehr als andere, aus dem einfachen Grund, dass dort die meisten Nutzer, Zulieferer und Regulierer zu finden sind. Was dort passiert, hat großen Einfluss auf den Rest der Welt – das Ausmaß, in dem andere Republiken wirklich autonom sind, wird also begrenzt sein. Das kann auch sein Gutes haben: Wenn die USA und die EU hohe Standards setzen, werden Unternehmen aus aller Welt ihre Standards erhöhen, um Zugang zu diesen Märkten zu haben. So zum Beispiel in Kalifornien: Als dort strengere Emissionsvorgaben für Autos erlassen wurden, übernahmen andere Staaten diese Vorgaben – um ihre Autos weiterhin auf dem großen kalifornischen Markt anbieten zu können.[11] Die europäische Datenschutz-Grundverordnung kann bereits ähnliche Erfolge vorweisen.

Bei der republikanischen Selbstbestimmung geht es daher um die Wahrung des Gleichgewichts. Mit der individuellen Zustimmung allein ist es nicht getan, wie wir bereits festgestellt haben. Es wäre aber auch nicht erstrebenswert, nur globale Gesetze zu verabschieden. Sie wären zu abgehoben, zu weit von der Realität der Bürger entfernt, ja sogar zu fremd. Der Optimalzustand liegt irgendwo zwischen diesen beiden Extremen: klein genug, um eine gemeinsame Identität widerzuspiegeln, groß genug, um Probleme des kollektiven Handelns zu lösen, aber doch nicht so groß, dass diejenigen, die mit den Regelungen leben, sie als völlig fremd empfinden. So unmodern das klingen mag, lässt sich die digitale Republik wahrscheinlich am besten auf nationaler Ebene realisieren –

während man (wie immer) gleichzeitig daran arbeitet, internationale Organisationen, Abkommen und Protokolle zu entwickeln, die eine globale Zusammenarbeit ermöglichen. Realistisch betrachtet sollte eine digitale Republik bei der Bereitstellung der grundlegenden digitalen Infrastruktur nicht zu stark auf ausländische Mächte vertrauen, vor allem nicht auf jene, deren Interessen nicht mit ihren eigenen übereinstimmen.

Das mag ketzerisch für all diejenigen klingen, die die Aufbruchstimmung der neunziger Jahre miterlebt haben, als das Internet als Möglichkeit gesehen wurde, nationale Grenzen ein für alle Mal zu überwinden. Doch Technologien werden von den Gesellschaften geformt, in denen sie entstehen – und formen umgekehrt die Gesellschaft. Das Internet entstand in einer Welt der Grenzen, einem starken Machtungleichgewicht zwischen den einzelnen Staaten und unterschiedlichen politischen Kulturen. Kein Wunder, dass man heute von mindestens vier verschiedenen »Internets« sprechen kann: einem »bürgerlichen« europäischen Internet, das den Normen eines zivilen Umgangs miteinander verpflichtet ist; einem »autoritären« Internet in Ländern wie China, in denen Technologie in erster Linie als Mittel für den gesellschaftlichen Zusammenhalt und die soziale Kontrolle genutzt wird; ein »kommerzielles« Internet, das von den amerikanischen Eliten bevorzugt wird, und ein »vulnerables« Internet, das Hackerattacken von Schurkenstaaten und Agenten ausgeliefert ist.[12]

***

Wenn die Kontrolle der Technologie auf nationaler Ebene oder auf Ebene eines Staatenverbundes in der Theorie akzeptabel ist, wie sieht es dann in der Praxis aus? Zweifellos bedeutet sie eine zusätzliche Belastung für transnationale Tech-Unternehmen, die ihre Produkte und Dienstleistungen für jeden Ort anpassen müssen, an dem sie aktiv sind. Für sie wäre es deutlich einfacher, wenn in London dieselben Gesetze und Vorschriften gelten würden wie in Los Angeles. Doch die Einhaltung lokaler Gesetze gehört in einer globalisierten Wirtschaft einfach dazu – und betrifft nicht nur Tech-Firmen, sondern alle Unternehmen. Es gibt keinen ersichtlichen Grund, warum die Tech-Branche anders behandelt werden sollte.

Darüber hinaus sind Tech-Unternehmen bereits daran gewöhnt, ihre Angebote den unterschiedlichen Gesetzeslagen und Vorschriften anzupassen. Social-Media-Plattformen beispielsweise schaffen es problemlos, Inhalte in dem einen Land zu filtern oder zu blockieren und im anderen nicht. Das machen sie ständig.[13] Ähnlich werden bei Google-Suchen nationalsozialistische Inhalte in Deutschland (wo sie verboten sind) ausgeblendet, in den USA hingegen nicht. eBay wiederum verbietet den Verkauf von Zigaretten an amerikanische Konsumenten, an andere jedoch nicht.[14]

Auch das mit diesen Unterschieden verbundene Risiko wird gern übertrieben. Gesetzliche Vorschriften und die Besteuerung sind nicht die einzigen Faktoren, die über die Attraktivität eines Wirtschaftsstandorts entscheiden. Ein Land mit großzügigen Subventionen für die Forschung, einer gut ausgebildeten Bevölkerung, einer stabilen Regierung, effizienten Justiz und soliden Infrastruktur wird auch dann noch für Unternehmen attraktiv sein, wenn es dort Vorschriften und Steuern gibt, die in anderen Ländern nicht bestehen.[15]

Und schließlich hat auch ein dezentrales Internet »regulatorische Zugangspunkte«, die sich an realen Orten befinden und damit dem Gesetz unterliegen.[16] Es gibt also Möglichkeiten, um transnationale Anbieter haftbar zu machen, zum Beispiel über Vermögenswerte oder Personen, die sich im Zuständigkeitsbereich der Rechtsprechung eines bestimmten Landes befinden.[17] Zudem kann man über größere Unternehmen die Haftung für kleinere Unternehmen durchsetzen, die ihre Plattformen nutzen – vorbehaltlich der üblichen Bedenken im Hinblick auf Verantwortlichkeit und Rechenschaftspflicht.[18] Und natürlich entwickeln sich die Gesetze ständig weiter. Nicolas Suzor führt in seinem ausgezeichneten Buch *Lawless* das Beispiel Frankreich an: Als die Ligue Internationale Contre le Racisme et l'Antisémitisme in Frankreich Yahoo verklagte, weil die Internetplattform ihren Nutzern erlaubt hatte, NS-Memorabilia zu versteigern, erklärte das Unternehmen, da sich die Server in den USA befänden, würde das französische Recht nicht gelten. Ein französisches Gericht akzeptierte dieses Argument jedoch nicht und wies Yahoo an, den Zugang zu Auktionen von NS-Memorabilia von Frankreich aus zu blockieren.[19]

Einer der Vorteile einer überwiegend nationalen Regulierung liegt darin, dass Nationalstaaten als »natürliche Labore« für verschiedene Formen der institutionellen Gestaltung fungieren können.[20] Wir leben in einer Zeit der Experimente und Innovationen, und die digitalen Republiken der Welt können gegenseitig von den Erfolgen und Misserfolgen der anderen lernen und flexibler reagieren als ein schwerfälliger transnationaler Supertanker.

Eine nationale Durchsetzung wird nie perfekt sein. Doch der Nationalstaat ist auch nicht perfekt, wenn es um Steuergesetze und Umweltschutz geht – was Länder trotzdem nicht davon abhält, neue Steuern oder Gesetze zum Umweltschutz einzuführen. In der Praxis ist die Anwendung eines Gesetzes pragmatisch zu betrachten; sie entwickelt sich hoffentlich im Lauf der Zeit weiter und wird besser. Wenn wir auf einen internationalen Konsens warten, werden wir ziemlich lange warten müssen (weshalb Tech-Unternehmen diese Variante bevorzugen, wie ein Zyniker sagen würde).

***

Wir haben nun das Ende von Teil VII erreicht. Mittlerweile sollten die Umrisse einer gesetzlichen Infrastruktur für ein republikanisches System erkennbar sein: neue demokratische Prozesse, neue Rechte und Tech-Tribunale, neue gesetzliche Vorgaben und ihre Durchsetzung, neue Zertifizierungsmaßnahmen und neue Verpflichtungen für alle, die in Tech-Unternehmen eine verantwortungsvolle Funktion bekleiden. Mit einer Kombination aus Demokratie und Gegenmacht lässt sich die Technologie von den Menschen kontrollieren. Doch damit diese neuen Gesetze und Institutionen funktionieren, müssen Bürger und Regulierungsbehörden wissen, was in der Technologiebranche vor sich geht. Der nächste Teil befasst sich daher mit dem Thema Transparenz. Er zeichnet eine neue Möglichkeit auf, mächtige Technologien unter die Lupe zu nehmen, sowie eine neue Verpflichtung zur Offenheit seitens der Tech-Branche selbst.

TEIL VIII
OFFENHEIT

»Die Freiheit liegt in den Herzen der Menschen; wenn sie dort erstirbt, kann keine Verfassung, kein Gesetz, kein Gericht sie retten.«

Billings Learned Hand

KAPITEL 28

EIN NEUES AUFSICHTSSYSTEM

Eine genaue Überprüfung ist das Herzstück einer guten Governance. Köche achten auf Sauberkeit in ihrer Küche, wenn sie wissen, dass das Gesundheitsamt unangekündigt eine Inspektion durchführen könnte. Banker gehen sorgfältiger mit dem Geld ihrer Kunden um, wenn sie wissen, dass die Finanzaufsicht ihr Tun überwacht.[1] Zur Kontrolle der Technologie – oder allgemein zur Kontrolle – ist es notwendig, Informationen über die Systeme, Unternehmen und Menschen zu sammeln, auf die die Vorschriften abzielen. Das ist ein fortlaufender Prozess, der nie abgeschlossen ist.

In der digitalen Republik muss die Einhaltung rechtlicher Vorgaben überwacht werden, will man sie durchsetzen. Doch in einer Welt von Programmcodes, die jederzeit geändert werden können, des maschinellen Lernens, dessen Systeme sich im Lauf der Zeit weiterentwickeln, und der Algorithmen, die Inhalte tausendmal in der Sekunde verändern, ist es schwer, die Übersicht zu behalten. Für diese Aufgabe braucht man neue Fachkräfte, die in der Lage sind, diejenigen, die digitale

Technologien entwickeln und kontrollieren, einzuschätzen, zu überprüfen und zu beaufsichtigen – und so dafür zu sorgen, dass jene sich an die Gesetze halten.[2]

***

Inspiriert von Jean-Jacques Rousseau träumten Philosophen während der Französischen Revolution von einer Gesellschaft, in der es für die Reichen und Mächtigen keine Möglichkeiten gab, sich zu verstecken. Foucault sprach von einer »transparenten, in jedem ihrer Teile sowohl sichtbaren als auch lesbaren Gesellschaft; es sollte keine Dunkelzonen, keine durch Privilegien der königlichen Macht oder durch die Prärogativen dieser oder jener Körperschaft oder durch die Ordnungslosigkeit gestalteten Zonen geben«.[3] Die digitale Technologie hat diesen Traum verzerrt. Während die gewöhnlichen Bürger exponierter sind als je zuvor – ihr äußeres Leben wird ebenso wie ihr Innenleben überwacht, registriert und verarbeitet –, sind mächtige Technologien hinter einem Schutzwall aus Verschlüsselungen, geschütztem geistigen Eigentum und Betriebsgeheimnissen aktiv.

In den letzten Jahren ist das Interesse an der Überprüfung von Algorithmen stetig gewachsen: Man will kontrollieren, ob sie bestimmten Werten oder Prinzipien entsprechen. Einige Unternehmen bieten bereits Audits auf freiwilliger Basis an, doch in Zukunft sollte dies nicht nur optional sein. Dafür brauchen wir ein breites Spektrum an Fachleuten, die nicht bloß Algorithmen und den Umgang mit Daten prüfen, sondern auch die Moderation sozialer Medien, die Sicherheit von Robotern, die Cybersicherheit und alles, was sonst noch gesetzlich geregelt werden soll. Für jedes Recht und jede gesetzliche Vorschrift muss es vertrauenswürdige Fachleute oder Einrichtungen geben, die erkennen können, ob diese Vorgaben eingehalten werden oder nicht.

Die Inspektionsmethoden werden je nach Technologie und Zweck variieren. Um beispielsweise zu überprüfen, ob ein Algorithmus den Antidiskriminierungsgesetzen entspricht, könnte man einen »Black-Box«-Ansatz verfolgen und den In- und Output untersuchen (also zum Beispiel die Daten, mit denen ein Rekrutierungsalgorithmus trainiert wurde, und die Daten, welche Bewerber eingestellt wurden)[4] oder einen »White-Box«-Ansatz, bei dem die Funktionsweise der Software an sich betrachtet wird.[5] Das könnte auf einer »statischen« Grundlage geschehen (der Code wird untersucht, ohne das Programm anzuwenden) oder auf einer »dynamischen« Grundlage (das Programm wird bei der Anwendung überprüft).[6] Bei der Überprüfung der Cybersicherheit könnte man auch den »Red-Team«-Ansatz nutzen und ein System angreifen, um eventuelle Sicherheitslücken aufzuspüren.[7]

Keine dieser Aufgaben ist reine Routine. Sie alle erfordern ein spezielles technisches und juristisches Fachwissen. Doch ganz allgemein betrachtet, sollten die Inspektoren nicht als Gegner gesehen werden. Inspektoren und Innovatoren sollten kooperieren, um sicherzustellen, dass die Innovatoren die relevanten rechtlichen Vorgaben verstehen und erfüllen können. Es geht nicht darum, die Unternehmen auf frischer Tat zu ertappen. Anstatt auf einen Fehltritt der Technologiefirmen zu warten, sollten ihnen die Regulierungsbehörden beratend zur Seite stehen – ähnlich wie die amerikanischen Steuerzahler Anspruch darauf haben, dass das Finanzamt in sogenannten Private Letter Rulings Stellung zu ihren konkreten Fragen nimmt.[8]

***

Für die Bürger hat eine effektive Aufsicht eindeutige Vorteile. Zum einen ist es beruhigend zu wissen, dass Gesetze auch angewandt werden. Darüber hinaus kann eine Aufsicht Schäden verhindern, bevor sie überhaupt entstehen, damit es nicht dem Einzelnen überlassen bleibt, sich um Wiedergutmachung zu bemühen, nachdem das Kind in den Brunnen gefallen ist. Damit soll für ein reibungsloses Funktionieren der digitalen Systeme gesorgt werden. Oder wie Richard Susskind gerne sagt: Lieber ein Zaun oben auf der Klippe als ein Rettungswagen unten am Strand.[9]

Aus Sicht der Unternehmen wirkt eine Aufsicht vielleicht wie ein Klotz am Bein. Doch wir verlangen von der Tech-Branche auch nicht mehr als von anderen wichtigen Branchen. Wir erwarten auch, dass Atomkraftwerke, Staudämme und Krankenhäuser einer externen Überprüfung unterzogen werden. Warum also nicht auch die großen Technologieunternehmen? Eine professionelle Überprüfung hat zudem Vorteile für die Branche. Zum einen lässt sie sich diskret durchführen. Es gibt keinen Grund, Algorithmen, Betriebsgeheimnisse, persönliche Daten, Business-Pläne und Zahlen für alle offenzulegen. Wichtig ist, dass sich die Öffentlichkeit auf das Ergebnis der Überprüfung verlassen kann.

Puristen werden dennoch fragen, ob ein System der professionellen Aufsicht nicht darauf hinausläuft, dass die eine technokratische Elite (die Technologieunternehmen) durch eine andere (die Inspektoren) ersetzt wird. Werden wir wieder einmal aufgefordert, auf die Weisheit einiger weniger mächtiger Personen zu vertrauen, deren Arbeit wir kaum verstehen, geschweige denn kontrollieren können? Was ist, wenn die

Inspektoren willkürlich oder unberechenbar agieren? Was ist, wenn sie mit den Branchen, die sie eigentlich regulieren sollten, zu vertraut werden, ähnlich wie die Kreditratingagenturen vor dem Finanzcrash von 2008?

Die Befürchtungen sind durchaus angebracht. Sie beschäftigen die Vertreter des Republikanismus schon seit Jahrhunderten. *Quis custodiet ipsos custodes?* Wer wird über die Wächter wachen? Darauf gibt es keine einfache Antwort. Ein sich endlos wiederholendes Schema der Aufsicht – Inspektoren, die Inspektionen bei anderen Inspektoren vornehmen, die wiederum andere Inspektoren inspizieren – wäre ein politisches Schneeballsystem, bei dem am Ende niemand verantwortlich wäre.

Es gibt jedoch auch Grund zum Optimismus, dass eine neue Form der Inspektionen nicht von sich aus unkontrollierbare Macht anhäufen würde. Zum einen würde die Arbeit der Inspektoren professionalisiert werden. Die Inspektoren würden eigenen rechtlichen Vorschriften unterliegen: strengen Vorgaben, Kontrollen und Disziplinarmaßnahmen.[10] Wir können keine Perfektion verlangen, aber wir können von ihnen erwarten, dass sie wie Ärzte und Rechtsanwälte bestimmten Standards entsprechen.[11] Tun sie das nicht, sollten sie mit Sanktionen, einer Suspendierung oder Kündigung rechnen müssen. Und schließlich wäre ein professionelles System der öffentlichen Kontrolle bei allen Herausforderungen immer noch besser als überhaupt keine Kontrolle.

Ein neues Aufsichtssystem ist also schön und gut, aber was ist mit den Pflichten der Technologieunternehmen selbst? Was sollten sie tun müssen, damit Bürger und Behörden Gesetze zur Anwendung bringen können? Damit beschäftigen wir uns in den folgenden drei Kapiteln.

KAPITEL 29

DUNKELZONEN

Am Anfang wurden die Gesetze von Athen mündlich weitergegeben und waren nur in den Köpfen einiger weniger gespeichert, die ihr Wissen eifersüchtig hüteten. Dann, vor fast 3000 Jahren, wagte ein Gesetzgeber einen außergewöhnlichen Schritt. Er beschloss, die Gesetze erstmals schriftlich niederzulegen. Auf seine Anweisung hin wurden sie auf Tafeln festgehalten, damit alle sie sehen konnten. Athen hatte seine erste schriftliche Verfassung.

Dieser Gesetzgeber hieß Drakon. Er hatte leider das Pech, dass seine Leistung von seiner ziemlich kompromisslosen Haltung bei der Strafverfolgung überschattet wurde. Die von ihm eingeführten Gesetze waren sehr streng. Bereits bei geringeren Verstößen, wie Diebstahl, drohte die Todesstrafe. So kommt es, dass wir, wenn wir heutzutage etwas als *drakonisch* bezeichnen, an Drakons Härte denken und nicht an den revolutionären Schritt, Gesetze überhaupt schriftlich festzuhalten.[1]

Drakons Innovation sorgte nicht dafür, dass die Vorstellung, Gesetze schriftlich niederzulegen, allgemein anerkannt wurde. (Auch Moses war auf einigen Widerstand gestoßen.) Noch bei der Einführung der Druckerpresse äußerten Philosophen ernsthafte Zweifel daran, Gesetze für alle einsehbar zu machen. Was wäre, wenn die Leute sie lesen würden, ohne sie richtig zu verstehen?[2] Wäre es nicht besser, wenn Experten die Regeln studieren und sie den anderen erläutern würden? Heute sind sich Rechtswissenschaftler weitgehend darin einig, dass Gesetze veröffentlicht werden und noch dazu klar, vorausschauend und möglichst beständig sein sollten – selbst wenn das eher ein Ideal ist, das es anzustreben gilt, und nicht die gängige Praxis.[3]

Aber was ist mit den digitalen Technologien? Auch sie beinhalten Regeln, die wir befolgen müssen. Sie prägen und formen unser Leben. Sie üben Macht aus. Sollten die in der digitalen Technologie eingebetteten Regeln nicht auch – zumindest bis zu einem gewissen Grad – veröffentlicht werden und klar, vorausschauend und möglichst beständig sein?

***

Digitale Transparenz war in den vergangenen Jahrzehnten bei Computerwissenschaftlern immer mal wieder angesagt und wurde dann wieder vernachlässigt. Die meisten von uns werden die technischen Feinheiten der Technologien, die unser Leben prägen, nie vollständig durchdringen, doch wir sollten über die Werte informiert werden, auf denen sie basieren, über die Daten, auf die sie sich stützen, und darüber, wer sie entwickelt hat und zu welchem Zweck. Dafür gibt es vier gute Gründe.

Zum einen wird unsere Würde als Menschen untergraben, wenn wir nicht verstehen, wie uns geschieht. Wenn wichtige

Fragen zu unserem Leben von Systemen getroffen werden, die wir nicht sehen können, unter Verwendung von Methoden, die wir nicht ergründen können, und auf Grundlage von Kriterien, die wir nicht zu sehen bekommen, sind wir nicht mehr länger frei handelnde Menschen, die über ihr eigenes Schicksal bestimmen. Wir werden zum Spielball unsichtbarer Mächte, werden herumgeworfen von mysteriösen Kräften, die wir nicht verstehen. Wir werden zu hilflosen Kindern.

Darüber hinaus können digitale Technologien nicht richtig infrage gestellt werden, solange sie vor dem Blick der Öffentlichkeit verborgen sind. Tech-Tribunale, Inspektoren, Zertifizierungen und die Durchsetzung von Vorschriften hätten wenig Sinn, wenn niemand eine Vorstellung von den internen Vorgängen der Tech-Branche hat.

Dann wäre da noch die Tatsache, dass wir gewisse grundlegende Kenntnisse benötigen, um unseren Pflichten als Bürger gerecht zu werden. Wenn wir die Fakten nicht kennen, kennen wir auch nicht die Risiken. Und wenn wir die Risiken nicht kennen, können wir keine informierten Entscheidungen darüber treffen, was für uns und für die Gesellschaft richtig ist.[4] Wir müssen zwischen guten und schlechten Produkten unterscheiden können. Wie so oft, kosten die guten eventuell mehr – aber wenn wir nicht wissen, *warum*, wirken sie so, als ob sie ihr Geld nicht wert wären.[5]

Und schließlich leitet sich die Macht der Technologie mitunter auch gerade daraus ab, dass ihre interne Funktionsweise verborgen ist. Wenn man sie offenlegt, schwindet auch ein Teil ihrer Magie. So zeigt die Forschung, dass Chatbots unerfahrene Verkäufer im Kundengespräch übertreffen können – aber nur, bis ihre wahre Identität enthüllt wird. Dann geht der Absatz um 80 Prozent zurück.[6] »Dark Patterns« sind

Nutzerschnittstellen, die darauf ausgelegt sind, den Nutzer zu Handlungen zu verleiten, die seinen Interessen zuwiderlaufen. Würde man sie offenlegen, könnte man ihre Wirkung mindern, so wie wenn man zeigt, wie Zaubertricks funktionieren.

***

Eine Welt, in der die Funktionsweise von Technologien selbstverständlich offengelegt würde, würde sich sehr von der Welt unterscheiden, die wir heute kennen. Derzeit sind die internen Funktionsweisen der digitalen Welt größtenteils verborgen. So werden beispielsweise den Nutzern sozialer Medien allgemeine »Gemeinschaftsstandards« genannt, ohne dass erklärt würde, wie diese Standards entstehen oder angewandt werden.[7] Oft ist unklar, warum ein bestimmtes Verhalten bestraft wird, während ein anderes, deutlich unangemesseneres Verhalten ungestraft bleibt. Entscheidungen menschlicher und maschineller Moderatoren werden fast völlig im Verborgenen getroffen.[8] Algorithmen, die einen bestimmten Inhalt verbreiten oder unterdrücken, werden nicht im Detail verstanden – wenn überhaupt.

Technologiefirmen ziehen es wie fast alle privatwirtschaftlichen Unternehmen vor, sich nicht zu erklären, es sei denn, sie müssen es. Viele Systeme, die über unseren Zugang zu Jobs, Versicherungen, Krediten, einer Wohnung und so weiter entscheiden, sind eine »Black Box« und sagen wenig darüber aus, welche Daten verwendet werden, wie sie verarbeitet werden, welche Faktoren berücksichtigt werden oder welche Kriterien in wichtige Abwägungen einfließen.[9] Algorithmische Entscheidungen werden wie Offenbarungen verkündet. Eine Bewerberin erfährt womöglich nie, ob ihre Hautfarbe etwas damit zu tun hatte, dass sie den Job nicht bekam. Strafgefangene, denen eine Entlassung auf Bewährung verwehrt blieb, erfahren wahrscheinlich nie, ob die Entscheidung – direkt oder indirekt – auf Verallgemeinerungen im Hinblick auf ihre soziale Herkunft oder ihre Hautfarbe gründete.

Noch komplexer wird die Problematik dadurch, dass maschinell lernende Algorithmen auf eine Art und Weise funktionieren, die nicht einmal ihre menschlichen Schöpfer so ganz durchschauen, geschweige denn erklären können. Sie wenden keine einfachen Regeln an, sondern suchen nach Mustern und Beziehungen, die als Grundlage für Vorhersagen und Entscheidungen fungieren könnten. Doch wenn Millionen Parameter auf Milliarden von Datenpunkten über Hunderte von Datensets verteilt angewandt werden, kann es für die Entwickler schwierig werden, eine einfache Frage wie *Warum ist das System zu dieser Antwort gekommen?* zu beantworten. Im medizinischen Bereich suchte ein System namens Deep Patient in den Daten von 700 000 Patienten nach Mustern und entwickelte so die Fähigkeit, mehrere Krankheiten, vom Leberkrebs bis zur Schizophrenie, bereits im Frühstadium zu erkennen. Doch die Maschine konnte nicht erklären, wie sie arbeitete. Und ihre Entwickler ebenso wenig.[10] Systeme, die mit Vorhersagen arbeiten, sind oft selbst in hohem Maße unvorhersehbar.

***

Ohnehin stand bei der Entwicklung der meisten digitalen Systeme die Transparenz nicht an vorderster Stelle.[11] Sie sollen den Zielen ihrer Schöpfer so effektiv wie möglich dienen. Manchmal ist das auch in Ordnung. Wenn eine Bank ihre

Trader durch Algorithmen ersetzt, spielt es keine große Rolle, dass die Algorithmen ihre Funktionsweise nicht erklären können, solange die Gewinne fließen und die Bank dafür einsteht, wenn etwas schiefläuft. Doch manche Entscheidungen *brauchen* nun einmal eine Erklärung, vor allem, wenn es um wichtige Interessen anderer geht oder wenn moralische Kontroversen damit verbunden sind.

Historisch betrachtet verlangt das Gesetz von Entscheidungsträgern Rationalität und eine faire Verfahrensweise, darunter auch die Angabe von *Gründen*, damit ihre Logik nachvollziehbar ist und nötigenfalls hinterfragt werden kann. In Zukunft werden nichtmenschliche Systeme unzählige Entscheidungen treffen, die einzelne Personen oder auch die ganze Gesellschaft betreffen. Was könnte einen Vertreter der republikanischen Idee mehr stören als dieses blinde Vertrauen in Prozesse, die wir nicht einmal verstehen können? Im folgenden Kapitel werden wir das Wesen und die Grenzen der Transparenz untersuchen, aktuelle Praktiken im Technologiesektor betrachten und überlegen, was man in einer digitalen Republik anders machen würde.

KAPITEL 30

TRANSPARENZ BEI DER TRANSPARENZ

In den letzten Jahren ist die Zahl der Methoden, maschinell lernende Systeme verständlicher zu gestalten, sprunghaft gestiegen. Die meisten richten sich allerdings an Ingenieure und Programmierer, nicht an gewöhnliche Bürger oder Regulierer.[1] Dennoch gibt es drei vielversprechende Ansätze.

Der eine beinhaltet das Bestreben, Systeme zu entwickeln, die von Anfang an leichter zu interpretieren sind.[2] Das bedeutet normalerweise, die Zahl der Variablen zu reduzieren – das Zusammenspiel von zehn Eingaben ist leichter nachzuvollziehen als das von 1000 – oder Modelle zu verwenden, die einfacher zu verstehen sind, etwa Entscheidungsbäume mit einer begrenzten Zahl an Zweigen.[3] Kritiker sind jedoch der Meinung, dass die bessere Interpretierbarkeit auf Kosten der Effizienz geht. Je verständlicher, desto gröber das Modell.[4] Dieser Ansatz ist daher nicht für alle Techniken geeignet, die sich auf maschinelles Lernen stützen.

Ein zweiter Ansatz besteht darin, mit Hilfe *anderer* Computermodelle *post-hoc*-Interpretationen bereits getroffener Entscheidungen zu generieren.[5] Diese Modelle können einfache narrative Beschreibungen, Diagramme, Karten oder andere Visualisierungen liefern.[6]

Bei einem dritten Ansatz wird eine interaktive Schnittstelle verwendet, damit die Nutzer zwischen verschiedenen Eingaben hin und her schalten können, um zu sehen, wie sich die Ausgaben verändern.[7] Das macht Spaß und ist intuitiv, allerdings besteht die Gefahr, dass eine kleine Anzahl von Umschaltmöglichkeiten den irreführenden Eindruck einfacher Korrelationen entstehen lässt, die so gar nicht bestehen. (Beispielsweise kann es sein, dass Ihre Kreditwürdigkeit steigt, wenn Sie eine Kreditkarte bekommen, das heißt aber nicht, dass sich Ihre Kreditwürdigkeit um das Fünfzigfache steigert, wenn Sie fünfzig Kreditkarten bekommen – oder dass sie sich überhaupt verbessert.)[8]

***

Wichtig ist hier vor allem die Erkenntnis, dass Transparenz nicht allein an den technischen Einschränkungen scheitert. Auch kommerzielle Faktoren spielen eine Rolle. Unternehmen wollen ihre Algorithmen als geistiges Eigentum schützen. Das ist verständlich, schließlich haben sie Zeit und Geld in die Forschung und Entwicklung investiert, weshalb es problematisch wäre, wenn ihre Arbeit offengelegt würde und andere sie für sich nutzen und davon profitieren könnten. Darüber hinaus kostet es Zeit, für eine erhöhte Transparenz zu sorgen – Zeit, die ein Unternehmen nicht in andere Aktivitäten investieren kann.

Auch für den Staat gibt es Gründe, die gegen eine völlige

Transparenz sprechen. Zum Beispiel wäre es nicht im Interesse einer Gesellschaft, wenn das Finanzamt offenlegen würde, wie sein Algorithmus entscheidet, bei wem eine Steuerprüfung vorgenommen wird.[9] Und manchmal passen Transparenz und Datenschutz einfach nicht zusammen: Eine erhöhte Sichtbarkeit birgt mitunter ein erhöhtes Risiko, persönliche Daten von sich preiszugeben.

Auch aus Sicht des Republikanismus ist Vorsicht gegenüber unbegrenzter Transparenz angebracht. Zu viele Informationen können das Vertrauen in Institutionen *schwinden lassen.* Manchmal ist es einfacher, eine nach außen hin faire Entscheidung zu akzeptieren, ohne zu wissen, wie sie getroffen wurde, so wie es einfacher ist, eine schmackhafte Wurst einfach zu verspeisen, wenn man nicht genau weiß, woraus sie besteht. Vielleicht ist das ein Grund, warum etwa Geschworenengerichte in England und Wales ihre Urteile nicht begründen müssen.[10] Ein weiterer Faktor ist der, dass Unmengen an Rohdaten für den normalen Bürger nutzlos sind. Unser Arbeitsgedächtnis kann sich nur ungefähr sieben Dinge gleichzeitig merken, und eine »Informationsüberflutung« hindert am klaren Denken.[11] Selbst mit den besten Absichten scheitern wir häufig, wenn es darum geht, große Datenmengen zu verstehen. Daher betrachten wir Probleme normalerweise durch die verzerrende Linse unserer bisherigen Überzeugungen.[12]

Aus all diesen Gründen ist Transparenz weder risikofrei noch ein Allheilmittel. Umso interessanter ist es zu beobachten, wie die Technologiebranche in jüngster Zeit auf die zunehmenden Forderungen nach Transparenz reagiert. Die unabhängige Forschungsgruppe Ranking Digital Rights sieht in diesem Bereich immerhin moderate Verbesserungen.[13] Mehrere Tech-Giganten veröffentlichen mittlerweile Berichte mit Statistiken zu Deaktivierungsanträgen von Behörden und Urhebern.[14] Manche nennen auch Details, wie Plattformen Behörden bei der Überwachung und der Ahndung von Verstößen unterstützen.[15]

Diese Berichte sind zwar nützlich, aber auch selektiv.[16] Sie verschweigen mehr, als sie offenlegen. So weist etwa Julie E. Cohen darauf hin, dass Plattformen bereitwillig die Zahl und Art der Deaktivierungsanträge von Behörden aufführen, doch wenn es um ihre eigenen algorithmengestützten Empfehlungssysteme geht, »hat die neu entdeckte Begeisterung für Offenheit schnell ein Ende«.[17] Suchmaschinen wie Google hüten weiterhin die Funktionsweise ihrer Algorithmen sowie Informationen darüber, was sie mit den Daten der Nutzer machen.[18]

Einige Plattformen haben ihre Moderationsprozesse etwas transparenter gestaltet. So liefert beispielsweise YouTube mittlerweile Informationen darüber, warum und auf wessen Antrag ein Video entfernt wurde.[19] Das ist ein Fortschritt. Doch auch hier besteht der Anreiz für die Plattformen darin, die Nutzererfahrung »zu glätten und zu bereinigen«, anstatt die Nutzer fortlaufend über die Funktionsweise und Mechanik der Systeme zu informieren.[20] Wir werden immer noch in erster Linie als Konsumenten und erst dann als Bürger behandelt.

Zudem veröffentlichen die meisten Tech-Unternehmen nach wie vor keine Transparenzberichte, und auch ihre Algorithmen bleiben grundsätzlich geheim. Deshalb haben einige Länder mit einer gesetzlichen Regelung begonnen. Die amerikanischen Datenschutzbestimmungen sehen in den Zustimmungserklärungen zunehmend eine regelmäßige Berichterstattung vor.[21] Das europäische Datenschutzrecht beinhaltet eine allgemeine Verpflichtung zur Datentransparenz, die es den Bürgern ermöglicht, die über sie gespeicherten personenbezogenen Daten anzufordern und einzusehen.[22] Die Datenschutz-Grundverordnung räumt den Bürgern bei automatisierten Entscheidungsfindungen und Profiling-Systemen das Recht auf »aussagekräftige Informationen über die involvierte Logik« ein.[23] Allerdings sind sich die Rechtswissenschaftler nicht einig, ob europäisches Recht tatsächlich ein gesetzlich bindendes Recht auf eine Erklärung umfasst (und ob das, was erklärt wird, immer als »logisch« bezeichnet werden kann).[24] Und auch wenn dieses »Recht« besteht, müssen zunächst mehrere Hürden überwunden werden, zudem ist die Anwendung begrenzt und weist zahlreiche Schlupflöcher auf.[25]

***

Aus diesem Überblick ergibt sich ein deutlich weniger einheitliches Bild, als mancher sich vielleicht erhofft hat. Technologien sind undurchsichtig, lassen sich jedoch transparenter gestalten. Transparenz ist wünschenswert, hat aber ihre Grenzen. Die Branche steht Veränderungen eher ablehnend gegenüber, hat jedoch schon Verbesserungen eingeführt. Die Gesetze bewegen sich langsam in die richtige Richtung, es gibt aber noch mehr zu tun. Falls das ein bisschen unbefriedigend wirkt, bietet das nächste Kapitel immerhin einige erste positive Schritte.

KAPITEL 31

EINE VERPFLICHTUNG ZUR OFFENHEIT

Wir müssen per Gesetz für ein neues Gleichgewicht sorgen. Einerseits benötigen wir mehr Transparenz bei den digitalen Technologien und in der Tech-Branche an sich. Andererseits müssen Gesetze die technischen, kommerziellen und öffentlichen Interessen berücksichtigen, die gegen eine totale Offenheit sprechen. In diesem Kapitel soll eine Möglichkeit zur Herstellung dieses neuen Gleichgewichts aufgezeigt werden, und zwar in Form einer neuen *Verpflichtung zur Offenheit* seitens der Tech-Unternehmen.

* * *

Nicht jede Form der digitalen Technologie muss transparent sein, manche wiederum erfordern mehr Transparenz als andere. Kommerzielle Software im Bereich der Logistik, Verwaltung und Inventarisierung muss nicht transparent sein, zumindest nicht aus politischen Gründen. Eine gute Faustregel wäre die Frage, ob es gesetzliche Vorgaben oder Rechte gibt, die für den Einsatz einer bestimmten Technologie gelten. Wenn das so ist, muss auch ein gewisses Maß an Transparenz bestehen.

Wenn sich ein Staat im Zusammenhang mit einer Technologie für bestimmte gesetzliche Vorgaben oder Rechte entschieden hat, wie sieht dann das angemessene Maß an Transparenz aus? Das hängt vom Kontext ab. Manchmal ist Transparenz das ausdrückliche Ziel eines Gesetzes. Wenn beispielsweise das Ziel lautet, die Manipulation durch Bots zu minimieren, kann das bedeuten, dass die Beschaffenheit bestimmter Systeme offengelegt werden muss.

Andere Technologien sollten genügend Transparenz bieten, damit ein betroffener Bürger oder eine Regulierungsbehörde erkennen kann, ob eine Technologie der Rechtslage entspricht.[1] Doch die Verpflichtung zur Transparenz benötigt auch Grenzen. Wir brauchen also eine *angemessene* Forderung nach Transparenz.

Wie diese angemessene Forderung aussieht, hängt vom jeweiligen Kontext ab. Wenn das Gesetz Einzelpersonen das Recht gibt, algorithmische *Entscheidungen* anzufechten, dann sollten diese Entscheidungen so transparent gestaltet sein, dass die Bürger in der Lage sind zu beurteilen, ob sie den gesetzlichen Vorgaben entsprechen. Ein normaler Bürger, der einen abgelehnten Kreditantrag anfechtet, kann mit 6000 Seiten Programmierung nichts anfangen. Er oder sie braucht nicht die Offenlegung des Algorithmus und aller Daten. Es ist wichtig zu wissen, ob die Gründe für die Ablehnung den gesetzlichen Vorgaben entsprachen. Hier bedeutet Offenheit Einfachheit und Verständlichkeit.

Wenn das Gesetz hingegen vorschreibt, dass eine Regierungsbehörde eine umfangreiche Überprüfung digitaler *Systeme* vornehmen soll – es also um die Transparenz auf Systemebene geht –, dann ist die Verpflichtung zur Offenheit umfassender. Das liegt daran, dass eine Überprüfung durch eine Aufsichtsbehörde auf jeden Fall intensiver ausfällt als durch eine einzelne Person. Die Offenlegung könnte dann Audit Trails, Checklisten, Folgenabschätzungen sowie den Quellcode und die Daten selbst umfassen.[2]

Fasst man die verschiedenen Fälle zusammen, könnte die Verpflichtung zur Offenheit folgendermaßen aussehen:[3]

Digitale Systeme müssen hinreichend transparent sein, damit sie gemäß den Gesetzen und rechtlichen Standards, denen sie unterliegen, vernünftig angefochten werden können.

Das mag frustrierend vage wirken, was jedoch nicht daran liegt, dass ich den Juristen zusätzliche Arbeit bescheren will, sondern daran, dass die Welt manchmal einfach zu komplex ist, um in einem Gesetz jedes mögliche Szenario zu erfassen. Deshalb werden in vielen Governance-Regelungen Kriterien wie *Angemessenheit, Durchführbarkeit und Fairness* verwendet, die sich je nach Kontext unterscheiden. Zumindest in den Systemen des Common Law entwickelt sich das Recht im Laufe der Zeit weiter, sodass ein detailliertes Regelwerk entsteht, das auf neue Situationen angewandt werden kann. Uns fehlt derzeit ein solches Regelwerk, das uns Orientierung bieten könnte. Die Verpflichtung zur Offenheit würde eine derartige Weiterentwicklung des Rechts ermöglichen.

Im Grunde würde die Verpflichtung zur Offenheit diejenigen, die digitale Technologien entwickeln und kontrollieren, dazu veranlassen, einen Teil ihres Erfindungsreichtums und der Ressourcen, die ihre Innovation *ermöglicht* haben, dafür einzusetzen, dass diese Innovation in einer freien Gesellschaft *akzeptiert* wird. Zudem müsste der Staat die Informationen dann nicht erst durch aufdringliche Überprüfungen in Erfahrung bringen.

Aber sehen wir uns einmal genauer an, wie das in der Praxis funktionieren könnte.

***

Eine Verpflichtung zur Offenheit würde Bürgern und Behörden helfen, zwei Arten von Fragen zu beantworten:

Warum?
Was bist du?

Beginnen wir mit der ersten Frage. Eine Person, deren Stellenbewerbung oder Darlehen abgelehnt wird oder die von einer Social-Media-Plattform ausgeschlossen wird, hat normalerweise eine Frage: *Warum?* Wenn unsere Rechte oder unsere Chancen im Leben durch eine bestimmte Entscheidung stark beeinflusst werden, wollen wir den Grund dafür erfahren. Deshalb müssen zum Beispiel Richter ihr Urteil begründen. Eine Welt, in der die Mächtigen ihr Handeln nicht begründen und rechtfertigen müssten, wäre düster und verwirrend.

Die angemessene Antwort auf eine Warum-Frage ist normalerweise eine *Erklärung.* Bei maschinell lernenden Systemen könnten das »Informationen über die in eine Entscheidung eingeflossenen Faktoren und ihre relative Gewichtung« sein, wenn nötig in vereinfachter Form.[4] Ein algorithmisches System, bei dem viel auf dem Spiel steht, könnte also eine Liste der berücksichtigten Faktoren liefern, geordnet nach ihrer Bedeutung.[5] So könnten Betroffene nachvollziehen, ob beispielsweise ihre Hautfarbe (auch indirekt) eine Rolle dabei spielte, dass sie höhere Versicherungsbeiträge zahlen müssen, oder ob ein Kreditalgorithmus unbeabsichtigt die falschen Daten berücksichtigt hat.

Eine weitere Möglichkeit, eine Erklärung zu erhalten, böten faktische oder kontrafaktische Fragen:[6]

Welche Eigenschaften hatten die Personen, die eine ähnliche Behandlung erfuhren wie ich?

Werden mir ähnliche Personen häufiger oder weniger häufig als der Durchschnitt irrtümlich falsch eingestuft?

Wäre das Ergebnis anders ausgefallen, wenn ich ein Mann wäre?

Hätte ich Bewährung bekommen, wenn ich nicht schon früher wegen Raubes verurteilt worden wäre?[7]

Solche Fragen bieten uns die Möglichkeit, Entscheidungen, die sich negativ auf uns auswirken, infrage zu stellen. Und wer mächtige Technologien einsetzt, sollte auch in der Lage sein, diese Fragen zu beantworten. Wenn dabei technische oder wirtschaftliche Probleme auftreten, dann sollte sich der Anbieter der Technologie und nicht die Gesellschaft um die Behebung kümmern und eventuelle Mehrkosten tragen.

Die gute Nachricht lautet, dass wir das Innenleben eines Computersystems normalerweise ebenso wenig sezieren müssen wie das Gehirngewebe eines menschlichen Entscheidungsträgers.[8] Man kann in der Regel auch etwas erklären, ohne gleich die eigenen Algorithmen oder Betriebsgeheimnisse offenzulegen.[9]

Eine Verpflichtung zur Offenheit

Erklärungen sind nicht nur bei offenkundig ungerechten Entscheidungen eines Systems nützlich, sondern auch dann, wenn eine Entscheidung seltsam wirkt – etwa wenn ein selbstfahrendes Auto mitten auf der Autobahn stehen bleibt oder ein System zur Spracherzeugung eine herabsetzende Formulierung verwendet. Auch in solchen Fällen kann eine *Erklärung* genügen, damit wir angemessen überprüfen können, ob unsere Rechte verletzt wurden.

Manchmal regelt das Gesetz nicht einzelne *Entscheidungen*, sondern *Systeme* oder *Vorschriften*. In diesen Fällen kann eine andere Form der Offenheit erforderlich sein, vor allem, wenn die fraglichen Systeme oder Vorschriften nicht von Laien, sondern von professionellen Behörden infrage gestellt werden.

Um die Sicherheit eines selbstfahrenden Autos zu überprüfen, ist es durchaus angebracht, dass Behörden einen Blick in den Motorraum werfen und auch das Computersystem auf Herz und Nieren überprüfen. Möglicherweise benötigen sie dafür detaillierte Informationen über die Modelle und Parameter des Systems, seine Trainingsdaten und Leistungskennzahlen sowie seine Feedback-Mechanismen zur Bewertung und Verbesserung.[10] Mitunter kann eine Behörde ein System aber auch infrage stellen, ohne sein Innenleben genau unter die Lupe zu nehmen. Wenn es darum geht, ob ein Algorithmus zur Personalrekrutierung People of Color diskriminiert, kann eine statistische Auswertung, wie People of Color im Vergleich zu anderen Gruppen abgeschnitten haben, ausreichen, um der Verpflichtung zur Offenheit zu genügen. In diesem Fall muss man vielleicht gar nicht auf Algorithmen oder die Daten an sich zurückgreifen.[11] Ein ähnlicher Fall läge vor, wenn gesetzlich vorgeschrieben wäre, dass selbstfahrende Autos mindestens genauso sicher sein müssen wie Fahrzeuge,

die von Menschen gesteuert werden. Statistiken mit Unfall-
daten zum Vergleich könnten der Verpflichtung zur Offenheit
weitgehend entsprechen.[12]

***

Im Mai 2018 stellte Google einen digitalen Assistenten vor, der
telefonisch Termine vereinbaren und Pizza bestellen konnte.
Das System war zwar harmlos, aber dennoch umstritten, weil
es menschliche Eigenarten und Angewohnheiten (»Mm-hm«)
übernahm, die es dem Empfänger des Anrufs fast unmöglich
machten zu erkennen, dass sie von einem Bot angerufen wurden.[13] Den Angerufenen war das unangenehm – obwohl sie
nur davon erfuhren, weil die Demoversion von Google es sie
wissen ließ.

Wir könnten schon bald von nichtmenschlichen Systemen
umgeben sein, die sich nicht als Bots zu erkennen geben: die
mit uns telefonieren, uns auffordern, etwas zu kaufen, oder
mit uns im Internet über Politik diskutieren. Automatisierte
Systeme treffen bereits Entscheidungen über unser Leben,
ohne dass wir davon erfahren. Es ist absolut möglich, dass
Ihre letzte Bewerbung nicht von einem Menschen, sondern
von einer Maschine abgelehnt wurde. Und je weiter sich die
digitale Technologie verbessert und verbreitet, desto schwieriger wird es, einen Chatbot von einem Menschen zu unterscheiden, ein Deepfake von einem echten Video, einen com-
putergenerierten Text von einem Text aus Menschenhand, ein
selbstfahrendes Auto von einem von Menschen gesteuerten.

Die Verpflichtung zur Offenheit gäbe uns die Möglichkeit zu
fragen: *Was bist du?* – und eine wahre Antwort zu bekommen.
Natürlich würde die Antwort davon abhängen, was das Gesetz

genau vorschreibt. Das sogenannte Turing Red Flag Law besagt: »Ein autonomes System sollte so gestaltet sein, dass es für nichts anderes gehalten werden kann als für ein autonomes System, und sollte sich gleich zu Beginn einer Interaktion zu erkennen geben.«[14] Erfreulicherweise wird etwas Ähnliches im Entwurf des EU-Gesetzes über Künstliche Intelligenz vorgeschlagen.[15] Eine enger gefasste Version dieser Regel hat bereits Eingang in die kalifornische Gesetzgebung gefunden, laut der sich Computersysteme unter bestimmten Umständen nicht als Menschen ausgeben dürfen.

***

Das Prinzip hinter der Verpflichtung zur Offenheit sollte zumindest in Europa allgemein akzeptiert sein. Die Datenschutz-Grundverordnung verpflichtet Unternehmen und Organisationen, die Daten nutzen oder verarbeiten, bereits dazu, geeignete Maßnahmen zu ergreifen und nachzuweisen, dass sie die Verordnung umsetzen.[16] Es geht natürlich nicht darum, jedes digitale System automatisch infrage zu stellen. Doch sollten die Eigentümer, Entwickler und Hersteller der Technologien nicht nur verpflichtet sein sicherzustellen, dass ihre Systeme den Vorschriften entsprechen, sondern das auch nachweisen zu können – und zwar nicht aus Nächstenliebe, sondern weil das Gesetz es so vorschreibt.

Was aber, wenn sich ein Anbieter einer Technologie weigert, die Transparenz zu zeigen, die nötig ist, um bestimmte Vorgänge zu hinterfragen? Die Antwort ist klar und deutlich. Wenn die Technologie Anlass zu einer begründeten Beanstandung durch Bürger oder Behörden gibt, sollten Nachfragen selbstverständlich möglich sein. Ein Technologieunternehmen sollte sich nicht hinter seinem eigenen Mangel an Transparenz verstecken können, um sich vor der rechtlichen Verantwortung zu drücken.

Und was ist, wenn ein Unternehmen die erforderliche Transparenz aus technischen oder wirtschaftlichen Gründen *nicht* bieten kann? Falls es wirklich gute Gründe für mangelnde Transparenz gibt, wie etwa den Datenschutz, sollte das Unternehmen vertraulich von einer Behörde überprüft werden. Wenn sich aber ein bestimmtes System ohne einleuchtenden Grund nicht so verwenden lässt, dass gewöhnliche Nutzer ohne großen Aufwand nachvollziehen können, inwieweit es der geltenden Rechtslage entspricht, dann liegt das Problem nicht beim Gesetz, sondern bei der Technologie. Ein derartiges System sollte in einer freien Republik keinen Platz haben. Ein Algorithmus zur Personalrekrutierung, der Kandidaten aus im wahrsten Sinne des Wortes unverständlichen Gründen ablehnt, sollte nicht genutzt werden – und das nicht, weil er die falschen Entscheidungen trifft, sondern weil die republikanische Freiheit verlangt, dass wir in der Lage sind, die Logik der uns regierenden Systeme zu verstehen. Es wäre eine bedingungslose Kapitulation, wenn wir unsere Zukunft Maschinen anvertrauen würden, die wir nicht verstehen und noch weniger infrage stellen können. Wenn das bedeutet, dass einige maschinell lernende Systeme in bestimmten sozialen Kontexten nicht eingesetzt werden können, dann ist das eben so. Die Technologie muss von der Politik gelenkt werden, nicht umgekehrt.

TEIL IX

GIGANTEN, DATEN UND ALGORITHMEN

»Tyrannei ist, etwas auf einem Wege haben zu wollen, was man nur auf einem anderen haben kann.«

Blaise Pascal

KAPITEL 32

KARTELLRECHT, WIEDERERWECKT

Dieser Teil befasst sich mit zwei schwierigen Herausforderungen im Zusammenhang mit der Macht der digitalen Technologie. Die erste ist die Frage, wie wir mit der fast unvorstellbaren Größe der Tech-Giganten umgehen. Die zweite liegt in der Regulierung der Unmengen persönlicher Daten und der Algorithmen, bei denen viel auf dem Spiel steht. Die digitale Republik bietet einen Lösungsansatz für beides.

Beginnen wir mit der Größe.

***

Vor fünf Jahren waren Rufe nach einer Zerschlagung der Tech-Konzerne nur vereinzelt zu hören. Heute begegnet man ihnen überall. Im US-Kongress geht ein neuer Ausschuss gegen Monopole vor.[1] Die Demokraten im Senat fordern einen »Trust Buster« zur Zerschlagung der Konzerne, um einen Missbrauch ihrer Marktmacht zu unterbinden.[2] Elizabeth Warren trat als

Präsidentschaftskandidatin mit dem Versprechen an, Amazon, Facebook und Google zu zerschlagen.[3] Auch einflussreiche Stimmen auf der rechten Seite des politischen Spektrums kritisieren die Macht der Tech-Giganten.[4] Im Jahr 2020 nahmen fünfzig Generalstaatsanwälte Google mit zahlreichen kartellrechtlichen Maßnahmen unter Beschuss. Fast genauso viele gingen gegen Facebook vor.[5] Selbst einer der Mitgründer von Facebook, mittlerweile zum Milliardär geworden, hat eine Zerschlagung gefordert.[6] Mittlerweile spricht man vom *New Brandeis Movement* – einer gegen Monopole gerichteten politischen und akademischen Bewegung, die nach Louis Brandeis benannt ist. Brandeis war Richter am Obersten Gericht in der ersten Hälfte des 20. Jahrhunderts und wandte sich gegen eine Konzentration der Wirtschaftsmacht in den Händen einiger weniger großer Unternehmen.[7]

Hinter den lautstarken Forderungen verbirgt sich freilich eine gewisse Verzagtheit. Die amerikanischen Politiker wissen eigentlich, dass es in den USA seit den neunziger Jahren nur sehr wenige wichtige kartellrechtliche Entscheidungen gegeben hat und dass das ein schwerwiegendes Versäumnis ist.[8] In den letzten Jahren konnten Facebook, Google und Amazon ungehindert Hunderte kleinere Firmen übernehmen, die sonst zu potenziellen Konkurrenten hätten werden können.[9]

Auf der anderen Seite des Atlantiks ist die Europäische Kommission etwas energischer gegen die Tech-Giganten vorgegangen. Sie hat Strafzahlungen verhängt, weil Google seine eigenen Dienste auf unlautere Weise begünstigt, die eigene Android-Plattform benutzt, um seine Dominanz als Suchmaschine zu festigen, und den Wettbewerb durch hohe Anforderungen an Websites von Drittanbietern unterdrückt.[10] Auch Facebook, Intel und Qualcomm sind bereits mit dem europäischen Kartellrecht in Konflikt geraten. Doch nach Aussage eines Kommissionsmitglieds sind »strukturelle Trennungen« zwar im Gespräch, aber nicht unmittelbar zu erwarten.[11]

Warum ist die gegen Monopole gerichtete Gesetzgebung – in den USA als »Antitrust« bezeichnet, oder wie wir in Europa sagen, das Kartellrecht – plötzlich wieder in aller Munde? Die Fakten sprechen für sich. Fünf der wertvollsten Unternehmen der Welt sind amerikanische Technologieunternehmen.[12] Die Zahl der Nutzer von Apple und Facebook ist größer als die Bevölkerung ganzer Kontinente. Mit Ausnahme von China, wo Facebook verboten ist, hat der Großteil der Weltbevölkerung ein aktives Facebook-Profil.[13] Die Marktkapitalisierung von Apple entspricht etwa dem Bruttoinlandsprodukt von Dänemark, einem der reichsten Länder der Welt.[14] (Dänemark hat passenderweise schon seinen zweiten »digitalen Botschafter« ins Silicon Valley entsandt, der erste arbeitet inzwischen für Microsoft.)[15] Google beherrscht 98 Prozent des Marktes für mobile Online-Suchen.[16] Über 70 Prozent des sogenannten Referral Traffic im Internet läuft über Websites, die Google und Facebook gehören oder von ihnen betrieben werden.[17] Neun von zehn Smartphone-Nutzern verwenden ein Betriebssystem von Google oder Apple.[18]

In den vergangenen drei Jahrzehnten führten regelrechte Fusionswellen zu einer immer höheren Vermögenskonzentration in vielen Bereichen der Wirtschaft und vor allem im Technologiesektor.[19] Das Gerangel ist in vollem Gange, und dabei geht es nicht nur um Marktanteile, sondern auch um unsere Zeit und Aufmerksamkeit. Die Tech-Giganten sind Teil der gesellschaftlichen Infrastruktur geworden. Ohne sie wären viele unserer täglichen Interaktionen, Transaktionen und Aktivitäten unmöglich oder deutlich anders.[20] Der CEO von Amazon hat erklärt, er wolle dafür sorgen, dass man das Gefühl habe, »wer kein Prime-Mitglied ist, ist verantwortungslos«.[21]

***

Das Wachstum der Tech-Giganten hat mehrere Gründe. Einer der wichtigsten ist der Netzwerkeffekt. Je mehr Menschen ein vernetztes System nutzen, desto wertvoller wird es. Tatsächlich steigt der Wert eines Netzwerks exponentiell mit seiner wachsenden Mitgliederzahl, eine Verdopplung der Nutzerzahl wird also den Wert des Netzwerks vervierfachen und so weiter.[22] Den Nutzern fällt es schwer, eine Plattform zu verlassen, weil sie dann ganz von vorn anfangen müssten, ohne Freunde oder Follower. Auch für Konkurrenten ist es schwer, in diesem Markt einen Fuß in die Tür zu bekommen. Man könnte einen Online-Marktplatz entwickeln, der Amazon in technischer Hinsicht weit überlegen wäre, doch wenn er nur ein paar Hundert Nutzer anstelle eines globalen Netzwerks mit Millionen Käufern und Verkäufern hätte, wäre er für Amazon keine große Bedrohung. Unter anderem die Größe macht Amazon ebenso wie Facebook unangreifbar. Deshalb können heutige Unternehmensgründer normalerweise auch nur noch darauf hoffen, von einem Tech-Giganten übernommen zu werden, anstatt irgendwann einmal deren Platz einzunehmen. Die Juraprofessorin Zephyr Teachout nennt als Beispiel eine Online-Verkaufsplattform, die mit ihrem Angebot an Windeln zur Konkurrenz für Amazon wurde, weshalb Amazon sie einfach aufkaufte und dichtmachte. Und als Amazon und der Verlag Hachette aneinandergerieten, stufte Amazon dessen Bücher einfach schlechter ein und lieferte sie mit zwei Wochen Verzögerung aus.[23] Risikokapitalgeber zögern, ihr Geld in Start-ups zu investieren, die mit dem Kerngeschäft eines Tech-Giganten konkurrieren. Diese Bereiche gelten in der Branche als »Todeszonen für Innovationen«.[24]

Neben dem Netzwerkeffekt profitieren Tech-Giganten auch von Skalierungseffekten. Mit zunehmendem Wachstum kostet es Unternehmen immer weniger, ihre Dienste zusätzlichen Nutzern zur Verfügung zu stellen.[25] Dafür sammeln sie mehr und mehr Daten, die ihnen die Entwicklung immer leistungsfähigerer maschinell lernender Systeme ermöglichen. Auch dadurch wird der Wettbewerb schwieriger. Wir erleben einen Vermögenszyklon, der alles in seiner Umgebung schluckt und Nachzügler, die ihm in die Quere kommen, zerstört.[26]

***

Große Unternehmen beziehen ihre Macht schon immer aus dem Vermögen, das ihnen zur Verfügung steht.[27] Das ist nichts Neues. Dank ihrer Größe sind sie in der Lage, Kapital hin und her zu schieben, Heerscharen von Mitarbeitern zu beschäftigen und über den wirtschaftlichen Aufstieg und Niedergang ganzer Regionen zu bestimmen. Als Amazon bekanntgab, das Unternehmen suche einen Standort für eine neue Konzernzentrale, buhlten amerikanische Städte und Kommunen eifrig um die Gunst des Online-Giganten, ähnlich wie picklige Verehrer um eine Debütantin auf einem Ball im 19. Jahrhundert. Allein New York bot über eine Milliarde Dollar an Steuervergünstigungen. Ein ähnliches Werben vollzieht sich auch auf internationaler Ebene, wenn Unternehmen bei Regierungen mit Hilfe von Lobbyisten auf möglichst niedrige Steuern und lasche Vorschriften dringen.

Technologieunternehmen übersetzen ihre wirtschaftliche Schlagkraft in politischen Einfluss. Bezeichnenderweise haben 94 Prozent der amerikanischen Kongressabgeordneten, die für Datenschutz- und Kartellgesetze zuständig sind, schon einmal Geld von einem »PAC [Political Action Committee] oder Lobbyisten der Big Tech« erhalten.[28] Die beiden Unternehmen, die in den USA am meisten für Lobbyorganisationen ausgeben, sind Facebook und Amazon.[29] Im Jahr 2017 hatten die Lobbyisten von Google in Washington eine Bürofläche so groß wie das Weiße Haus angemietet.[30] Die Tech-Giganten spenden für Kandidaten beider Parteien[31] und leihen Mitarbeiter an Wahlkampfteams zur Pflege der politischen Beziehungen aus.[32] Sie finanzieren Think Tanks und die akademische Forschung, um ihrer Arbeit einen Anschein von Seriosität zu geben.[33] Sie platzieren Leitartikel in Zeitungen, um auf die Meinungsbildung einzuwirken.[34]

Somit übersetzt sich Größe auf dreierlei Weise in Macht. Da sind zum einen die wirtschaftlichen Ressourcen, über die ein Konzern verfügt. Dann gibt es noch die Einflussnahme auf den konventionellen politischen Prozess. Und wie dieses Buch darlegt, ist eine dritte Quelle der Macht der Besitz digitaler Technologien und deren Kontrolle, weil dadurch direkt Macht ausgeübt werden kann. Aus der Kombination dieser drei ergibt sich die Sonderstellung der Tech-Branche.

***

Die republikanische Tradition sieht Konzentrationen wirtschaftlicher Macht schon immer kritisch. Mit zunehmender Größe neigen Unternehmen dazu, das Leben der Bürger zu dominieren. Zudem können übergroße Konzerne ihre Konkurrenten vernichten oder schlucken, sodass den Bürgern gar nichts anderes bleibt, als sich ihnen zu unterwerfen. Aufgrund dieser Probleme im Zusammenhang mit Machtkonzentration und (mangelndem) Wettbewerb argumentieren Anhänger der republikanischen Idee dafür, Macht auf die gesamte Gesellschaft zu verteilen, anstatt zuzulassen, dass sie sich in den Händen einiger weniger konzentriert. Bereits vor über 2000 Jahren berichtete der antike Geschichtsschreiber Polybios, dass die Macht in der Römischen Republik zwischen den Konsuln, dem Senat und dem Volk aufgeteilt wurde.[35] Auch Machiavelli im 15. Jahrhundert und Montesquieu im 18. Jahrhundert erklärten, dass es riskant sei, die Macht in den Händen einiger weniger zu konzentrieren.[36] Zu Montesquieus Zeit befürworteten die Anhänger einer Republik die englische »Mischverfassung« aufgrund ihrer »besonderen Fähigkeit, die grundlegenden Kräfte innerhalb einer Gesellschaft auszugleichen und im Zaum zu halten«.[37] Die Gründerväter der amerikanischen Republik nahmen sich diese Lektion zu Herzen. Kein anderer Philosoph wurde in der Revolutionszeit so häufig zitiert wie Montesquieu.[38] James Madison bezeichnete ihn gar als Orakel.[39] Ironischerweise glaubten viele amerikanische Patrioten, die gegen die britischen Rotröcke kämpften, sie würden für das verloren gegangene englische Ideal des freien Bürgers kämpfen, geschützt durch »das ausbalancierte Spiel gesellschaftlicher und staatlicher Kräfte«.[40] In den *Federalist Papers* riet Alexander Hamilton zu einer »geregelten Verteilung der Macht auf verschiedene Ressorts«.[41] Madison erklärte, die »Konzentration aller legislativen, exekutiven und judikativen Befugnisse in denselben Händen« könne »zu Recht als die wahre Definition der Tyrannei bezeichnet werden«.[42] Im Bereich der Wirtschaft wollte Jefferson eine »Beschränkung der Monopole«, die in die Bill of Rights aufgenommen werden sollte.[43]

Als der amerikanische Kapitalismus Fahrt aufnahm, fanden diese republikanischen Ideale Eingang in Argumente, wie sie Theodore Roosevelt und Louis Brandeis vertraten. Die beiden unterstützten die Zerschlagung von Kartellen und ein aktives Vorgehen gegen Unternehmen, die zu groß geworden waren.[44] Machtkonzentrationen in der Wirtschaft wie in der Politik bedrohten in ihren Augen die Freiheit. Republikanisch war an ihren Ideen das Beharren darauf, dass bereits die bloße *Fähigkeit* zum Machtmissbrauch Anlass zur Besorgnis gab. Denn solange Unternehmen in der Lage waren, die politische Ordnung zu stürzen (selbst wenn sie sich dagegen entscheiden), war die Republik nicht frei. Oder wie Brandeis es formulierte:

Auch ein wohlwollender Absolutismus [...] bleibt dennoch ein Absolutismus; und genau das macht die großen Unternehmen so gefährlich. Da entwickelt sich innerhalb des Staates ein eigener Staat, der so mächtig ist, dass die bestehenden gesellschaftlichen und wirtschaftlichen Kräfte nicht ausreichen, um dagegen vorzugehen.[45]

***

Es ist eine Sache zu erklären, eine übermäßige Machtkonzentration der Unternehmen sei unerwünscht. Es ist jedoch etwas anderes zu sagen, was dagegen getan werden sollte. Wir verfügen bereits über ein ausgereiftes Gesetzessystem, um den Missbrauch wirtschaftlicher Macht zu verhindern – jenes, das wir zu Beginn des Kapitels beschrieben haben. Es ist als Monopol- oder Kartellrecht bekannt.

Die gegen Monopole und Kartelle gerichtete Gesetzgebung hat jedoch nicht gerade gute Arbeit geleistet, wenn es in den letzten Jahren darum ging, die Macht der Tech-Giganten zu beschränken. Das liegt unter anderem daran, dass die bestehenden Gesetze zu zaghaft angewandt wurden, vor allem in den USA. Das Problem ist aber auch die Gesetzeslage an sich, zumindest in der Form, wie die Gesetze derzeit interpretiert werden.

Da ist zum einen der technische Aspekt. Die entsprechenden Gesetze verwenden wirtschaftliche Begriffe und Modelle, die sich nur schwer auf den digitalen Kontext übertragen lassen. Nehmen wir nur ein Beispiel: Um zu klären, ob ein Unternehmen eine dominierende Position missbraucht, geht man beim konventionellen Ansatz so vor, dass man den Markt betrachtet, den es dominiert. Doch Tech-Unternehmen sind weniger angreifbar als herkömmliche Unternehmen. Die Märkte sind vielfältiger und überschneiden sich, Unternehmen sind auf mehreren Märkten gleichzeitig aktiv und bieten ihre Dienste an, ohne vorab eine Gebühr zu verlangen.[46] Daher ist es manchmal schwer, einen technischen »Haken« zu finden, an dem man den Vorwurf des Machtmissbrauchs festmachen könnte.

Eine zweite Herausforderung besteht darin, dass das Gesetz schlicht nicht hart genug ist oder jedenfalls nicht mit ausreichender Härte angewandt wird.[47] Es gibt zu viele außergerichtliche Einigungen, und Verstöße werden allenfalls mit einem Klaps auf die Finger geahndet. Einige Kritiker fordern bei der Genehmigung von Fusionen genauere Überprüfungen.[48] Andere verlangen ein aktiveres Vorgehen bei der Zerschlagung bestehender Unternehmen. So fragt etwa Tim Wu, wie hoch die gesellschaftlichen Kosten wären, wenn Facebook gezwungen würde, sich von WhatsApp und Instagram zu trennen.[49] Und ist es unter diesem Aspekt richtig, wie Zephyr Teachout fragt, dass Amazon nicht nur als »Allesverkäufer« fungiert, sondern auch als Kreditinstitut, Verlag, Fernsehproduzent und Anbieter von Cloud-Diensten und somit in der Lage ist, ganze Social-Media-Plattformen abzuschalten, wie 2021 geschehen?[50] Teachout weist darauf hin, dass die US-Regierung in der Vergangenheit durchaus Unternehmen zerschlug und in verschiedene Funktionsbereiche unterteilte. Das Bankengesetz von 1933 untersagte Investmentbanken das klassische Einlagen- und Kreditgeschäft. Der Air Mail Act von 1934 trennte die Flugzeugherstellung von den Fluggesellschaften. Warum sollte man also nicht auch beschließen, »einem Unternehmen, das eine Suchmaschine betreibt, zu verbieten, noch zusätzlich als Werbefirma, Verkaufsplattform oder Anbieter von Landkarten zu fungieren«?[51]

Die dritte und grundlegendste Herausforderung für das Kartellrecht ist so groß, dass es nicht genügt, das Ganze ein bisschen auszubauen und zu stärken. Das New Brandeis Movement ist der Ansicht, dass das Kartellrecht aufgrund der bestehenden eng gefassten Auslegung nicht ausreichend vor einer digitalen Dominanz schützt, egal, wie streng es angewandt wird. Seit den siebziger Jahren verfährt man beim amerikanischen Kartellrecht nach dem Grundsatz, dass nur eine Form des Schadens relevant ist: die Gefährdung des »Wohlergehens der Verbraucher«.

Diese orthodoxe Haltung, die von der sogenannten Chicagoer Schule vertreten wird, bewertet einen Aspekt des Verbraucherwohls höher als alle anderen: den Preis. In den vergangenen fünfzig Jahren wurden Machtkonzentrationen fast ausschließlich unter diesem Blickwinkel betrachtet. Wird eine

Fusion zu höheren Preisen führen? Wird die Zerschlagung dieses Konglomerats zu niedrigeren Preisen führen? Hat der dominierende Akteur seinen Kunden mehr berechnet, als er es in einem wettbewerbsintensiveren Markt getan hätte? Selbst aus ökonomischer Sicht sind das ziemlich eng gefasste Kriterien.[52] Und sie wirken veraltet in einer Welt, in der viele Tech-Giganten ihre Dienste vermeintlich gebührenfrei anbieten. Aus politischer und rechtswissenschaftlicher Sicht ist es ohnehin fragwürdig, ob die Chicagoer Schule mit ihrer zentralen Behauptung recht hat, der Kongress habe mit seinen Beschlüssen von 1890 und 1914 das Kartellrecht auf das Verbraucherwohl beschränken wollen, das sich wiederum nur in den Preisen widerspiegeln sollte.[53] Theodore Roosevelt hat das sicher nicht so gesehen, als er und seine Nachfolger in den 1910er Jahren versuchten, Standard Oil, US Steel und AT&T zu entflechten.[54] Die Regierung, erklärte er, »muss von der unheilvollen Einflussnahme oder Kontrolle durch Sonderinteressen befreit werden«:

> Die Bürger der USA müssen die mächtigen kommerziellen Kräfte, die sie heraufbeschworen haben, effektiv kontrollieren.[55]

Roosevelt hatte recht. Bei Maßnahmen gegen Monopole und Kartelle sollte es nicht nur um Preise gehen und auch nicht nur um die Verbraucher, die ein bestimmtes Produkt oder eine Dienstleistung nutzen. Machtkonzentrationen betreffen uns alle. Wenn das New Brandeis Movement mit seiner Kritik richtig liegt und das Kartellrecht einen Neustart braucht, wie sollte dieser dann aussehen? Mit dieser Frage beschäftigen wir uns im nächsten Kapitel.

KAPITEL 33

REPUBLIKANISCHES KARTELLRECHT

Wir können das Kartellrecht nur reformieren, wenn wir die ihm innewohnenden Beschränkungen verstehen. So hat die Größe der Tech-Giganten auch ihre nützlichen Seiten. Ein Beispiel ist Facebook als Social-Media-Plattform. Ihre Größe ist nützlich, weil jemand, der einen Account eröffnet, sich ziemlich sicher sein kann, dass viele seiner Bekannten ebenfalls bei Facebook sind. Die wenigsten wollen, dass dieses Angebot eingestellt wird. Das würde den Nutzern ebenso schaden wie Facebook.

Das soll jedoch nicht heißen, dass der Staat untätig bleiben soll. Sein Eingreifen muss jedoch nicht zwangsläufig zu einer Zerschlagung führen, sondern kann sich auch auf eine stärkere Regulierung beschränken, wie Theodore Roosevelt bereits 1910 feststellte: »Der Ausweg liegt nicht in dem Versuch, derartige Kombinationen zu verhindern, sondern sie umfassend im Interesse des öffentlichen Wohls zu kontrollieren.«[1] Mit den neuen Formen einer demokratischen Aufsicht und Gegenmacht, die weiter vorne in diesem Buch vorgestellt wurden, könnten die Unternehmen , deren Nutzen gerade in ihrer Größe liegt, angemessen reguliert werden.

Eine Stärkung des Wettbewerbs lässt sich nicht nur über Monopolgesetze erreichen. Manchmal ist mangelnder Wettbewerb nicht auf fehlende Alternativen zurückzuführen, sondern auf die Schwierigkeit, zu den bestehenden Alternativen zu wechseln. Man ist vielleicht versucht, zu einer neuen Plattform zu wechseln, aber wenn all die liebgewordenen Fotos bei Instagram stehen und sich nicht so einfach mitnehmen lassen, bleibt man lieber da, wo man ist. Um diesem Problem zu begegnen, hat die europäische Datenschutz-Grundverordnung das Recht auf *Datenmitnahme* eingeführt. Damit haben Nutzer ein Recht darauf, dass ihre persönlichen Daten direkt von einer Einheit zur nächsten übermittelt werden (wenn es technisch machbar ist).[2] Wenn Sie also von einem bestimmten Streaming-Dienst zur Konkurrenz wechseln wollen, sollte es möglich sein, dass Ihre persönlichen Vorlieben (in Form von Daten) an den neuen Dienst weitergeleitet werden.[3] Dahinter steht dieselbe Logik, die dafür sorgt, dass Sie Ihre Handynummer behalten können, wenn Sie den Anbieter wechseln.[4] Man muss Microsoft, Google, Facebook und Twitter hier zugutehalten, dass sie mittlerweile eine eigene Initiative gestartet haben und bei der Datenmitnahme zusammenarbeiten. Dadurch lassen sich etwa Facebook-Fotos problemlos zum Online-Dienst Google Fotos übermitteln.[5]

Allerdings weist die Datenschutz-Grundverordnung auch Schlupflöcher auf, und zudem gilt das Recht auf Datenmitnahme nicht unter allen Umständen.[6] So weist Lilian Edwards darauf hin, dass wir noch einen Schritt weiter gehen und *Interoperabilität* zwischen den Plattformen verlangen sollten. Da-

Republikanisches Kartellrecht

durch könnten Mitglieder verschiedener Plattformen direkt interagieren – Sie könnten also beispielsweise eine Twitter-Direktnachricht an die Facebook Messenger Inbox eines Freundes senden.[7]

Natürlich würde eine Interoperabilität keine geringere, sondern eine *verstärkte* Zusammenarbeit zwischen den Providern erfordern.[8] Womit wir beim dritten Grund wären, warum man beim Kartellrecht genauer hinschauen sollte: Manchmal wollen wir, dass Unternehmen zusammenarbeiten. Wenn jemand auf der einen Plattform von einem Troll belästigt wird und zu einer anderen Plattform wechselt, dort aber wieder von derselben Person getrollt wird, dann sollte der Betroffene bei dieser zweiten Plattform nicht erneut um Hilfe bitten müssen. Bei der Verhinderung von Online-Mobbing oder der Unterbindung von Desinformationen sollte die Zusammenarbeit zwischen Unternehmen gefördert werden.[9] Haydn Belfield und Shin-Shin Hua nennen vierzehn Bereiche, in denen eine Kooperation zwischen KI-Entwicklern wünschenswert wäre.[10] Dennoch fördern Kartellgesetze im Allgemeinen nicht die Zusammenarbeit, sondern den Wettbewerb. Mangelnde Umsicht könnte sich hier also zum Nachteil des öffentlichen Wohls auswirken.

Die letzte, aber vielleicht wichtigste Überlegung ist die, dass uneingeschränkte Macht nicht immer auf ein Monopol zurückzuführen ist. Oft entsteht sie aufgrund einer Kombination wirtschaftlicher, sozialer, rechtlicher und technischer Faktoren. Stellen wir uns einmal vor, die Tech-Giganten von heute würden in tausend kleinere Unternehmen zerlegt. Die *Machtkonzentration* wäre dadurch gemindert. Doch wie wir in Kapitel 10 festgestellt haben, bedeutet eine geringere Machtkonzentration nicht automatisch mehr Freiheit für uns alle.

Wir bleiben weiterhin unfrei, wenn wir nur die passiven Empfänger von Regeln sind, die andere gemacht haben, oder wenn wir moralischen Vorschriften unterliegen, die uns fremd sind. Wir sind unfrei, wenn wir unter ständiger Beobachtung leben oder bei Prozessen der öffentlichen Meinungsbildung abhängig von anderen sind. Wir sind unfrei, wenn unser Zugang zu sozialen Gütern von verborgenen Algorithmen bestimmt wird.

Diese Form der Dominanz basiert auf systemischen Faktoren und ist nicht nur bei großen Unternehmen zu finden.[11] Es wäre dumm, einige wenige Giganten zu zerschlagen, um dann festzustellen, dass Tausende kleinerer Unterdrücker an ihre Stelle treten. Das wäre so, wie wenn man einen Tyrannosaurus Rex durch ein Rudel Velociraptoren ersetzen würde. Allein auf das Kartellrecht zu setzen wird nicht ausreichen.

***

Nach diesen Mahnungen zur Vorsicht können wir nun die Prinzipien eines neuen Systems für eine strukturelle Regulierung umreißen. Nennen wir es das Kartellrecht der digitalen Republik.

Zunächst einmal gehen wir davon aus, dass ein republikanisches System zur Verhinderung von Monopolen seine eigenen Grenzen kennen würde. »Zerschlagt die Konzerne« ist nur eine Parole, und populistische Schlagwörter garantieren noch lange keine Freiheit. Maßnahmen gegen Monopole sind jedenfalls nur ein Instrument von vielen im republikanischen Werkzeugkasten. Das *Sparsamkeitsprinzip* gibt vor, dass der Staat nicht mehr als nötig tun sollte, und folglich sollte man die Zerschlagung von Konzernen nicht leichtfertig angehen.

Republikanisches Kartellrecht

Wo immer es möglich ist, eine Dominanz mit Hilfe anderer Formen der Gegenmacht zu verhindern, sollte der Staat diesen Vorrang einräumen.[12]

Nach diesem Hinweis ist klar, dass ein Kartellrecht nicht allein auf das Wohl der Verbraucher ausgerichtet sein kann. Es sollte in erster Linie verhindern, dass Unternehmen nicht nur in wirtschaftlicher, sondern auch in sozialer und politischer Hinsicht zu mächtig werden. Bei der Prüfung einer Übernahme oder der Überlegung, einen Konzern zu entflechten, sollten Regulierungsbehörden als eines der wichtigsten Kriterien die Macht des Unternehmens in ihre Überlegungen einfließen lassen. Das ist »politisches Monopoldenken«, eine verloren gegangene amerikanische Tradition.[13] In meinem letzten Buch sprach ich in diesem Zusammenhang von einer *neuen Gewaltenteilung*.[14]

Von manchen Experten wurde bereits gefordert, das »Verbraucherwohl« als Prüfkriterium bei einer Fusion durch ein »Bürgerwohl« zu ersetzen.[15] Meiner Meinung nach wäre das durchaus klug. Tatsächlich gibt es zahlreiche Ziele, die man mit einer Kartellpolitik anstreben könnte: Systemresilienz, Arbeitsstandards, eine gleichmäßigere Vermögensverteilung und eine vielfältige Medienlandschaft könnten allesamt als Faktoren in die Entscheidung einer republikanischen Kartellbehörde einfließen.[16] Nimmt man die Medien als Beispiel, so könnte eine Übernahme, bei der eine große Plattform eine kleine übernehmen will, unter Berufung auf die Vielfalt der Medien blockiert werden, auch wenn die Übernahme an sich keine negativen wirtschaftlichen Auswirkungen hätte. Kartellbehörden in der digitalen Republik würden daher bei der Überprüfung der Marktaktivität das allgemeine Wohl der Republik berücksichtigen und nicht nur die Vorteile einer bestimmten Transaktion. Und sie würden auch das *Potenzial* für einen Machtmissbrauch bei den bestehenden wirtschaftlichen Gegebenheiten im Auge behalten und die notwendigen Maßnahmen für eine Zerschlagung einleiten, anstatt abzuwarten, bis der Schaden entstanden wäre.

Die Kartellpolitik einer digitalen Republik würde anerkennen, dass das Bürger- und das Verbraucherwohl nicht einfach nur Alternativen sind, sondern unter Umständen auch in Konkurrenz zueinander stehen können. Aus Sicht der Verbraucher kann ein kostenloser digitaler Dienst etwas Wunderbares sein. Doch könnte dieser der Demokratie auch großen Schaden zufügen und wäre damit aus Sicht der Bürgerschaft unerwünscht. Die derzeitige Rechtslage und -praxis setzen das Wohl der Verbraucher an oberste Stelle. Eine republikanische Kartellregelung würde ein Gleichgewicht zwischen beiden herstellen, dabei allerdings den Bürgern den Vorrang gegenüber den Verbrauchern einräumen. Und an allererster Stelle stünde das Wohl der Republik. Das republikanische Kartellrecht müsste Unternehmen auch Möglichkeiten für eine Kooperation bieten, wenn sie im Interesse der Republik wäre. Das könnte bedeuten, dass bestimmte Kategorien – zum Beispiel eine Zusammenarbeit im Bereich der Sicherheit – ganz von der Regelung ausgenommen wären.

Traditionalisten werden sagen, dass dieser Ansatz eine seit über fünfzig Jahren bestehende Praxis auf den Kopf stellte und dazu führte, dass das Kartellrecht nicht mehr dem politischen Instrument mit begrenzter Anwendung entspräche, das es ihrer Meinung nach sein sollte. Sie hätten recht. Wir können die durch die Technologiekonzerne hervorgerufenen Probleme nicht mit dem verstaubten Vokabular der Wirtschaftswissenschaften des 20. Jahrhunderts angehen. Unter einem republi-

Republikanisches Kartellrecht

kanischen Kartellrecht würde die Überprüfung einer Fusion oder einer Zerschlagung sicher anders aussehen.

Im Gegensatz zum derzeitigen Modell würde eine republikanische Kartellgesetzgebung die Bürger so weit wie möglich einbeziehen. Der ganze Themenkomplex sollte nicht einer kleinen Clique von Anwälten und Wirtschaftswissenschaftlern vorbehalten sein.[17] Warum nicht beratende Mini-Foren einberufen – vielleicht Bürgerjurys –, die zusätzlich zu den Fachleuten beurteilen, ob besonders heikle Fusionen jeweils akzeptiert werden sollten oder nicht?

***

Wenn wir von einem republikanischen Kartellrecht oder einer neuen Gewaltenteilung sprechen, stellen wir uns ein Regulierungssystem vor, das eine Konzentration sozialer und politischer Macht in den Händen von Unternehmen verhindert, wirtschaftliche Erwägungen mit allgemeineren öffentlichen Interessen in Einklang bringt, die Bürger bei wichtigen Entscheidungen einbezieht und seine eigenen Grenzen kennt. Konzentrationen sozialer und politischer Macht würde es ebenso aufbrechen wie Konzentrationen wirtschaftlicher Macht. Ob man darin nun eine Umkehr der Tradition sieht oder einen Aufbruch in eine neue Zeit, ist am Ende weniger von Bedeutung als die Frage, ob dieses System zur Verhinderung von Monopolen den Anforderungen des kommenden Jahrhunderts entspricht. Ich selbst bin davon überzeugt.

KAPITEL 34

ÜBER DIE PRIVATSPHÄRE HINAUS

Über Gesetze zum Datenschutz und zum Schutz der Privatsphäre wird oft so gesprochen, als ob sie ein und dasselbe wären. Beim Umgang mit Daten geht es jedoch um mehr als um den Schutz der Privatsphäre. Ohne entsprechende Kontrollen können Daten von einer Gruppe in der Gesellschaft dazu genutzt werden, andere zu beherrschen – sei es durch eine Verzerrung der öffentlichen Debatte, die Manipulation einzelner Personen oder Algorithmenentscheidungen, die sich auf die Lebensaussichten der Menschen auswirken. Für die Anhänger des Republikanismus liegt der Sinn des Datenschutzes darin, nicht nur die Privatsphäre des Einzelnen zu schützen, sondern zu verhindern, dass diejenigen, die über die Daten verfügen, damit Macht erlangen. Die beiden folgenden Kapitel umreißen, wie eine republikanische Datenregulierung aussehen könnte.

* * *

Wir sollten mit dem Zugeständnis beginnen, dass das europäische System zum Datenschutz, die Datenschutz-Grundverordnung der EU, bereits ein fortschrittliches und ausgeklügeltes Regelwerk bietet. Ein naheliegender erster Schritt für die USA wäre daher die Einführung eines umfassenden Systems zum Datenschutz, das dem europäischen ähnelt, um den ungehemmten Strom persönlicher Daten in der amerikanischen Wirtschaft einzudämmen. Gesetzgeber, Politiker, Aktivisten und sogar Technologieunternehmen haben bereits eine »amerikanische DSGVO« gefordert.[1]

Ein noch mutigerer Ansatz wäre natürlich, über die europäische Datenschutz-Grundverordnung hinauszugehen und die Sammlung und Nutzung persönlicher Daten auf eine neue Art zu betrachten und zu regeln. Das hieße auch, einige grundlegende Annahmen infrage zu stellen.

Trotz ihrer Unterschiede haben die meisten Systeme zur Regulierung von Daten eine gemeinsame intellektuelle Grundlage. In den USA wie in Europa (und auch in Kanada, Singapur, Australien und Japan) basieren sie auf den »Richtlinien für eine faire Informationspraxis« (Fair Information Practices, FIPs), die von der US-Regierung in den sechziger Jahren entwickelt wurden.[2] Diese Richtlinien wurden im Lauf der Jahre mehrfach umformuliert.[3] Generell steht dahinter die Idee, dass so wenige persönliche Daten wie möglich gesammelt und Daten nicht ohne guten Grund für sonstige Zwecke verwendet werden sollten. In den USA reduziert sich der moderne Ansatz der FIPs auf die Schlagwörter *Benachrichtigung* (Verbraucher sollten unmissverständlich darüber informiert werden, was mit ihren Daten geschieht), *Wahl* (Verbraucher sollten entscheiden können, wie ihre persönlichen Daten verwendet werden), *Zugang* (Verbraucher sollten Einsicht erhalten, welche Daten über sie gesammelt werden, und wenn nötig Korrekturen oder Löschungen vornehmen können) und *Sicherheit* (persönliche Daten sollten angemessen geschützt werden).[4] Der europäische Ansatz umfasst zusätzlich noch den Gedanken, das Sammeln von Daten auf bestimmte, den gesetzlichen Vorgaben entsprechende Zwecke zu beschränken.

Die Richtlinien für eine faire Informationspraxis wurden in einer Zeit entwickelt, als allein die Vorstellung der Datenverarbeitung »revolutionär erschien«.[5] In den sechziger und siebziger Jahren gab es nur wenige elektronische Daten, der Personal Computer war noch nicht entwickelt, und auch das kommerzielle Internet war noch nicht geboren.[6] Man war beeindruckt vom Potenzial der Datenanalyse, fürchtete aber auch, dass intime oder sensible Informationen von Personen eingesehen werden könnten, die kein Recht dazu hatten. Deshalb wurden Maßnahmen zum Schutz der »Privatsphäre« gefordert. Die Richtlinien für eine faire Informationspraxis schufen ein Gleichgewicht zwischen dem außergewöhnlichen Potenzial der Datenverarbeitung einerseits und dem Schutz der Privatsphäre andererseits. Insgesamt beschleunigten sie die Kommerzialisierung persönlicher Daten, auch wenn das vermutlich nicht beabsichtigt war. Da die Vorschriften nur für einen begrenzten Bereich galten, wurde der übrige Umgang mit Daten quasi genehmigt, womit der Boden für eine immer umfangreichere Datensammlung und -verarbeitung bereitet wurde.[7]

Die heutigen Datenwissenschaftler wollen anders als ihre Kollegen vor vierzig oder fünfzig Jahren so viele Daten wie möglich in die Hände bekommen, unabhängig von deren Qualität oder sogar Relevanz. Das liegt daran, dass maschinell lernende Systeme oft besser funktionieren, wenn sie mit großen, unstrukturierten Datenmengen trainiert werden als mit einer kleinen, »sauberen« Datenbasis.[8] Was die Daten aussagen oder welche Aspekte sich als wertvoll erweisen werden, wissen Datenwissenschaftler erst, wenn die Daten verarbeitet wurden. Eventuell nutzen sie die Daten am Ende für Zwecke, von denen noch niemand wissen konnte, als die Daten gesammelt wurden.

Das ist für die FIPs natürlich problematisch, selbst in ihrer erweiterten Form als Datenschutz-Grundverordnung. Das größte Problem ist die »Zustimmungsfalle«, die ich in Kapitel 14 beschrieben habe. Erinnern wir uns: Das Prinzip des »Informiertwerdens« ist bei Nutzungsbedingungen genauso illusorisch wie die »Wahlmöglichkeit«. Eine sinnvolle Zustimmung kann es nicht geben, wenn die Betroffenen nicht wissen können, was ihre Daten in unterschiedlichen Kontexten oder in Kombination mit anderen Daten, zum Beispiel mit älteren Daten oder den Daten anderer Personen, preisgeben werden.

Die Regelung durch die Richtlinien für eine faire Informationspraxis ist mit demselben grundlegenden Fehler behaftet wie der Marktindividualismus: Am Ende müssen wir für uns selbst kämpfen. Die FIPs sollten die Rechte des Einzelnen und die Rechte der Datenverarbeiter ausbalancieren, doch in den letzten Jahren ist diese Balance in eine ziemliche Schieflage geraten. Den Menschen Kontrolle über ihre Daten zu geben klingt in der Theorie attraktiv, ergibt jedoch wenig Sinn, wenn die Schäden der Datenanalyse kollektiv verursacht werden und sich auch kollektiv auswirken oder wenn sie gar gezielt kaschiert werden. Die Richtlinien behandeln das Sammeln von Daten als zweigliedrigen Vorgang unter Beteiligung von zwei Akteuren: der betroffenen Person und des Datenerfassers. Das Datenrecht sollte in dieser Gleichung jedoch noch einen dritten Faktor berücksichtigen: die Interessen der Gesellschaft.

Wenn bereits der Ansatz der FIPs zu stark auf das Individuum abzielt, sind Reformen, die das System *noch individueller* machen, aller Wahrscheinlichkeit nach wenig hilfreich. Die populäre Idee, dass Unternehmen für die Erhebung oder Verarbeitung von Daten bezahlen sollen, unterliegt genau dieser Fehleinschätzung. »Wenn Unternehmen von Ihren Daten profitieren, sollten sie Sie auch dafür bezahlen«, lautet die Botschaft.[9] Doch damit geht man die Sache von der falschen Seite an. Das Problem bei der Datenverarbeitung ist nicht, dass die Verbraucher in kommerzieller Hinsicht übervorteilt werden. Im Gegenteil, sie machen oft ein gutes Geschäft, wenn sie im Austausch für ihre persönlichen Daten vieles kostenlos nutzen können. Technologiefirmen nehmen unsere Daten, die für uns von geringem finanziellen Wert sind, und machen daraus etwas Lukratives. Kommerziell gesehen kann man dagegen nicht viel einwenden. Das eigentliche Problem liegt vielmehr darin, dass die Daten dazu verwendet werden können, Menschen zu überwachen, auszunutzen oder zu manipulieren. Für die Vertreter der republikanischen Idee kann die Datendividende diesen Verlust der Freiheit nicht kompensieren.

***

Doch wie können wir über die Richtlinien für eine faire Informationspraxis hinausgehen und eine neue Ära republikanischen Datenschutzes erreichen? Wir sollten uns zunächst vergegenwärtigen, dass der Bereich, der besonders dringend reformiert werden muss, nicht die Erhebung, sondern die *Nutzung* unserer Daten ist. Hier liegen die eigentlichen Risiken.[10]

Über die Privatsphäre hinaus

Wollte man hart durchgreifen, würde man Unternehmen verbieten, aus Profitgründen persönliche Daten zu kaufen, zu verkaufen oder zu teilen. Dieser Ansatz wird beispielsweise von Carissa Véliz bevorzugt, die in Oxford lehrt.[11] Der Vorteil ist seine Klarheit. Und der Datenmarkt wäre damit über Nacht zerstört. Der Ansatz könnte aber auch die Dominanz der Unternehmen festigen, die ihre eigenen Daten sammeln, während kleinere Konkurrenten, die Daten kaufen müssen, auf der Strecke blieben. Außerdem würden der Gesellschaft viele Vorteile des Datenhandels genommen – die gibt es nämlich auch.

Attraktiver ist Véliz' Vorschlag, wonach unter persönlichen Daten außer den Rohdaten an sich auch »daraus abgeleitete sensible Informationen« zu verstehen seien – also das, was die Daten über eine Person *aussagen*.[12] Damit würden all die Beschränkungen, die für persönliche Daten gelten, auch für die aus diesen Daten abgeleiteten Informationen gelten.

Véliz und andere plädieren zudem für ein Verfallsdatum persönlicher Daten. Eine Regel, die vorschreibt, dass Unternehmen persönliche Daten nach fünf Jahren vernichten müssen, würde verhindern, dass diese wieder und wieder verwendet werden.[13] Wenn Rohdaten jedoch dazu genutzt wurden, ein maschinell lernendes System zu trainieren, ist es nahezu unmöglich, diese Daten wieder abzuziehen – das wäre so, als wollte man eine bestimmte Zutat aus einer Suppe herausfischen, nachdem man sie gekocht hat.[14]

Vielsprechend wäre die Option, die *individuelle* Zustimmung um neue Formen der *kollektiven* Zustimmung zu ergänzen. Stellen wir uns vor, Sie würden die Rechte an Ihren Daten einer vertrauenswürdigen dritten Partei anvertrauen, die in Ihrem Sinne informierte Entscheidungen darüber treffen könnte, wie Ihre Daten zusammen mit den Daten Tausender oder Millionen anderer verwendet werden dürften. Diese kollektiven Einrichtungen – ob man sie nun Datentreuhandgesellschaften, Datenkoalitionen oder Datengewerkschaften nennt – befänden sich bei Verhandlungen mit den Unternehmen außerdem in einer stärkeren Position als auf sich allein gestellte Einzelpersonen.[15] Falls eine Plattform Daten in nicht akzeptabler Weise nutzen würde, könnte eine Datentreuhandgesellschaft damit drohen, ihr die Zustimmung von Tausenden oder Millionen Nutzern auf einmal zu entziehen – und nicht nur die von ein paar aufgebrachten Aktivisten.[16] *Das* wäre ein wirksames Gegengewicht zur digitalen Macht.

Ein kollektiver Ansatz würde den Bürgern zudem die Entscheidung darüber erleichtern, welche gesellschaftlichen Interessen von ihren persönlichen Daten profitieren sollen. Viele von uns würden ihre persönlichen Daten lieber wissenschaftlichen oder gemeinnützigen Projekten zur Verfügung stellen, als von Unternehmen durchleuchtet und überwacht zu werden. Die Bürger könnten aus einer Reihe von Paketen wählen, die jeweils unterschiedliche Werte repräsentieren oder Prioritäten setzen.[17]

Für dieses System der kollektiven Zustimmung bräuchten wir natürlich eine neue technische Infrastruktur. Doch daran wird bereits gearbeitet. In der Forschung wird nach Alternativen zum Modell der »Datensilos« gesucht, das zu riesigen, zentralisierten Beständen an personenbezogenen Daten führt. Das sogenannte Edge-Computing (die dezentrale Datenverarbeitung am Rande eines Netzwerks), »persönliche Datencontainer« und »verteiltes maschinelles Lernen« sind vielversprechende Forschungsansätze.[18]

Über die Privatsphäre hinaus

***

Gehen wir noch einen Schritt weiter. Vieles spricht dafür, die Nutzung persönlicher Daten zu beschränken, *selbst wenn* die Betroffenen ihr zugestimmt haben.[19] Eine der wichtigsten Entscheidungen, die eine Gesellschaft treffen kann, betrifft die Frage, auf welche Rechte und Freiheiten man verzichten kann und auf welche nicht. Im antiken Athen war es den Bürgern auf Geheiß des Gesetzgebers Solon verboten, bei Schulden ihre Körper als Sicherheit anzugeben – sich also freiwillig in Schuldknechtschaft zu begeben.[20] Heutzutage darf sich ein Arbeitnehmer nicht bereiterklären, weniger als den Mindestlohn zu verdienen. Ein Schuldner kann im Falle seiner Zahlungsunfähigkeit auch nicht wie in Shakespeares *Der Kaufmann von Venedig* einfach ein Pfund Fleisch von seinem Körper versprechen.

Die Datenschutz-Grundverordnung deutet einige Einschränkungen an, wenn es darum geht, auf bestimmte Rechte zu verzichten,[21] doch bei der Schlüsselfrage – ob Daten, die für einen bestimmten Zweck erhoben wurden, auch für einen ganz anderen Zweck verwendet werden dürfen – lässt sie allem Anschein nach zu, dass Einzelpersonen ihre Rechte abtreten können.[22] Die Datenschutz-Grundverordnung erlaubt Unternehmen außerdem generell, Daten zu verarbeiten, wenn sie ein »legitimes Interesse« daran haben – eine Formulierung, die viel zu allgemein verwendet und interpretiert wird.[23]

Eine politische Gemeinschaft ist zu der Erklärung berechtigt, dass bestimmte Daten niemals für bestimmte Zwecke verwendet werden dürfen, selbst wenn Einzelne dem zugestimmt haben.[24] Lilian Edwards schlägt vor, Unternehmen die Erhebung von Daten zu verbieten, wenn sie diese nicht benötigen.[25] Bei dieser Vorschrift dürften Unternehmen die Zustimmung zur Erhebung oder Verarbeitung von Daten nicht erbitten oder verlangen, wenn die Daten für die angebotenen Dienstleistungen nicht erforderlich sind. Diese Idee ist prinzipiell attraktiv, wäre rein rechtlich betrachtet jedoch ein Minenfeld: Unternehmen, deren Geschäftsmodell darin besteht, Daten zu erheben und zu verkaufen, könnten (mit einiger Berechtigung) sagen, die Daten *seien* für die von ihnen angebotene Dienstleistung notwendig, weil ohne die Daten ihre Geschäftsgrundlage zerstört wäre.

In anderen Fällen könnte es hingegen angebracht sein, datenverarbeitende Unternehmen als Treuhänder zu behandeln oder ihnen Pflichten aufzuerlegen, die über die ursprünglichen Vereinbarungen zwischen den beteiligten Parteien hinausgehen. Nehmen wir beispielsweise an, ein Antragsteller für einen Kredit oder eine Versicherung stimmt zu, dass personenbezogene Daten zur Beurteilung seines Antrags verwendet werden. Man könnte nun gesetzlich vorschreiben, dass die Algorithmen bestimmte Kategorien persönlicher Daten nur dann nutzen dürfen, wenn deren Verwendung dem Antragsteller ein günstigeres Angebot bescherte. So könnte die weniger mächtige Partei von den Wundern des maschinellen Lernens profitieren, ohne eine Benachteiligung fürchten zu müssen. Alternativ könnte eine Politik der »verbotenen Variablen« festlegen, dass bestimmte Faktoren x keine Rolle bei der Bestimmung von y spielen sollen. Ob etwa Peters Freunde ihre Kredite abbezahlt haben oder nicht, sollte sich nicht darauf auswirken, ob Peter einen Kredit bewilligt bekommt. Man könnte auch gesetzlich vorgeben, welche Daten verwendet werden *dürfen*. Bei Bewerbungen könnte man vorschreiben, dass Rekrutierungsalgorithmen nur Daten verarbeiten, die

Auskunft über Qualifikationen oder berufliche Erfahrungen geben, anstatt zuzulassen, dass sie das Internet nach sozialen Kontakten, Liebschaften oder Einkaufsgewohnheiten der Kandidaten durchkämmen.[26]

Welchen Ansatz man auch wählt, entscheidend ist, dass eine zukünftige Regelung die datenverarbeitenden Unternehmen in die Verantwortung nimmt und dafür sorgt, dass sie sich an die Gesetze halten, anstatt es dem Einzelnen zu überlassen, für seine Rechte zu kämpfen.[27]

***

Die FIPs dienten ursprünglich als allgemeine Richtlinien für die Erhebung und Nutzung von Daten. Da die Technologie jedoch immer komplizierter wird, müssen wir Daten in einem größeren Zusammenhang betrachten.[28] Eine Praxis, die für den Umgang mit Daten in der Berufswelt akzeptabel ist, kann in anderen Bereichen, wie etwa im Gesundheitswesen, im Finanzsektor, bei der Kreditvergabe, bei Versicherungen, in der Werbung oder im Strafrecht, unangebracht sein. Die Gesellschaft hat komplexe Regeln und Normen für diese Bereiche entwickelt, warum also sollten Daten weitgehend abstrakt und losgelöst von ihren tatsächlichen gesellschaftlichen Funktionen behandelt werden?

KAPITEL 35

AKZEPTABLE ALGORITHMEN

Die meisten Algorithmen sind unbedeutend. Still und unauffällig verrichten sie ihre Arbeit. Von Bedeutung sind sie nur für die Unternehmen, die sie nutzen. Einige wenige Algorithmen haben jedoch weitaus größere gesellschaftliche Auswirkungen. Mit ihrer Hilfe wird entschieden, wer eine Stelle, einen Studienplatz oder einen Kredit bekommt. Sie prägen und formen unsere Wahrnehmung der Welt. Wenn diese Algorithmen irren, spielt das eine große Rolle.

Aber was bedeutet es eigentlich, wenn man sagt, dass sich ein Algorithmus irrt?

Es kann bedeuten, dass es einen technischen Fehler gibt, etwa eine fehlerhafte Programmierung oder eine Beschädigung der Daten. Meist besagt es jedoch, dass ein Algorithmus mit unvollständigen oder verzerrten Daten trainiert wurde. Systeme zur Spracherkennung, die nur mit den Stimmen von Personen trainiert wurden, die ein typisches Sprechmuster aufweisen, können die Stimme von Menschen, die stottern oder verlangsamt oder undeutlich sprechen, nicht erkennen.

Das ist wichtig – etwa 7,5 Millionen Amerikaner haben Probleme mit ihrer Stimme.[1]

Selbst Algorithmen, die mit vermeintlich repräsentativen Daten der realen Welt trainiert werden, können erschreckende Ergebnisse hervorbringen. Der Textgenerator GPT-3 erzeugt Texte, in denen Muslime stereotyp mit Gewaltbereitschaft und Terrorismus in Verbindung gebracht werden, weil die Sprachdaten, mit denen er trainiert wurde – Äußerungen echter Menschen –, zahlreiche Beispiele enthalten, in denen im Zusammenhang mit Bomben und Morden über Muslime gesprochen wurde.[2] In der realen Welt gibt es Muster der Ungerechtigkeit. Diese Muster spiegeln sich in den Daten wider. Algorithmen reproduzieren und verstärken sie.

Das zeigt, dass man bei der Entwicklung wichtiger Algorithmen sehr präzise sein muss, dass man sie aber nicht allein nach *technischen* Standards beurteilen darf. Ein gut konzipierter Algorithmus ist wie eine gut geölte Kettensäge: Gegen die Funktion an sich ist nichts einzuwenden, und doch kann mangelnde Sorgfalt beim Einsatz entsetzliche Folgen haben.[3]

***

Das *Demokratieprinzip* (Kapitel 18) verlangt, bestimmte Algorithmen – wie auch andere Vektoren digitaler Macht – auf die moralischen Normen einer Gemeinschaft abzustimmen. Das klingt eigentlich einfach, doch können zwei Faktoren Probleme bereiten.

Erstens sind moralische Normen *kontextabhängig.* Jeder Bereich, in dem Algorithmen zum Einsatz kommen – Personalwesen, Kreditvergabe, Versicherungen, Gesundheitswesen, Soziales, Militär, Bildung, Strafrecht und so weiter –, hat seinen eigenen Moralkodex. Eine Norm, die im Gerichtssaal gilt (*Jedem Angeklagten steht ein faires Verfahren zu, bevor ein Urteil gefällt wird*), gilt nicht zwangsläufig auch auf dem Schlachtfeld (*Im Krieg braucht es kein Verfahren, bevor man einen feindlichen Angreifer tötet*). Die Norm, die der öffentlichen Bildung zugrunde liegt (*Jedem Kind steht ein Platz an einer Schule zu*), gilt nicht auf dem Arbeitsmarkt (*Die Zahl der Arbeitsplätze ist begrenzt, und diese sollten an die Kandidaten gehen, die am besten dafür qualifiziert sind*). Genau wie die Erwartungen an das Verhalten anderer je nach Kontext variieren – am Strand ist Badekleidung in Ordnung, im Büro nicht –, kann ein Algorithmus, der in einem bestimmten Kontext akzeptabel ist, in einem anderen völlig unangebracht sein.

Zweitens werden moralische Normen immer wieder *infrage gestellt*. In jedem Kontext gibt es verschiedene Meinungen darüber, was richtig oder falsch ist. Stellen Sie sich einen Algorithmus vor, der eingesetzt wird, um Sozialhilfeleistungen an Arbeitslose zu verteilen. Vermutlich möchte jeder in der Gemeinschaft, dass der Algorithmus fair arbeitet, doch die Vorstellungen darüber, wie diese Fairness aussieht, können stark variieren. Die eine Gruppe argumentiert: *Jeder muss genug haben, um durchzukommen, aber niemand sollte mehr als nötig erhalten.* Ein Algorithmus, der auf dieser Grundlage konzipiert wurde, würde dafür sorgen, dass die Ärmsten genug zum Überleben bekommen, dass jedoch diejenigen mit eigenem Vermögen oder Ersparnissen leer ausgehen. Eine andere Gruppe könnte erklären, dass man sich *Sozialleistungen verdienen sollte*. Ihr Algorithmus würde Leistungen nur denjenigen zusprechen, die aktiv nach Arbeit suchen, denjenigen aber, die zu Hause blieben, nichts geben (egal, wie dringend sie Unterstützung bräuchten).

Akzeptable Algorithmen

Komplizierte moralische Fragen sorgen stets für geteilte Meinungen. Wenn aber Uneinigkeit unvermeidbar ist, wie können wir dann die moralischen Richtlinien bestimmen, die für Algorithmen in unterschiedlichen Kontexten gelten?

Der erste Schritt besteht darin zu entscheiden, in *welchen* Kontexten eine Regulierung überhaupt angebracht ist. Denken wir an das *Sparsamkeitsprinzip*, das verlangt, dass Gesetze nur das Nötigste regeln. Mit moralisch unumstrittenen oder gesellschaftlich unbedeutenden Algorithmen sollte sich der Gesetzgeber gar nicht erst befassen. Die Gemeinschaft muss sich nicht über die moralischen Feinheiten einer Logistik- oder Buchhaltungssoftware den Kopf zerbrechen.

Doch wie wir festgestellt haben, sind bestimmte Algorithmen zu wichtig, um sie den Gesetzen des Marktes zu überlassen. Diese Algorithmen haben einige Gemeinsamkeiten. Erstens haben sie vermutlich einen erheblichen Einfluss auf das Leben derjenigen, die von ihnen betroffen sind. Zweitens treffen sie moralische oder politische Entscheidungen, weil sie bei ihrem Streben nach Optimierung unweigerlich bestimmte Werte gegenüber anderen bevorzugen.[4] Drittens werden sie häufig in Konstellationen verwendet, in denen sich der Entscheidungsträger in einer Position der relativen Macht gegenüber der Person befindet, über die entschieden wird. Ich habe diese Algorithmen bezeichnet als *Algorithmen, bei denen viel auf dem Spiel steht.*

Algorithmen, bei denen viel auf dem Spiel steht, sollten gemäß den moralischen Normen der Gemeinschaft kontrolliert und reguliert werden. Wie? Durch den politischen Prozess. Es ist Aufgabe der Bürgerschaft, die moralischen Normen zu bestimmen, an denen sich Algorithmen ausrichten sollten, genauso wie sie über andere große moralische

Fragen entscheidet, etwa wenn es um das Abtreibungsrecht, die Klimapolitik oder die Regulierung der Medien geht. Unstimmigkeiten in Bezug auf moralische Normen lassen sich auf vernünftige Weise beilegen, indem man sie den Abwägungsprozessen einer deliberativen Demokratie unterwirft und schließlich zu einer rechtlich bindenden Entscheidung kommt.

***

Tritt man nun einen Schritt zurück, erkennt man, dass eine republikanische Regulierung der Algorithmen Folgendes bedeutet:

Algorithmen, bei denen viel auf dem Spiel steht, müssen a) technisch einwandfrei sein und b) mit den in einem demokratischen Prozess festgelegten moralischen Normen der Gemeinschaft übereinstimmen, in der sie eingesetzt werden.

Diese Formulierung ist bewusst allgemein gehalten. Dadurch lässt sie die nicht enden wollenden Diskussionen um algorithmische *Diskriminierung* hinter sich und bringt die Debatte weiter. In den letzten Jahren ist die Zahl der Studien zu der Frage, ob bestehende Antidiskriminierungsvorgaben auf die neue Verwendung von Algorithmen angewandt werden können, förmlich explodiert. (Der allgemeine Konsens lautet: manchmal, aber nicht immer.)[5] Doch die juristische Analyse hat ihre Grenzen. Zu wissen, was im Gesetz steht und wo es gilt, heißt noch lange nicht, dass man auch weiß, was das Gesetz *sein sollte*. Ein Gesichtserkennungssystem, das Menschen mit untypischen Gesichtsmerkmalen (also nicht Entstellungen) nicht oder falsch identifiziert, würde vor Gericht vermutlich nicht als diskriminierend eingestuft, weil es nicht um eine gesetzlich geschützte Kategorie geht. Die Frage ist jedoch nicht nur, ob das ungesetzlich ist, sondern auch: *Sollte es das sein?* Falls der Algorithmus gegen die moralischen Richtlinien der Gemeinschaft in dem Kontext verstößt, in dem er zum Einsatz kommt, dann könnte die Antwort ja lauten.

Die von Algorithmen verursachten Probleme sind nicht auf Diskriminierung beschränkt, daher sollte auch die Regulierung von Algorithmen nicht darauf beschränkt sein. Auch ein Social-Media-Algorithmus, der die Integrität von Wahlen herabsetzt, wäre moralisch fragwürdig, allerdings nicht, weil er diskriminierend wäre. Einen Algorithmus als diskriminierend zu bezeichnen oder ihm eine systematische *Verzerrung* vorzuwerfen, sagt nichts über seine moralische Fragwürdigkeit aus. Ein Algorithmus, der bei der Zulassung zur Universität Bewerber aus sozial schwachen Verhältnissen bevorzugt, würde eine Verzerrung aufweisen und wäre diskriminierend – doch unter dem Aspekt, dass er den Zugang zu höherer Bildung für eine breitere Bevölkerungsschicht ermöglicht, könnte er unter Umständen moralisch akzeptabel sein.

∗∗∗

Ein moralisch irritierender Aspekt von Algorithmen besteht darin, dass sie Muster finden, ohne sie zu verstehen oder zu erklären. Tatsächlich haben die meisten »lernenden« Algorithmen überhaupt kein Interesse am *Warum* ihrer Vorhersagen. (Zwischen dem Verzehr von Käse und tödlichen Unfällen mit verhedderten Bettlaken besteht eine Korrelation von 94,7 Prozent. Aber warum?)[6]

Manche Menschen haben kein Problem, derartige Systeme zu nutzen, um über wichtige Fragen in unserem Leben und unserer Gesellschaft zu entscheiden. Wenn die Daten sagen, dass Menschen, die Hotmail als persönliche E-Mail-Adresse nutzen, häufiger einen Autounfall haben, dann sollen sie eben höhere Versicherungsprämien zahlen. Wen kümmert es schon, dass wir die Gründe für diesen Zusammenhang nicht verstehen?

Hier zeigt sich eine moralisch verkümmerte Haltung, die auch in der in Kapitel 9 beschriebenen *Computerideologie* zum Ausdruck kommt. Im republikanischen Denken ist eine Gesellschaft, in der wichtige Entscheidungen aus unverständlichen Gründen getroffen werden, keine freie Gesellschaft. Wir wären der Technologie völlig ausgeliefert, weil wir auf sie vertrauen würden, ohne sie zu verstehen.

Es gibt eine stringente und relativ einfache Methode, um festzustellen, ob ein bestimmter Algorithmus fragwürdig ist. Nehmen wir als Beispiel ein Problem, das wir bereits in einem früheren Kapitel angesprochen haben. Statistisch betrachtet neigen Kunden, die ihre Namen in Online-Formularen nur mit Kleinbuchstaben angeben (*jamie susskind* statt *Jamie Susskind*), mehr als doppelt so häufig dazu, ihre Kredite nicht zurückzuzahlen. Sollten Kreditinstitute auf Grundlage dieser Erkenntnis solchen Antragstellern Kredite verweigern oder höhere Zinsen dafür verlangen dürfen?

Eine moralisch seriöse Reaktion erfordert Antworten auf drei Fragen.

Die erste lautet, ob es einen bekannten *kausalen* Zusammenhang zwischen der Eingabe von Kleinbuchstaben und der Säumigkeit bei Krediten gibt. Wissen wir, ob das eine der *Grund* für das andere ist? Wenn die Maschine bei der Beantwortung

Akzeptable Algorithmen

dieser Frage helfen kann, wunderbar. Aber wahrscheinlich ist sie dazu nicht in der Lage.[7]

Wenn sich kein kausaler Zusammenhang finden lässt, gibt es vielleicht eine Möglichkeit, mit Hilfe des *gesunden Menschenverstands* eine Verbindung zwischen den beiden Variablen herzustellen, auch wenn diese nicht der eigentliche Grund für die Korrelation ist? Vielleicht sind Menschen, die beim Tippen nachlässig sind, ja auch weniger sorgfältig bei der Verwaltung ihrer Finanzen.

Wenn man weder eine kausale Verbindung findet noch eine, die der gesunde Menschenverstand nahelegt, lautet die letzte Frage, ob die Verbindung *moralisch akzeptabel* ist und die Werte und Prioritäten der Gemeinschaft berücksichtigt. In unserem Beispiel könnte die Befürchtung überwiegen, dass Leute, die schlecht tippen oder über eine geringere Bildung verfügen, unverhältnismäßig stark benachteiligt würden, wenn man von ihnen höhere Gebühren verlangte.[8] Eine andere politische Gemeinschaft könnte entscheiden, dass diejenigen, die Formulare sorgfältig ausfüllen, ein moralisches Anrecht darauf haben, für ihre penible Vorgehensweise belohnt zu werden. Wie auch immer, wenn es keinen kausalen oder nachvollziehbaren Zusammenhang zwischen Daten und einer Entscheidung gibt und auch keine akzeptable moralische Verbindung, sollten die Daten in diesem Kontext nicht genutzt werden.

Maschinen besitzen erstaunliche Fähigkeiten bei der Erkennung von Mustern. Doch wir müssen unsere Gesellschaft nicht auf Grundlage dieser Muster neu organisieren. Manche Dinge sind nun einmal wichtiger als Daten.[9]

***

Eine letzte Notwendigkeit bei einem Regelwerk für Algorithmen ist die Möglichkeit zu Ausnahmeregelungen. Schon Aristoteles stellte vor vielen Jahrhunderten fest, dass Entscheidungen, die auf Grundlage allgemeiner Regeln getroffen werden, gelegentlich zu schlechten Ergebnissen führen können. Bei jedem derartigen Prozess, argumentierte er, müsse man spezielle Vorkehrungen für Sonderfälle treffen.[10] Auf die Gesetzgebung bezogen lautete Aristoteles' Lösung, wie Philip Sales dargelegt hat (Lord Sales ist Richter am Obersten Gerichtshof des Vereinigten Königreichs), dass Richter und andere Amtsträger einen gewissen Ermessensspielraum haben sollten, um Ausnahmen machen zu können.[11] Aristoteles nannte diese Tugend *Epikie*, was meist mit Billigkeit oder Angemessenheit erklärt wird. Republikanische Juristen griffen das Konzept der Epikie begeistert auf. Cicero bezeichnete sie als Mittel zur Abmilderung des Römischen Rechts, das so »formal und präzise« sei, dass selbst begründete Ansprüche an Formalien scheitern würden.[12] Wie der Rechtswissenschaftler Frederick Schauer feststellt, wurde die Herausbildung des Billigkeitsgrundsatzes im englischen Recht von ähnlichen Überlegungen geleitet.[13]

Aristoteles' Logik gilt auch für maschinell lernende Algorithmen. Selbst wenn die Daten in eine bestimmte Richtung weisen, sollten gewisse Entscheidungen der menschlichen Aufsicht unterliegen, um Ungerechtigkeiten auszuschließen. Nehmen wir als Beispiel die automatisierten Systeme der Social-Media-Plattformen, die nichtauthentische Inhalte löschen. Von 100 Deep Fakes verstoßen vielleicht 95 gegen die Nutzungsbedingungen der Plattform, doch die anderen 5 Prozent könnten legitime Satire sein.[14] Ähnlich kann es sich bei Bildern, die ein spezielles Arrangement fleischfarbener Gegenstände zeigen, um Pornographie handeln, bei einer kleinen Anzahl geht es aber vielleicht um Werbung für Aktmalkurse oder es sind schlicht Nahaufnahmen von Pfirsichen. Doch auch sie werden womöglich entfernt, weil der Algorithmus nach bestimmten Mustern sucht – was für die betroffenen Unternehmen katastrophale Folgen haben könnte. In diesen Fällen funktioniert der Algorithmus durchaus, aber die Ausnahmen führen zu Ungerechtigkeiten. Ebendeshalb können wir nicht blind den Entscheidungen der Algorithmen folgen. Die in Kapitel 23 vorgestellten Tech-Tribunale würden hier für mehr Gerechtigkeit sorgen.

***

Unsere moralischen Normen zu erkennen und herauszufiltern, bevor wir sie auf Algorithmen anwenden, ist nicht so einfach. Dabei muss nämlich Klarheit darüber bestehen, was uns wirklich wichtig ist.[15] Das liegt daran, dass Algorithmen keine eigenen ethischen Vorstellungen haben. Sie werden von Menschen entwickelt (auch wenn diese sie so gestalten können, dass sie unvorhersehbare Entscheidungen treffen), und wir dürfen diese verantwortungsvolle Aufgabe nicht einfach den Entwicklern überlassen, die dann wichtige Entscheidungen für uns alle treffen.

Manche sagen, dass es falsch wäre, Algorithmen stärker zu regulieren als Menschen, die dieselben Aufgaben erledigen. Schließlich würden auch Menschen ständig irrationale und unfaire Entscheidungen treffen. Ein Geschworener hält womöglich einen Angeklagten für schuldig, nur weil ihm sein Kiefer nicht gefällt. Eine Managerin lehnt vielleicht einen Bewerber ab, weil sie die Farbe seiner Krawatte nicht mag. Und ein Richter verhängt vielleicht eine höhere Haftstrafe, weil er sich kurz vor der Verhandlung den Zeh gestoßen hat. Menschen rechtfertigen solche Handlungen vor sich und anderen mit plausibel klingenden Begründungen, die mit der Wahrheit jedoch wenig zu tun haben.[16] Warum also sollten Algorithmen gründlicher untersucht werden und einem höheren Standard unterliegen?

Dieser Einwand wirkt überzeugend, basiert jedoch auf einem Missverständnis. Man kann von Menschen unmöglich verlangen, ihre verborgenen Gründe für ihr Handeln offenzulegen. Doch Algorithmen sind keine Menschen. Sie nehmen keinen Schaden, wenn wir ihre innere Funktionsweise offenlegen und an ihr herumhantieren. Sie haben keine Würde, die wir herabsetzen könnten, kein Gewissen, das wir nicht bedrängen dürfen, keine Gefühle, die wir verletzen könnten, kein Ego, dem wir einen Knick verpassen, und keine Selbstachtung, die wir beeinträchtigen könnten. Algorithmen können streng reguliert werden, *ohne* dass damit der Verlust menschlicher Freiheit einhergeht. Ja, die Regulierung von Algorithmen bedeutet auch, dass diejenigen, die sie entwickeln und kontrollieren, sicherstellen müssen, dass sie gesetzeskonform sind. Aber das ist ein relativ geringer Preis, vor allem im Hinblick auf die Algorithmen, die definitiv systemische Auswirkungen auf die Gesellschaft haben.

So betrachtet stellen Algorithmen für die Gesellschaft nicht nur eine Bedrohung dar, sondern auch eine Gelegenheit. Die wichtigen Algorithmen können so gestaltet werden, dass sie unseren gemeinsamen Prioritäten – etwa Freiheit und Demokratie – entsprechen und so für deren Umsetzung sorgen. Programme müssen keine Bedrohung für die Republik darstellen.

TEIL X

SOCIAL-MEDIA-GOVERNANCE

»Ein System der freien Meinungsäußerung in einer Gesellschaft zu bewahren ist eines der komplexesten Probleme, mit dem eine Gesellschaft konfrontiert ist. Es erfordert Selbstbeherrschung, Selbstdisziplin und Reife. [...] Die Mitglieder der Gesellschaft müssen bereit sein, individuelle und kurzfristige Vorteile für die gesellschaftlichen und weitreichenden Ziele zu opfern.«

Thomas Emerson

KAPITEL 36

DAS SCHLACHTFELD DER IDEEN

Wie sollten die sozialen Medien – wenn überhaupt – reguliert werden? Mit dieser Frage wird mittlerweile weltweit gerungen. Es gibt keine einfachen Antworten. Bei nahezu jedem Detail der Debatte herrscht Uneinigkeit. Die wenigsten von uns sind zufrieden mit dem Zustand des Online-Diskurses, doch zugleich herrscht Unbehagen angesichts von Vorschlägen, die es dem Staat erlauben würden, das unantastbare Recht der freien Meinungsäußerung zu beschränken.

Es ist an der Zeit, sich auf die Suche nach einer geeigneten Lösung zu machen. Sie beginnt mit einer Analyse der Probleme, die mit sozialen Medien in Verbindung gebracht werden. Im folgenden Kapitel betrachten wir die bisherige Regulierung der Medien und was man daraus lernen kann. Anschließend nehmen wir uns die in der aktuellen Diskussion miteinander konkurrierenden Philosophien vor. Und zum Schluss gibt es Vorschläge für einen Aktionsplan.

Zunächst aber müssen wir uns mit vier unumstößlichen Wahrheiten befassen.

Die erste lautet, dass auch Untätigkeit eine Entscheidung bedeutet – die Entscheidung zur Kapitulation. Social-Media-Plattformen legen bereits die Grenzen für die freie Meinungsäußerung fest und bestimmen über die Qualität des demokratischen Diskurses. Sie ordnen, filtern und präsentieren Informationen. Sie geben die Regeln vor, was gesagt werden darf und wer es sagen darf. Sie billigen oder verbieten Ideen und entscheiden, wer sie vortragen darf. Und bei alldem folgen sie zwangsläufig ihren eigenen Regeln, Prinzipien, Vorurteilen und Philosophien.[1] Das ist nicht als Kritik gemeint. Ich will damit nur zeigen, dass es gar nicht um die Entscheidung geht, die freie Meinungsäußerung mit Regeln zu versehen oder sich selbst zu überlassen. Sie wird bereits reguliert – von den Plattformen selbst. Die Frage lautet nun, ob die Plattformen sich selbst überlassen werden sollen oder ob man ihnen Regeln gibt, die von der politischen Gemeinschaft festgelegt wurden.

Zweitens ist der »Absolutismus der freien Meinungsäußerung« keine Option. Es ist weder theoretisch wünschenswert noch praktisch umsetzbar, jede Äußerung gleichermaßen zu schützen. Jede Demokratie erkennt an, dass bestimmte Äußerungen – Drohungen, Bestechung, Meineid, Volksverhetzung, Betrug – keinen rechtlichen Schutz verdienen. Selbst in Gesellschaften, in denen die freie Meinungsäußerung einen hohen Stellenwert genießt, wie etwa in den USA, gibt es Gesetze gegen falsche Werbeversprechen, Mobbing am Arbeitsplatz und Diffamierung.[2] In den USA kontrolliert die Securities and Exchange Commission (SEC) Äußerungen im Zusammenhang mit dem Aktienhandel. Die Food and Drug Administration (FDA) legt fest, was bei Lebensmitteln und Medikamenten angegeben werden muss, was gesagt werden darf (und was nicht). Die Federal Trade Commission (FTC) verbietet »unfaire und täuschende« Äußerungen im Handel.[3] Warum? Weil manche Einschränkungen einfach nötig sind für einen zivilisierten Umgang in einer Gesellschaft. Wenn man *alle* Äußerungen zulassen oder schützen würde, würde man kriminelle und aufwieglerische Aktionen zulassen, die den Staat an sich destabilisieren könnten, weil sie die Rechtsordnung untergraben würden, die einer Gesellschaft Halt und Stabilität gibt. Deshalb existiert in jeder ausgereiften Demokratie eine Form der Redehierarchie, bei der die politische Rede ganz oben und kriminelle Äußerungen ganz unten stehen.[4]

Drittens führt eine Regulierung der Äußerungen im Netz zwangsläufig dazu, dass man zwischen der Qualität und Quantität der Äußerungen abwägen muss, zwischen Laxheit und übertriebener Zensur, zwischen den Rechten derjenigen, die die Äußerungen tätigen, und derjenigen, die dadurch zu Schaden kommen. Jede Entscheidung erfreut unweigerlich die einen und enttäuscht die anderen. Oder wie es in einer Schlagzeile hieß: »Alle hassen Mark Zuckerberg – können sich aber nicht darauf einigen, warum.«[5]

Und schließlich ist eine Regulierung der Äußerungen im Netz in der Praxis extrem schwer umzusetzen. Kleine Plattformen würden aufgrund der mühsamen Anwendung der Regeln oder der offenen Haftungsfragen vermutlich nicht überleben. Für größere Plattformen wäre allein schon der Umfang der Interventionen überwältigend. Jeden Tag werden bei Facebook Milliarden neuer Posts veröffentlicht und Millionen Überprüfungsanfragen gestellt. Bei YouTube werden täglich Hunderttauende Stunden an neuem Videomaterial hochgeladen.[6] Nach dem Selbstmord eines britischen Teenagers 2017 entfernten Facebook und Instagram *jeden Tag* etwa 35 000

Posts im Zusammenhang mit Selbstverletzungen und Selbstmord.[7] Während Einzelpersonen die entstandenen Schäden individuell erleben, ist die Arbeit der Moderatoren durch das schiere Ausmaß immens und »nicht handwerklich, sondern industriell«.[8] Weltweit gesehen sind Fehler daher unvermeidlich. Oder wie es Monika Bickert, Head of Global Policy Management bei Facebook, formuliert: »Einem Unternehmen, das hunderttausend gepostete Inhalte am Tag überprüft, unterlaufen trotz einer Trefferquote von 99 Prozent womöglich immer noch bis zu tausend Fehler.«[9]

Angesichts dieser Wahrheiten sind Vorsicht und Demut angebracht. Bevor wir weitermachen, sollten wir daher zunächst einmal betrachten, wie Social-Media-Plattformen derzeit organisiert und reguliert sind.

***

Oliver Wendell Holmes Jr., Richter am Obersten Gerichtshof der Vereinigten Staaten, sprach sich 1919 in seiner berühmten abweichenden Meinung zum Urteil im Fall *Abrams versus United States* für einen »Freihandel der Ideen« aus. Der »beste Test für die Wahrheit«, schrieb er, »ist die Macht, mit der sich ein Gedanke im Wettbewerb des Marktes durchsetzt und Akzeptanz findet«. Dieses merkantile Denken hat das Silicon Valley in dreifacher Hinsicht infiltriert. Erstens regelt der Markt Rivalitäten zwischen Plattformen, die um die Aufmerksamkeit der Nutzer buhlen. Zweitens sind die meisten Plattformen letztlich dafür gedacht, Gewinn zu erwirtschaften. Drittens – und hier kommt Holmes' Ideal wahrscheinlich am deutlichsten zum Ausdruck – werden Äußerungen im Netz mittlerweile als Ware behandelt, wie Zucker oder Stahl, die sich je nach Angebot und Nachfrage mal besser und mal schlechter verkauft.[10] Diese Faktoren haben großen Einfluss auf die Gestaltung der Plattformen und über die Gestaltung auch auf den öffentlichen Diskurs gehabt. Wir haben hier also ein perfektes Beispiel für den Marktindividualismus.

Doch trotz seiner Dominanz ist es fraglich, ob der Markt jemals eine gute Leitmetapher für die freie Meinungsäußerung war. Immerhin hat er zugelassen, dass die Logik des kommerziellen Denkens einen Bereich verzerrt, für den sie eigentlich gar nicht passt. Und hinter einigen der beunruhigendsten Fehlkonstruktionen und Defizite der sozialen Medien verbirgt sich eigentlich ein Versagen des Marktes.[11]

Beginnen wir beim Geschäftsmodell. Die meisten großen Plattformen sind auf Daten angewiesen. Diese ermöglichen ihnen den Aufbau maschinell lernender Systeme. Und dank der Daten können Plattformen Inhalte und Werbung zeigen, die auf den Geschmack des jeweiligen Nutzers zugeschnitten sind.[12] Daher besteht für Plattformen der große Anreiz, so viele Daten von so vielen Menschen wie möglich zu sammeln.[13] Das ist Teil des »Überwachungskapitalismus«, den Shoshana Zuboff in ihrem bekannten Buch beschreibt.[14]

Der Werbung kommt eine besonders wichtige Rolle zu. Facebook erwirtschaftet 98 Prozent seiner Einnahmen mit Werbung.[15] Sie haben wahrscheinlich schon Tausende Facebook-Anzeigen gesehen, auch wenn Ihnen das vielleicht gar nicht aufgefallen ist. Facebook nutzt zwei Millionen Features, um vorherzusagen, wie Menschen auf digitale Werbung reagieren, von dem Ort, wo sie zuletzt »einen Burger gegessen haben«, bis zur »verbleibenden Akkulaufzeit« ihres Smartphones.[16] Die Daten ermöglichen es Facebook, Nutzer in Kategorien einzuordnen, die dann von den Werbekunden ins

Visier genommen werden, die bei Sofortauktionen in Echtzeit für Werbeslots bieten.[17]

Dieses Streben, mit Werbung Gewinn zu erzielen, kann jedoch hässliche Auswüchse zur Folge haben. Die Systeme von Facebook schalten auch Werbeanzeigen aufgrund der sexuellen Orientierung oder Hautfarbe eines Menschen oder sie richten ihre Werbung gezielt an Teenager, die sich »wertlos« und »verunsichert« fühlen.[18] Neben den Posts mit Berichten über den Sturm aufs US-Kapitol im Januar 2021 wurden Anzeigen für militärische Ausrüstung gezeigt.[19] Google schlug seinen Werbekunden vor, ihre Werbung gezielt neben Suchergebnissen für Begriffe wie »böse Juden« und »jüdische Kontrolle über Banken« zu platzieren.[20] Twitter erlaubte Anzeigen, die sich an Nutzer richteten, die sich für Schlüsselbegriffe wie »anti-gay« und »White Supremacists« interessierten.[21]

Plattformen zeigen den Nutzern viel von dem, was ihnen gefällt, und wenig von dem, was ihnen nicht gefällt.[22] Aus kommerzieller Sicht ist dieses Vorgehen sinnvoll. Es kann jedoch bedauerliche Folgen haben. Der Wunsch von Instagram, die Aufmerksamkeit seiner Nutzer zu gewinnen und sich dauerhaft zu sichern, führte dazu, dass Pädophile zu den Accounts von Kindern gelenkt wurden.[23] Suchen mit dem Begriff »Holocaust« führen zu Seiten von Holocaustleugnern.[24] Das liegt nicht daran, dass die Menschen, die für diese Plattformen arbeiten, Antisemiten wären oder Pädophile begünstigen wollten. Es liegt schlicht daran, dass ein Hauptzweck ihrer Systeme darin besteht, durch Werbung einen maximalen Gewinn zu erzielen. Und das kann mitunter unangenehme Konsequenzen haben.

Was bei einem Geschäft Sinn ergibt, ist moralisch gesehen noch lange nicht sinnvoll, vor allem nicht, wenn es um viel

Geld geht. Die Plattformen konkurrieren um die Aufmerksamkeit der Nutzer und wollen sie so lange wie möglich binden.[25] Das Prinzip der *Viralität* fördert populäre Inhalte, und diese Popularität wird in Form von Klicks, Shares und Likes gemessen. Die populärsten Inhalte müssen jedoch nicht unbedingt sicher oder wahr oder im Interesse einer funktionierenden Demokratie sein. Reißerische Aufmacher wie »Dieser Schweinswal hat ein Gesicht wie Donald Trump, und die Leute flippen aus« oder »Unglaubliches Geständnis von Meghan Markle zu den Anschlägen vom 11. September« ziehen viel mehr Aufmerksamkeit auf sich als seriöser Journalismus. Anzüglicher Klatsch und Tratsch ist interessanter als langweilige altmodische Fakten.[26] Der Markt ist blind gegenüber der Wahrheit oder der Stichhaltigkeit von Ideen, solange die Nachfrage stimmt. »Gerüchtewellen« im Netz sorgen dafür, dass sich falsche Behauptungen viel schneller verbreiten als wahre. Und politische Unwahrheiten verbreiten sich am schnellsten.[27]

Das hat zur Folge, dass es im Netz nur so wimmelt von Falschinformationen. Seit der ersten größeren moralischen Empörung über Desinformationen im Netz 2016 hat sich bei Facebook die Zahl der Likes, Kommentare und geteilter Beiträge aus Kanälen, die regelmäßig Unwahrheiten verbreiten, in etwa *verdreifacht.*[28] Während der Corona-Pandemie lasen Millionen Menschen Posts, in denen behauptet wurde, chinesische Wissenschaftler hätten das Virus geschaffen, der Verzehr von Knoblauch könne Corona heilen, der Papst habe sich infiziert und Corona werde von der 5G-Technologie verursacht.[29] Der erfolgreichste Beitrag bei Facebook im ersten Quartal 2021 war ein pseudowissenschaftlicher Artikel über die tödlichen Wirkungen des Corona-Impfstoffs.[30] Eine Stu-

Das Schlachtfeld der Ideen

die schätzt, dass bei Twitter 45 Prozent der Tweets über das Virus von Bots kamen, die Falschinformationen verbreiteten.[31] Dieses Problem besteht generell im Zusammenhang mit medizinischen Informationen, denn drei Viertel der Amerikaner nutzen das Internet als erste Anlaufstelle bei gesundheitlichen Fragen. Viele konsultieren unter anderem YouTube, dabei sind gerade die besonders gefragten medizinischen Videos fachlich oft nicht sonderlich fundiert.[32] Bei Amazon wurden vielen, die dort nach grundlegenden Informationen zum Corona-Virus suchten, Bücher von Quacksalbern empfohlen (die sich leider großer Beliebtheit erfreuten).[33]

In den letzten Jahren haben Plattformen versucht, gegen Fake News vorzugehen, und konnten dabei durchaus Erfolge verbuchen. Doch der Kampf bleibt mühsam, solange sie dabei gegen ihr eigenes Geschäftsmodell arbeiten müssen. Content-Moderation und Faktenchecks sind außerdem teuer. Die Plattformen unternehmen daher nur das absolute Minimum dessen, was der Markt verlangt. Im Jahr 2019 prahlte Mark Zuckerberg, Facebook gebe 3,7 Milliarden Dollar für die Sicherheit seiner Plattform aus – eine beeindruckende Summe, bis man sich vor Augen führt, dass Facebook in dem Jahr Einnahmen in Höhe von etwa 70 Milliarden Dollar hatte und einen Gewinn von 24 Milliarden verbuchte.[34]

Und selbst wenn Plattformen versuchen, gegen Falschinformationen vorzugehen, besteht weiterhin das Problem, dass sie mit Informationen überschwemmt werden, die nicht unbedingt falsch sind, wohl aber selektiv, irreführend oder übertrieben. Das Internet beherbergt, wie es Alexander Hamilton wohl bezeichnet hätte, eine »Flut von wütenden und bösartigen Leidenschaften«.[35] Ein zivilisierter Umgang ist daher schwierig und Kompromissbereitschaft selten. Natürlich hat nicht erst das Internet das »gefräßige Übel der Spaltung« hervorgebracht.[36] In den USA geht ein Großteil der Polarisierung der letzten Jahre auf das Konto der privaten TV-Nachrichtensender, nicht auf das der sozialen Medien.[37] Eine maßgebliche Studie bezeichnet das »Ökosystem der rechtsgerichteten Medien« als den »Hauptschuldigen, wenn es darum geht, Verwirrung zu stiften und Misstrauen zu säen«.[38] Die Plattformen verschärfen jedoch gesellschaftliche Kontroversen, vor allem bei jenen, die sich generell wenig für Politik interessieren oder die auf eine begrenzte Auswahl an Medienquellen vertrauen.[39] Konflikt erhält mehr Klicks als Konsens. Gnadenloses Aufeinandereindreschen lockt mehr Zuschauer als eine gepflegte Akademikerdebatte.[40] Appelle an die »Stammeszugehörigkeit« schneiden besser ab als neutrale Schlagzeilen.[41] Angeblich steigert jede moralisch empörte Äußerung die Rate der Retweets um 17 Prozent.[42] Und besonders extreme Menschen schaffen es immer, sich irgendwie zu finden. »Die Wahrscheinlichkeit, auf hasserfüllte Tweets zu antworten, ist bei hasserfüllten Nutzern 71-mal höher.«[43]

Das algorithmengestützte Empfehlungssystem von YouTube, das für fast 75 Prozent der Zeit verantwortlich ist, die auf der Plattform verbracht wird,[44] steht in der Kritik, weil es Nutzer zu Inhalten führt, die immer schockierender werden, je länger die Nutzer auf der Plattform verweilen.[45] Clips über Jogging in der Freizeit führen zu Videos über Ultramarathons. Vegetarische Rezepte führen zu Videos über militanten Veganismus.[46] Das Video eines konservativen Politikers kann Clip für Clip in ein Schlangennest des Extremismus der Alt-Right-Bewegung führen.[47] YouTube behauptet hingegen, seine Algorithmen würden keine bestimmte Ideologie bevorzugen.[48] Das mag sein, aber ist das eine Antwort auf den Vorwurf der

Verantwortungslosigkeit? Hier wären wir wieder beim *Neutralitätsirrtum* (Kapitel 8). Eine Politik der Neutralität gegenüber extremistischen, rassistischen und gewalttätigen Äußerungen gibt denjenigen Macht, die extremistische, rassistische und gewalttätige Äußerungen tätigen. Die meisten Plattformen gestehen das indirekt in ihren Nutzungsbedingungen ein, doch Richtlinien können es kaum mit Algorithmen aufnehmen, die mit aller Macht in die andere Richtung streben.

***

Politische Werbung bringt ihre eigenen Probleme mit sich, vor allem wenn sie sich unter Verwendung persönlicher Daten an diejenigen richtet, die der jeweiligen Botschaft wahrscheinlich zustimmen. Diese Methode nennt man Mikrotargeting. Problematisch ist in diesem Zusammenhang insbesondere, dass Journalisten, Faktenprüfer und politische Gegner deutlich weniger Möglichkeiten haben, die dortigen Behauptungen zu widerlegen.[49] Traditionell wurden politische Debatten öffentlich ausgetragen, um Politiker zu zwingen, ein möglichst breites Spektrum an Wählern zu erreichen und nicht nur ihre Anhänger.[50] Beim Mikrotargeting können Politiker jedoch Standpunkte von sich geben, die sie bei einer öffentlichen Diskussion niemals laut äußern würden, frei nach dem Motto: »Stimmen Sie für mich, und alles wird gut für *Sie* – um die anderen müssen Sie sich keine Gedanken machen.«[51] Anstatt Ideen dem Licht der öffentlichen Kritik auszusetzen, schaffen Plattformen Tausende Miniaturmärkte für jeweils spezifische Denkhaltungen. Politiker können sich dort präsentieren, wo sie besonders gut aufgenommen werden. (Mit der Einrichtung öffentlich zugänglicher, durchsuchbarer Archive haben einige Plattformen erste Schritte unternommen, gegen das Problem vorzugehen, doch *nachträgliche* Kritik ist kein Ersatz dafür, den Schaden von vornherein zu verhindern.)

Im *New Yorker* wurde argumentiert, das Problem beim politischen Mikrotargeting bestehe darin, dass der »Marktplatz der Ideen umgangen« werde.[52] Doch das ist eine Fehleinschätzung. In einem wirklich öffentlichen Forum müssen die Redner ihr wahres Gesicht zeigen und ihre Ideen offen darlegen. Bei einer kommerziellen Transaktion gibt es diese Verpflichtung nicht. Es ist nicht üblich, gewöhnliche Marktaktivitäten einer öffentlichen Überprüfung zu unterziehen. Das Problem ist also nicht, dass Plattformen den Marktplatz der Ideen *umgehen*, sondern dass sie das Konzept zu seinem logischen Ende führen: einem privatisierten System des Diskurses, das nicht demokratischen Normen folgt, sondern merkantilen.

***

Als Märkte sind Social-Media-Plattformen natürlich auch globalisiert. Informationen halten sich nicht an Staatsgrenzen. Theoretisch bedeutet das, dass Menschen weltweit vom freien Informationsfluss profitieren können. Es bedeutet aber auch, dass ausländische Akteure schädliche Substanzen in die Lebensadern anderer Länder injizieren können. Im US-Wahlkampf 2016 schaltete eine im Auftrag des Kreml handelnde russische Firma Anzeigen gegen Hillary Clinton, die 150 Millionen Internetnutzer erreichten.[53] Zigmillionen Tweets und Tausende YouTube-Videos wurden von feindlichen Mächten mit dem Ziel verbreitet, politische und soziale Zwietracht zu säen.[54] Diese Operationen setzten sich freilich auch nach dem Wahlkampf von 2016 fort.[55] Mit der Corona-Krise kam es auf

Das Schlachtfeld der Ideen

Social-Media-Plattformen zu einer »erheblichen Desinformationskampagne« von russischer Seite, darunter die Behauptung, die im Iran ihren Anfang nahm, das Corona-Virus sei eine biologische Waffe der USA.[56]

Der internationale Warenverkehr ist für uns völlig normal, deswegen haben sich aber noch lange nicht auch politische Gemeinschaften globalisiert. Es gibt daher keinen vernünftigen Grund, warum man zulassen sollte, dass chinesische Propagandisten Wahlen in Europa beeinflussen, dass mazedonische Teenager von ihrer Heimat aus Trump-Propaganda im amerikanischen Rust Belt verbreiten[57] oder dass die größte Black-Lives-Matter-Gruppe auf Facebook heimlich von einem weißen Mann in Australien kontrolliert wird.[58] Folgt man dieser Argumentation, gibt es ebenso wenig einen Grund, warum ein europäisches Gericht in der Lage sein sollte – wie derzeit im europäischen Recht vorgesehen –, Plattformen anzuweisen, Inhalte in anderen Ländern zu entfernen, in denen diese Inhalte völlig legal sind.[59]

***

Aber jetzt kommt der Haken. Ein Marktplatz ohne Regeln wird irgendwann zu einem Schlachtfeld

> Voll wirrer Alarmsignale von Kampf und Flucht,
> Wo törichte Armeen nächtens aufeinanderprallen.[60]

Recht zu haben zählt weniger als Stärke. Das Streben nach Wahrheit zählt weniger als ein energisches Auftreten. Vernunft zählt weniger als ein großes Ressourcenaufgebot, das man gegen den Feind zusammenziehen kann. Auf dem

Schlachtfeld der Ideen erleben die Beteiligten das geradezu erotische Vergnügen, »alle Verrücktheit, die man empfindet, heraus[zu]lassen, [...] das Vergnügen daran, ohne jeden Sinn zu schwafeln, die Freude am reinen Gefühl, häufig an Wut«.[61] Nur keine Hemmungen!

Wir sind im digitalen Zeitalter zu einer früheren und primitiveren Vorstellung der freien Meinungsäußerung zurückgekehrt. Vor der Marktmetapher griffen die Anhänger der Redefreiheit oft auf Kriegsmetaphern zurück. Im 17. Jahrhundert beschrieb John Milton Ideen als Teilnehmer eines Ringkampfes: »Laßt sie [die Wahrheit] und die Falschheit miteinander ringen; wer hat jemals erkannt, daß die Wahrheit den Kürzeren gezogen hat in einem freien und offenen Kampf?«[62] Im 19. Jahrhundert argumentierte John Stuart Mill, die Wahrheit gehe aus »dem rauhen Prozeß eines Kampfes zwischen feindlichen Parteien« hervor.[63]

Nathaniel Persily weist darauf hin, dass Social-Media-Plattformen womöglich mit zweierlei Maß gemessen werden.[64] Manche Kritiker werfen ihnen eine überzogene Zensur vor, andere eine mangelnde Content-Moderation. Ein republikanischer Geist sieht darin jedoch keinen Widerspruch. Die republikanische Kritik richtet sich gegen die Struktur: Unter dem derzeitigen System ist der Informationsfluss in einer Gesellschaft viel zu stark von privaten kommerziellen Anreizen geprägt, anstatt sich am öffentlichen Wohl zu orientieren; zudem haben die Bürger wenig oder gar kein Mitspracherecht bei den Regeln, die über sie bestimmen. Aus Sorge um die Demokratie könnten manche Republiken zu einer stärkeren Kontrolle des Informationsumfeldes tendieren. Andere könnten sich für ein Umfeld entscheiden, in dem jeder frei schalten und walten kann. Die Informationsinfrastruktur sollte jedoch

Das Schlachtfeld der Ideen

auf keinen Fall den Launen der Unternehmen überlassen werden, die sich eher von marktwirtschaftlichen Normen als den Normen einer Demokratie leiten lassen.

Die Einführung von Gesetzen zur Kontrolle der sozialen Medien wäre nicht unser erster Versuch, die Medien zu regulieren. Das nächste Kapitel befasst sich mit früheren Regulierungsansätzen in demokratischen Gesellschaften, ihren durchwachsenen Ergebnissen und den Lektionen, die wir daraus ziehen können.

KAPITEL 37

TOASTER MIT BILDERN

Die Geschichte der Redefreiheit ist nicht gerade verheißungsvoll. Über Jahrtausende haben politische und religiöse Autoritäten – in der Regel aus unguten Gründen – zu bestimmen versucht, was gesagt werden durfte und was ungesagt bleiben sollte. Der athenische Staatsmann Solon verbot 594 v. Chr. die »böse Rede«. Sokrates wurde 399 v. Chr. wegen seiner kontroversen Ansichten zum Tode verurteilt.[1] Im mittelalterlichen Europa gab es strenge Vorgaben, was gesagt und geschrieben werden durfte. Im Jahr 1275 verbot das englische Parlament »jedwede falsche Nachricht oder Geschichte«, durch die es »zwischen dem König und seinem Volk« zu »Zwietracht und Verleumdung« kommen könnte.[2] Auch die Kirche hielt ketzerische Ideen unter Kontrolle. Im Jahr 1500 verkündete Papst Alexander VI. großzügig: »Rom ist eine freie Stadt, jeder möge schreiben und sprechen, wie es ihm gefällt.« Ein Jahr später ordnete er an, nicht genehmigte Druckerzeugnisse zu verbieten.[3] Im darauffolgenden Jahrhundert befand die Inquisition Galilei der Häresie für »höchst verdächtig« und verlangte von ihm, seinen Ansichten, die letztlich den Beginn der modernen Physik markieren, »abzuschwören, sie zu widerrufen und zu verachten«.[4] Die damaligen Zeiten kann man jedenfalls nicht gerade als aufgeklärt bezeichnen. Der Druck von Büchern und anderen Publikationen musste genehmigt werden, sie wurden zensiert und manchmal auch verbrannt.

In England besserte sich die Lage nach der Verabschiedung der Bill of Rights von 1689 und dem Auslaufen des Licensing Act von 1695, der für Druckpressen und -erzeugnisse eine Genehmigung vorgeschrieben hatte. Die Untertanen erlangten von da an die Freiheit, sich offen an politische Autoritäten zu wenden, und die Zeitungen entwickelten sich von einem Sprachrohr der Regierung zu der freien und robusten Presse, für die England mittlerweile berühmt ist. Damit entstand das, was wir heute als »Öffentlichkeit« bezeichnen.[5]

Der Erste Zusatzartikel zur amerikanischen Verfassung, der 1791 ratifiziert und 1868 auf die Bundesstaaten übertragen wurde, war insofern ungewöhnlich, dass er eine bestimmte Branche unter den Schutz der Verfassung stellte: die Presse. Genauso bemerkenswert war, dass die Gesetzgeber sich nicht nur nicht in Meinungsäußerungen einmischen wollten, sondern sogar versuchten, derartige Einmischungen zu *beschränken*, indem sie jedes Gesetz verboten, das »die Rede- und Pressefreiheit des Volkes einschränkt«.[6] Allerdings (und vielleicht ein wenig überraschend) verhinderte der Erste Verfassungszusatz nicht die Verabschiedung und Umsetzung des Sedition Act von 1798, der »die Abfassung, den Druck, den Vortrag oder die Veröffentlichung falscher, skandalöser oder boshafter Schriften oder von Schriften gegen die Regierung« zum Zweck der Diffamierung unter Strafe stellte. (Die Verfassungsmäßigkeit des Sedition Act wurde nie direkt infrage gestellt.)[7] Auch der Espionage Act von 1917 oder der Sedition Act von 1918, der jede regierungskritische Äußerung untersagte, sofern sie den Erfolg des Militärs gefährdete, wurden dadurch nicht verhindert. Berühmt wurde ein Fall, in dem das Oberste Gericht ein Urteil bestätigte, das die Verfasser eines Pamphlets, in dem die Wehrpflicht als »Sklaverei« bezeichnet wurde, nach dem Espionage Act für schuldig befunden hatte.

Der Oberste Gerichtshof der USA und Generationen von Rechtswissenschaftlern haben den Ersten Verfassungszusatz immer wieder unterschiedlich interpretiert; einige Sichtweisen werden wir im nächsten Kapitel genauer betrachten. Einstweilen genügt hier die Feststellung, dass die heutige Auslegung des Ersten Verfassungszusatzes mit ihrem weit gefassten Konzept der freien Meinungsäußerung und ihrem Misstrauen gegenüber einer Einmischung des Staates größtenteils ein Produkt des 20. Jahrhunderts ist.

***

Man vergisst leicht, dass die amerikanischen Rundfunksender fast das halbe 20. Jahrhundert unter staatlicher Aufsicht standen. Seit den frühen dreißiger Jahren hatte die Federal Communications Commission (FCC) die Macht, kommerzielle Sender im Sinne »des öffentlichen Interesses, der Annehmlichkeit und der Notwendigkeit« zu regulieren.[8] Bis zur Amtszeit Ronald Reagans konnte die FCC von den Sendern verlangen, einen Teil der Sendezeit auf Themen zu verwenden, die für die Öffentlichkeit von Bedeutung waren, gegensätzliche Ansichten ausgewogen darzustellen und verschiedene Standpunkte zu berücksichtigen. Das Ganze war als »Fairness-Doktrin« bekannt.[9] Sendefrequenzen galten als eine natürliche Ressource, die allen Amerikanern gemeinsam gehörte, und die Sender sollten sie zu treuen Händen verwalten. Rundfunklizenzen wurden nur den Sendern gewährt, die sich verpflichteten, die öffentlichen Auflagen zu erfüllen.[10]

Die Arbeit der FCC gefiel natürlich nicht allen. In ihren Hochzeiten warfen ihr rechtsgerichtete Politiker vor, sie mische sich zu stark ein, während linksgerichtete Politiker erklärten, sie sei ein zahnloser Tiger und werde von den Konzernen an der Nase herumgeführt.[11] Am Ende setzten sich die Rechten durch. In den siebziger und achtziger Jahren sahen sich die Verfechter einer Medienaufsicht auf einmal heftigem Gegenwind ausgesetzt, und sogar die FCC selbst vertrat nun die Ansicht, der freie Markt sorge für eine ausreichende Regulierung. Mittlerweile gebe es dank Kabel- und Satellitentechnologie so viele Fernsehsender, dass die Verbraucher mit den Füßen abstimmen könnten, wenn ihnen das, was sie sahen, nicht gefiele. Kluge Verbraucher würden Qualität verlangen, und die notwendigen Anreize seien bereits vorhanden.

Am Ende löste sich die FCC vollständig von der Idee eines öffentlich-rechtlichen Rundfunks. Ihr Vorsitzender erklärte, es sei »an der Zeit, Rundfunkanstalten nicht mehr als Treuhänder zu betrachten. Es ist an der Zeit, sie so zu behandeln, wie es fast alle anderen in der Gesellschaft bereits tun – nämlich als Unternehmen.« Aus seiner Sicht war Fernsehen »nur ein weiteres Haushaltsgerät. Ein Toaster mit Bildern.«[12] Im Jahr 1987 entschied die FCC, die Fairness-Doktrin sei unvereinbar mit dem Ersten Verfassungszusatz, und warf sie komplett über Bord. Das markierte das Ende der staatlichen Bemühungen, die amerikanischen Sender zu fairen Standards zu verpflichten.[13] Offiziell wurde die Fairness-Doktrin 2011 aus den FCC-Richtlinien gestrichen.[14]

Kommentatoren haben sehr dezidierte Ansichten zur Fairness-Doktrin. Oft wird allerdings über sie diskutiert, ohne dass groß darüber sinniert würde, wie sich die amerikanischen Medien wohl *ohne* die Doktrin entwickelt hätten. Beim Vergleich hilft ein Blick in andere Länder, die ihre eigenen Versionen zur Regelung des Rundfunks entwickelt haben, und das durchaus mit Erfolg. Das Vereinigte Königreich ist ein gutes Beispiel. Die britischen Sender unterliegen seit den technischen Anfangszeiten der staatlichen Regulierung.[15] Für das Betreiben eines kommerziellen Radio- oder Fernsehsenders benötigt man eine Lizenz der Medienaufsichtsbehörde Ofcom (Office of Communications). Um eine Sendelizenz zu erhalten und zu bewahren, muss der Betreiber als »geeignet und integer« eingestuft werden. Bei der Entscheidung über diese Eignung betrachtet das Ofcom, ob sich der Antragsteller bisher an das Mediengesetz gehalten hat, sowie andere Aspekte, die ihn ungeeignet erscheinen lassen könnten. (1998 wurde einem Mann, der wegen Vergewaltigung verurteilt worden war, die Radiolizenz entzogen.)[16]

Wie früher in den USA spielt auch im Vereinigten Königreich das »öffentliche Interesse« eine wesentliche Rolle bei der Regulierung der Sender. Das System soll sicherstellen, dass die Medien »die Funktionen übernehmen, die für eine demokratische Gesellschaft notwendig sind«.[17] Ofcom hat einen Verhaltenskodex erstellt, den Broadcasting Code, der verschiedene Regeln aufführt.[18] Reality-TV-Sendungen »dürfen das Publikum nicht in erheblichem Maße in die Irre führen«. Darstellungen von Selbstverletzungen und Selbstmord dürfen nicht gezeigt werden, »es sei denn, sie sind redaktionell und zudem durch den Kontext gerechtfertigt«. Hassrede ist verboten, wenn sie nicht durch den Kontext gerechtfertigt ist.

Toaster mit Bildern

Personen oder Organisationen dürfen von den Sendern nicht ungerecht oder unfair behandelt werden.

Der Kodex enthält besondere Bestimmungen für Nachrichtensender, die sie dazu verpflichten, mit »angemessener Genauigkeit« und »angemessener Unparteilichkeit« zu berichten. Gravierende Fehler müssen »normalerweise rasch in der Sendung eingeräumt und korrigiert werden«. Besteht bei einem Reporter oder Nachrichtensprecher ein persönliches Interesse an der Berichterstattung, das Zweifel an seiner »angemessenen Unparteilichkeit« wecken könnte, »muss dies dem Publikum deutlich gemacht werden«. Bei »wichtigen politischen und wirtschaftlichen Kontroversen« und »wichtigen Fragen zur aktuellen Politik« müssen die Sender ein »angemessen breites Spektrum an relevanten Standpunkten« präsentieren und jede dieser Ansichten »gebührend berücksichtigen«. Bei Wahlen muss Parteien und unabhängigen Kandidaten gebührende Aufmerksamkeit eingeräumt werden. Die Vorschriften verbieten fast jede Form der bezahlten politischen Werbung.[19] Einige wenige große Sender unterliegen besonderen »Verpflichtungen im Dienst der Öffentlichkeit«; unter anderem müssen sie bei unabhängigen Produktionen, Eigenproduktionen und regionalen Sendungen bestimmte Quoten erfüllen.[20]

Zur Durchsetzung dieser Vorschriften hat Ofcom gewisse Befugnisse. In den meisten Fällen führt ein Verstoß gegen den Kodex lediglich zu einer Rüge – der Sender erhält eine offizielle Abmahnung. Doch Ofcom kann Sender auch mit Bußgeldern belegen, sie anweisen, eine Richtigstellung zu senden, ihnen die Wiederholung bestimmter Sendungen verbieten und die Laufzeit ihrer Lizenzen verkürzen oder ihnen diese ganz entziehen.[21] Derzeit gibt es aufseiten der Regierung Vorschläge, dass Ofcom nicht nur als Regulierungsbehörde für Radio- und Fernsehsender, sondern auch für die sozialen Medien fungiert.

Auf Amerikaner wirkt dieses Regulierungssystem vielleicht etwas bevormundend – so wie die amerikanischen Sender aus britischer Sicht sehr parteiisch wirken. Allerdings kann man wohl kaum behaupten, das Vereinigte Königreich sei keine funktionierende Demokratie oder seine Bürger seien in ihrer Rede- und Meinungsfreiheit eingeschränkt. Im Gegenteil. Wie wir im nächsten Kapitel noch feststellen werden, basiert der britische Ansatz einfach auf einer anderen Philosophie im Hinblick auf die Meinungsfreiheit als die, die von den Puristen des Ersten Verfassungszusatzes bevorzugt wird.

***

Eine häufige Frage lautet: *Wenn Facebook reguliert werden soll, wird dann auch die New York Times reguliert?* Die Antwort lautet »nein«. Um die Gründe dafür zu verstehen, sollten wir zunächst einmal betrachten, wie unterschiedlich Rundfunkmedien und Printmedien sowohl in den USA als auch im Vereinigten Königreich behandelt werden. Während die Rundfunkmedien streng reguliert wurden, überließ man die Zeitungen traditionell sich selbst, zumindest in den letzten beiden Jahrhunderten. Im Vereinigten Königreich, wo der Rundfunk strengen Auflagen unterliegt, sind die Zeitungen politisch sehr parteiisch und schrecken in ihrer Angriffslust auch nicht vor Beleidigungen zurück.

Zwischen Zeitungen und Social-Media-Plattformen gibt es mindestens sieben bedeutsame Unterschiede.

Erstens sammeln Social-Media-Plattformen, wie wir bereits festgestellt haben, immense Datenmengen über ihre Nutzer.

Eine Zeitung – zumindest in ihrer Papierform – hört weder unsere Gespräche ab noch liest sie unsere privaten Nachrichten. Wir beobachten vielleicht die Zeitung, aber sie beobachtet nicht uns.

Zweitens wissen wir, wenn wir eine Zeitung lesen, dass uns dieselben Inhalte wie allen anderen Lesern präsentiert werden. Doch auf Plattformen unterscheidet sich der Strom der Informationen abhängig von den Vorlieben der Nutzer. Was ich sehe, ist aller Wahrscheinlichkeit nach nicht das, was Sie sehen.

Drittens, wenn Sie den *Guardian* oder das *Wall Street Journal* lesen, wissen Sie, was Sie bekommen. Diese Publikationen machen aus ihrer Haltung keinen Hehl, und ihre Prioritäten lassen sich leicht erkennen. Plattformen hingegen operieren im Dunkeln. Ihre Algorithmen bleiben verborgen und unterliegen keiner öffentlichen Überprüfung. Selbst die wachsamsten Bürger können nicht wirklich wissen, ob die Content-Moderation einer Plattform richtig funktioniert, ja sie wissen nicht einmal, was »richtig funktioniert« im jeweiligen Kontext bedeuten würde.

Viertens ist eine Zeitung (selbst als Online-Ausgabe) relativ leicht zu kontrollieren, weil sie eine verhältnismäßig überschaubare Menge an Inhalten generiert und der Außenwelt präsentiert. Im Gegensatz dazu ist die Domäne der Online-Plattformen riesig und zerfällt in viele verschiedene Bereiche. Facebook hat mehr Anhänger als das Christentum. 94 Prozent der Amerikaner im Alter zwischen 18 und 24 Jahren nutzen YouTube.[22] Diese Plattformen beherbergen Millionen Stimmen, die alle gleichzeitig um Aufmerksamkeit buhlen. Die Netzöffentlichkeit ist per se viel sprunghafter und unbeständiger.

Fünftens reguliert sich die Zeitungsbranche selbst und folgt seit langem bestehenden und allgemein verständlichen Normen. Es gibt guten Journalismus und schlechten Journalismus, und im Allgemeinen wissen wir, was einen guten Journalisten von einem schlechten unterscheidet.[23] Ein guter Journalist wahrt professionelle Distanz, schützt seine Quellen, überprüft Anschuldigungen auf ihren Wahrheitsgehalt, gibt denen, über die er berichtet, die Möglichkeit, sich dazu zu äußern, und so weiter. Für die sozialen Medien existiert bisher noch kein gemeinsames Normensystem.

Sechstens ist die Zeitungsbranche im Vergleich zu den sozialen Medien und den Rundfunkmedien dezentral organisiert und stärker vom Wettbewerb geprägt.[24]

Der letzte und wichtigste Punkt ist der, dass Plattformen nicht nur ihre eigenen Inhalte bearbeiten. Sie bearbeiten und sortieren uns alle, bringen uns in eine Reihenfolge und bewerten uns. Noch nie hatte ein Massenmedium so großen Einfluss auf die Gespräche *zwischen* den Bürgern.

Aus all diesen Gründen ist es mehr als angebracht, sich für eine intensivere Kontrolle der Plattformen einzusetzen. Ein anderer Ansatz wäre es freilich, die Unterschiede zwischen den Medien zu *begrüßen*. Ein sanfter Kurs gegenüber den Printmedien und ein strengerer Kurs gegenüber dem Rundfunk und den sozialen Medien könnten sich ideal ergänzen. Wenn eine Republik gedeihen will, benötigt sie furchtlose Printmedien, die die Regierung zur Verantwortung ziehen, aber vielleicht bräuchte sie auch Bereiche, in denen deliberative Prozesse auf demokratischere Weise ablaufen können. Warum sollte man nicht ein Medienökosystem aufbauen, das beides bietet?[25]

* * *

Toaster mit Bildern

»Toaster mit Bildern« war noch nie eine schlaue Beschreibung für Fernsehsender, und auch für soziale Medien ist die Metapher denkbar ungeeignet. (Kleine Nebenbemerkung: Eine Internetsuche mit dem Begriff »Toaster with pictures« ergibt Reklame für den *SCOTUS Toaster*, der »das Gesicht der Richterin Ruth Bader Ginsburg in Ihre Brotscheibe toastet«. Vermutlich hat das irgendeine tiefere Bedeutung.) Mir ist nicht bekannt, dass ein Toaster je Macht über Menschen gehabt, ihre Freiheit bedroht oder die Demokratie beschädigt hätte. Soziale Medien hingegen sind dazu sehr wohl in der Lage, daher spricht dem ersten Anschein nach alles dafür, sie zu regulieren. Aber welche philosophischen Prinzipien sollten einer derartigen Regulierung zugrunde liegen? Mit dieser Frage beschäftigen wir uns im nächsten Kapitel.

KAPITEL 38

EIN SYSTEM DER FREIEN MEINUNGSÄUSSERUNG

Sprechen und Zuhören sind Voraussetzungen eines zivilisierten Lebens. Ohne die Freiheit, uns zu äußern, könnten wir weder Autonomie erreichen noch unsere persönliche Entwicklung voranbringen. Wir könnten nicht durch öffentliche Debatten nach Wahrheit streben. Und wir könnten auch nicht die anderen Rechte und Freiheiten genießen, die von einer freien Meinungsäußerung abhängen. Das Recht auf einen fairen Prozess zum Beispiel setzt das Recht voraus, dass man sich zu seiner eigenen Verteidigung äußern kann. Das Recht auf Bildung setzt voraus, dass Lehrer andere ungehindert an Ideen teilhaben lassen können. Das Recht auf freie Religionsausübung erfordert die Möglichkeit, zu predigen und zu beten. Ein sinnvolles System der freien Meinungsäußerung muss zulassen, dass wir auch ekelerregende, ketzerische und abstoßende Dinge sagen dürfen. »Eine Freiheit, die nur harmlose Äußerungen zulässt«, heißt es im Common Law von England und Wales, »ist keine Freiheit.«[1]

In den westlichen Ländern gibt es heute zwei wesentliche Haltungen zur freien Meinungsäußerung. Aus Gründen der Einfachheit bezeichne ich sie als den amerikanischen und den europäischen Ansatz, obwohl beide damit nur unzureichend beschrieben werden.

Der amerikanische Ansatz beginnt (und endet vermutlich auch) mit dem Ersten Zusatzartikel der amerikanischen Verfassung: Der Kongress »soll kein Gesetz erlassen, das [...] die Rede- und Pressefreiheit einschränkt«. Für viele Amerikaner ist das quasi der Goldstandard für den Schutz der Redefreiheit. Ein Rechtswissenschaftler hat die USA in diesem Zusammenhang sogar als das Land bezeichnet, »das die freie Meinungsäußerung von allen Ländern der Welt am meisten schützt, heute und im Verlauf der Geschichte«.[2] Das zu sagen, was man denkt, gilt als »Teil der nationalen Identität«.[3]

Der »amerikanische Ansatz« nimmt den Ersten Verfassungszusatz gewissermaßen wörtlich. Die wichtigste Aufgabe eines Systems der freien Meinungsäußerung besteht demnach darin, den *Kongress* davon abzuhalten, *Gesetze* zu verabschieden, die die freie Meinungsäußerung einschränken. Es ist damit in erster Linie ein hervorragender Schutz gegen staatliche Zensur. Es kündet von einem tiefen und berechtigten Misstrauen gegenüber Regierungen – selbst demokratischen –, die Krisen oder einen anderen Vorwand nutzen könnten, um Äußerungen, die ihnen missfallen, zu unterdrücken.[4]

Aber schützt der amerikanische Ansatz auch die freie Meinungsäußerung im 21. Jahrhundert? Bisher lautete die Arbeitshypothese, dass die freie Meinungsäußerung ein kostbares Gut sei, das man bewahren müsse. Rechtliche Einschränkungen würden ein ohnehin begrenztes Reservoir zusätzlich schrumpfen lassen. Heute jedoch wird die Welt, wie viele Autoren do-

kumentiert haben, mit Informationen überschwemmt.[5] Wir
müssen nicht befürchten, dass die Äußerungen verstummen,
sondern dass eine sinnvolle Kommunikation in einer Flut von
Fake News untergeht, in von Trollen erzeugten Beleidigungen,
botgenerierten Irreführungen und viralen Falschinformationen.[6] Vor diesen Bedrohungen bietet der Erste Verfassungszusatz wenig oder gar keinen Schutz. Milan Kundera schrieb
einst vom »Wahnwitz der Masse« und der Kultur, die unter-
gehe »in der Menge, in Buchstabenlawinen«.[7] Und das war,
bevor es das Internet gab.

Inzwischen sind wir darauf angewiesen, dass andere digitale
Systeme die Informationen dieser Welt für uns filtern und sortieren. Wie wir jedoch festgestellt haben, ist diese Aufgabe im
Kern politisch und mit Kontroversen und Risiken behaftet. Sie
gibt Plattformen – und damit privaten Unternehmen anstelle
des Parlaments – die Macht, die freie Meinungsäußerung zu
beschränken oder bestimmte Formen der Meinungsäußerung
zu fördern und andere zu unterdrücken. Der Erste Zusatzartikel enthält nun aber keine Vorgaben für Plattformen. Die
Unterdrückung oder Förderung von Äußerungen wird darin
nicht erwähnt, geschweige denn eingeschränkt. In den USA
sind Social-Media-Plattformen nicht verpflichtet, irgendwelche Formen der Meinungsäußerung zuzulassen, geschweige
denn den Diskurs auf demokratische Weise zu moderieren.

Das Problem reicht jedoch noch tiefer. Es ist ja nicht nur
so, dass der Erste Verfassungszusatz den Tech-Unternehmen
keine Verpflichtungen auferlegt. Er verpflichtet auch den Staat
nicht zur Einführung von Gesetzen zur Förderung der freien
Meinungsäußerung. Tatsächlich steht die Verfassung solchen
Gesetzen eher feindselig gegenüber, da sie als Einschränkung
der Redefreiheit ausgelegt werden könnten.[8]

Wie wir in Kapitel 36 gesehen haben, schrieb Oliver Wendell Holmes Jr., die amerikanische Verfassung basiere auf der Theorie, dass »der beste Test für die Wahrheit« die Macht ist, »mit der sich ein Gedanke im Wettbewerb des Marktes durchsetzt und Akzeptanz findet«. Er fügte jedoch noch eine Warnung hinzu: »Es ist ein Experiment, wie alles im Leben ein Experiment ist.« War das Experiment nun erfolgreich?

Egal, wie man die freie Meinungsäußerung betrachtet – ob als unverzichtbaren Bestandteil der Selbstverwirklichung, als Generator von Wahrheiten oder als Fundament der Demokratie –, man kann wohl kaum behaupten, dass der Erste Verfassungszusatz so, wie er derzeit interpretiert wird, besonders geeignet wäre, um es mit den Herausforderungen der digitalen Technologie aufzunehmen. Ende des 18. Jahrhunderts, als die größte Bedrohung der freien Meinungsäußerung die staatliche Zensur war, mag er durchaus sinnvoll gewesen sein, aber heute wirkt er zunehmend veraltet.

***

Wie sieht es nun mit dem europäischen Ansatz aus? (Meine verkürzte Formulierung umfasst auch den Ansatz, den man in Kanada, Neuseeland, Südafrika und anderen Ländern verfolgt.) Die europäische Entsprechung zum Ersten Zusatzartikel der amerikanischen Verfassung ist Artikel 10 der Europäischen Menschenrechtskonvention (EMRK).

Wie der Erste Verfassungszusatz schützt Artikel 10 die freie Meinungsäußerung. Doch dieser Schutz ist nicht absolut. Zum einen dürfen Regierungen die Ausübung dieser Freiheit unter bestimmten Umständen an »Formvorschriften, Bedingungen, Einschränkungen oder Strafdrohungen« knüpfen.

Allerdings muss jede Einschränkung vom Gesetz vorgesehen sein, darf also nicht einfach der Laune derer, die gerade regieren, entspringen. Zudem müssen die Einschränkungen »in einer demokratischen Gesellschaft notwendig« sein, das heißt, sie müssen der Dringlichkeit der Situation entsprechen. Diese Dringlichkeit kann aufgrund einer Bedrohung der nationalen Sicherheit, der territorialen Unversehrtheit oder der öffentlichen Sicherheit gegeben sein oder zum Schutz der Gesundheit oder der »Moral«, zum Schutz des guten Rufes oder der Rechte anderer oder zur Wahrung der Autorität und der Unparteilichkeit der Rechtsprechung. Diese Kategorien werden durch die richterlichen Entscheidungen an den europäischen Gerichten weiterentwickelt und erörtert.

Das alles läuft darauf hinaus, dass manche Formen der freien Meinungsäußerung in Amerika zugelassen, in Europa jedoch verboten sind. Zum Beispiel ist das Leugnen des Holocausts in Frankreich und Deutschland illegal. Das Abbrennen eines Kreuzes im Garten einer schwarzen Familie wäre durch ein europäisches Gericht nicht geschützt – anders als in den USA: Der Oberste Gerichtshof entschied (in Ermangelung von Beweisen, dass das Abbrennen der Einschüchterung dienen sollte), das brennende Kreuz sei als freie Meinungsäußerung durch die Verfassung gedeckt.[9] In Europa können Regierungen gestützt auf das geltende Recht verlangen, dass faschistische Symbole in sozialen Medien entfernt werden; die US-Regierung würde das wohl gar nicht erst versuchen.

Isoliert betrachtet erlaubt der europäische Ansatz Regierungen schlicht und einfach, mehr Äußerungen zu zensieren als der amerikanische Ansatz. So gesehen ist der amerikanische Ansatz tatsächlich der, der »die freie Meinungsäußerung von allen Ländern der Welt am meisten schützt«. Es besteht immer die Gefahr, dass europäische Regierungen, auch demokratische, versuchen könnten, mit repressiven Absichten in das Informationsökosystem einzugreifen.

Ein maßgeblicher Unterschied zwischen dem europäischen und dem amerikanischen Ansatz liegt jedoch darin, dass der europäische Ansatz einem Staat nicht nur gewisse Vorgehensweisen *verbietet*, sondern auch bestimmte Dinge von ihm *verlangt*. Europäische Regierungen haben die positive Pflicht, zu gewährleisten, dass das Recht auf freie Meinungsäußerung auch in der Praxis besteht.[10] Artikel 10 verlangt die Schaffung einer Umgebung, die die Teilnahme am öffentlichen Austausch begünstigt.[11] Das ist überaus wichtig, denn dadurch sind Regierungen verpflichtet sicherzustellen, dass ihr System der freien Meinungsäußerung die demokratische Selbstverwaltung fördert. Die freie Meinungsäußerung wird nicht nur als individuelles, sondern auch als kollektives Recht behandelt – und manchmal muss man beide gegeneinander abwägen.

***

Trotz dieser Unterschiede liegen der amerikanische und europäische Ansatz gar nicht so weit auseinander. Einige amerikanische Juristen sind der Ansicht, dass eine korrekte moderne Auslegung des Ersten Zusatzartikels näher beim europäischen Ansatz liegen würde, als es die gegenwärtige Lehre vertritt. Sie stützen ihre Argumentation gemeinhin auf drei Punkte.

Das erste Argument bezieht sich auf die Geschichte. Der Erste Verfassungszusatz wurde im Laufe der Zeit immer wieder unterschiedlich interpretiert. Wie wir bereits im vorigen Kapitel festgestellt haben, wurde der Sedition Act noch zu Lebzeiten der amerikanischen Verfassungsväter verabschiedet – und viele hatten kein Problem damit.[12] Tatsächlich sucht man in der amerikanischen Rechtswissenschaft bis in die dreißiger Jahre hinein vergeblich nach der Vorstellung, dass die freie Meinungsäußerung »ein Kernelement der Verfassung und eine Verpflichtung war, geschweige denn ein hervorragendes Mittel zur Begrenzung der Regierungsmacht«.[13] Im Jahr 1969 urteilte der Oberste Gerichtshof, die Fairness-Doktrin – die eine staatliche Rundfunkaufsicht erlaubte – stehe nicht im Widerspruch zum Ersten Verfassungszusatz. Das Urteil wurde zwar angezweifelt und gelegentlich beiseitegeschoben, jedoch nicht gekippt.[14] Die heutige orthodoxe Haltung, die keine andere Bedrohung der freien Meinungsäußerung anerkennt als die durch den Staat, ist weder auf ewig festgelegt noch universal.

Zweitens deuten die eigenen Entscheidungen des Obersten Gerichts bereits an, dass eine Neuinterpretation innerhalb der bestehenden Grenzen des Fallrechts möglich ist. Das Gericht rechtfertigte die Fairness-Doktrin unter anderem mit den besonderen Eigenschaften der Rundfunkmedien. Warum sollte man also den Ersten Verfassungszusatz nicht unter Berücksichtigung der besonderen Eigenschaften der digitalen Technologie neu betrachten?[15] Darüber hinaus hat das Oberste Gericht das Internet mit »öffentlichen Straßen und Parks« verglichen und festgestellt, dass der »Cyberspace« und »insbesondere die sozialen Medien« zu »den wichtigsten Orten (im räumlichen Sinne) für den Austausch von Meinungen« geworden seien. Sollte diese Feststellung nicht dazu führen, die Rechte der Menschen, die sich in diesem öffentlichen Raum äußern wollen, neu zu bewerten?[16]

Und zu guter Letzt besteht in Amerika eine ausgeprägte

intellektuelle Tradition, die erklärt, dass sich der Erste Verfassungszusatz nicht nur auf eine Einmischung durch den
Staat bezieht. Diese Haltung, die sich in den Schriften von
James Madison oder Louis Brandeis findet und oft auch mit
Alexander Meiklejohn in Verbindung gebracht wird, besagt, dass der Grundsatz der freien Meinungsäußerung nicht
vom Projekt der Selbstregierung getrennt werden kann.[17]
Nach dieser Ansicht muss ein System der freien Meinungsäußerung vor allem das »zentrale konstitutionelle Ziel« einer
deliberativen Demokratie fördern.[18] Meiklejohn weist darauf
hin, dass der Erste Verfassungszusatz eine Einschränkung der
Redefreiheit, nicht jedoch die Beschneidung der Rede an sich
verbietet. Daher, argumentiert er, seien Gesetze zur »Erweiterung und Bereicherung« der Redefreiheit vollkommen im
Einklang mit der Verfassung.[19] Falls Meiklejohn recht hat, soll
der Erste Zusatzartikel nicht die »ungehemmte Redseligkeit«
schützen, sondern die »Verstümmelung der Denkprozesse
einer Gemeinschaft« verhindern.[20] Diese Interpretation der
Verfassung passt zum republikanischen Ansatz. Für Anhänger
der republikanischen Idee ist die Meinungsfreiheit von grundlegender Bedeutung, weil sie eine Voraussetzung zur Selbstregierung ist. Ohne Gesetze zum Schutz der freien Meinungsäußerung wären *Deliberation* und *Gegenmacht* – die beiden
Säulen der republikanischen Freiheit – ständig bedroht. Vertreter des Republikanismus wissen, dass die Politik nicht von
den kommunikativen Handlungen zu trennen ist, aus denen
sie besteht: Argumentieren, Diskutieren, Zuhören, Begründen,
Erklären, Vortragen. »Es kann keine Regierung des Volkes
geben«, erklärte einmal einer der angesehensten englischen
Richter, »wenn das Volk nichts über die Probleme weiß, die
geklärt werden müssen, die Argumente für und gegen ver-

schiedene Lösungen und die Fakten, die den Argumenten zugrunde liegen.«[21]

***

Unsere Generation, ob sie nun der amerikanischen oder europäischen Tradition verpflichtet ist, wird über das Problem der freien Meinungsäußerung neu nachdenken müssen. Jedes System zur Regulierung der sozialen Medien muss die Tatsache anerkennen, dass ein Teil der schädlichen Äußerungen im Netz derzeit nicht verboten ist. Denken wir zum Beispiel an Inhalte, die Essstörungen bei jungen Mädchen glorifizieren, was auf den gängigen Plattformen erstaunlich häufig vorkommt. Viele würden Plattformen gern gesetzlich dazu verpflichten, die weite Verbreitung dieses Materials bei jungen Frauen einzuschränken, und im Vereinigten Königreich gibt es bereits entsprechende Pläne. Aber (so das Gegenargument) der Staat hat kein Recht, sich bei Inhalten einzumischen, die nicht gegen das Gesetz verstoßen.

Das Dilemma ergibt sich daraus, dass Äußerungen, die früher nicht sonderlich problematisch waren, heute tödliche Risiken bergen können. Inhalte, die eine Selbstschädigung und Essstörungen fördern, waren vor dreißig Jahren schwer zu finden, doch heute sind sie für jedes Mädchen mit einem iPad nur ein paar Klicks entfernt. In ähnlicher Weise können Falschinformationen in wenigen Sekunden bis in den letzten Winkel unseres Planeten vordringen und dabei auch noch die besonders Verwundbaren und Leichtgläubigen ins Visier nehmen. Dadurch sind sie eindeutig gefährlicher als früher, zumal wenn Plattformen alternative Ansichten herausfiltern.

Eine weitere neue schwierige Frage lautet, ob für den Einzelnen, der die Falschinformationen *äußert*, und die Plattformen, die sie *verstärken*, dieselben Regeln gelten sollen. Früher war es sinnvoll, beide Handlungen als Formen der »freien Meinungsäußerung« zu behandeln und ihnen denselben gesetzlichen Schutz zukommen zu lassen. Doch sie sind nicht dasselbe, weder im Hinblick auf ihre gesellschaftliche Funktion noch auf ihre Wirkung.

Die Frage verlangt von uns, wie Philosophen zu denken und nicht wie Juristen. Ein Jurist fragt: *Entspricht das dem geltenden Recht?* Ein Philosoph fragt: *Sollte es geltendes Recht sein?* Äußerungen, die früher völlig akzeptabel waren, sind es heute vielleicht nicht mehr. Die Normen dafür ändern sich – allerdings nicht schnell genug. Die Gesetze, die wir geerbt haben, sollten wir nicht als in Stein gemeißelt betrachten. Es wäre durchaus möglich, dass der Erste Verfassungszusatz obsolet ist, weil er keine philosophische Leitlinie mehr bieten kann, die für unsere Zeit geeignet wäre. Renommierte Rechtsexperten wie Daphne Keller bezweifeln, ob populäre Maßnahmen zur Regulierung der Social-Media-Plattformen überhaupt der amerikanischen Verfassung entsprechen können. Vielleicht lässt sich der Erste Verfassungszusatz, wie andere Verfassungsrechtler argumentieren, auch neu beleben oder anders auslegen.

Diesem Buch geht es nicht darum, zu klären, wie der Oberste Gerichtshof in diesen Angelegenheiten zukünftig entscheiden wird oder entscheiden sollte.[22] Es unternimmt vielmehr den Versuch, ein System der freien Meinungsäußerung zu skizzieren, das auf das 21. Jahrhundert zugeschnitten ist, die bisherige Rechtsprechung beiseitelässt und das Beste aus dem amerikanischen und europäischen Ansatz kombiniert. Um dieses System soll es im folgenden Kapitel gehen.

KAPITEL 39

SOCIAL-MEDIA-GOVERNANCE

Die freie Meinungsäußerung ist das entscheidende Bollwerk der Bürger gegen jedwede Dominanz. In einer freien Gesellschaft können selbst die Mächtigsten kritisiert und infrage gestellt werden. Für das Überleben einer Republik ist es wichtig, dass ihre Bürger ungehindert und ohne Angst jede Person oder Maßnahme hinterfragen können. John Milton schrieb: »Mir gilt die Freiheit zu erkennen, zu sprechen und nach Überzeugung frei zu schließen, mehr als alle Freiheiten.«[1]

Die Meinungsfreiheit muss nicht nur vor dem *Imperium*, also der staatlichen Macht, sondern auch vor dem *Dominium*, der Macht privater Unternehmen, geschützt werden. Ich möchte in diesem Kapitel beschreiben, wie soziale Medien in einer Republik reguliert werden könnten – im Grunde also, wie ein republikanisches System zum Schutz der Meinungsfreiheit aussähe –, und erklären, wie man dieses System in der Praxis umsetzen könnte. Das hier vorgestellte regulatorische Modell ähnelt stark dem System, das derzeit im Vereinigten Königreich in Erwägung gezogen wird. Ich stütze mich aber auch auf die Arbeit einiger bedeutender Rechtswissenschaftler – Danielle Citron, Daphne Keller, Kate Klonick, Nathaniel Persily, Will Perrin, Lorna Woods, Renee DiResta und vieler weiterer –, die sich seit Jahren mit dem Thema auseinandersetzen, was jedoch nicht unbedingt heißt, dass sie dem, was ich zu sagen habe, zustimmen würden.

Zunächst einmal gilt es festzustellen, dass nicht alle Plattformen gleich sind. Ein lokaler Chatroom für Dackelfreunde hat nicht dieselbe systemische Bedeutung wie Facebook, die »größte Zensurbehörde der Welt«.[2] Ein vernünftiger Rahmen zur Regulierung der sozialen Medien würde als Erstes die Plattformen nach ihrem gesellschaftlichen Gefährdungspotenzial einordnen. In die niedrigste Risikokategorie würden bescheidene Online-Formate wie Community-Foren, Hobbygruppen und Fanseiten fallen. Sie sollten weitgehend sich selbst überlassen bleiben und nur einer minimalen Regulierung unterliegen. Nicht, weil sie alle immer so nett und erfreulich sind – bei manchen tun sich wahre Abgründe auf –, sondern weil sie nicht allzu viel Macht haben. Man kann sie leicht wieder verlassen und leicht ersetzen, und die Schäden, die sie verursachen, greifen normalerweise nicht auf die breite Gesellschaft über. Darüber hinaus werden sie meist von Ehrenamtlichen oder kleineren Organisationen mit begrenzten Ressourcen betrieben. Bei einer zu starken Regulierung wären sie erledigt. Manchmal sind Leute im Internet ganz furchtbar zueinander, und man kann trotzdem nicht viel dagegen tun – zumindest nicht, ohne mehr Schaden als Nutzen anzurichten.

Am anderen Ende des Spektrums, in der höchsten Risikokategorie, würden ganz große, offene Plattformen wie Facebook und Twitter stehen. Aufgrund ihrer Größe und ihrer gesellschaftlichen Funktion sind sie in der Lage, die politische Agenda zu beeinflussen, Inhalte in Windeseile zu verbreiten und die Meinung und das Verhalten von Millionen Menschen zu prägen. Diese Plattformen zu verlassen, fällt Nutzern schwer, und ihre Konkurrenten haben Mühe, ihnen die Stirn zu bieten. Sie sind wichtige Räume für das bürgerschaftliche und wirtschaftliche Leben. Wenn sie bestimmte Menschen blockieren oder ausschließen, macht sich das bemerkbar. Da die großen Plattformen ein höheres Risiko für die Gesellschaft darstellen, sollten sie stärker reguliert werden als die unbedeutenderen Plattformen.[3]

Eine Einordnung der Plattformen allein aufgrund ihrer Größe wäre natürlich unbefriedigend. Die Grenzen zwischen den verschiedenen Kategorien würden ziemlich willkürlich festgelegt. Fairerweise muss man jedoch sagen, dass eine Regulierung in vielen anderen Branchen genauso läuft, etwa im Bankensektor, wo größere Finanzinstitute normalerweise einer stärkeren Regulierung unterliegen als kleinere. Und auch die Tech-Branche wird in zunehmendem Maße so reguliert. Im deutschen Recht liegt die Schwelle für eine Regulierung von Hate Speech bei zwei Millionen Nutzern pro Plattform, und die EU plant bereits eine Regulierung der Plattformen nach Größe, wobei zwischen »Kleinst- und Kleinunternehmen« und »sehr großen Online-Plattformen« unterschieden wird, von denen »systemische Risiken« ausgehen.[4]

Trotzdem sollte Größe nicht der einzige Faktor sein, der bestimmt, welcher Kategorie eine Plattform bei einer Regulierung angehört. Wie die britische Regierung offenbar erkannt hat, sollten Plattformen, die (freiwillig oder unfreiwillig) zur Brutstätte für Kinderpornographie, sexuelle Belästigung oder extreme politische Aktivitäten werden, einer höheren Risikostufe zugeordnet werden als andere Plattformen vergleichbarer Größe.[5] Sie können (wie ähnliche Gruppen bei Facebook und Subreddits bei Reddit) eine ernsthafte Bedrohung für Einzelpersonen und die Republik darstellen, auch wenn sie nur ein paar Tausend Nutzer haben.

***

Nachdem die Plattformen verschiedenen Kategorien zugeordnet wurden, sollten sie entsprechend reguliert werden. Plattformen der unteren Risikostufe sollten weitgehend von der Haftung für die von ihnen gehosteten Inhalte befreit bleiben. Ein lokales Chatforum sollte nicht für alle unpassenden Inhalte zur Verantwortung gezogen werden, die seine Nutzer dort eingestellt haben. Doch diese Immunität darf nicht als Freischein verstanden werden. Auch von kleinen Plattformen kann man erwarten, dass sie über entsprechende Systeme (proportional zu ihrer Größe und ihren Ressourcen) verfügen, um Material zu entfernen, das konkrete Personen in hohem Maße verletzt oder das eine besonders gravierende Herabwürdigung darstellt. Ein Beispiel dafür wären die sogenannten Rachepornos.

Plattformen in einer höheren Risikokategorie müssten vom Gesetz stärker zur Verantwortung gezogen werden können. Anstatt von jeglicher Verantwortung für die Inhalte auf ihren Plattformen befreit zu sein (wie sie es derzeit in den USA laut Paragraph 230 des Communications Decency Act – siehe Kapitel 16 – sind), sollte diese Befreiung an den Nachweis eines plattformeigenen Überprüfungssystems gebunden sein. Dabei denke ich an die aktuellen Vorschläge im Vereinigten Königreich, große Plattformen auf *System-* oder *Entwick-*

*lungs*ebene zu regulieren.[6] Die Bürger sollten mit Hilfe der demokratischen staatlichen Organe über die geltenden legalen Vorgaben entscheiden. Diese würden sich von Land zu Land unterscheiden, könnten aber beispielsweise wie folgt aussehen (auch hier habe ich mich wieder von aktuellen Vorschlägen im Vereinigten Königreich inspirieren lassen):

- Große Plattformen sollten angemessene Systeme vorweisen, um die Flut und / oder die Sichtbarkeit schädlicher Falschinformationen zu reduzieren.
- Große Plattformen sollten angemessene Systeme vorweisen, um Cyber-Mobbing zu unterbinden.
- Große Plattformen sollten angemessene Systeme vorweisen, um eine Einmischung des Auslands in den politischen Prozess zu verhindern.
- Große Plattformen sollten angemessene Systeme vorweisen, um die schädlichen Auswirkungen synthetischer oder nicht authentischer koordinierter Aktivitäten zu verringern.

Generell sollten die rechtlichen Vorgaben für soziale Medien eine strenge Haftung vorsehen – mit guten Absichten ist es nicht getan. Sie sollten aber auch *ergebnis*orientiert sein; die Plattformen müssen also selbst ausarbeiten, wie sie ihren Verpflichtungen am besten nachkommen. Zusätzlich sollten die Vorgaben *risiko*basiert sein und darauf abzielen, Risiken zu verringern, anstatt abzuwarten, bis die Schäden entstanden sind, und diese erst dann zu beseitigen. Richard Allan, der sowohl in der Politik als auch im Technologiesektor aktiv war, schlägt anhand dieser Linien Maßnahmenkataloge zur Schadensreduzierung vor:

Social-Media-Governance

Jede Maßnahme würde jedem, der sich für dieses Thema interessiert, eine klare und leicht verständliche Beschreibung liefern, wie eine Plattform das Risiko eines bestimmten Schadens einschätzt und was genau sie dagegen unternimmt.

Der Maßnahmenkatalog würde die Grundlage für die Zusammenarbeit zwischen Regulierungsbehörden und Plattformen bilden, wobei es der Regulierungsbehörde möglich sein müsste, im Einzelnen zu überprüfen, wie die Plattform das Problem versteht und welche Lösung sie vorschlägt.

Die Maßnahmen sollten veröffentlicht werden und ausreichend detaillierte Informationen für uns alle enthalten, damit wir die Abläufe verstehen; gleichzeitig könnten jedoch besonders sensible Informationen nur an die Regulierungsbehörde gehen.[7]

Die empirische Forschung zur Frage, was in diesem Zusammenhang funktioniert und was nicht, wächst ständig.[8] Man sollte Plattformen Raum und Anreize geben, dieses Wissen zu erweitern und auf ihren eigenen Bereich anzuwenden. Und es gibt auch keinen Grund, warum diese Aufgabe nicht Unternehmen übertragen werden sollte, deren Raison d'Être darin besteht, Systeme zu entwickeln und zu lizensieren, die der Gesetzeslage entsprechen.

Die gesetzlichen Standards für große Plattformen müssen sich nicht auf die Schadensreduzierung beschränken. Sie könnten auch die Verpflichtung umfassen, bestimmte positive Ziele umzusetzen. Ein Beispiel wäre der folgende Vorschlag:

- Große Plattformen sollten über angemessene Systeme verfügen, die eine deliberative Debatte über Themen von gesellschaftlicher Bedeutung fördern.

Auf den ersten Blick mag diese Forderung von staatlicher Seite ziemlich lästig und viel zu komplex wirken. Was heißt in diesem Zusammenhang »angemessen« und was ist mit »gesellschaftlicher Bedeutung« gemeint? Dabei sind diese Begriffe auch nicht schwieriger zu definieren als viele andere, die in Gesetzen verwendet werden. Sie im Lauf der Zeit zunehmend präziser zu formulieren und wenn nötig anzupassen, wäre die Aufgabe der Parlamente und Gerichte. Beispielsweise wurde der Begriff der Fahrlässigkeit im englischen Zivil- und Strafrecht über viele Jahre anhand des Konzepts entwickelt, was ein vernünftig denkender Mensch in einer bestimmten Situation tun würde. Es wäre daher nicht zu viel verlangt, wenn wir das Gesetz auf neue Art weiterentwickeln müssten.

Um die Vorgabe der »angemessenen Systeme« zu erfüllen, steht großen Plattformen eine ganze Reihe von Instrumenten zur Verfügung: Systeme zur Überwachung von Mobbing und zur Begrenzung von Missbrauch; Algorithmen, die seriöse Nachrichtenquellen fördern, die Verbreitung irreführender viraler Beiträge eindämmen oder den Nutzern andere Standpunkte aufzeigen; Funktionen, die dazu ermuntern, Artikel zu lesen, bevor man sie teilt, oder die eine ausgewogene Meinungsbildung fördern; unabhängige Verfahren zur Faktenprüfung und Kennzeichnung; Nutzungsbedingungen, die fair sind und unmittelbar umgesetzt werden können. Es gab auch bereits den Vorschlag, dass Plattformen Accounts mit hohen Follower-Zahlen stärker in die Pflicht nehmen sollten – eine Idee, die durchaus Vorzüge hat.[9]

Das alles ist nicht allzu kompliziert. Aber eben auch keine

exakte Wissenschaft. Ein System zur Regulierung der freien Meinungsäußerung sollte nicht nach Vollkommenheit streben, sondern nur nach einer Reduzierung der Unvollkommenheit. Gleichwohl können wir von den großen Plattformen schon ein bisschen mehr verlangen als bisher, und wir sollten auch in der Lage sein, sie zur Verantwortung zu ziehen, wenn sie ihren Verpflichtungen nicht nachkommen.

***

Eine Regulierung auf Systemebene, die noch dazu ergebnis- und risikobasiert ist, hat drei Vorteile.

Erstens bleibt so der Staat bei individuellen Entscheidungen zur Content-Moderation außen vor. Das ist wichtig. Man sollte ein Regulierungssystem vermeiden, bei dem der Staat ermutigt wird, in individuelle Sprechakte einzugreifen. Viel wichtiger wäre es, sich allgemein auf die Verbreitung schädlicher Informationen auf einer Plattform zu konzentrieren, die sich auf die Neigungen der Nutzer, auf das Werk bösartiger Akteure oder auf algorithmische Verstärkung zurückführen lassen könnte – oder auf alle drei Faktoren zusammen.

Zweitens finden Plattformen und Dienstleister in der Regel selbst die besten Möglichkeiten zur Verbesserung ihrer Systeme. Wir können davon ausgehen, dass Bereiche wie die Content-Moderation und die Faktenprüfung weiterhin wachsen und sich zu einem lukrativen Geschäft entwickeln werden.[10]

Drittens sollte man großen Plattformen, die auch in großem Umfang aktiv sind, kleine Fehler zugestehen, wenn sie nachweisen können, dass ihre Systeme ansonsten die Anforderungen erfüllen. Was Falschinformationen betrifft, sollte der Staat die Entscheidung, bestimmte Inhalte zu entfernen oder wiederherzustellen, nicht bestrafen. Er *sollte* jedoch fragen können: Vergrößern die Algorithmen der Plattform das Problem noch zusätzlich oder mindern sie es? Gibt es adäquate Verfahren, um falsche Inhalte zu erkennen oder zu kennzeichnen? Gibt es ein zertifiziertes System, betrieben von zertifizierten Personen, um zwischen Fake News und echten Nachrichten zu unterscheiden? Gibt es ein adäquates Beschwerdesystem für Nutzer, die auf Falschinformationen hinweisen wollen? Bestehen ausreichende Sicherungen, um bei Wahlen eine Einmischung von außen zu verhindern?[11]

In anderen Branchen ist eine Regulierung auf Systemebene durchaus üblich. Beispielsweise müssen den Behörden für Ölbohrinseln, von denen eine erhöhte Gefahr ausgeht, Sicherheitspläne zur Genehmigung vorgelegt werden. Diese Pläne werden sorgfältig geprüft – ob sie den gesetzlichen Anforderungen entsprechen, ob sie nachvollziehbar sind –, anschließend allen Beteiligten vorgelegt und dann zertifiziert. Die Aufsichtsbehörde überwacht dann, ob die Pläne richtig umgesetzt werden, und verhängt bei Nichteinhaltung Sanktionen.[12] Ähnlich verfolgen Regulierungsbehörden im Finanzsektor in der Regel nicht einzelne Versäumnisse, sondern fordern die Banken auf, *Systeme* zur Bekämpfung der Geldwäsche und zur Verhinderung der Terrorismusfinanzierung zu entwickeln. Der Schwerpunkt liegt auf dem Risikomanagement und der Schadensreduzierung – nicht auf der Eliminierung sämtlicher Schäden.

Viele Plattformen arbeiten seit Jahren an der Verbesserung ihrer Systeme. Diese Verbesserungen spiegeln jedoch nicht immer die Werte und Prioritäten der Gesellschaft wider. Und sie scheinen sich in einem Tempo zu bewegen, das eher den Plattformen entgegenkommt und nicht den Bedürfnissen der

Öffentlichkeit. Darüber hinaus entsprechen die bestehenden Systeme, gelinde gesagt, nicht immer einem angemessenen Standard. Manche sind schlecht gestaltet, andere nicht ausreichend mit Ressourcen ausgestattet, wieder andere werden nicht richtig eingesetzt. Doch unabhängig von den Gründen muss der Anreiz anders gesetzt werden. In der digitalen Republik wäre die Umsetzung geeigneter Standards keine Frage des guten Willens, sondern gesetzlich vorgeschrieben.

***

In der digitalen Republik würde für Social-Media-Plattformen eine Verpflichtung zur Offenheit (Kapitel 31) gelten. Je nach Gesetzeslage würden wir von großen Plattformen erwarten, dass sie ihre Moderationsrichtlinien offenlegen, ebenso wie ihre Algorithmen und die menschlichen Arbeitsschritte zur Umsetzung dieser Kriterien, die Prinzipien und Praktiken, die für die Ordnung der Inhalte auf der Plattform gelten, die Statistiken zu regulierten Bereichen (wie oft wurden welche Inhalte entfernt und welche Accounts gesperrt) und schließlich Einzelheiten darüber, wie Daten gesammelt und verwendet werden.[13] In Deutschland gibt es bereits ein umfassendes Berichterstattungssystem, das Wissenschaftlern und Aktivisten wertvolle Einblicke ermöglicht.[14]

Was die Rechte von Einzelpersonen betrifft, hätten sie bei den höher eingestuften Plattformen (nicht aber bei den niedriger eingestuften) einen gewissen Schutz davor, willkürlich gesperrt oder zensiert zu werden. Große Plattformen wären verpflichtet, ihre Gemeinschaftsstandards konsequent, transparent und unverzüglich umzusetzen. In besonders schwerwiegenden Fällen – massive Verleumdung, Belästigung,

Rachepornos und so weiter – sollten Einzelpersonen die Möglichkeit haben, gegen unbefriedigende Entscheidungen bei Tech-Tribunalen Einspruch zu erheben, die die Plattformen zum Handeln auffordern können.[15]

Eine Zertifizierung der plattformeigenen Systeme böte Schutz vor Klagen im Zusammenhang mit Inhalten, die von Drittparteien gepostet werden. Dieser Schutz wäre nur dann verwirkt, wenn eine Regulierungsbehörde ein systemisches Versagen oder einen Verstoß gegen die Pflicht zur Offenheit feststellen würde. Der republikanische Ansatz würde somit die Haftungsbefreiung abschaffen, die amerikanische Plattformen derzeit gemäß Paragraph 230 des Communications Decency Acts genießen. Und er würde weiter als die meisten europäischen Systeme gehen, die Provider nicht zur Verantwortung ziehen, wenn diese illegale Inhalte nicht feststellen oder zur Kenntnis nehmen.[16] Massive oder wiederholte Verstöße könnten zu strafrechtlichen Sanktionen oder dem Entzug der Lizenz führen.

* * *

Das in diesem Kapitel vorgestellte Modell würde immer noch genügend Raum für ein ganzes Universum an verschiedenen Plattformen lassen. Allerdings müsste jede Plattform bestimmte Mindestanforderungen erfüllen, entsprechend ihrer Größe und ihrer gesellschaftlichen Bedeutung. Das Modell basiert auf einer Theorie der freien Meinungsäußerung, die besagt, dass das primäre Ziel einer Regulierung die Förderung und der Schutz der gesellschaftlichen Bedingungen sind, die für eine deliberative Selbstregierung und für individuelle Autonomie erforderlich sind.

Social-Media-Governance

Das soll nicht der Versuch sein, die politische Debatte in irgendeiner Form zu bereinigen oder zu zensieren. Wir alle müssen das Recht haben, provokante oder sogar abstoßende Ideen zu äußern, ohne befürchten zu müssen, mundtot gemacht zu werden, ob nun vom Staat oder von Plattformen. Aber wenn dieses Recht auf die Spitze getrieben wird, muss es ins Verhältnis gesetzt werden zu den anderen Anforderungen einer deliberativen Demokratie: zur Notwendigkeit, Falschinformationen, Mobbing und Einmischung von außen zu unterbinden.

Das hier beschriebene Modell würde sich mit *sämtlichen* Bedrohungen der freien Meinungsäußerung befassen, sei es durch den Staat, durch Plattformen oder durch böswillige Dritte.[17] Es würde eine Plattform bereits im Vorfeld daran hindern, den Bereich der Meinungsäußerung zu dominieren, und gleichzeitig angemessene Schritte unternehmen, um die Bedingungen für eine deliberative Demokratie zu schaffen. Nicht zuletzt würde es versuchen, diese Ziele mit so wenig staatlichen Interventionen wie möglich zu erreichen.

Das Modell basiert auf einem republikanischen Verständnis von Freiheit, das älter ist als der Erste Zusatzartikel der amerikanischen Verfassung und die Europäische Menschenrechtskonvention. Es würde die besten Elemente des amerikanischen und europäischen Ansatzes kombinieren und an die Anforderungen des vor uns liegenden Jahrhunderts anpassen.

SCHLUSS:
DIE DIGITALE REPUBLIK

Der große republikanische Denker Montesquieu schrieb einmal, ein Staat könne sich auf zweierlei Weise verändern: Entweder werde er korrigiert oder korrumpiert.[1]

Welches von beidem wird es sein?

Egal, wo wir uns befinden oder was wir tun, es wird selbst in unserem Allerheiligsten, unserem eigenen Denken, immer schwieriger, sich der Macht der digitalen Technologie zu entziehen. Mit jedem Jahr, das verstreicht, sind wir den Launen und Vorurteilen derjenigen, die die leistungsfähigsten Systeme entwickeln und kontrollieren, immer stärker ausgeliefert.

Es ist gar nicht so leicht zu benennen, warum die Macht der Technologie so schwer zu kontrollieren ist. Die gängige Erklärung lautet, dass sich die Macht in den Händen einiger weniger Regierungen und Megakonzerne konzentriert. Das ist sicher ein Teil der Antwort. Doch wie wir festgestellt haben, ist die Macht der Technologie selbst dann zu spüren, wenn sie sich nicht auf einige wenige konzentriert. Sie ist in der gesamten Gesellschaft verteilt, geht von unzähligen Codezeilen und Hardware-Bits aus und umgibt uns, ohne dass man einen konkreten Verantwortlichen ausmachen könnte. Die Macht der Technologie ist oft unsichtbar. Sie ist meist subtil. Häufig wirkt sie gar nicht wie Macht. Doch je weiter sie anwächst und sich ausbreitet, desto mehr droht das »Gewebe der Freiheit«, von dem Abraham Lincoln sprach, Risse zu bekommen.

Ich habe in diesem Buch darzulegen versucht, dass das eigentliche Problem im Zusammenhang mit der Tech-Branche nicht in den persönlichen Versäumnissen der CEOs liegt und ebenso wenig in der Käuflichkeit der Unternehmen, der Größe der Tech-Giganten oder gar der Macht der Technologie selbst. Es liegt vielmehr darin, dass die mächtigen digitalen Technologien – und diejenigen, die sie entwickeln und kontrollieren – nicht angemessen reguliert werden. Die Gesetzgeber tun zu wenig gegen das Machtungleichgewicht, das überall dort entsteht, wo Technologie zum Einsatz kommt. Das Gesetz bietet der Branche zu viel Schutz und uns anderen zu wenig. Es erwartet, dass der Einzelne für sich allein einsteht, wo kollektives Handeln erforderlich wäre.

Diese Lücken im Gesetz kamen nicht zufällig zustande. Ebenso wenig wie die weit verbreitete – manchmal explizite, oft implizite – Annahme ein Zufall ist, der Markt könne die Innovationen, die er hervorbringt, auch *regulieren*. Die dem Status quo zugrundeliegende Philosophie, die ich als Marktindividualismus bezeichne, hat nicht nur maßgeblich zu den gegenwärtigen Problemen beigetragen, sondern auch unser Denken vernebelt und unser Bedürfnis gehemmt, etwas an der aktuellen Situation zu ändern.

Ich hege die Hoffnung, dass der digitale Republikanismus eine Alternative bietet. Anstatt die Augen vor unkontrollierbarer Macht zu verschließen, versucht er, sie auf Schritt und

Tritt zu erkennen und zu begrenzen. Ob es nun um die un-kontrollierbare Macht von Konzernen über die Bürger geht, die Macht einer Gruppe von Bürgern über eine andere oder die Macht der Regierung über alle anderen, es gibt immer Möglichkeiten, ein Machtungleichgewicht zu beseitigen. Wir können es besser.

***

Technologischer Fortschritt sollte ein Segen für die Mensch-heit sein. Sozialer Fortschritt ist untrennbar mit Innovationen verbunden. Die Technologie kann unser Leben sicherer, dyna-mischer, würdevoller, kurzweiliger und interessanter machen. Richtig angewandt kann sie Gesellschaften sogar demokrati-scher und gerechter machen. Der technologische Kapitalis-mus hat trotz all seiner Schwächen den Lebensstandard von Milliarden Menschen nachhaltig verbessert – wenn auch mit einer gehörigen Portion staatlicher Unterstützung.

Ich kann daher verstehen, dass manche Leser nun befürch-ten, eine zu starke Regulierung könnte Innovationen hemmen und uns so der Vorteile der digitalen Technologie berauben.[2] Das wäre tatsächlich eine Tragödie. Doch sie gehen davon aus, dass sich Regulierung und Innovation gegenseitig ausschlie-ßen. Die Realität ist aber komplizierter. Manchmal gehen Re-gulierung und Innovation auch Hand in Hand.

Regulierte Branchen profitieren eindeutig von dem öf-fentlichen Vertrauen, das mit einer angemessenen Aufsicht einhergeht. Unter ansonsten gleichen Bedingungen gehen Kunden in der Regel lieber in ein Café, in dessen Fenster ein Hygienezertifikat hängt, als in ein Café ohne Zertifikat.[3] Ge-setzliche Regulierungen geben Verbrauchern »das Vertrauen, etwas Neues auszuprobieren«, weil sie wissen, dass sie sich auf Personen, Produkte und Dienstleistungen verlassen können.[4] Und sie bieten verantwortungsvollen Produzenten den Raum, qualitativ hochwertige Produkte anzubieten, ohne fürchten zu müssen, dass die Konkurrenz ihnen mit billigen, aber dubiosen Alternativen das Wasser abgräbt.[5] Auch andere große Branchen, wie die Gesundheitsbranche oder die Pharmaindustrie, sind streng reguliert und dennoch sehr wohl innovativ. Und wir wären ziemlich beunruhigt, wenn sie so wenig kontrolliert würden wie die Tech-Branche.

Stabile Regulierungssysteme bringen zudem den wirtschaftlichen Vorteil der Harmonisierung. Anstelle ineffizienter konkurrierender Standards – wie VHS und Betamax in den siebziger Jahren – ermöglicht eine Regulierung den Wettbewerb auf breiter Basis und zu gleichen Bedingungen. So sollen beispielsweise die EU-Maßnahmen zur Datenregulierung nicht nur die Nutzung von Daten regeln, sondern auch »datengesteuerte Geschäfte über nationale Grenzen hinweg« erleichtern.[6] Die in Cambridge lehrende Ökonomin Diane Coyle führt die Allgegenwart der Mobiltelefone, die für uns heute selbstverständlich ist, auf eine 1987 durchgesetzte technische EU-Norm zurück, durch die ein europaweiter (und schließlich weltweiter) Markt entstand.[7]

Anders als oft behauptet, zerstören Regulierungssysteme nicht den Anreiz zur Innovation. Allerdings können sie die *Art* der Anreize zum Besseren verändern. Wie Julie E. Cohen erklärt, hat der veränderte Ansatz bei Innovationen, bei dem vermehrt auf die Folgen geachtet wird, in anderen Branchen neue Anreize für eine »schlanke Produktion und neue Formen der Energieerzeugung, für die Entwicklung sicherer Arzneimittel und vieles mehr« geschaffen.[8] Bei einer guten

Regulierung bleiben Innovationen nicht auf der Strecke; vielmehr wird ein Teil des Einfallsreichtums, der Energie und der Investitionen, die zuvor in das blinde Streben nach Wachstum geflossen sind, in die Entwicklung von Produkten und Dienstleistungen umgelenkt, die mit den Werten der Gesellschaft übereinstimmen. Ich für meinen Teil hätte nichts gegen einen Wettlauf um das sicherste soziale Netzwerk, die sicherste Datenbank oder den fairsten Algorithmus. Es gibt bereits ganze Branchen, die sich dem wachsenden Bedarf an Content-Moderation für die sozialen Medien, der Kontrolle von Algorithmen, dem Datenmanagement und dergleichen widmen.[9] Diese Branchen würden in der digitalen Republik florieren. Und das wäre sehr zu begrüßen.

Wir sollten ohnehin von der Annahme abrücken, der einzige Zweck wirtschaftlicher Tätigkeit bestünde darin, Wachstum zu erzeugen, und nicht darin, eine Gesellschaft zu schaffen, in der das Leben lebenswert ist. Es käme einer endgültigen Kapitulation vor dem Marktindividualismus gleich, wenn wir unsere Freiheiten, die Stärke unserer Demokratie oder die Qualität unseres Rechtswesens dem Wirtschaftswachstum oder dem technologischen Fortschritt unterordnen würden. Gelegentlich geraten die Logik der kapitalistischen Innovation und das öffentliche Wohl miteinander in Konflikt. Wir sollten uns dann nicht scheuen zu sagen, dass dem öffentlichen Wohl manchmal Vorrang eingeräumt werden sollte.

Sobald wir uns über unsere Werte im Klaren sind – darüber, was uns wirklich wichtig ist –, geht es weniger um politische Kontroversen als um die Gestaltung der Regulierung. Wir benötigen Regulierungssysteme, die auf die jeweiligen Branchen zugeschnitten sind, die das Beste in den Unternehmen hervorbringen und das Schlechte eindämmen und die die Kräfte des Marktes so kanalisieren, dass daraus ein kraftvoller Fortschritt entsteht.

***

Gegen Ende des 85. (und letzten) Essays der *Federalist Papers*, einer Serie von Artikeln, die die Amerikaner davon überzeugen sollten, ihrer gerade erst entstandenen Verfassung zuzustimmen, zitiert Alexander Hamilton den schottischen Philosophen David Hume:

> Das Urteilsvermögen vieler muss sich für diese Aufgabe vereinigen; Erfahrung muss ihre Arbeit leiten; die Zeit muss das Werk zur Vollendung bringen, und das Gefühl für Unzulänglichkeiten muss die Fehler tilgen, in die sie bei ihren ersten Versuchen und Experimenten unvermeidlich verfallen werden.[10]

Die Väter der amerikanischen Verfassung, die während der Revolution die Institutionen der Republik gestalteten, waren zwar alles andere als vollkommen, doch wir können viel von ihnen lernen: von ihrem Mut, sich zu empören, ihrem Gespür für das Mögliche, ihrer Bereitschaft, bei ihrem Streben nach einem höheren Ziel auch Fehler zu machen. Im Vergleich dazu wirkt unsere Aufgabe bescheiden. Doch der Aufbau einer digitalen Republik wird nicht einfach. Auch dabei wird es zu Fehlern und Versäumnissen kommen. Es wird miteinander konkurrierende Ansätze und Philosophien geben. Es wird Zweifel und Anfeindungen geben. Dennoch sollten wir die große Aufgabe, die unserer Generation zufällt, nicht fürchten, sondern annehmen: die Aufgabe, die beeindruckende Macht der Technologie für unsere Zwecke einzuspannen und sie für die gemeinsamen Hoffnungen und Wünsche aller Menschen zu nutzen. Dafür lohnt es sich zu kämpfen.

DANK

Mein Großvater, Werner Susskind (1933–2021), starb, bevor ich ihm ein Exemplar dieses Buches schicken konnte. Als kleiner Junge war er aus Nazi-Deutschland entkommen und als Flüchtling in Glasgow gelandet. Er wurde Arzt und ein geliebter Familienvater. Für Politik oder Politiker hatte er nie viel übrig, aber seine Lebensgeschichte sagte auch so viel aus über die Fragilität von Freiheit und Demokratie (auch wenn er es selbst nie so pompös ausgedrückt hätte). Solange er lebte, hat er meine Arbeit stets unterstützt, und das hat mir viel bedeutet. Die Erinnerung an ihn wird immer ein Segen und eine Inspiration für mich sein.

Dieses Buch baut auf den Werken von Hunderten anderen auf, und beim Schreiben habe ich viele intellektuelle Schulden angehäuft. Besonders viel verdanke ich Philip Pettit, dem führenden republikanischen Denker unserer Zeit. Seit wir uns vor wenigen Jahren kennenlernten, ist er ein geschätzter Freund und Mentor geworden.

In den ersten Stadien des Schreibens genoss ich die Beratung durch Mike Kenny, die er mir bei einem leckeren Kuchen im Cambridge Blue angedeihen ließ. Außerdem wurde ich bei meiner Arbeit sehr unterstützt durch meine Forschungsassistenten Imre Bard, Roberta Fischli, Joe Robinson, Benjamin Slingo und George Tarr.

Bei den weiteren Arbeitsschritten bekam ich wichtige Rückmeldungen von Claire Benn, Simon Caney, Ashley Casovan, Tim Clement-Jones, Diane Coyle, Julie E. Cohen, Kate Dommett, Yaël Eisenstat, Nathan Gardels, Sam Gilbert, Nils Gilman, Mireille Hildebrandt, Mike Kenny, Carly Kind, Chris Hoofnagle, Julian Huppert, Seth Lazar, Barry Lynn, Matthijs Maas, Helen Margetts, Roger McNamee, Martin Moore, Geoff Mulgan, Chi Onwurah, Peter Pomerantsev, Rob Reich, Bruce Schneier, Tom Upchurch, Shannon Vallor und John Zerilli, die alle so freundlich waren, die Rohfassung des Buchs zu lesen.

Besonders bedanken möchte ich mich auch bei Julie E. Cohen, Mireille Hildebrandt, Nils Gilman, Seth Lazar und Rob Reich, die mir mit ganz außergewöhnlichem Einsatz dabei geholfen haben, *Digital Republic* zu verbessern.

Viele Freunde waren so freundlich, mir sorgfältiges und gelegentlich vernichtendes Feedback zu geben. Alex Canfor-Dumas, Kim FitzGerald, Josh Glancy, Laurence Mills, Matt Orton (der das Buch zweimal las – ein echter Freund), Fred Popplewell, Owain Williams und Tom Woodward machten viele Korrekturen und Vorschläge. Auch von den Gesprächen mit Richard Allan, Roberta Katz, Jan Middendorp, Yascha Mounk, Jonnie Penn, Will Perrin, Nathaniel Persily, Carissa Véliz, Jimmy Wales und Lorna Woods habe ich enorm profitiert. Großen Dank schulde ich Christy O'Neil dafür, dass das Manuskript es über die Ziellinie geschafft hat.

Ich möchte mich beim Leverhulme Centre for the Future of Intelligence an der Universität Cambridge bedanken und beim Berggruen Institute in Los Angeles für meine Aufnahme als Gaststipendiat. Dankbar bin ich auch dem Bennett Institute of Public Policy an der Universität Cambridge für die Einbindung als assoziierter Forscher.

Vor der Corona-Krise konnte ich im Juli 2019 einige meiner Ideen bei der Konferenz *Future of Democracy* des Berggruen Institutes im Bellagio Center überprüfen und darstellen, ebenso bei der Stanford-Konferenz zu *AI Ethics, Policy, and Governance* sowie der politisch-philosophischen Arbeitsgruppe, die sich daraus ergab, ebenfalls im Oktober 2019.

Zu Beginn des Jahres 2021 hielten das Berggruen Institute und das Bennett Institute dankenswerterweise zwei Workshops ab, die sich mit den frühen Fassungen dieses Buches beschäftigten. Zahlreiche vielbeschäftigte Menschen – von denen ich manche bisher nur ihrem bedeutenden Namen nach kannte – waren so freundlich, mir ihre Gedanken zu einem frühen Entwurf mitzuteilen. Zusätzlich zu den oben bereits genannten waren das: Kenneth Cukier, Ken Goldberg, Julian Huppert, Toomas Ilves, Barry Lynn, Viktor Mayer-Schönberger, Natasha McCarthy, Claire Melamed, Dawn Nakagawa, Reema Patel, Eleonore Pauwels, Philip Sales, Amelia Sargent, Elizabeth Seger, Jo Stevens, Zephyr Teachout und Meredith Whitaker. Ihre umfangreichen Beiträge haben das Buch deutlich verbessert. Danke an Jennifer Bourne, Rebecca Leam, Sarah Rosella und Amelia Sargent für die meisterhafte Organisation.

Wie immer bin ich meiner Agentin Caroline Michel enorm dankbar, wie auch ihrem unglaublich tallentierten Team bei Peters Fraser + Dunlop, einschließlich Rebecca Wearmouth, die sich um die Lizenzrechte gekümmert hat. Ich habe das große Glück, mich auf Dominic Byatt stützen zu können, meinen ehemaligen Lektor bei OUP – ein grundanständiger Mensch.

Das Team bei Bloomsbury war brillant. Die Zusammenarbeit mit Alexis Kirschbaum und Jasmine Horsey war ein Vergnügen. Ebenfalls enorm dankbar bin ich Jessica Case, meiner Lektorin bei Pegasus Books. Joe Hall war ein großartiger Copy-Editor. Als Autor kann man sich keine bessere Unterstützung durch fachkundige Verlagsprofis wünschen.

Es gibt vieles, wofür ich meiner Familie danken will. Oft bombardiere ich meine Geschwister, Ali und Daniel Susskind, mit meinen Ideen. Beide sind ein endloser Quell der Unterstützung und Hilfe für mich. Wie immer hat mich meine Mutter Michelle am meisten ermutigt. Und niemand gibt selbstloser als mein Dad Richard. Beim Schreiben dieses Buches – und während meines ganzen Lebens – habe ich mich oft an ihn um Rat gewandt. Er hat mich nie enttäuscht.

Digital Republic wäre sehr viel früher fertig geworden, wäre da nicht mein Dackel Mr. Pickle gewesen. In entscheidenden Momenten hat er den Schreibprozess aufgehalten, weil er Futter haben wollte oder mir ein abgekautes Spielzeug hinwarf oder einen Freiwilligen gesucht hat, der ihm den Bauch krault. Als politischer Philosoph ist er nur begrenzt einsetzbar, aber als Schreibpartner macht ihm keiner so schnell etwas vor.

Schließlich meine Frau Joanna. Meine Heldin, meine verlässliche Begleiterin, die einzige, wirklich wichtige Kritikerin und meine beste Freundin. Dieses Buch ist dir gewidmet mit all meiner Liebe.

Jamie Susskind
London
März 2022

ANMERKUNGEN

Einleitung

1   Siehe Lawrence Lessig, *Code Version 2.0*, New York 2006; Jamie Susskind, *Future Politics: Living Together in a World Transformed by Tech*, Oxford 2018.

2   Nathaniel Popper, »Lost Passwords Lock Millionaires Out of Their Bitcoin Fortunes«, *The New York Times*, 12. Januar 2021, https://www.nytimes.com/2021/01/12/technology/bitcoin-passwords-wallets-fortunes.html

3   Adi Robertson, »Facebook and Twitter are restricting a disputed New York Post story about Joe Biden's son«, *The Verge*, 14. Oktober 2020, https://www.theverge.com/2020/10/14/21515972/facebook-new-york-post-hunter-biden-story-fact-checking-reduced-distribution-election-misinformation?scrolla=5eb6d68b7fedc32c19ef33b4%5C

4   Jamie Susskind, *Future Politics*.

5   David Reinsel, John Gantz und John Rydning, »The Digitization of the World: From Edge to Core« (2019), IDC White Paper No. US44413318.

6   Ryan Mac, »Facebook Apologizes After A.I. Puts ›Primates‹ Label on Video of Black Men«, *The New York Times*, 14. September 2021, https://www.nytimes.com/2021/09/03/technology/facebook-ai-race-primates.html

7   Mein Dank geht an Sam Gilbert und Simon Caney, die halfen, diesen Punkt klarzustellen.

8   Evan Osnos, »Can Mark Zuckerberg Fix Facebook Before It Breaks Democracy?«, *The New Yorker*, 10. September 2018,

https://www.newyorker.com/magazine/2018/09/17/can-mark-zuckerberg-fix-facebook-before-it-breaks-democracy

9 Eric Bradner und Sarah Mucha, »Biden campaign launches petition lambasting Facebook over refusal to remove political misinformation«, CNN, 11. Juni 2020, https://edition.cnn.com/2020/06/11/politics/joe-biden-facebook-open-letter/index.html

10 Lauren Feiner und Megan Graham, »Pelosi says advertisers should use their ›tremendous leverage‹ to force social media companies to stop spreading false and dangerous information«, CNBC, 16. Juni 2020, https://www.cnbc.com/2020/06/16/pelosi-says-advertisers-should-push-platforms-to-combat-disinformation.html

11 Marcus Tullius Cicero, *De re publica – Vom Staat*, übers. von Michael von Albrecht, Ditzingen 2013, S. 133.

12 Cass Sunstein, *Democracy and the Problem of Free Speech*, New York 1995, S. 37.

13 Eine eloquente, moderne Darstellung findet sich in K. Sabeel Rahman, *Democracy Against Domination*, New York 2017.

14 Richard Dagger, »Republicanism and the Foundations of Criminal Law«, in: R. A. Duff und Stuart P. Green (Hg.), *Philosophical Foundations of Criminal Law*, Oxford 2013, S. 47.

15 Alexander Hamilton, James Madison und John Jay, *Die Federalist Papers*, übers. von Barbara Zehnpfennig, Darmstadt 1993, S. 321.

16 Alex Gourevitch, *From Slavery to the Cooperative Commonwealth: Labor and Republican Liberty in the Nineteenth Century*, Cambridge 2015, S. 10.

17 Ich danke Julie E. Cohen, die diesen Begriff vorschlug – und Simon Caney, Rob Reich und anderen, die mir einige meiner früheren Ideen ausgeredet haben.

18 Ich beziehe mich im ganzen Buch unter anderem immer wieder auf den Entwurf für das Gesetz über künstliche Intelligenz und das Gesetz über digitale Dienste.

19 Peter Cihon, Matthijs M. Maas und Luke Kemp, »Should Artificial Intelligence Governance be Centralised? Design Lessons from History«, *Proceedings of the AAAI/ACM Conference on AI, Ethics and Society* (2020), S. 228–234.

20 Siehe Gary E. Marchant, Kenneth W. Abbott und Braden

Allenby (Hg.), *Innovative Governance Models for Emerging Technologies*, Cheltenham 2013, S. 3.

21 K. Sabeel Rahman, »Regulating Informational Infrastructure: Internet Platforms as the New Public Utilities«, *Georgetown Law and Technology Review* 2, Nr. 2 (2018), S. 234–251.

22 Diane Coyle, *Markets, State, and People: Economics for Public Policy*, Princeton 2020, S. 267.

23 Siehe Paul Tucker, *Unelected Power: The Quest for Legitimacy in Central Banking and the Regulatory State*, Princeton 2018, S. 66; Stigler Committee on Digital Platforms, »Final Report«, Stigler Centre for the Study of the Economy and the State, 2019, https://www.chicagobooth.edu/-/media/research/stigler/pdfs/digital-platforms---committee-report---stigler-center.pdf

24 Rahman, »Regulating Informational Infrastructure«.

25 Coyle, *Markets*, S. 262.

26 Diane Coyle, »Three Cheers for Regulation«, *Project Syndicate*, 17. Juli 2018, https://www.project-syndicate.org/commentary/positive-effects-market-regulation-by-diane-coyle-2018-07

27 Mark Scott, Laurens Cerulus und Steven Overly, »How Silicon Valley gamed Europe's privacy rules«, *Politico*, 22. Mai 2019, https://www.politico.eu/article/europe-data-protection-gdpr-general-data-protection-regulation-facebook-google/

28 Frank Pasquale, »The Automated Public Sphere« (2017), *University of Maryland Legal Studies Research Paper* No. 2017–31.

29 Michael Walzer, *Exodus und Revolution*, Hamburg 1988.

Kapitel 1

1 Donna Rose Addis, Alana T. Wong und Daniel L. Schacter, »Remembering the Past and Imagining the Future: Common and Distinct Neural Substrates During Event Construction and Elaboration«, *Neuropsychologia* 45, Nr. 7 (2007), S. 1363–1367.

2 Philip Pettit, *Gerechte Freiheit: Ein moralischer Kompass für eine komplexe Welt*, übers. von Karin Wördemann, Berlin 2015, S. 25.

3 Umstritten ist, ob die griechischen Stadtstaaten zur selben republikanischen Tradition gehören wie die Römische Republik. Platons *Der Staat* ist eines der einflussreichsten Bücher aller Zeiten; während Aristoteles es *Politeia* (»Bürgerschaft, Verfassung, Regierung, Lebensweise«) nannte, übersetzte Cicero es schelmisch als *De Republica* – »und sorgte so dafür, dass in

den nächsten zwei Jahrtausenden wichtige politische Theoretiker ihre Auffassung der ›Republik‹ von einem griechischen Philosophen ableiteten, der den Begriff nie gehört hatte.« Eric Nelson, *The Greek Tradition in Republican Thought*, Cambridge 2006, S. 1.

4 Melissa Lane, *Greek and Roman Political Ideas*, London 2014, S. 12; Marcus Tullius Cicero, *The Republic and The Laws*, Oxford 1998, Anmerkung des Herausgebers auf S. 181.

5 Lane, *Political Ideas*, S. 245 f.

6 Natürlich gab es in der Römischen Republik auch Sklaverei, Unterdrückung von Frauen und gewaltsame Eroberungen. Aber der Grundgedanke, dass der Staat und die Menschen in ihm niemals *in potestate domini* (unter der Macht eines anderen) stehen dürfen, ist es wert, wiederbelebt zu werden: Philip Pettit, »Law and Liberty«, in: Samantha Besson und José Luis Martí (Hg.), *Legal Republicanism: National and International Perspectives*, Oxford 2009, S. 44.

7 Der römische Historiker Sallust führte den Untergang der Römischen Republik unter anderem auf den Verfall der republikanischen Einstellung im Volk zurück. Die Mehrheit wollte nicht wirklich frei sein. Die Leute wollten stattdessen, so Sallust mit Abscheu, »nichts anderes als gerechte Herren«.

8 Iseult Honohan, *Civic Republicanism*, Abingdon 2002, S. 43; Quentin Skinner, »Machiavelli's *Discorsi* and the pre-humanist origins of republican ideas«, in: Gisela Bock, Quentin Skinner und Maurizio Viroli (Hg.), *Machiavelli and Republicanism*, Cambridge 1993, S. 122; David Held, *Models of Democracy*, Cambridge 2006, S. 32.

9 Pettit, *Gerechte Freiheit*, S. 31.

10 Nicolai Rubenstein, »Machiavelli and Florentine republican experience«, in: Gisela Bock, Quentin Skinner und Maurizio Viroli (Hg.), *Machiavelli and Republicanism*, Cambridge 1993, S. 4.

11 Quentin Skinner, »Classical Liberty and the Coming of the English Civil War«, in: Martin van Gelderen und Quentin Skinner (Hg.), *Republicanism: A Shared European Heritage (Volume II)*, Cambridge 2006, S. 10.

12 Siehe Pettit, *Gerechte Freiheit*; Quentin Skinner, »Freedom as the Absence of Arbitrary Power«, in: Cécile Laborde und John

Maynor (Hg.), *Republicanism and Political Theory*, Oxford 2008, S. 85; Quentin Skinner, *Hobbes and Republican Liberty*, Cambridge 2008; Quentin Skinner, »On trusting the judgement of our rulers«, in: Richard Bourke und Raymond Geuss (Hg.), *Political Judgement: Essays for John Dunn*, Cambridge 2009, S. 117 f.

13 Skinner, »Classical Liberty«, S. 16.
14 Skinner, »On trusting«, S. 116.
15 John Milton, »A Defence of the People of England«, in: Martin Dzelzainis (Hg.), *Political Writings*, Cambridge 1998, S. 51.
16 Blair Worden, »Milton's republicanism and the tyranny of heaven«, in: Gisela Bock, Quentin Skinner und Maurizio Viroli (Hg.), *Machiavelli and Republicanism*, Cambridge 1993, S. 226.
17 Skinner, »Classical Liberty«, S. 16.
18 Skinner, »On trusting«, S. 122.
19 Roger Scruton, *England: An Elegy*, London 2006, S. 121.
20 *R (Miller) v Prime Minister & ors* [2019] UKSC 41; [2020] AC 373, *per* Baroness Hale of Richmond PSC at [32].
21 Lea Campos Boralevi, »Classical Foundational Myths of European Republicanism: The Jewish Commonwealth«, in: Martin van Gelderen und Quentin Skinner (Hg.), *Republicanism: A Shared European Heritage (Volume I)*, Cambridge 2006, S. 250–260; Anna Grześkowiak-Krwawicz, »Anti-monarchism in Polish Republicanism in the Seventeenth and Eighteenth Centuries«, in: van Gelderen und Skinner (Hg.), *Republicanism (Volume I)*, S. 43 ff.; Vittorio Conti, »The Mechanisation of Virtue: Republican Rituals in Italian Political Thought in the Sixteenth and Seventeenth Centuries«, in: van Gelderen und Skinner (Hg.), *Republicanism (Volume II)*, S. 73; Pettit, *Gerechte Freiheit*, S. 32.
22 The Declaratory Act, 18. März 1766.
23 Friedrich August von Hayek, *Die Verfassung der Freiheit*, Tübingen 1991, S. 186.
24 Alexander Hamilton, James Madison und John Jay, *Die Federalist Papers*, übers. von Barbara Zehnpfennig, München 2007, S. 53.
25 Philip Pettit, *On the People's Terms: A Republican Theory and Model of Democracy*, Cambridge 2014, S. 7; Bernard Bailyn, *The Ideological Origins of the American Revolution*, Cambridge, MA, 1992, S. 34.

26 Philip Pettit, *Gerechte Freiheit*, S. 42.

27 Alex Gourevitch, »Liberty and Democratic Insurgency: The Republican Case for the Right to Strike«, in: Yiftah Elazar und Geneviève Rousselière (Hg.), *Republicanism and the Future of Democracy*, Cambridge 2019, S. 173.

28 Mary Wollstonecraft, *A Vindication of the Rights of Women*, London 2004, S. 5.

29 Zitiert in Frank Lovett, *A General Theory of Domination and Justice*, Oxford 2012, S. 45 f.

30 Siehe allgemein: Pettit, *People's Terms* und *Republicanism*, S. 5.

31 Shaila Dewan und Serge F. Kovaleski, »Thousands of Complaints Do Little to Change Police Ways«, *The New York Times*, 8. Juni 2020, https://www.nytimes.com/2020/05/30/us/derek-chauvin-george-floyd.html

32 Pettit, *Republicanism*, S. 6; Frank Lovett, »Algernon Sidney, Republican Stability, and the Politics of Virtue«, *Journal of Political Science* 48, Nr. 1 (2020), S. 59–83.

33 Zitiert in: Fania Oz-Salzberger, »Scots, Germans, Republic and Commerce«, in: van Gelderen und Skinner (Hg.), *Republicanism (Volume II)*, S. 202.

Kapitel 2

1 Siehe allgemein: Julie E. Cohen, *Between Truth and Power: The Legal Constructions of Informational Capitalism*, Oxford 2019.

2 Philip Pettit, *Republicanism: A Theory of Freedom and Government*, Oxford 2001, S. 9.

3 Quentin Skinner, *Liberty before Liberalism*, Cambridge 1998, S. 10; Pettit, *Republicanism*, S. 37–45.

4 Skinner, *Liberty before Liberalism*, S. 10.

5 Quentin Skinner, »Classical Liberty and the Coming of the English Civil War«, in: Martin van Gelderen und Quentin Skinner (Hg.), *Republicanism: A Shared European Heritage (Volume II)*, Cambridge 2006, S. 27.

6 Nathaniel Persily, *The Internet's Challenge to Democracy: Framing the Problem and Assessing Reforms*, Stanford 2019.

7 Stephen Mulhall und Adam Swift, *Liberals & Communitarians* (2. Auflage), Oxford 1996, S. 15, 54; Charles Taylor, *Philosophy*

and the Human Sciences: Philosophical Papers 2, Cambridge
1999, S. 187 ff.

8   Michael Walzer, »The Communitarian Critique of Liberalism«,
Political Theory 18, Nr. 1 (1990), S. 6–23.

9   Hannah Arendt, *Vita activa oder Vom tätigen Leben*, München
2016, S. 17.

10 Samuel Bowles und Herbert Gintis, *Democracy and Capitalism:
Property, Community, and the Contradictions of Modern Social
Thought*, London 1986, S. 67; Philip Pettit, *On the People's Terms:
A Republican Theory and Model of Democracy*, Cambridge 2014,
S. 11.

11 Philip Pettit, *Republicanism*, S. 45.

12 Alexander Hamilton, James Madison und John Jay, *Die Federalist Papers*, übers. von Barbara Zehnpfennig, München 2007,
S. 382.

13 Besson und Martí, »Law and Republicanism«, S. 35; Philip
Pettit, »Law and Liberty«, in: Besson und Martí (Hg.), *Legal
Republicanism*, S. 49; Martin Loughlin, *Foundations of Public
Law*, Oxford 2014, S. 174; Nicolas P. Suzor, *Lawless: The Secret
Rules that Govern Our Digital Lives*, Cambridge 2019, S. 8.

14 James Harrington, *The Commonwealth of Oceana and A System
of Politics,* Cambridge 2008, S. 41.

15 Quentin Skinner, *Liberty before Liberalism*, S. ix–x.

16 Julie E. Cohen, »How (Not) to Write a Privacy Law«, Knight
First Amendment Institute, 23. März 2021, https://knight
columbia.org/content/how-not-to-write-a-privacy-law

Kapitel 3

1   Siehe Tim Wu, *Der Master Switch: Aufstieg und Niedergang der
Medienimperien*, übers. von Martina Hesse-Hujber, Heidelberg
2012; Jamie Susskind, *Future Politics: Living Together in a World
Transformed by Tech*, Oxford 2018.

2   Siehe Lawrence Lessig, *Code Version 2.0*, New York 2006.

3   Bruce Schneier, *Click Here to Kill Everybody: Sicherheitsrisiko
Internet und die Verantwortung von Unternehmen und Regierungen*, übers. von Knut Lorenzen, Frechen 2019, S. 15.

4   Siehe zum Beispiel Amy Webb, *Die großen Neun. Wie wir die
Tech-Titanen bändigen und eine künstliche Intelligenz zum Wohle
aller entwickeln können*, übers. von Petra Pyka, Kulmbach 2019,

S. 115; Laura Denardis, *The Internet in Everything: Freedom and Security in a World with No Off Switch*, New Haven 2020; Jamie Susskind, *Future Politics*.

5 Seung-min Park et al., »A mountable toilet system for personalized health monitoring via the analysis of excreta«, *Nature Biomedical Engineering* 4 (2020), S. 624–635.

6 Uri Bram und Martin Schmalz, *The Business of Big Data: How to Create Lasting Value in the Age of AI*, San Francisco 2019, S. 32 f.

7 Zitiert in Clive Thompson, *Coders: Who They Are, What They Think And How They Are Changing Our World*, London 2019, S. 189.

8 Colin Lecher, »How Amazon Automatically Tracks and Fires Warehouse Workers for ›Productivity‹«, *The Verge*, 25. April 2019, https://www.theverge.com/2019/4/25/18516004/amazon-warehouse-fulfillment-centers-productivity-firing-terminations Hier greift Artikel 88 der DSGVO: siehe Robert Jeffrey, »Would you let AI recruit for you?«, *People Management*, 12. Dezember 2017, https://www.peoplemanagement.co.uk/long-reads/articles/recruiting-algorithms

9 Michèle Finck, *Blockchain Regulation and Governance in Europe*, Cambridge 2019, S. 40.

10 McKenzie Raub, »Bots, Bias, and Big Data: Artificial Intelligence, Algorithmic Bias and Disparate Impact Liability in Hiring Practices«, *Arkansas Law Review* 71, Nr. 2 (2018), S. 529–570.

11 Charles Hymas, »AI used for first time in job interviews in UK to find best applicants«, *The Telegraph*, 27. September 2019, https://www.telegraph.co.uk/news/2019/09/27/ai-facial-recognition-used-first-time-job-interviews-uk-find; Raub, »Bots, Bias, and Big Data«.

12 Siehe *Belong.co*, https://belong.co/hireplus; *Mighty Recruiter*, https://www.mightyrecruiter.com; deepsense.ai, https://deepsense.ai

13 Shirin Ghaffary, »Facebook is taking down some, but not all, quarantine protest event pages«, *Vox*, 20. April 2020, https://www.vox.com/recode/2020/4/20/21228224/facebook-coronavirus-covid-19-protests-taking-down-content-moderation-freedom-speech-debate

Kapitel 4

1 Bernard E. Harcourt, *Exposed: Desire and Disobedience in the Digital Age*, Cambridge, MA, 2012, S. 198 f.

2 Ebenda, S. 199–204. Nachdem bekannt geworden war, dass Medbase2000 derartige Informationen verkaufte, entfernte das Unternehmen diese Angebote von seiner Website.

3 Siehe zum Beispiel Justin Sherman, »Data Brokers Are a Threat to Democracy«, *Wired*, 13. April 2021, https://www.wired.com/story/opinion-data-brokers-are-a-threat-to-democracy; Justin Sherman, »Data Brokers and Sensitive Data on U. S. Individuals: Threats to American Civil Rights, National Security, and Democracy«, Duke University Sanford Cyber Policy Program 2021, https://sites.sanford.duke.edu/techpolicy/report-data-brokers-and-sensitive-data-on-u-s-individuals/

4 Stuart Russell, *Human Compatible: AI and the Problem of Control*, London 2019, S. 75.

5 Bruce Schneier, *Click Here to Kill Everybody: Sicherheitsrisiko Internet und die Verantwortung von Unternehmen und Regierungen*, übers. von Knut Lorenzen, Frechen 2019, S. 82.

6 Dan Robitzski, »Ex-Googler: Company Has ›Voodoo Doll, Avatar-Like Version of You‹«, *Futurism*, 2. Mai 2019, https://futurism.com/google-company-voodoo-doll-avatar/amp

7 Siehe Mireille Hildebrandt, »Profile transparency by design? Re-enabling double contingency«, in: Mireille Hildebrandt und Katja de Vries (Hg.), *Privacy, Due Process and the Computational Turn: The Philosophy of Law Meets the Philosophy of Technology*, Abingdon 2013, S. 227; Julie E. Cohen, *Between Truth and Power: The Legal Constructions of Informational Capitalism*, Oxford 2019, S. 67.

8 Siehe allgemein Carissa Véliz, *Privacy is Power: Why and How you Should Take Back Control of Your Data*, London 2020.

9 Steven Pinker, »Tech Prophecy and the Underappreciated Causal Power of Ideas«, in: John Brockman (Hg.), *Possible Minds: 25 Ways of Looking at AI*, New York 2019, S. 107.

10 Rana Faroohar, *Don't be Evil: The Case Against Big Tech*, London 2019, S. 238.

11 Ella Fassler, »Here's How Easy It Is for Cops to Get Your Facebook Data«, *OneZero*, 17. Juni 2020, https://onezero.medium.

com/cops-are-increasingly-requesting-data-from-facebook-and-you-probably-wont-get-notified-if-they-5b7a2297df17

12 Zoom hat diese Praxis inzwischen eingestellt. Kaitlyn Tiffany, »No, the Internet Is Not Good Again«, *The Atlantic*, 16. April 2020, https://www.theatlantic.com/technology/archive/2020/04/zoom-facebook-moderation-ai-coronavirus-internet/610099/

13 Joseph Cox, »Zoom iOS App Sends Data to Facebook Even if You Don't Have a Facebook Account«, *Vice*, 26. März 2020, https://www.vice.com/en/article/k7e599/zoom-ios-app-sends-data-to-facebook-even-if-you-dont-have-a-facebook-account

14 »Location-based apps pose security risk for Holy See«, *The Pillar*, 27. Juli 2021, https://www.pillarcatholic.com/p/location-based-apps-pose-security

15 Philip Pettit, »Is Facebook Making Us Less Free?«, The Institute of Art and Ideas, 26. März 2018, https://iai.tv/articles/the-big-brotherhood-of-digital-giants-is-taking-away-our-freedom-auid-884; siehe auch Michael Walzer, *Spheres of Justice: A Defense of Pluralism and Equality*, New York 1983, S. 17.

16 Siehe zum Beispiel David Owen, »Should We Be Worried About Computerized Facial Recognition?«, *The New Yorker*, 10. Dezember 2018, https://www.newyorker.com/magazine/2018/12/17/should-we-be-worried-about-computerized-facial-recognition; Davey Alba, »Facial Recognition Moves Into a New Front: Schools«, *The New York Times*, 6. Februar 2020, https://www.nytimes.com/2020/02/06/business/facial-recognition-schools.html

17 Stuart A. Thompson und Charlie Warzel, »Twelve Million Phones, One Dataset, Zero Privacy«, *The New York Times*, 19. Dezember 2019, https://www.nytimes.com/interactive/2019/12/19/opinion/location-tracking-cell-phone.html; »How to Track President Trump«, *The New York Times*, 20. Dezember 2019, https://www.nytimes.com/interactive/2019/12/20/opinion/location-data-national-security.html

18 Bruce Schneier, »We're Banning Facial Recognition. We're Missing the Point«, *The New York Times*, 20. Januar 2020, https://www.nytimes.com/2020/01/20/opinion/facial-recognition-ban-privacy.html

19 Sonia Fernandez, »WiFi System Identifies People Through Walls

By Their Walk«, *Futurity*, 1. Oktober 2019, https://www.futurity.org/wifi-video-identification-through-walls-2173442/

20 Amber Marks, Benjamin Bowling und Colman Kennan, »Automatic Justice? Technology, Crime, and Social Control«, in: Roger Brownsword, Eloise Scotford und Karen Yeung (Hg.), *The Oxford Handbook of Law, Regulation, and Technology*, Oxford 2017, S. 712.

21 Siehe zum Beispiel Daphne Leprince-Ringuet, »Facial Recognition: This New AI Tool Can Spot When You Are Nervous or Confused«, *ZDNet*, 21. Oktober 2019, https://www.zdnet.com/article/this-new-ai-tool-can-spot-if-you-are-nervous-or-confused/

22 Siehe Andrew McStay, *Emotional AI: The Rise of Empathic Media*, London 2018.

23 Terrence J. Sejnowski, *The Deep Learning Revolution,* Cambridge, MA, 2018, S. 184; Ben Dickson, »Your Next Car Will Be Watching You More Than It's Watching the Road«, *Gizmodo,* 28. November 2019, https://gizmodo.com/your-next-car-will-be-watching-you-more-than-its-watchi-1840055386

24 Matt Simon, »This Robot Can Guess How You're Feeling by the Way You Walk«, *Wired*, 18. Mai 2020, https://www.wired.com/story/proxemo-robot-guesses-emotion-from-walking/

25 Jonas Rauber, Emily B. Fox und Leon A. Gatys, »Modeling patterns of smartphone usage and their relationship to cognitive health«, arXiv: 1911.05683 (2019).

26 Johannes C. Eichstaedt et al., »Facebook Language Predicts Depression in Medical Records«, *Proceedings of the National Academy of Sciences of the United States of America* 115, Nr. 44 (2018), S. 11203–11208.

27 Michal Kosinski, David Stillwell und Thore Graepel, »Private traits and attributes are predictable from digital records of human behaviour«, *Proceedings of the National Academy of Sciences of the United States of America* 110, Nr. 15 (2013), S. 5802–5805.

28 Siehe Quentin Skinner, »On trusting the judgement of our rulers«, in: Richard Bourke und Raymond Geuss (Hg.), *Political Judgement: Essays for John Dunn*, Cambridge 2009, S. 123 f. Siehe Alex Marthews und Catherine Tucker, »The Impact of Online Surveillance on Behavior«, in: David Gray und Stephen E. Hen-

derson (Hg.), *The Cambridge Handbook of Surveillance Law*,
New York 2019; Jamie Susskind, *Future Politics: Living Together
in a World Transformed by Tech*, Oxford 2018, Kapitel 7.

29 Anthony Cuthbertson, »Google Admits Workers Listen to
Private Audio Recordings From Google Home Smart Speakers«,
The Independent, 11. Juli 2019, https://www.independent.co.uk/
life-style/gadgets-and-tech/news/google-home-smart-speaker-
audio-recordings-privacy-voice-spy-a9000616.html?utm_
medium=Social&utm_source=Twitter#Echobox=1562854117;
»Apple ›sorry‹ that workers listened to Siri voice recordings«,
BBC, 28. August 2019, https://www.bbc.co.uk/news/technology-
49502292

30 Sarah Marsh, »Councils let firms track visits to webpages on
benefits and disability«, *The Guardian*, 4. Februar 2020, https://
www.theguardian.com/technology/2020/feb/04/councils-let-
firms-track-visits-to-webpages-on-benefits-and-disability

31 Ifeoma Ajunwa, »Algorithms at Work: Productivity Monitoring
Applications and Wearable Technology as the New Data-Cen-
tric Research Agenda for Employment and Labor Law«, *Saint
Louis University Law Journal* 63, Nr. 1, Artikel 4 (2018), S. 21–54.

32 Sarah O'Connor, »When your boss is an algorithm«, *Financial
Times*, 8. September 2016, https://www.ft.com/content/88fdc58e-
754f-11e6-b60a-de4532d5ea35

33 Lora Jones, »›I monitor my staff with software that takes screenshots‹«, BBC, 29. September 2020, https://www.bbc.co.uk/news/
business-54289152

34 Chris Stokel-Walker, »If You're a Remote Worker, You're Going
to Be Surveilled. A Lot«, *OneZero*, 23. April 2020, https://one
zero.medium.com/if-youre-a-remote-worker-you-re-going-to-
be-surveilled-a-lot-f3f8d4308ee

35 Lauren Kaori Gurley und Joseph Cox, »Inside Amazon's Secret
Program to Spy On Workers' Private Facebook Groups«, *Vice*,
1. September 2020, https://www.vice.com/en/article/3azegw/
amazon-is-spying-on-its-workers-in-closed-facebook-groups-
internal-reports-show

36 Diese Vorstellung zieht sich durch die Arbeiten des republikanischen Philosophen Philip Pettit.

Kapitel 5

1   Allgemein dazu siehe die Arbeiten von Neil Richards und Woodrow Hartzog.

2   Siehe John Danaher, »The Ethics of Algorithmic Outsourcing in Everyday Life«, in: Karen Yeung und Martin Lodge (Hg.), *Algorithmic Regulation*, Oxford 2019, S. 102 f.

3   Julie E. Cohen, *Between Truth and Power: The Legal Constructions of Informational Capitalism*, Oxford 2019, S. 83.

4   Siehe zum Beispiel Richard H. Thaler und Cass Sunstein, *Nudge: Wie man kluge Entscheidungen anstößt*, übers. von Christoph Bausum, Berlin 2009.

5   Eliza Mik, »Persuasive Technologies: From Loss of Privacy to Loss of Autonomy«, in: Kit Barker, Karen Fairweather und Ross Grantham (Hg.), *Private Law in the 21st Century*, Oxford 2017, S. 375.

6   Siehe Richard Susskind, *The Future of Law: Facing the Challenges of Legal Technology*, Oxford 1996.

7   Sam Biddle, Paulo Victor Ribeiro und Tatiana Dias, »Invisible Censorship: TikTok Told Moderators to Suppress Posts by ›Ugly‹ People and the Poor to Attract New Users«, *The Intercept*, 16. März 2020, https://theintercept.com/2020/03/16/tiktok-app-moderators-users-discrimination/

8   Carissa Véliz, *Privacy is Power: Why and How you Should Take Back Control of Your Data*, London 2020, S. 103 f.

9   Robert Epstein und Robert E. Robertson, »The search engine manipulation effect (SEME) and its possible impact on the outcomes of elections«, *Proceedings of the National Academy of Sciences of the United States of America* 112, Nr. 33 (2015), S. E4512-E4521.

10 Robert Epstein, Roger Mohr Jr. und Jeremy Martinez, »The Search Suggestion Effect (SSE): How Search Suggestions Can Be Used to Shift Opinions and Voting Preferences Dramatically and Without People's Awareness«, 98th Annual Meeting of the Western Psychological Association, Portland, 26. April 2018. Siehe auch Yuji Develle, »Why we cannot trust Big Tech to be apolitical«, *Wonk Bridge*, 4. Mai 2020, https://medium.com/wonk-bridge/why-we-cannot-trust-big-tech-to-be-apolitical-f031af9386cf

11 Epstein et al., »Search Suggestion Effect«.

12 Emily Bell, »The Unintentional Press: How Technology Companies Fail as Publishers«, in: Lee C. Bollinger und Geoffrey R. Stone (Hg.), *The Free Speech Century*, New York 2019, S. 237.

13 Jamie Susskind, »What we need from social media is transparency, not apologies«, *The New Statesman*, 6. September 2018, https://www.newstatesman.com/science-tech/2018/09/what-we-need-social-media-transparency-not-apologies

14 Melissa Lane, *Greek and Roman Political Ideas*, London 2014, S. 181. Siehe auch Anmerkung des Herausgebers in: Marcus Tullius Cicero, *The Republic and The Laws*, Oxford 1998, S. 181.

Kapitel 6

1 Mitteilung der Königin an das Commonwealth zur Corona-Pandemie, 6. April 2020.

2 Steven Morris, »Facebook apologises for flagging Plymouth Hoe as offensive term«, *The Guardian*, 27. Januar 2021, https://www.theguardian.com/uk-news/2021/jan/27/facebook-apologises-flagging-plymouth-hoe-offensive-term

3 »Mark Zuckerberg Testimony Transcript: Zuckerberg Testifies on Facebook Cryptocurrency Libra«, *Rev*, 23. Oktober 2019, https://www.rev.com/blog/transcripts/mark-zuckerberg-testimony-transcript-zuckerberg-testifies-on-facebook-cryptocurrency-libra

4 Jillian C. York und Ethan Zuckerman, »Moderating the Public Sphere«, in: Rikke Frank Jørgensen (Hg.), *Human Rights in the Age of Platforms*, Cambridge, MA, 2019, S. 140.

5 Ebenda, S. 156.

6 Timothy Karr, »Why Facebook Filtering Will Ultimately Fail«, *Start It Up*, 15. November 2019, https://medium.com/swlh/why-facebook-filtering-will-ultimately-fail-90606ec98c11

7 Chloe Hadavas, »Why We Should Care That Facebook Accidentally Deplatformed Hundreds of Users«, *Slate*, 12. Juni 2020, https://slate.com/technology/2020/06/facebook-anti-racist-skinheads.html

8 Julia Carrie Wong und Hannah Ellis-Petersen, »Facebook planned to remove fake accounts in India – until it realized a BJP politician was involved«, *The Guardian*, 15. April 2021, https://

www.theguardian.com/technology/2021/apr/15/facebook-india-
bjp-fake-accounts

9   Nicolas P. Suzor, *Lawless: The Secret Rules that Govern Our Digital Lives*, Cambridge 2019, S. 51; Tarleton Gillespie, *Custodians
of the Internet: Platforms, Content Moderation, and the Hidden
Decisions that Shape Social Media*, New Haven 2018, S. 38.

10 Gillespie, *Custodians*, S. 38.

11 Alex Hern, »Revealed: how TikTok censors videos that do not
please Beijing«, *The Guardian*, 25. September 2019, https://www.
theguardian.com/technology/2019/sep/25/revealed-how-tiktok-
censors-videos-that-do-not-please-beijing

12 Rikke Frank Jørgensen, »Rights Talk: In the Kingdom of Online
Giants«, in: Jørgensen (Hg.), *Human Rights*, S. 174.

13 Daphne Keller, »Who Do You Sue? State and Platform Hybrid
Power Over Online Speech« (2019), Hoover Institution, Aegis
Series Paper Nr. 1902.

14 Alex Hern, »TikTok's local moderation guidelines ban pro-
LGBT content«, *The Guardian*, 26. September 2019, https://www.
theguardian.com/technology/2019/sep/26/tiktoks-local-
moderation-guidelines-ban-pro-lgbt-content

15 Tanya Basu, »How a ban on pro-Trump patterns unraveled the
online knitting world«, *MIT Technology Review*, 6. März 2020,
https://www.technologyreview.com/2020/03/06/905472/
ravelry-ban-on-pro-trump-patterns-unraveled-the-online-
knitting-world-censorship-free/

16 Julia Jacobs, »Will Instagram Ever ›Free the Nipple‹?«, *The
New York Times*, 22. November 2019, https://www.nytimes.
com/2019/11/22/arts/design/instagram-free-the-nipple.html;
Instagram Inc., »Community Guidelines«, 2021, https://help.
instagram.com/477434105621119

17 Kim Lyons, »Twitter removes tweets by Brazil, Venezuela
presidents for violating COVID-19 content rules«, *The Verge*,
30. März 2020, https://www.theverge.com/2020/3/30/21199845/
twitter-tweets-brazil-venezuela-presidents-covid-19-corona
virus-jair-bolsonaro-maduro

18 Lizzie Dearden, »Iran's Supreme Leader claims gender equality
is ›Zionist plot‹ aiming to corrupt role of women in society«,
The Independent, 21. März 2017, https://www.independent.
co.uk/news/world/middle-east/iran-supreme-leader-ayatollah-

khamenei-gender-equality-women-zionist-plot-society-role-islamic-leader-theocracy-a7641041.html

19 Hanna Kozlowska, »Each platform's approach to political ads in one table«, *Quartz*, 13. Dezember 2019, https://qz.com/1767145/how-facebook-twitter-and-others-approach-political-adver tising/

20 Sue Halpern, »The Problem of Political Advertising on Social Media«, *The New Yorker*, 24. Oktober 2019, https://www. newyorker.com/tech/annals-of-technology/the-problem-of-political-advertising-on-social-media

21 Lauren Jackson und Desiree Ibekwe, »Jack Dorsey on Twitter's Mistakes«, *The New York Times*, 7. August 2020, https://www. nytimes.com/2020/08/07/podcasts/the-daily/Jack-dorsey-twitter-trump.html

22 Jeff Horwitz, »The Facebook Files: Facebook Says Its Rules Apply to All. Company Documents Reveal a Secret Elite That's Exempt«, *The Wall Street Journal*, 13. September 2021, https:// www.wsj.com/articles/the-facebook-files-11631713039 (Der Prozess gegen Neymar wurde wegen Mangels an Beweisen ein-gestellt.)

23 Carl Schmitt, *Politische Theologie: Vier Kapitel zur Lehre von der Souveränität*, Berlin 2015, S. 13.

Kapitel 7

1 Thomas Macaulay, »Someone let a GPT-3 bot loose on Reddit – it didn't end well«, *The Next Web*, 7. Oktober 2020, https://the nextweb.com/news/someone-let-a-gpt-3-bot-loose-on-reddit-it-didnt-end-well

2 Jamie Susskind, »Chatbots Are a Danger to Democracy«, *The New York Times*, 4. Dezember 2018, https://www.nytimes. com/2018/12/04/opinion/chatbots-ai-democracy-free-speech.html

3 Ebenda. Siehe auch Davey Alba, »Fake ›Likes‹ Remain just a Few Dollars Away, Researchers Say«, *The New York Times*, 6. Dezember 2019, https://www.nytimes.com/2019/12/06/technology/fake-social-media-manipulation.html

4 Toby Walsh, *Android Dreams: The Past, Present and Future of Artificial Intelligence*, London 2017, S. 218.

5 Ryan Calo, »Against Notice Skepticism in Privacy (and

Elsewhere)«, *Notre Dame Law Review* 87, Nr. 3 (2012),
S. 1027–1072.

6 Jane Croft, »Chatbots join the legal conversation«, *Financial Times*, 7. Juni 2018, https://www.ft.com/content/0eabcf44-4c83-11e8-97e4-13afc22d86d4

7 Will Douglas Heaven, »IBM's Debating AI Just Got a Lot Closer to Being a Useful Tool«, *MIT Technology Review*, 21. Januar 2020, https://www.technologyreview.com/2020/01/21/276156/ibms-debating-ai-just-got-a-lot-closer-to-being-a-useful-tool/; IBM AI Research, »Project Debater«, IBM, 2021, https://www.research.ibm.com/artificial-intelligence/project-debater/

8 Tom Simonite, »The AI Text Generator That's Too Dangerous to Make Public«, *Wired*, 14. Februar 2019, https://www.wired.com/story/ai-text-generator-too-dangerous-to-make-public/

9 Nick Statt, »Google expands AI calling service Duplex to Australia, Canada, and the UK«, *The Verge*, 8. April 2020, https://www.theverge.com/2020/4/8/21214321/google-duplex-ai-automated-calling-australia-canada-uk-expansion

10 Centre for Data Ethics and Innovation, *Snapshot Paper – Deepfakes and Audiovisual Disinformation*, 12. September 2019, https://www.gov.uk/government/publications/cdei-publishes-its-first-series-of-three-snapshot-papers-ethical-issues-in-ai/snapshot-paper-deepfakes-and-audiovisual-disinformation; siehe auch Nina Schick, *Deepfakes: Wie gefälschte Botschaften im Netz unsere Demokratie gefährden und unser Leben zerstören können*, übers. von Kristin Lohmann und Johanna Ott, München 2021.

11 Gregory Barber, »Deepfakes Are Getting Better, But They're Still Easy to Spot«, *Wired*, 26. Mai 2019, https://www.wired.com/story/deepfakes-getting-better-theyre-easy-spot/; siehe Robert Chesney und Danielle Keats Citron, »Deep Fakes: A Looming Challenge for Privacy, Democracy, and National Security«, *107 California Law Review* 1753 (2019).

12 Chesney und Citron, »Deep Fakes«.

13 Mark Zuckerberg, »Mark Zuckerberg: Big Tech needs more regulation«, *Financial Times*, 16. Februar 2020, https://www.ft.com/content/602ec7ec-4f18-11ea-95a0-43d18ec715f5

Kapitel 8

1   Jamie Susskind, *Future Politics: Living Together in a World Transformed by Tech*, Oxford 2018, S. 290.

2   Nicolas P. Suzor, *Lawless: The Secret Rules that Govern Our Digital Lives*, Cambridge 2019, S. 29.

3   April Glaser, »Is a Tech Company Ever Neutral?«, *Slate*, 11. Oktober 2019, https://slate.com/technology/2019/10/apple-chinese-government-microsoft-amazon-ice.html; Alexi Mostrous und Peter Hoskin, »Foreign policy: the great game«, *Tortoise Media*, 7. Januar 2020, https://www.tortoisemedia.com/2020/01/07/tech-states-apple-foreign-policy/

4   Dave Gershgorn, »Amazon's ›holy grail‹ recruiting tool was actually just biased against women«, *Quartz*, 10. Oktober 2018, https://qz.com/1419228/amazons-ai-powered-recruiting-tool-was- biased-against-women/; siehe auch Cathy O'Neil, *Angriff der Algorithmen: Wie sie Wahlen manipulieren, Berufschancen zerstören und unsere Gesundheit gefährden*, übers. von Karsten Petersen, München 2017.

5   Siehe Gary Marcus und Ernest Davis, *Rebooting AI: Building Artificial Intelligence We Can Trust*, New York 2019, S. 36; Solon Barocas und Andrew D. Selbst, »Big Data's Disparate Impact«, *California Law Review* 104, Nr. 3 (2016), S. 671–732, S. 691; Talia B. Gillis und Josh Simons, »Explanation < Justification: GDPR and the Perils of Privacy«, *Pennsylvania Journal of Law and Innovation* 2 (2019), S. 71–99.

6   Ziad Obermeyer et al., »Dissecting racial bias in an algorithm used to manage the health of populations«, *Science* 366 (2019), S. 447–453.

7   Katy Cook, *The Psychology of Silicon Valley: Ethical Threats and Emotional Unintelligence in the Tech Industry*, London 2020, S. 53.

8   Siehe zum Beispiel Natasha Singer und Cade Metz, »Many Facial-Recognition Systems Are Biased, Says U. S. Study«, *The New York Times*, 19. Dezember 2019, https://www.nytimes.com/2019/12/19/technology/facial-recognition-bias.html?smid=tw-nytimesbits&smtyp=cur

9   »Im Jahr 1947 sagte Alan Turing vor der London Mathematical Society, ›was wir brauchen, ist eine Maschine, die aus Erfahrung

lernen kann‹. Neun Jahre später prägten Forscher am Dartmouth College den Begriff ›künstliche Intelligenz‹.« McKenzie Raub, »Bots, Bias, and Big Data: Artificial Intelligence, Algorithmic Bias and Disparate Impact Liability in Hiring Practices«, *Arkansas Law Review* 71, Nr. 2 (2018), S. 529–570.

10 Aylin Caliskan-Islam, Joanna J. Bryson und Arvind Narayanan, »Semantics derived automatically from language corpora necessarily contain human biases«, arXiv: 1608.07187v2 (2016).

11 Peter Birks, *The Roman Law of Obligations*, Oxford 2014, S. 221.

12 Francis Fukuyama, *Identität: Wie der Verlust der Würde unsere Demokratie gefährdet*, übers. von Bernd Rullkötter, Hamburg 2019, S. 9.

Kapitel 9

1 Will Hazell, »A-level results 2020: 39 % of teacher predicted grades downgraded by algorithm amid calls for U-turn«, *inews*, 13. August 2020, https://inews.co.uk/news/education/a-level-results-2020-grades-downgraded-algorithm-triple-lock-u-turn-result-day-578194

2 Louise Amoore, »Why ›Ditch the algorithm‹ is the future of political protest«, *The Guardian*, 19. August 2020, https://www.theguardian.com/commentisfree/2020/aug/19/ditch-the-algorithm-generation-students-a-levels-politics

3 Zitiert in Scott R. Peppet, »Regulating the Internet of Things: First Steps Toward Managing Discrimination, Privacy, Security, and Consent«, *Texas Law Review* 93, Nr. 83 (2014), S. 85–176.

4 Hannah Arendt, *Vita activa oder Vom tätigen Leben*, München 2016, S. 53 f. Siehe grundlegend Alain Desrosières, *Die Politik der großen Zahlen: Eine Geschichte der statistischen Denkweise*, übers. von Manfred Stern, Berlin 2005.

5 Arendt, *Vita activa*, S. 54.

6 Sophia Moreau, »Equality Rights and Stereotypes«, in: David Dyzenhaus und Malcolm Thorburn (Hg.), *Philosophical Foundations of Constitutional Law*, Oxford 2019, S. 293.

7 Tyler Vigen, *Spurious Correlations*, New York 2015, S. 13.

8 Pavlo Blavatskyy, »Obesity of politicians and corruption in post-Soviet countries«, *Economics of Transition and Institutional Change* 29, Nr. 2 (2020), S. 343–356.

9 Brendan McGurk, *Data Profiling and Insurance Law*, London 2019, S. 12–16; Peppet, »Regulating«, S. 85–176.

10 Mikella Hurley und Julius Adebayo, »Credit Scoring in the Era of Big Data«, *Yale Journal of Law and Technology* 18, Nr. 1 (2016), S. 148–216.

11 Charles Randell, »How can we ensure that Big Data does not make us prisoners of technology?«, Reuters Newsmaker Event, London: Reuters News & Media, 11. Juli 2018, https://www.fca.org.uk/news/speeches/how-can-we-ensure-big-data-does-not-make-us-prisoners-technology

12 Hurley und Adebayo, »Credit Scoring«, S. 148–216.

13 Graeme Paton, »Admiral charges Hotmail users more for car insurance«, *The Times*, 23. Januar 2018, https://www.thetimes.co.uk/article/admiral-charges-hotmail-users-more-for-car-insurance-hrzjxsslr

14 Uri Bram und Martin Schmalz, *The Business of Big Data: How to Create Lasting Value in the Age of AI*, San Francisco 2019, S. 61.

15 Bram und Schmalz, *Business of Big Data*, S. 61; Tobias Berg et al., »On the Rise of FinTechs – Credit Scoring using Digital Footprints«, *National Bureau of Economic Research Working Paper* Nr. 24551 (2018).

16 Frederick Schauer, *Profiles, Probabilities, and Stereotypes*, Cambridge, MA, 2003, S. 4.

17 Ebenda, S. 216.

18 Ebenda, S. 269.

19 Ebenda, S. 67.

20 Ebenda, S. 69.

Kapitel 10

1 Derek Parfit, *Reasons and Persons*, Oxford 1987, S. 216.

2 Roger Brownsword, *Law, Technology and Society: Re-Imagining the Regulatory Environment*, Abingdon 2019, S. 40.

3 Thomas Hobbes, *Leviathan*, Berlin 2019, S. 231.

4 Cicero, Marcus Tullius, *De re publica – Vom Staat*, übers. von Michael von Albrecht, Ditzingen 2013, S. 69.

5 Siehe Lawrence Lessig, *Republic, Lost: How Money Corrupts Congress – and a Plan to Stop It*, New York 2011.

6 Megan Slack, »From the Archives: President Teddy Roosevelt's

New Nationalism Speech«, The White House: President Barack Obama, 6. Dezember 2011, https://obamawhitehouse.archives. gov/blog/2011/12/06/archives-president-teddy-roosevelts-new-nationalism-speech

7 Siehe Jeremy Waldron, *Political Political Theory: Essays on Institutions*, Cambridge, MA, 2016, S. 64.

8 Brownsword, *Law, Technology and Society*, S. vii.

9 Roger Brownsword und Morag Goodwin, *Law and the Technologies of the Twenty-First Century: Texts and Materials*, Cambridge 2012, S. 447.

10 Friedrich August von Hayek, *Die Verfassung der Freiheit*, Tübingen 1991, S. 38 f.

Kapitel 11

1 Karl Marx und Friedrich Engels, *Manifest der Kommunistischen Partei*, London 1848, S. 6.

2 Bernard E. Harcourt, *The Illusion of Free Markets: Punishment and the Myth of Natural Order*, Cambridge, MA, 2012, S. 50 f.

3 »Nach dem vorherrschenden Narrativ im Silicon Valley ist Technologie untrennbar mit dem Kapitalismus verbunden«: Wendy Liu, *Abolish Silicon Valley: How to Liberate Technology from Capitalism*, London 2020, S. 4.

4 Adam Smith, *Der Wohlstand der Nationen*, München 2006, S. 966.

5 Siehe Robert S. Taylor, *Exit Left: Markets and Mobility in Republican Thought*, Oxford 2017.

6 Alexi Mostrous und Peter Hoskin, »Part II: The constitution«, *Tortoise Media*, 7. Januar 2020, https://www.tortoisemedia.com/2020/01/07/tech-states-apple-constitution/

7 Brad Smith und Carol Ann Browne, *Tools and Weapons: Digitalisierung am Scheideweg*, übers. von Norbert Juraschitz und Anja Lerz, München 2020, S. 161.

8 Joint Committee on Human Rights, *The Right to Privacy (Article 8) and the Digital Revolution (HC 122)*.

9 Siehe James Grimmelmann, »Saving Facebook«, *NYLS Legal Studies Research Paper* No. 08/09-7 (2008).

10 Geoffrey A. Fowler, »You downloaded FaceApp. Here's what you've just done to your privacy«, *Washington Post*, 17. Juli 2019, https://www.wahingtonpost.com/technology/2019/07/17/

you-downloaded-faceapp-heres-what-youve-just-done-your-privacy/

11   Cass Sunstein, *Free Markets and Social Justice*, New York 1997, S. 153 f.

12   Edward J. Watts, *Mortal Republic: How Rome Fell Into Tyranny*, New York 2018, S. 18.

13   Adam Ferguson, *Versuch über die Geschichte der bürgerlichen Gesellschaft*, Leipzig 1768, S. 279.

14   Zitiert in: Sheera Frenkel und Cecilia Kang, *Inside Facebook: Die hässliche Wahrheit*, übers. von Henning Dedekind et al., Frankfurt am Main 2021, S. 144.

15   Zitiert in: Marco Geuna, »Republicanism and Commercial Society in the Scottish Enlightenment: The Case of Adam Ferguson«, in: Vetterli und Bryner (Hg.), *Republicanism*, S. 185.

Kapitel 12

1   Reid Hoffman und Chris Yeh, *Blitzscaling: Wie Sie in Rekordzeit weltweit führende Unternehmen aufbauen*, übers. von Irene Fried, Kulmbach 2020, S. 19 f.

2   Ebenda, S. 28 f.

3   Ebenda, S. 13 f.

4   Clive Thompson, *Coders: Who They Are, What They Think And How They Are Changing Our World*, London 2019, S. 335.

5   Hoffman und Yeh, *Blitzscaling*, S. 21 f.

6   Milton Friedman, »The Social Responsibility of Business is to Increase its Profits«, *The New York Times Magazine*, 13. September 1970.

7   Tarleton Gillespie, *Custodians of the Internet: Platforms, Content Moderation, and the Hidden Decisions that Shape Social Media*, New Haven 2018, S. 11 f.

8   Siehe zum Beispiel Naomi Nix, »Facebook Ran Multi-Year Charm Offensive to Woo State Prosecutors«, *Bloomberg*, 27. Mai 2020, https://www.bloomberg.com/news/articles/2020-05-27/facebook-ran-multi-year-charm-offensive-to-woo-state-prosecutors; Shira Ovide, »Facebook and Its Secret Policies«, *The New York Times*, 28. Mai 2020, https://www.nytimes.com/2020/05/28/technology/facebook-polarization.html

9   Richard Susskind und Daniel Susskind, *Future of the Professions:*

How Technology will Transform the Work of Human Experts,
Oxford 2015, S. 15.

10 Ein umfassender Vergleich findet sich in Brent Mittelstadt,
»Principles alone cannot guarantee ethical AI«, *Nature Machine Intelligence* 1 (2019), S. 501–507.

11 Robert Baldwin, Martin Cave und Martin Lodge, *Understanding Regulation: Theory, Strategy, and Practice*, Oxford 2012, S. 138.

12 Ian Tucker, »Yaël Eisenstat: ›Facebook is ripe for manipulation and viral misinformation‹«, *The Guardian*, 26. Juli 2020, https://www.theguardian.com/technology/2020/jul/26/yael-eisenstat-facebook-is-ripe-for-manipulation-and-viral-misinformation

13 Ross LaJeunesse, »I Was Google's Head of International Relations. Here's Why I Left«, 2. Januar 2020, https://medium.com/@rossformaine/i-was-googles-head-of-international-relations-here-s-why-i-left-49313d23065

14 Richard Waters, »Google scraps ethics council for artificial intelligence«, *Financial Times*, https://www.ft.com/content/6e2912f8-573e-11e9-91f9-b6515a54c5b1

15 Karen Hao, »We read the paper that forced Timnit Gebru out of Google. Here's what it says«, *MIT Technology Review*, 4. Dezember 2020, https://www.technologyreview.com/2020/12/04/1013294/google-ai-ethics-research-paper-forced-out-timnit-gebru; Khari Johnson, »Google employee group urges Congress to strengthen whistleblower protections for AI researchers«, *VentureBeat*, 8. März 2021, https://venturebeat.com/2021/03/08/google-employee-group-urges-congress-to-strengthen-whistleblower-protections-for-ai-researchers/

Kapitel 13

1 Nathan Benaich und Ian Hogarth, »State of AI Report«, 28. Juni 2019, https://www.stateof.ai/2019

2 Amy Webb, *Die großen Neun: Wie wir die Tech-Titanen bändigen und eine künstliche Intelligenz zum Wohle aller entwickeln können*, übers. von Petra Pyka, Kulmbach 2019, S. 84.

3 Ebenda.

4 Benaich und Hogarth, »State of AI«.

5 Einen Überblick, was in diesen Kursen unterrichtet wird, gibt es in Casey Fiesler, »What do we teach when we teach tech & AI ethics?«, *CUInfoScience*, 17. Januar 2020, https://medium.com/

cuinfoscience/what-do-we-teach-when-we-teach-tech-ai-ethics-81059b710e11

6   Webb, *Die großen Neun*, S. 79.

7   Ebenda.

8   McKenzie Raub, »Bots, Bias, and Big Data: Artificial Intelligence, Algorithmic Bias and Disparate Impact Liability in Hiring Practices«, *Arkansas Law Review* 71, Nr. 2 (2018), S. 529–570.

9   Katrina Lake, »Stitch Fix's CEO on Selling Personal Style to the Mass Market«, in: Harvard Business Review, *HBR's 10 must reads on AI, analytics, and the new machine age*, Cambridge, MA, 2019, S. 23; Clive Thompson, *Coders: Who They Are, What They Think And How They Are Changing Our World*, London 2019, S. 211.

10 Mary Ann Azevedo, »Untapped Opportunity: Minority Founders Still Being Overlooked«, *Crunchbase*, 27. Februar 2019, https://news.crunchbase.com/news/untapped-opportunity-minority-founders-still-being-overlooked

11 Thompson, *Coders*, S. 23.

12 Ebenda, S. 21 f., 103.

13 Katy Cook, *The Psychology of Silicon Valley: Ethical Threats and Emotional Unintelligence in the Tech Industry*, London 2020, S. 40.

14 Thompson, *Coders*, S. 24.

15 Tarleton Gillespie, *Custodians of the Internet: Platforms, Content Moderation, and the Hidden Decisions that Shape Social Media*, New Haven 2018, S. 12.

16 Yelena Dzhanova, »Facebook did not hire Black employees because they were not a ›culture fit‹, report says«, *Business Insider*, 6. April 2021, https://www.businessinsider.com/facebook-workplace-hiring-eeoc-black-employees-culture-fit-2021–4

17 Siehe Thompson, *Coders*, zum Beispiel S. 35 und 236.

18 Fred Turner, *From Counterculture to Cyberculture: Stewart Brand, the Whole Earth Network, and the Rise of Digital Utopianism*, Chicago 2008.

19 Carissa Véliz, »Three things digital ethics can learn from medical ethics«, *Nature Electronics* 2, Nr. 8 (2019), S. 1–3.

20 Rodrigo Ochigame, »The Invention of ›Ethical AI‹«, *The Intercept*, 20. Dezember 2019, https://theintercept.com/2019/12/20/

mit-ethical-ai-artificial-intelligence/ Siehe auch Brent Mittelstadt, »Principles alone cannot guarantee ethical AI«, *Nature
Machine Intelligence* 1 (2019), S. 501–507.

21 Jacob Metcalf, Emanuel Moss und Danah Boyd, »Owning
Ethics: Corporate Logics, Silicon Valley, and the Institutionalization of Ethics«, *Social Research: An International Quarterly* 82
(2019), S. 449–476.

22 Jessica Fjeld et al., »Principled Artificial Intelligence: Map-
ping Consensus in Ethical and Rights-Based Approaches to
Principles for AI«, *Berkman Klein Center Research Publication*
Nr. 2020-1 (2020).

23 Gary M. Fleischman et al., »Ethics Versus Outcomes: Managerial Responses to Incentive-Driven and Goal-Induced Employee
Behavior«, *Journal of Business Ethics* 158, Nr. 4 (2019), S. 951–967.

24 Mittelstadt, »Principles alone«.

25 Michael Veale bezeichnet dies als »Framing-Problem«: Michael
Veale, »A Critical Take on the Policy Recommendations of the
EU High-Level Expert Group on Artificial Intelligence«, *Euro-
pean Journal of Risk Regulation* (2020), S. 1–10.

26 Eine besonders skeptische Sicht findet sich in Ochigame, »The
Invention of ›Ethical AI‹«.

27 Leonard Haas und Sebastian Gießler mit Veronika Thiel, »In
the realm of paper tigers – exploring the failings of AI ethics
guidelines«, *Algorithm Watch*, 28. April 2020, https://algorithm
watch.org/en/ai-ethics-guidelines-inventory-upgrade-2020/

28 Ochigame, »The Invention of ›Ethical AI‹«.

29 Ebenda.

30 Ben Wagner, »Ethics as an escape from regulation: From
›ethics-washing‹ to ethics-shopping?«, in: Emre Bayamlıoğlu et
al. (Hg.), *Being Profiled: Cogitas Ergo Sum. 10 Years of Profiling
the European Citizen*, Amsterdam 2018.

Kapitel 14

1 Siehe Julie E. Cohen, *Between Truth and Power: The Legal
Constructions of Informational Capitalism*, Oxford 2019; Solon
Barocas und Helen Nissenbaum, »Big Data's End Run around
Anonymity and Consent«, in: Julia Lane, Victoria Stodden,
Stefan Bender und Helen Nissenbaum (Hg.), *Privacy, Big Data,
and the Public Good: Frameworks for Engagement*, New York

2014; Elettra Bietti, »Consent as a Free Pass: Platform Power and the Limits of the Informational Turn«, *Pace Law Review* 40, Nr. 1 (2020), S. 307–397.

2 Ich war so naiv zu glauben, ich sei der Erste, der in diesem Zusammenhang den Begriff »Zustimmungsfalle« verwendet. Ein früher Leser, Seth Lazar, wies mich darauf hin, dass Sascha Molitorisz vor mir diese Idee hatte.

3 Samuel D. Warren und Louis D. Brandeis, »The Right to Privacy«, *Harvard Law Review* 4, Nr. 5 (1980), S. 193–220.

4 Christophe Lazaro und Daniel Le Métayer, »Control over Personal Data: true Remedy or Fairy Tale?«, *Scripted* 12, Nr. 1 (Juni 2015), S. 3–34.

5 Daniel J. Solove, »Introduction: Privacy Self-Management and the Consent Dilemma«, *Harvard Law Review* 126, Nr. 7 (2013), S. 1880–1903; Nicholas LePan, »Visualizing the Length of the Fine Print, for 14 Popular Apps«, *Visual Capitalist*, 18. April 2020, https://www.visualcapitalist.com/terms-of-service-visualizing-the-length-of-internet-agreements/

6 Gillian K. Hadfield, *Rules for a Flat World: Why Humans Invented Law and How to Reinvent it for a Complex Global Economy*, Oxford 2017, S. 170.

7 Shoshana Zuboff, *Das Zeitalter des Überwachungskapitalismus*, übers. von Bernhard Schmid, Frankfurt am Main 2018, S. 273.

8 Kevin Litman-Navarro, »We Read 150 Privacy Policies. They Were an Incomprehensible Disaster«, *The New York Times*, 12. Juni 2019, https://www.nytimes.com/interactive/2019/06/12/opinion/facebook-google-privacy-policies.html

9 Zuboff, *Überwachungskapitalismus*, S. 69.

10 Neil Richards und Woodrow Hartzog, »The Pathologies of Digital Consent«, *Washington University Law Review* 96 (2019), S. 1461–1503, hier S. 1480. Sandra Braman weist darauf hin, dass die US-Verfassung »den Gebrauch von Sprache in Gesetzen oder Vorschriften verbietet, die unklar (vernünftige Erwachsene könnten sich nicht über die Bedeutung einigen) oder übermäßig weit gefasst ist (also mehr Handlungen und Kommunikation umfasst, als das Ziel eines bestimmten Gesetzes oder einer Vorschrift ist).« Im Vertragsrecht gilt das nicht. Siehe »Series Editor's Introduction«, in: Rikke Frank Jørgensen (Hg.),

Human Rights in the Age of Platforms, Cambridge, MA, 2019, S. vii.

11 Scott R. Peppet, »Regulating the Internet of Things: First Steps Toward Managing Discrimination, Privacy, Security, and Consent«, *Texas Law Review* 93, Nr. 83 (2014), S. 85–176.

12 Zuboff, *Überwachungskapitalismus*, S. 273.

13 Nicolas P. Suzor, *Lawless: The Secret Rules that Govern Our Digital Lives*, Cambridge 2019, S. 11.

14 Siehe Neil Richards und Woodrow Hartzog, »Taking Trust Seriously in Privacy Law«, *Stanford Technology Law Review* 19 (2016), S. 431–472; »Privacy's Trust Gap: A Review«, *Yale Law Journal* 126, Nr. 4 (2017), S. 1180–1224; »Trusting Big Data Research«, *DePaul Law Review* 66, Nr. 2 (2017), S. 579–590; Richards und Hartzog, »Pathologies«; »Privacy's Constitutional Moment and the Limits of Data Protection«, *Boston College Law Review* 61, Nr. 5 (2020), S. 1687–1761.

15 Kate Cox, »Unredacted suit shows Google's own engineers confused by privacy settings«, *Ars Technica*, 25. August 2020, https://arstechnica.com/tech-policy/2020/08/unredacted-suit-shows-googles-own-engineers-confused-by-privacy-settings

16 Richards und Hartzog, »Pathologies«, S. 1489; Arielle Pardes, »How Facebook and Other Sites Manipulate Your Privacy Choices«, *Wired*, 12. August 2020, https://www.wired.com/story/facebook-social-media-privacy-dark-patterns/

17 Katherine J. Strandburg, »Monitoring, Datafication, and Consent: Legal Approaches to Privacy in the Big Data Context«, in: Julia Lane, Victoria Stodden, Stefan Bender und Helen Nissenbaum (Hg.), *Privacy, Big Data, and the Public Good: Frameworks for Engagement*, New York 2014, S. 31; Barocas und Nissenbaum, »Big Data's End Run«, S. 58 f.

18 Joshua A. T. Fairfield und Christoph Engel, »Privacy as a Public Good«, *Duke Law Journal* 65, Nr. 3 (Dezember 2015), S. 385–457.

19 Fairfield und Engel, »Privacy as a Public Good«.

20 Karen Yeung und Martin Lodge, *Algorithmic Regulation*, Oxford 2019, S. 36.

21 Fairfield und Engel, »Privacy as a Public Good«.

22 Richards und Hartzog, »Pathologies«, S. 1479.

23 Die Datenschutz-Grundverordnung entschärft dieses Problem bis zu einem gewissen Grad, zumindest in der Theorie. Er-

wägungsgrund 43 sieht vor, dass die Einwilligung keine gültige Rechtsgrundlage für die Datenverarbeitung darstellt, wenn ein klares Ungleichgewicht zwischen der betroffenen Person und dem für die Verarbeitung Verantwortlichen besteht und dieses Ungleichgewicht es unwahrscheinlich macht, dass die Einwilligung freiwillig gegeben wurde. Darüber hinaus muss »weitestgehend« berücksichtigt werden, ob die Erfüllung eines Vertrags von der Einwilligung in eine Datenverarbeitung abhängig gemacht wird, obwohl diese für die Erfüllung des Vertrags nicht erforderlich ist. Diese Bestimmungen scheinen jedoch in der Praxis keine nennenswerten Auswirkungen auf die Einwilligungssfalle zu haben.

24 Fairfield und Engel, »Privacy as a Public Good«; Stuart A. Thompson und Charlie Warzel, »How to Track President Trump«, *The New York Times*, 20. Dezember 2019, https://www.nytimes.com/interactive/2019/12/20/opinion/location-data-national-security.html

25 Martijn van Otterlo, »A machine learning view on profiling«, in: Mireille Hildebrandt und Katja de Vries (Hg.), *Privacy, Due Process and the Computational Turn: The Philosophy of Law Meets the Philosophy of Technology*, Abingdon 2013, S. 42. Siehe auch Zeynep Tufekci, »The Latest Data Privacy Debacle«, *The New York Times*, 30. Januar 2018, https://www.nytimes.com/2018/01/30/opinion/strava-privacy.html

26 Learned Hand, *Das Wesen der Freiheit: Aufsätze und Reden*, übers. von Walter Theimer, Frankfurt am Main 1953, S. 103.

27 Siehe auch Julie E. Cohen, *Configuring the Networked Self: Law, Code, and the Play of Everyday Practice*, New Haven 2012, S. 149; Neil Richards, *Intellectual Privacy: Rethinking Civil Liberties in the Digital Age*, Oxford 2017.

28 Siehe Quentin Skinner, *Liberty before Liberalism*, Cambridge 1998, S. 23 f.

29 Fairfield und Engel, »Privacy as a Public Good«. Siehe auch Solove, »Introduction: Privacy Self-Management«; Cohen, *Between Truth and Power.*

30 Stephen L. Elkin, *Reconstructing the Commercial Republic: Constitutional Design after Madison*, Chicago 2006, S. 4.

Kapitel 15

1 Friedrich August von Hayek, *Die Verfassung der Freiheit*, Tübingen 1991, S. 197 f.

2 Ebenda, S. 198.

3 David Levi-Faur, »From ›Big Government‹ to ›Big Governance‹?«, in: David Levi-Faur (Hg.), *The Oxford Handbook of Governance*, Oxford 2014, S. 5.

4 Siehe Roger Brownsword und Morag Goodwin, *Law and the Technologies of the Twenty-First Century: Texts and Materials*, Cambridge 2012, S. 24 f. Der Übersichtlichkeit halber habe ich nicht die breiter gefasste Definition von »Regulierung« verwendet, die »alle Formen von gesellschaftlichen oder wirtschaftlichen Einflüssen« umfasst, »wobei alle Mechanismen, die das Verhalten beeinflussen – ob diese nun von staatlicher oder anderer Seite (z. B. dem Markt) kommen, als regulierend betrachtet werden«: Robert Baldwin, Martin Cave und Martin Lodge, *Understanding Regulation: Theory, Strategy, and Practice*, Oxford 2012, S. 3.

5 Jonathan Sumption, *Trials of the State: Law and the Decline of Politics*, London 2019, S. 4.

6 Martin Loughlin, *Foundations of Public Law*, Oxford 2014, S. 101.

7 Ron Chernow, *Grant*, London 2017, S. 644.

8 Paul Tucker, *Unelected Power: The Quest for Legitimacy in Central Banking and the Regulatory State*, Princeton 2018, S. 28.

9 Michael Moran, »The Rise of the Regulatory State«, in: Davin Coen, Wyn Grant und Graham Wilson (Hg.), *The Oxford Handbook of Business and Government*, Oxford 2011, S. 387.

10 K. Sabeel Rahman, »Regulating Informational Infrastructure: Internet Platforms as the New Public Utilities«, *Georgetown Law and Technology Review* 2, Nr. 2 (2018), S. 234–251.

11 Ebenda.

12 Baldwin et al., *Understanding Regulation*, S. 4.

13 Stephen Sedley, *Lions Under the Throne: Essays on the History of English Public Law*, Cambridge 2015, S. 56.

14 Baldwin et al., *Understanding Regulation*, S. 4.

15 Moran, »Rise«, S. 387; Tucker, *Unelected Power*, S. 29.

16 Karen Yeung, »The Regulatory State«, in: Robert Baldwin,

Martin Cave und Martin Lodge (Hg.), *The Oxford Handbook of Regulation*, Oxford 2013, S. 72.

17 Siehe Nicholas Timmins, *The Five Giants: A Biography of the Welfare State*, London 2017.

18 Yeung, »Regulatory State«, S. 66.

19 Cass Sunstein, *After the Rights Revolution: Reconceiving the Regulatory State*, Harvard 1993, S. v, 22.

20 Yeung, »Regulatory State«, S. 66.

21 Ebenda.

22 Ebenda, S. 67.

Kapitel 16

1 Einen eindringlichen konzeptionellen Überblick über dieses Thema bieten die Arbeiten von Julie E. Cohen, insbesondere *Configuring the Networked Self: Law, Code, and the Play of Everyday Practice*, New Haven 2012, und *Between Truth and Power: The Legal Constructions of Informational Capitalism*, Oxford 2019.

2 James Ball, *The System: Who Owns the Internet, and How it Owns Us*, London 2020, S. 66 f.

3 Matthias C. Kettemann, *The Normative Order of the Internet*, Oxford 2020, S. 46.

4 Die Akronyme stehen für: Food and Drug Administration (FDA), Securities and Exchange Commission (SEC), National Highway Traffic and Safety Administration (NHTSA), Fair Credit Reporting Act (FRCA), Gramm-Leach-Bliley Act (GLBA), Health Insurance Portability and Accountability Act (HIPAA), Family Educational Rights and Privacy Act (FERPA), Children's Online Privacy Protection Rule (COPPA), Electronic Communications Privacy Act (ECPA) und Computer Fraud and Abuse Act (CFAA).

5 Abschnitt 5 des Federal Trade Commission Act von 1914.

6 John D. McKinnon und James V. Grimaldi, »Justice Department, FTC Skirmish Over Antitrust Turf«, *The Wall Street Journal*, 5. August 2019, https://www.wsj.com/articles/justice-department-ftc-skirmish-over-antitrust-turf-11564997402

7 Für einen nützlichen Überblick siehe Mitchell Noordyke, »US state comprehensive privacy law comparison«, *International Association of Privacy Professionals*, 18. April 2019, https://

iapp.org/news/a/us-state-comprehensive-privacy-law-comparison/

8   Scott R. Peppet, »Regulating the Internet of Things: First Steps Toward Managing Discrimination, Privacy, Security, and Consent«, *Texas Law Review* 93, Nr. 83 (2014), S. 85–176.

9   Neil Richards und Woodrow Hartzog, »The Pathologies of Digital Consent«, *Washington University Law Review* 96 (2019), S. 1461–1503.

10   Katherine J. Strandburg, »Monitoring, Datafication, and Consent: Legal Approaches to Privacy in the Big Data Context«, in: Julia Lane, Victoria Stodden, Stefan Bender und Helen Nissenbaum (Hg.), *Privacy, Big Data, and the Public Good: Frameworks for Engagement*, New York 2014, S. 21.

11   Abgesehen vom Privacy Act von 1974, der auf den Privatsektor nicht anwendbar ist.

12   Chris Jay Hoofnagle, Woodrow Hartzog und Daniel J. Solove, »The FTC can rise to the privacy challenge, but not without help from Congress«, The Brookings Institution, 8. August 2019, https://www.brookings.edu/blog/techtank/2019/08/08/the-ftc-can-rise-to-the-privacy-challenge-but-not-without-help-from-congress/

13   Nilay Patel, »Facebook's $ 5 billion FTC fine is an embarrassing joke«, *The Verge*, 12. Juli 2019, https://www.theverge.com/2019/7/12/20692524/facebook-five-billion-ftc-fine-embarrassing-joke; vgl. Daniel J. Solove und Woodrow Hartzog, »The FTC and the New Common Law of Privacy«, *Columbia Law Review* 114 (2014), S. 583.

14   Lilian Edwards, *Law, Policy and the Internet*, Oxford 2019, S. 75.

15   Siehe Danielle Keats Citron und Benjamin Wittes, »The Internet Will Not Break: Denying Bad Samaritans § 230 Immunity«, *Fordham Law Review* 86, Nr. 2 (2017), S. 401–423; Olivier Sylvain, »Discriminatory Designs on User Data«, in: David E. Pozen (Hg.), *The Perilous Public Square: Structural Threats to Free Expression Today*, New York 2020, S. 181–184.

16   Citron und Wittes, »The Internet Will Not Break«.

17   Kiran Jeevanjee et al., »All the Ways Congress Wants to Change Section 230«, *Slate*, 23. März 2021, https://slate.com/technology/2021/03/section-230-reform-legislative-tracker.html

18 Jeff Kosseff, *The Twenty-Six Words that Created the Internet*, Ithaca 2019, S. 3.

19 Ball, *The System*, S. 34.

20 Siehe Tarleton Gillespie, *Custodians of the Internet: Platforms, Content Moderation, and the Hidden Decisions that Shape Social Media*, New Haven 2018; Citron und Wittes, »The Internet Will Not Break«.

21 Siehe Cohen, *Between Truth and Power*, S. 99: »Wie James Grimmelmann akribisch nachgewiesen hat, sind Suchmaschinen geschickt darin geworden, auf ihrer Neutralität für die Zwecke von Abschnitt 230 zu beharren und gleichzeitig zu behaupten, dass ihre Suchergebnisse ihre eigenen verfassungsrechtlich geschützten Äußerungen sind. Im Großen und Ganzen haben die Gerichte beide Argumente kritiklos akzeptiert und sind zu dem Schluss gekommen, dass algorithmische Vermittlung den Vermittler nicht zum Herausgeber der Äußerungen anderer Personen macht, dass aber eben jene Vermittlungsprozesse selbst Äußerungen gleichgestellt sind.«

22 Citron und Wittes, »The Internet Will Not Break«.

23 Sylvain, »Discriminatory Designs«, S. 185–188.

24 Mary Anne Franks, »How The Internet Unmakes Law«, *The Ohio Technology Law Journal* 16, Nr. 1 (2020), S. 10–24.

25 Citron und Wittes, »The Internet Will Not Break«.

26 Zitiert in Danielle Keats Citron, »Section 230's Challenge to Civil Rights and Civil Liberties«, in: Pozen (Hg.), *Perilous*, S. 202.

27 Eine gute Einführung bietet Mireille Hildebrandt, *Law for Computer Scientists and Other Folk*, Oxford 2020, S. 135 f.

28 Artikel 83.

29 Roger Brownsword, *Law, Technology and Society: Re-Imagining the Regulatory Environment*, Abingdon 2019, S. 99; Gillespie, *Custodians*, S. 33; Mark Leiser und Andrew Murray, »The role of non-state actors and institutions in the governance of new and emerging digital technologies«, in: Roger Brownsword, Eloise Scotford und Karen Yeung (Hg.), *The Oxford Handbook of Law, Regulation, and Technology*, Oxford 2017, S. 678; Agnès Callamard, »The Human Rights Obligations of non-State Actors«, in: Rikke Frank Jørgensen (Hg.), *Human Rights in the Age of Platforms*, Cambridge, MA, 2019, S. 205.
Die E-Commerce-Richtlinie der EU »harmonisiert die Bedin-

gungen, unter denen Vermittler innerhalb der EU für Verstöße von Drittparteien zur Verantwortung gezogen werden können. Sie umfasst auch ein System zur Meldung und Entfernung von rechtsverletzenden Inhalten, das dem des Digital Millennium Copyright Act (DMCA) ähnelt. Im Gegensatz zum DMCA gilt die E-Commerce-Richtlinie jedoch für eine Reihe von Aktivitäten, einschließlich Urheberrechts- und Markenrechtsverletzungen sowie Verleumdungen« (Natasha Tusikov, *Chokepoints: Global Private Regulation on the Internet*, Oakland 2017, S. 54). Artikel 40 der E-Commerce-Richtlinie fordert die Mitgliedstaaten dazu auf, »rasch und zuverlässig wirkende Verfahren zur Entfernung unerlaubter Informationen und zur Sperrung des Zugangs zu ihnen« zu entwickeln, und weist darauf hin, diese könnten »auf der Grundlage freiwilliger Vereinbarungen zwischen allen Beteiligten« entwickelt werden. Im Jahr 2004 rief die EU-Kommission die Branche auf, eine aktive Rolle beim Kampf gegen Rechtsverletzungen einzunehmen, und warb dafür, nicht rechtlich bindende Verhaltensregeln auszuarbeiten, »die einen Beitrag zur ordnungsgemäßen Durchführung der einzelstaatlichen und gemeinschaftlichen Bestimmungen leisten sollen« (Tusikov, *Chokepoints*, S. 61). Siehe auch Lilian Edwards, *Law, Policy and the Internet*, Oxford 2019, S. 268.

30 Olaf Storbeck, Madhumita Murgia und Rochelle Toplensky, »Germany blocks Facebook from pooling user data without consent«, *The Financial Times*, 7. Februar 2019, https://www. ft.com/content/3a0351b6-2ab9-11e9-88a4-c32129756dd8; Adam Satariano, »Europe Is Toughest on Big Tech, Yet Big Tech Still Reigns«, *The New York Times*, 11. November 2019, https://www. nytimes.com/2019/11/11/business/europe-technology-antitrust-regulation.html; Diane Coyle, *Markets, State, and People: Economics for Public Policy*, Princeton 2020, S. 94; Cohen, *Between Truth and Power*, S. 177.

31 Unabhängig davon, ob ein Zusammenhang besteht oder nicht, entfallen auf die EU weniger als 4 Prozent der Marktkapitalisierung der 70 größten Plattformen der Welt (in den Vereinigten Staaten sind es 73 Prozent): »The EU wants to set the rules for the world of technology«, *The Economist*, 20. Februar 2020, https://www.economist.com/business/2020/02/20/the-eu-wants-to-set-the-rules-for-the-world-of-technology

32 Charlie Taylor, »Data Protection Commission criticised as WhatsApp decision nears«, *The Irish Times*, 15. Januar 2020, https://www.irishtimes.com/business/technology/data-protection-commission-criticised-as-whatsapp-decision-nears-1.4139804; Nicole Kobie, »Germany says GDPR could collapse as Ireland dallies on big fines«, *Wired*, 27. April 2020, https://www.wired.co.uk/article/gdpr-fines-google-facebook

33 Johnny Ryan und Alan Toner, »Europe's enforcement paralysis: ICCL's 2021 report on the enforcement capacity of data protection authorities«, Bericht des Irish Council for Civil Liberties 2021, https://www.iccl.ie/digital-data/2021-gdpr-report/

34 Adam Satariano, »Europe's Privacy Law Hasn't Shown Its Teeth, Frustrating Advocates«, *The New York Times*, 27. April 2020, https://www.nytimes.com/2020/04/27/technology/GDPR-privacy-law-europe.html; Johnny Ryan und Alan Toner, »Europe's governments are failing the GDPR«, *Brave* 2020, https://brave.com/wp-content/uploads/2020/04/Brave-2020-DPA-Report.pdf

35 Midas Nouwens et al., »Dark Patterns after the GDPR: Scraping Consent Pop-ups and Demonstrating their Influence«, arXiv: 2001.02479 (2020).

36 Obgleich Artikel 5 der DSGVO zusätzlichen Schutz bietet.

37 Artikel 5(1)(b).

38 Artikel 6(4); siehe Waltraut Kotschy, »Article 6. Lawfulness of processing« in: Christopher Kuner, Lee A. Bygrave und Christopher Docksey (Hg.), *The EU Data Protection Regulation (GDPR): A Commentary*, Oxford 2020.

39 Artikel 22.

40 Artikel 22(c).

41 »freiwillig, für den bestimmten Fall, in informierter Weise und unmissverständlich«, Artikel 4(11). Unter manchen Bedingungen sind die Voraussetzungen noch höher.

Kapitel 17

1 Zitiert in Shoshana Zuboff, *Das Zeitalter des Überwachungskapitalismus*, übers. von Bernhard Schmid, Frankfurt am Main 2018, S. 130.

2 Das Gesetz könnte völlig anders aussehen. Katharina Pistor schreibt, dass Handwerker, die im 15. Jahrhundert in Venedig erstmals rechtlichen Schutz für »neue und ingeniöse Apparatu-

ren« gewährt bekamen, zwar Klage gegen andere Händler einreichen konnten, die ihre Erfindungen nutzten, dass sie aber im Gegenzug der Stadt selbst erlauben mussten, diese Erfindungen »für ihren eigenen Gebrauch und ihre eigenen Bedürfnisse« zu nutzen. Der Rechtsschutz wurde nur unter der Bedingung gewährt, dass die Erfindungen zum Wohl der Allgemeinheit eingesetzt werden konnten. Siehe Katharina Pistor, *Der Code des Kapitals: Wie das Recht Reichtum und Ungleichheit schafft*, übers. von Frank Lachmann, Berlin 2020, S. 191.

3 Zitiert in James Boyle, *The Public Domain: Enclosing the Commons of the Mind*, New Haven 2008, S. 19.

4 James S. Coleman, *Macht und Gesellschaftsstruktur*, übers. von Viktor Vanberg, Tübingen 1979, S. 5; Philip Pettit, »Two Fallacies about Corporations«, in: Subramanian Rangan (Hg.), *Performance & Progress: Essays on Capitalism, Business, and Society*, Oxford 2017, S. 386.

5 Pettit, »Two Fallacies«, S. 390.

6 David Ciepley, »Beyond Public and Private: Toward a Political Theory of the Corporation«, *American Political Science Review* 107, Nr. 1 (Februar 2013), S. 139–158.

7 Pistor, *Code des Kapitals*, S. 92.

8 Ebenda, S. 26, 116 f.

9 Ciepley, »Beyond Public and Private«.

10 Pistor, *Code des Kapitals*, S. 35.

11 Pettit, »Two Fallacies«, S. 390.

12 Das bekannteste Beispiel ist *Citizens United v. Federal Election Commission*, 558 U. S. 310 (2010).

13 Eine skeptische Betrachtung findet sich in Hugh Collins, *Regulating Contracts*, Oxford 2002.

14 Collins, *Regulating Contracts*, S. 56.

15 Siehe zum Beispiel die Arbeiten von Julie E. Cohen sowie Luca Belli und Jamila Venturini, »Private ordering and the rise of terms of service as cyber-regulation«, *Internet Policy Review* 5, Nr. 4 (2016).

16 Aileen Kavanagh, »The Constitutional Separation of Powers«, in: David Dyzenhaus und Malcolm Thorburn (Hg.), *Philosophical Foundations of Constitutional Law*, Oxford 2019, S. 230.

17 Margaret Jane Radin, *Boilerplate: The Fine Print, Vanishing Rights, and the Rule of Law*, Princeton 2013, S. 33.

18 Cass Sunstein, *Democracy and the Problem of Free Speech*, New York 1995, S. 37.

19 Ira C. Magaziner, »Creating a Framework for Global Electronic Commerce«, The Progress & Freedom Foundation, *Future Insight,* Juli 1999, http://www.pff.org/issues-pubs/futureinsights/fi6.1globaleconomiccommerce.html

Kapitel 18

1   Philip Pettit, *Gerechte Freiheit: Ein moralischer Kompass für eine komplexe Welt*, übers. von Karin Wördemann, Berlin 2015, S. 117; Frank Lovett, *A General Theory of Domination and Justice*, Oxford 2012, S. 112.

2   Nicolas P. Suzor, *Lawless: The Secret Rules that Govern Our Digital Lives*, Cambridge 2019, S. 30.

3   Siehe Rick Swedloff, »The New Regulatory Imperative for Insurance«, *Boston College Law Review* 61, Nr. 6 (2020), S. 2031–2084.

4   Shirin Ghaffary und Jason Del Rey, »The real cost of Amazon«, *Vox*, 29. Juni 2020, https://www.vox.com/recode/2020/6/29/21303643/amazon-coronavirus-warehouse-workers-protest-jeff-bezos-chris-smalls-boycott-pandemic

5   Sarah Kessler, »Companies Are Using Employee Survey Data to Predict – and Squash – Union Organizing«, *OneZero*, 30. Juli 2020, https://onezero.medium.com/companies-are-using-employee-survey-data-to-predict-and-squash-union-organizing-a7e28a8c2158

6   Lee Fang, »Facebook Pitched New Tool Allowing Employers to Suppress Words Like ›Unionize‹ in Workplace Chat Product«, *The Intercept*, 11. Juni 2021, https://theintercept.com/2020/06/11/facebook-workplace-unionize/

7   Unabhängig davon wurde ein Fußballspiel für die Fernsehzuschauer zu Hause ruiniert, als die »KI-Kamera«, die dem Ball übers Feld folgen sollte, statt des Balles die blanke Glatze eines Schiedsrichters ins Visier nahm: James Felton, »AI Camera Ruins Soccer Game For Fans After Mistaking Referee's Bald Head For Ball«, *IFLScience*, 29. Oktober 2020, https://www.iflscience.com/technology/ai-camera-ruins-soccar-game-for-fans-after-mistaking-referees-bald-head-for-ball/

8   Julie E. Cohen, *Between Truth and Power: The Legal Con-*

structions of Informational Capitalism, Oxford 2019, S. 179;
Monique Mann und Tobias Matzner, »Challenging algorithmic
profiling: The limits of data protection and anti-discrimination
in responding to emergent discrimination«, *Big Data & Society*
6 (2019), S. 1–11; Sandra Wachter, Brent Mittelstadt und Chris
Russell, »Why fairness cannot be automated: Bridging the gap
between EU non-discrimination law and AI«, *Computer Law
& Security Review* 41 (2021), S. 105567–105597; Nizan Geslevich
Packin und Yafit Lev-Aretz, »Learning algorithms and discrimination«, in: Woodrow Barfield und Ugo Pagallo (Hg.), *Research
Handbook on the Law of Artificial Intelligence*, Cheltenham 2018.

9   Vielleicht, indem man die Beweislast umkehrt, sodass nicht Arbeitnehmer nachweisen müssen, dass sie diskriminiert wurden,
sondern Arbeitgeber, dass sie *nicht* diskriminiert haben: Jason
D. Lohr, Winston J. Maxwell und Peter Watts, »Legal Practitioners' Approach to Regulating AI Risks«, in: Karen Yeung und
Martin Lodge, *Algorithmic Regulation*, Oxford 2019, S. 241.

10 Zur Inspiration für dieses Prinzip siehe John Braithwaite und
Philip Pettit, *Not Just Deserts: A Republican Theory of Criminal
Justice*, Oxford 1992.

11 Friedrich Nietzsche, *Also sprach Zarathustra*, Chemnitz 1883, S. 65.

12 Siehe Jamie Susskind, *Future Politics: Living Together in a World
Transformed by Tech*, Oxford 2018.

13 Siehe allgemein Bernard E. Harcourt, *Exposed: Desire and Disobedience in the Digital Age*, Cambridge, MA, 2015; David Kaye,
»The surveillance industry is assisting state suppression. It must
be stopped«, *The Guardian*, 26. November 2019, https://www.
theguardian.com/commentisfree/2019/nov/26/surveillance-
industry-suppression-spyware

14 Max Seddon und Madhumita Murgia, »Apple and Google drop
Navalny app after Kremlin piles on pressure«, *Financial Times*,
17. September 2021, https://www.ft.com/content/faaada81-73d6-
428c-8d74-88d273adbad3

15 Rory Van Loo, »The New Gatekeepers: Private Firms as Public
Enforcers«, *Virginia Law Review* 106, Nr. 2 (2020), S. 467–522;
Molly K. Land, »Regulating Private Harms Online: Content
Regulation under Human Rights Law«, in: Rikke Frank Jørgen-
sen (Hg.), *Human Rights in the Age of Platforms*, Cambridge,
MA, 2019, S. 297–301.

16 Jack Goldsmith und Andrew Keane Woods, »Internet Speech Will Never Go Back to Normal«, *The Atlantic*, 25. April 2020, https://www.theatlantic.com/ideas/archive/2020/04/what-covid-revealed-about-internet/610549/

17 Natasha Tusikov, *Chokepoints: Global Private Regulation on the Internet*, Oakland 2017.

18 Suzor, *Lawless*, S. 152.

19 Jack Goldsmith, »The Failure of Internet Freedom«, in: David E. Pozen (Hg.), *The Perilous Public Square: Structural Threats to Free Expression Today*, New York 2020, S. 247.

20 Katherine J. Strandburg, »Monitoring, Datafication, and Consent: Legal Approaches to Privacy in the Big Data Context«, in: Julia Lane, Victoria Stodden, Stefan Bender und Helen Nissenbaum (Hg.), *Privacy, Big Data, and the Public Good: Frameworks for Engagement*, New York 2014, S. 33.

21 Alexander Hamilton, James Madison und John Jay, *Die Federalist Papers*, übers. von Barbara Zehnpfennig, Darmstadt 1993, S. 320.

Kapitel 19

1 Nicolas P. Suzor, *Lawless: The Secret Rules that Govern Our Digital Lives*, Cambridge 2019, S. 10.

2 Tarleton Gillespie, *Custodians of the Internet: Platforms, Content Moderation, and the Hidden Decisions that Shape Social Media*, New Haven 2018, S. 209.

3 Suzor, *Lawless*, S. 10.

4 Ebenda.

5 Gillespie, *Custodians*.

6 Mariana Mazzucato, *Das Kapital des Staates: Eine andere Geschichte von Innovation und Wachstum*, übers. von Ursel Schäfer, München 2014.

7 Zwischen Republikanern und Sozialdemokraten gibt es manche Gemeinsamkeiten, aber Republikaner sind gegenüber übermäßigen Eingriffen der Staatsmacht argwöhnischer: siehe das *Sparsamkeitsprinzip*.

8 Robert Baldwin, Martin Cave und Martin Lodge, *Understanding Regulation: Theory, Strategy, and Practice*, Oxford 2012, S. 22; Bronwen Morgan und Karen Yeung, *An Introduction to Law and Regulation: Texts and Materials*, Cambridge 2007, S. 36.

9 Wendy Wagner, »Regulating by the Stars«, in: Cary Coglianese (Hg.), *Achieving Regulatory Excellence*, Washington, D.C., 2017, S. 40.

10 Jamie Susskind, *Future Politics: Living Together in a World Transformed by Tech*, Oxford 2018, S. 117.

11 Siehe Hod Lipson und Melba Kurman, *Driverless: Intelligent Cars and the Road Ahead*, Cambridge, MA, 2016, S. 249–253.

12 Diese Beispiele stammen aus dem ausgezeichneten Artikel von Antje von Ungern-Sternberg, »Autonomous driving: regulatory challenges raised by artificial decision-making and tragic choices«, in: Woodrow Barfield und Ugo Pagallo (Hg.), *Research Handbook on the Law of Artificial Intelligence*, Cheltenham 2018.

13 Ebenda.

14 Siehe Iason Gabriel, »Artificial Intelligence, Values, and Alignment«, *Minds and Machines* 30, Nr. 3 (2020), S. 411–437.

15 Bruce Bimber, *The Politics of Expertise in Congress: The Rise and Fall of the Office of Technology Assessment*, Albany 1996, S. x.

16 Ebenda, S. x, 12 ff.

17 Ebenda, S. 66.

18 Friends of Andrew Yang, »Revive the Office of Technology Assessment«, 2020, https://2020.yang2020.com/policies/reviveota/

19 Karen Yeung, »The Regulatory State«, in: Robert Baldwin, Martin Cave und Martin Lodge (Hg.), *The Oxford Handbook of Regulation*, Oxford 2013, S. 76; David Levi-Faur, »Regulatory Excellence via Multiple Forms of Expertise«, in: Coglianese (Hg.), *Achieving*, S. 227.

20 Peter Cane, *Administrative Law*, 5. Auflage, Oxford 2011, S. 111.

21 Siehe Jason D. Lohr, Winston J. Maxwell und Peter Watts, »Legal Practitioners' Approach to Regulating AI Risks«, in: Karen Yeung und Martin Lodge, *Algorithmic Regulation*, Oxford 2019, S. 243 f.

22 Bruce Schneier, *Click Here to Kill Everybody: Sicherheitsrisiko Internet und die Verantwortung von Unternehmen und Regierungen*, übers. von Knut Lorenzen, Frechen 2018, S. 188 f.

23 Catherine Miller, Jacob Ohrvik-Stott und Rachel Coldicutt, *Regulating for Responsible Technology. Capacity, Evidence and Redress: a new system for a fairer future*«, London 2018; Geoff Mulgan, »Anticipatory Regulation: 10 ways governments can better keep up with fast-changing industries«, *Nesta*, 15. Mai

2017, https://www.nesta.org.uk/blog/anticipatory-regulation-10-ways-governments-can-better-keep-up-with-fast-changing-industries/

24 Cane, *Administrative Law*, S. 111 f.

25 Ebenda, S. 111; Paul Tucker, *Unelected Power: The Quest for Legitimacy in Central Banking and the Regulatory State*, Princeton 2018, S. 11.

26 Frank Vibert, *The Rise of the Unelected: Democracy and the New Separation of Powers*, Cambridge 2007, S. 15.

27 Siehe Susskind, *Future Politics*, S. 252 und darin erwähnte Literatur.

Kapitel 20

1 Tony Blair, *Mein Weg*, übers. von Helmut Dierlamm et al., München 2010, S. 69.

2 James S. Fishkin, *Democracy – When the People are Thinking: Revitalising Our Politics Through Public Deliberation*, Oxford 2018, S. 1.

3 Siehe allgemein die Arbeiten von James S. Fishkin und Hélène Landemore.

4 Siehe Cass Sunstein, *Democracy and the Problem of Free Speech*, New York 1995.

5 Ebenda, S. 242.

6 Siehe Richard Bellamy, »The Republic of Reasons: Public Reasoning, Depoliticization, and Non-Domination«, in: Samantha Besson und José Luis Martí (Hg.), *Legal Republicanism: National and International Perspectives*, Oxford 2009, S. 102–105.

7 Fishkin, *Democracy*, S. 52 f.

8 Josiah Ober, *Demopolis: Oder was ist Demokratie?*, übers. von Karin Schuler und Andreas Thomsen, Darmstadt 2017, S. 35 f.; Fishkin, *Democracy*, S. 70.

9 John S. Dryzek et al., »The crisis of democracy and the science of deliberation«, *Science* 363, Nr. 6432 (2019), S. 1144–1146. Die OECD hat zwölf unterschiedliche Mini-Öffentlichkeits-Modelle identifiziert: Ieva Česnulaitytė, »Models of representative deliberative processes«, in: OECD (Hg.), *Innovative Citizen Participation and New Democratic Institutions*, Paris 2020.

10 Česnulaitytė, »Models of representative deliberative processes«.

11 Ebenda.

12 Ebenda.

13 Siehe Simon Joss und John Durant (Hg.), *Public participation in science: The role of consensus conferences in Europe*, Chippenham 1995.

14 Ebenda.

15 Ebenda.

16 Claudia Chwalisz, »Introduction: Deliberation and new forms of governance«, in: OECD (Hg.), *Innovative Citizen Participation.*

17 Dryzek et al., »The crisis of democracy«; Frank Fischer, »Participatory Governance: from Theory to Practice«, in: David Levi-Faur (Hg.), *The Oxford Handbook of Governance*, Oxford 2014, S. 459.

18 Gordon Pennycook und David G. Rand, »Lazy, not biased: Susceptibility to partisan fake news is better explained by lack of reasoning than by motivated reasoning«, *Cognition* 188 (2019), S. 39–50; Bence Bago, David G. Rand und Gordon Pennycook, »Fake News, Fast and Slow: Deliberation Reduces Belief in False (but Not True) News Headlines«, *Journal of Experimental Psychology: General* 149, Nr. 8 (2020), S. 1608–1613.

19 Vesa Koskimaa und Lauri Rapeli, »Fit to govern? Comparing citizen and policymaker perceptions of deliberative democratic innovations«, *Policy & Politics* 48 (2020), S. 637–652(16).

20 Nesta, »vTaiwan«, 2020, https://www.nesta.org.uk/feature/six-pioneers-digital-democracy/vtaiwan/

21 Carl Miller, »Taiwan is making democracy work again. It's time we paid attention«, *Wired*, 26. November 2019, https://www.wired.co.uk/article/taiwan-democracy-social-media

22 Ebenda.

23 Ebenda.

24 Siehe OECD, *Innovative Citizen Participation.*

25 Ada Lovelace Institute, *The Citizens' Biometrics Council*, März 2021, https://www.adalovelaceinstitute.org/report/citizens-biometrics-council
Ich danke Carly Kind, die mich auf diesen Bürgerrat aufmerksam gemacht hat.

26 Canadian Citizens' Assembly on Democratic Express, *Canadian Citizens' Assembly on Democratic Express: Recommendations to strengthen Canada's response to new digital technologies and*

reduce the harm caused by their misuse, Public Policy Forum, Ottawa 2021.

27 Ein Beispiel für die Beauftragung von Drittparteien findet sich in Sciencewise, »Supporting socially informed policy making«, 2021, https://sciencewise.org.uk

28 Fishkin, *Democracy*, S. 167.

29 OECD, *Innovative Citicen Participation*.

30 Ich danke für die Unterstützung von Tom Upchurch bei diesem Punkt.

31 Aristoteles, *Politik*, übers. von J. H. von Kirchmann, Leipzig 1880, Buch III, Kapitel 1.

32 Marcus Tullius Cicero, *De re publica – Vom Staat*, übers. von Michael von Albrecht, Ditzingen 2013, S. 135.

Kapitel 21

1 Siehe zum Beispiel Andrew Kersely, »Couriers say Uber's ›racist‹ facial identification tech got them fired«, *Wired*, 3. Januar 2021, https://www.wired.co.uk/article/uber-eats-couriers-facial-recognition

2 Siehe Charles R. Beitz, *The Idea of Human Rights*, Oxford 2013, S. 14.

3 Siehe zum Beispiel Committee of Experts on Internet Intermediaries, Algorithms and Human Rights: *Study on the human rights dimensions of automated data processing techniques and possible regulatory implications*, DGI(2017)12, Europarat, Straßburg 2017; Expert Committee on Human Rights Dimensions of Automated Data Processing and Different Forms of Artificial Intelligence, Responsibility and AI, DGI(2019)05, Europarat, Straßburg 2019.

4 Philip Alston, »Landmark ruling by Dutch court stops government attempts to spy on the poor – UN expert«, Büro des Hochkommissars für Menschenrechte der Vereinten Nationen, 5. Februar 2020, https://www.ohchr.org/EN/NewsEvents/Pages/DisplayNews.aspx?NewsID=25522&LangID=E

5 Agnès Callamard, »The Human Rights Obligations of Non-State actors«, in: Rikke Frank Jørgensen (Hg.), *Human Rights in the Age of Platforms*, Cambridge, MA, 2019, S. 198. Manche wirken horizontal.

6 Zustimmung ist streng genommen nicht dasselbe wie ein Ver-

trag, aber es gibt Überschneidungen in Theorie und Praxis. Viele Überlegungen treffen auf beides zu.

7 DSGVO, Artikel 4(11).

8 John Eggerton, »Hill Briefing: DETOUR Act on Right Road«, *Multichannel News*, 25. Juni 2019, https://www.nexttv.com/news/hill-briefing-detour-act-on-right-road; für mehr Informationen über »Dark Patterns« und die DSGVO siehe Midas Nouwens et al., »Dark Patterns after the GDPR: Scraping Consent Pop-ups and Demonstrating their Influence«, arXiv: 2001.02479 (2020).

9 Ryan Calo, »Against Notice Skepticism in Privacy (and Elsewhere)«, *Notre Dame Law Review* 87, Nr. 3 (2012), S. 1027–1072; Daniel J. Solove, »Introduction: Privacy Self-Management and the Consent Dilemma«, *Harvard Law Review* 126, Nr. 7 (2013), S. 1880–1903; Neil Richards und Woodrow Hartzog, »The Pathologies of Digital Consent«, *Washington University Law Review* 96 (2019), S. 1461–1503.

10 Siehe allgemein Martin Fries, »Law and Autonomous Systems Series: Smart consumer contracts – The end of civil procedure?«, *Oxford Business Law Blog*, 29. März 2018, https://www.law.ox.ac.uk/business-law-blog/blog/2018/03/smart-consumer-contracts-end-civil-procedure

11 John C. P. Goldberg und Benjamin C. Zipursky, »Tort Law and Responsibility«, in: John Oberdiek (Hg.), *Philosophical Foundations of the Law of Torts*, Oxford 2018, S. 27.

12 Frank Pasquale, »Data-Informed Duties in AI Development«, *Columbia Law Review* 119, Nr. 7 (2019), S. 1917–1940.

13 Ryan Abbott, »The Reasonable Computer: Disrupting the Paradigm of Tort Liability«, *George Washington Law Review* 86, Nr. 1 (2018), S. 1–45.

14 Andrew S. Gold und Paul B. Miller, »Introduction«, in: Andrew S. Gold und Paul B. Miller (Hg.), *Philosophical Foundations of Fiduciary Law*, Oxford 2016, S. 1.

15 Siehe Paul B. Miller, »The Fiduciary Relationship«, in: Gold und Miller (Hg.), *Philosophical Foundations of Fiduciary Law*, S. 69.

16 Carissa Véliz, *Privacy is Power: Why and How you Should Take Back Control of Your Data*, London 2020, S. 136 f.; Jack M. Balkin, »Information Fiduciaries in the Digital Age«, *Balkinization*, 5. März 2014, https://balkin.blogspot.com/2014/03/information-fiduciaries-in-digital-age.html; Jack M. Balkin und Jonathan Zitt-

rain, »A Grand Bargain to Make Tech Companies Trustworthy«, *The Atlantic*, 3. Oktober 2016, https://www.theatlantic.com/
technology/archive/2016/10/information-fiduciary/502346; Neil
Richards und Woodrow Hartzog, »Taking Trust Seriously in Privacy Law«, *Stanford Technology Law Review* 19 (2016), S. 431–472;
»Trusting Big Data Research«, *DePaul Law Review* 66, Nr. 2
(2017), S. 579–590; »Privacy's Trust Gap: A Review«, *Yale Law
Journal* 126, Nr. 4 (2017), S. 1180–1224. Für die Vereinigten
Staaten siehe auch den Entwurf für den Data Care Act von 2018.

17 Jonathan Zittrain, »How to Exercise the Power You Didn't Ask
For«, *Harvard Business Review*, 19. September 2018, https://hbr.
org/2018/09/how-to-exercise-the-power-you-didnt-ask-for

18 Rebecca Crootof, »Accountability for the Internet of Torts«,
The Law and Political Economy Project, 17. Juli 2018, https://
lpeproject.org/blog/accountability-for-the-internet-of-torts/

Kapitel 22

1 Siehe Julie E. Cohen, *Between Truth and Power: The Legal Constructions of Informational Capitalism*, Oxford 2019, S. 151. Das
erklärt teilweise, warum es Datenschutzklagen in den Vereinigten Staaten vor Bundesgerichten so schwer hatten. Der
individuelle Schaden, den man für eine Klageberechtigung
nachweisen muss, ist nur schwer darlegbar. Siehe allgemein
Neil Richards und Woodrow Hartzog, »Taking Trust Seriously
in Privacy Law«, *Stanford Technology Law Review* 19 (2016),
S. 431–472; »Privacy's Trust Gap: A Review«, *Yale Law Journal*
126, Nr. 4 (2017), S. 1180–1224; »Trusting Big Data Research«,
DePaul Law Review 66 (2017), S. 579–590; »The Pathologies of
Digital Consent«, *Washington University Law Review* 96, Nr. 2
(2019), S. 1461–1503; »Privacy's Constitutional Moment and the
Limits of Data Protection«, *Boston College Law Review* 61, Nr. 5
(2020), S. 1687–1761.

2 Expert Committee on Human Rights Dimensions of Automated
Data Processing and Different Forms of Artificial Intelligence,
Responsibility and AI, DGI(2019)05, Europarat, Straßburg 2019.

3 Siehe die aufschlussreiche Erörterung dieses Themas in Jacob
Turner, *Robot Rules: Regulating Artificial Intelligence*, London
2019, S. 222–225.

4 Jonathan Zittrain, »A Jury of Random People Can Do Wonders

for Facebook«, *The Atlantic*, 14. November 2019, https://www. theatlantic.com/ideas/archive/2019/11/let-juries-review-face book-ads/601996/

5 Tim Büthe und Walter Mattli, »International Standards and Standard-Setting Bodies«, in: Davin Coen, Wyn Grant und Graham Wilson (Hg.), *The Oxford Handbook of Business and Government*, Oxford 2011, S. 440.

6 Colin Scott, »Standard-Setting in Regulatory Regimes«, in: Robert Baldwin, Martin Cave und Martin Lodge (Hg.), *The Oxford Handbook of Regulation*, Oxford 2013, S. 114.

7 Cary Coglianese und Even Mendelson, »Meta-Regulation and Self-Regulation«, in: Davin Coen, Wyn Grant und Graham Wilson (Hg.), *The Oxford Handbook of Business and Government*, Oxford 2011, S. 148.

8 Scott, »Standard-Setting«, S. 110.

9 Büthe und Mattli, »International Standards«, S. 442.

Kapitel 23

1 Ich erhebe keinen Anspruch darauf, dass ich den Begriff »Counterpower« oder »Gegenmacht« erfunden hätte, auch wenn ich ihn anders verwende als andere. »Counterpower« wird zusammen mit anderen Begriffen verwendet, um die Idee zu beschreiben, die Kräfte innerhalb einer Gesellschaft auszuba-lancieren. Auch Manuel Castells benutzt »Counterpower« – was ich nicht wusste, als ich den Begriff erstmals verwendete (siehe z. B. Manuel Castells, »Communication, Power and Counter-power in the Network Society«, *International Journal of Communication* 1 [2007], S. 238–266). Philip Pettit spricht von »Antipower« (»Freedom as Antipower«, *Ethics* 106, Nr. 3 [April 1996], S. 576–604), J. K. Galbraith schreibt »Countervailing Power« (entgegenwirkende Macht) (*American Capitalism: The Concept of Countervailing Power*, Eastford 2012). Ähnliche Konzepte finden sich bereits bei Montesquieu und Karl Polanyi.

2 Siehe Richard Bellamy, »The Republic of Reasons: Public Reasoning, Depoliticization, and Non-Domination« in: Saman-tha Besson und José Luis Martí (Hg.), *Legal Republicanism: National and International Perspectives*, Oxford 2009.

3 Siehe Philip Pettit, *Republicanism: A Theory of Freedom and Government*, Oxford, S. 184–187. Siehe auch John P. McCormick,

Machiavellian Democracy, Cambridge 2013, S. VIII: »Machiavelli war wohl der einzige bedeutende intellektuelle Befürworter einer Republik, in der das Volk das Verhalten der politischen und wirtschaftlichen Eliten nicht nur durch Wahlen, sondern auch durch andere Mittel infrage stellen und beschränken konnte.«

4 Dieses Kapitel stützt sich stark auf die Arbeiten von Richard Susskind, der sich seit Jahrzehnten mit dem Potenzial von Online-Gerichtsbarkeiten befasst.

5 Richard Susskind, *Online Courts and the Future of Justice*, Oxford 2019, S. 27.

6 Ebenda.

7 Siehe das Konzept des »ergebnisorientierten Denkens« bei Susskind, *Online Courts*.

8 Susskind, *Online Courts*, S. 53.

9 Artikel 17.

10 Sandra Wachter und Brent Mittelstadt, »A Right to Reasonable Inferences: Re-Thinking Data Protection Law in the Age of Big Data and AI«, *Columbia Business Law Review* 2019, Nr. 2 (2019), S. 494–620.

11 Montesquieu, *Vom Geist der Gesetze*, Stuttgart 1965 (Original von 1748), 11. Buch, 6. Kapitel; Pettit, *Republicanism*, S. 179.

12 Facebook, »Oversight Board Charter«, September 2019, https://about.fb.com/wp-content/uploads/2019/09/oversight_board_charter.pdf

13 Ebenda.

14 Ebenda.

15 Oversight Board, »Announcing the Oversight Board's first case decisions«, Januar 2021, https://oversightboard.com/news/165523235084273-announcing-the-oversight-board-s-first-case-decisions/

16 Susskind, *Online Courts*, S. 169.

17 Ebenda, S. 170.

18 Ebenda.

19 Ebenda, S. 168.

20 Richard Susskind, »The Future of Courts«, *The Practice* 6 (5), Juli / August 2020.

21 Sean McDonald, »The Fiduciary Supply Chain«, *Centre for International Governance Innovation Online*, 28. Oktober

2019, https://www.cigionline.org/articles/fiduciary-supply-
chain

22 Artikel 18.

Kapitel 24

1   National Labor Relations Act von 1935 und Occupational Safety
and Health Act von 1970.
2   Sean Farhang, *The Litigation State: Public Regulation and Private
Lawsuits in the U. S.*, Princeton 2010, S. 3.
3   Ebenda.
4   Stephen B. Burbank, Sean Farhang und Herbert Kritzer, »Private Enforcement« (2013), *University of Pennsylvania Law School
Public Law Research Paper* Nr. 13–22, S. 662; Farhang, *Litigation
State*, S. 9.
5   Joseph Jerome, »Private right of action shouldn't be a yes-no
proposition in federal US privacy legislation«, *International
Association of Privacy Professionals*, 3. Oktober 2019, https://iapp.
org/news/a/private-right-of-action-shouldnt-be-a-yes-no-
proposition-in-federal-privacy-legislation/
6   Reality Check Team, »Social media: How do other governments
regulate it?«, BBC, 12. Februar 2020, https://www.bbc.co.uk/
news/technology-47135058
7   Neil Gunningham, »Enforcement and Compliance Strategies«,
in: Robert Baldwin, Martin Cave und Martin Lodge (Hg.), *The
Oxford Handbook of Regulation*, Oxford 2013, S. 121.
8   Robert Baldwin, Martin Cave und Martin Lodge, *Understanding Regulation: Theory, Strategy, and Practice*, Oxford 2012,
S. 239.
9   Siehe z. B. Mark Rumold, »Regulating Surveillance through
Litigation: Some Thoughts from the Trenches«, in: David Gray
und Stephen E. Henderson (Hg.), *The Cambridge Handbook of
Surveillance Law*, New York 2019.
10 Farhang, *Litigation State*, S. 10.
11 Ebenda, S. 13.
12 Burbank et al., »Private Enforcement«, S. 646.
13 Ebenda, S. 713.
14 Siehe allgemein Julie E. Cohen, *Between Truth and Power: The
Legal Constructions of Informational Capitalism*, Oxford 2019,
S. 147.

15 Roger Brownsword, *Law, Technology and Society: Re-Imagining the Regulatory Environment*, Abingdon 2019, S. 205.

16 Richard Dagger, »Republicanism and the Foundations of Criminal Law«, in: R. A. Duff und Stuart P. Green (Hg.), *Philosophical Foundations of Criminal Law*, Oxford 2013, S. 48.

17 Criminal Code Amendment (Sharing of Abhorrent Violent Material) Act 2019.

18 Siehe Philip Pettit, *Gerechte Freiheit: Ein moralischer Kompass für eine komplexe Welt*, übers. von Karin Wördemann, Berlin 2015, S. 139; Philip Pettit, *On the People's Terms: A Republican Theory and Model of Democracy*, Cambridge 2014, S. 119; Philip Pettit, *Republicanism: A Theory of Freedom and Government*, Oxford 1997, S. 154.

Kapitel 25

1 Siehe Lawrence Busch, *Standards: Recipes for Reality*, Cambridge, MA, 2013.

2 Ebenda, S. 201.

3 Ebenda, S. 211.

4 Joint Committee on Human Rights, Oral Evidence: *The Right to Privacy (Article 8) and the Digital Revolution (HC 1810)*.

5 A. Michael Froomkin, »Regulating Mass Surveillance as Privacy Pollution: Learning from Environmental Impact Statements«, *University of Illinois Law Review*, Nr. 5 (2015), S. 1713–1790; Michael Rovatsos, Brent Mittelstadt und Ansgar Koene, »Landscape Summary: Bias in Algorithmic Decision-Making«, Centre for Data Ethics and Innovation, 19. Juli 2019, https://assets. publishing.service.gov.uk/government/uploads/system/uploads/ attachment_data/file/819055/Landscape_Summary_-_Bias_ in_Algorithmic_Decision-Making.pdf; Dillon Reisman et al., »Algorithmic Impact Assessments: A Practical Framework for Public Agency Accountability«, AI Now Institute, April 2018, https://ainowinstitute.org/aiareport2018.pdf

6 Committee of Experts on Internet Intermediaries, *Algorithms and Human Rights: Study on the human rights dimensions of automated data processing techniques and possible regulatory implications*, DGI(2017)12, Europarat, Straßburg 2017.

7 Expert Committee on Human Rights Dimensions of Automated Data Processing and Different Forms of Artificial Intelligence,

Responsibility and AI, DGI(2019)05, Europarat, Straßburg 2019. Siehe auch Aurelia Tamò-Larrieux, *Designing for Privacy and its Legal Framework: Data Protection by Design and Default for the Internet of Things*, Cham 2018.

8 Julie E. Cohen, *Between Truth and Power: The Legal Constructions of Informational Capitalism*, Oxford 2019, S. 92.

9 Mike Feintuck, »Regulatory Rationales beyond the Economic: in search of the Public Interest«, in: Robert Baldwin, Martin Cave und Martin Lodge (Hg.), *The Oxford Handbook of Regulation*, Oxford 2013, S. 46 f.

10 Karen Yeung, »Why Worry about Decision-Making by Machine?«, in: Karen Yeung und Martin Lodge, *Algorithmic Regulation*, Oxford 2019, S. 40.

11 Expert Committee on Human Rights Dimensions of Automated Data Processing and Different Forms of Artificial Intelligence, *Responsibility and AI*.

12 Busch, *Standards*, S. 45.

13 Margaret Jane Radin, *Boilerplate: The Fine Print, Vanishing Rights, and the Rule of Law*, Princeton 2013, S. 189.

14 DSGVO, Punkt 84 der Einleitung; Andrew D. Selbst und Solon Barocas, »The Intuitive Appeal of Explainable Machines«, *Fordham Law Review* 87, Nr. 3 (2018), S. 1085–1140.

15 Siehe z. B. in der DSGVO die Artikel 25, 42 und 43, sowie die Punkte 81 und 100 der Einleitung. Artikel 25 ist jedoch eher eine Empfehlung und keine verpflichtende Voraussetzung für eine Zertifizierung, die ebenfalls freiwillig ist; vgl. Artikel 42(3). Siehe Lilian Edwards, *Law, Policy and the Internet*, Oxford 2019, S. 111.

16 Der Vorschlag für ein Gesetz über Künstliche Intelligenz der EU sieht erfreulicherweise neue Formen der Zertifizierung vor.

17 Siehe Margot E. Kaminski und Andrew D. Selbst, »The Legislation That Targets the Racist Impacts of Tech«, *The New York Times*, 7. Mai 2019, https://www.nytimes.com/2019/05/07/opinion/tech-racism-algorithms.html

18 Gillian K. Hadfield, *Rules for a Flat World: Why Humans Invented Law and How to Reinvent it for a Complex Global Economy*, Oxford 2017, S. 268.

19 Nicolas P. Suzor, *Lawless: The Secret Rules that Govern Our Digital Lives*, Cambridge 2019, S. 98.

20 Hadfield, *Rules*, S. 271.
21 Busch, *Standards*, S. 220.

Kapitel 26

1 Zitiert aus H. L. A. Hart, *Der Begriff des Rechts*, übers. von Alexander von Baeyer, Frankfurt am Main 1973.
2 Brent Mittelstadt, »Principles alone cannot guarantee ethical AI«, *Nature Machine Intelligence* 1 (2019), S. 501–507.
3 Mary Wollstonecraft, *Ein Plädoyer für die Rechte der Frau*, übers. von Irmgard Hölscher, Weimar 1999, S. 20.
4 Richard Susskind und Daniel Susskind, *The Future of the Professions: How Technology will Transform the Work of Human Experts*, Oxford 2015, S. 10–15.
5 Ebenda, S. 10.
6 Eine kluge Diskussion des Themas bietet Kapitel 7 von Jacob Turner, *Robot Rules: Regulating Artificial Intelligence*, London 2019.
7 Siehe Mittelstadt, »Principles«.
8 Anstatt die Besitzer oder Hersteller von selbstfahrenden Autos zu verklagen, könnten Unfallopfer durch einen schuldunabhängigen Versicherungspool entschädigt werden, der durch eine Besteuerung der Fahrzeughersteller finanziert wird (ein ähnliches Modell kommt in Neuseeland bereits bei Verkehrsunfällen zum Einsatz). Siehe David Enoch, »Tort Liability and Taking Responsibility«, in: John Oberdiek (Hg.), *Philosophical Foundations of the Law of Torts*, Oxford 2018, S. 252 f. Es gibt auch den Vorschlag, ein ähnliches Versicherungsmodell verpflichtend für alle einzuführen, die digitale Systeme entwickeln. Siehe Jason D. Lohr, Winston J. Maxwell und Peter Watts, »Legal Practitioners' Approach to Regulating AI Risks«, in: Karen Yeung und Martin Lodge, *Algorithmic Regulation*, Oxford 2019, S. 245; Turner, *Robot Rules*, S. 317; Roger Brownsword, *Law, Technology and Society: Re-Imagining the Regulatory Environment*, Abingdon 2019, S. 188. Siehe auch Martin Eling, »How insurance can mitigate AI risks«, The Brookings Institution, 7. November 2019, https://www.brookings.edu/research/how-insurance-can-mitigate-ai-risks/
9 Financial Conduct Authority, »Factsheet: Becoming an approved person«, Nr. 029, 2020, https://www.fca.org.uk/publication/other/fs029-becoming-an-approved-person.pdf

10 Stuart Russell, *Human Compatible: Künstliche Intelligenz und wie der Mensch die Kontrolle über superintelligente Maschinen behält*, übers. von Guido Lenz, Frechen 2020, S. 264.

11 B. Hecht et al., »It's Time to Do Something: Mitigating the Negative Impacts of Computing Through a Change to the Peer Review Process«, *ACM Future of Computer Blog*, 29. März 2018, https://acm-fca.org/2018/03/29/negativeimpacts/

12 Mittelstadt, »Principles«.

13 K. Sabeel Rahman, »Regulating Informational Infrastructure: Internet Platforms as the New Public Utilities«, *Georgetown Law and Technology Review* 2, Nr. 2 (2018), S. 234–251.

Kapitel 27

1 Laura DeNardis, *The Internet in Everything: Freedom and Security in a World with No Off Switch*, New Haven 2020, S. 200.

2 Ebenda.

3 Lilian Edwards, *Law, Policy and the Internet*, Oxford 2019, S. 78.

4 Robert Baldwin, Martin Cave und Martin Lodge, *Understanding Regulation: Theory, Strategy, and Practice*, Oxford 2012, S. 357 f.

5 Stuart Russell, *Human Compatible: Künstliche Intelligenz und wie der Mensch die Kontrolle über superintelligente Maschinen behält*, übers. von Guido Lenz, Frechen 2020, S. 196.

6 Will Knight, »Washington Must Bet Big on AI or Lose Its Global Clout«, *Wired*, 17. Dezember 2019, https://www.wired.com/story/washington-bet-big-ai-or-lose-global-clout/

7 Steven Feldstein, »How Should Democracies Confront China's Digital Rise? Weighing the Merits of a T-10 Alliance«, *Council on Foreign Relations*, 30. November 2020, https://www.cfr.org/blog/how-should-democracies-confront-chinas-digital-rise-weighing-merits-t-10-alliance; Jared Cohen und Richard Fontaine, »Uniting the Techno-Democracies«, *Foreign Affairs*, November / Dezember 2020, https://www.foreignaffairs.com/articles/united-states/2020-10-13/uniting-techno-democracies

8 Monika Bickert, »Defining the Boundaries of Free Speech on Social Media«, in: Lee C. Bollinger und Geoffrey R. Stone, *The Free Speech Century*, New York 2019, S. 262.

9 Tim Wu, »A TikTok Ban Is Overdue«, *The New York Times*, 18. August 2020, https://www.nytimes.com/2020/08/18/opinion/tiktok-wechat-ban-trump.html

10 Siehe z. B. Jennifer C. Daskal, »Borders and Bits«, *Vanderbilt Law Review* 71, Nr. 1 (2018), S. 179–240.

11 Mathias Koenig-Archibugi, »Global Regulation«, in: Robert Baldwin, Martin Cave und Martin Lodge (Hg.), *The Oxford Handbook of Regulation*, Oxford 2013, S. 415.

12 Kieron O'Hara und Wendy Hall, »Four Internets: The Geopolitics of Digital Governance«, *Centre for International Governance Innovation Paper* Nr. 206 (Dezember 2018). Siehe auch Nils Gilman und Henry Farrell, »Three Moral Economies of Data«, *The American Interest*, 7. November 2018, https://www.the-ame rican-interest.com/2018/11/07/three-moral-economies-of-data/

13 Bickert, »Defining«, S. 262.

14 Natasha Tusikov, *Chokepoints: Global Private Regulation on the Internet*, Oakland 2017, S. 163.

15 Koenig-Archibugi, »Global Regulation«, S. 413 f.

16 Michèle Finck, *Blockchain Regulation and Governance in Europe*, Cambridge 2019, S. 38 f.

17 Roger Brownsword, *Law, Technology and Society: Re-Imagining the Regulatory Environment*, Abingdon 2019, S. 333.

18 Ebenda, S. 33.

19 Nicolas P. Suzor, *Lawless: The Secret Rules that Govern Our Digital Lives*, Cambridge 2019, S. 50.

20 Melissa Lane, *Greek and Roman Political Ideas*, London 2014, S. 317.

Kapitel 28

1 Rory Van Loo, »The Missing Regulatory State: Monitoring Businesses in an Age of Surveillance«, *Vanderbilt Law Review* 72, Nr. 5 (2019), S. 1563–1631.

2 Siehe Artikel 28 des Vorschlags für das EU-Gesetz über digitale Dienste.

3 Michel Foucault, »Das Auge der Macht: Gespräch mit J.-P. Barou und Michelle Perrot«, in: Michel Foucault, *Dits et écrits*, Bd. 3: *Schriften 1976–1979*, Frankfurt am Main, S. 257.

4 Deven R. Desai und Joshua A. Kroll, »Trust But Verify: A Guide to Algorithms and the Law«, *Harvard Journal of Law & Technology* 31, Nr. 1 (2017), S. 1–64.

5 Joshua A. Kroll et al., »Accountable Algorithms«, *University of Pennsylvania Law Review* 165, Nr. 3 (2017), S. 633–705.

6 Desai und Kroll, »Trust But Verify«, die wiederum Kroll et al., »Accountable Algorithms« zitieren.

7 Miles Brundage et al., »Toward Trustworthy AI Development: Mechanisms for Supporting Verifiable Claims«, arXiv: 2004.07213v2 (2020).

8 Jonathan Zittrain, »How to Exercise the Power You Didn't Ask For«, *Harvard Business Review*, 19. September 2018, https://hbr. org/2018/09/how-to-exercise-the-power-you-didnt-ask-for

9 Richard Susskind, *The Future of Law: Facing the Challenges of Legal Technology*, Oxford 1996, S. 24.

10 Siehe dazu die Diskussion bei Jacob Turner, *Robot Rules: Regulating Artificial Intelligence*, London 2019, S. 311.

11 Expert Committee on Human Rights Dimensions of Automated Data Processing and Different Forms of Artificial Intelligence, *Responsibility and AI*, DGI(2019)05, Europarat, Straßburg 2019.

Kapitel 29

1 Wikipedia, »Drakon (Gesetzgeber)«, 30. Juni 2021, https://de. wikipedia.org/wiki/Drakon

2 Michèle Finck, *Blockchain Regulation and Governance in Europe*, Cambridge 2019, S. 45.

3 Lon Fuller, *The Morality of Law*, New Haven und London 1969.

4 Cass Sunstein, *Free Markets and Social Justice*, New York 1997, S. 326.

5 Sunstein, *Free Markets*, S. 327.

6 Alex Engler, »The case for AI transparency requirements«, The Brookings Institution, 22. Januar 2020, https://www.brookings. edu/research/the-case-for-ai-transparency-requirements/

7 Siehe Tarleton Gillespie, *Custodians of the Internet: Platforms, Content Moderation, and the Hidden Decisions that Shape Social Media*, New Haven 2018, S. 169.

8 Nicolas P. Suzor et al., »What Do We Mean When We Talk About Transparency? Toward Meaningful Transparency in Commercial Content Moderation«, *International Journal of Communication* 13 (2019), S. 1526–1543.

9 Grundlegend dazu: Frank Pasquale, *The Black Box Society: The Secret Algorithms that Control Money and Information*, Cambridge, MA, 2015.

10 Amy Webb, *Die großen Neun. Wie wir die Tech-Titanen bändi-*

gen und eine künstliche Intelligenz zum Wohle aller entwickeln können, übers. von Petra Pyka, Kulmbach 2019, S. 139 f.

11 Ebenda, S. 113.

Kapitel 30

1 Umang Bhatt et al., »Explainable Machine Learning in Deployment«, arXiv: 1909.06342 (2020).

2 Cynthia Rudin, »Stop explaining black box machine learning models for high stakes decisions and use interpretable models instead«, *Nature Machine Intelligence* 1 (Mai 2019), S. 206–215.

3 Andrew D. Selbst und Solon Barocas, »The Intuitive Appeal of Explainable Machines«, *Fordham Law Review* 87, Nr. 3 (2018), S. 1085–1140.

4 Ebenda, vgl. Rudin, »Stop explaining«.

5 Rudin, »Stop explaining«; Teresa Scantamburlo, Andrew Charlesworth und Nello Cristianini, »Machine Decisions and Human Consequences«, in: Karen Yeung und Martin Lodge, *Algorithmic Regulation*, Oxford 2019.

6 Nicole Rigillo, »AI Must Explain Itself«, *Noēma Magazine*, 16. Juni 2020, https://www.noemamag.com/ai-must-explain-itself/

7 Selbst und Barocas, »Intuitive Appeal«.

8 Ebenda.

9 Joshua A. Kroll et al., »Accountable Algorithms«, *University of Pennsylvania Law Review* 165, Nr. 3 (2017), S. 633–705.

10 Finale Doshi-Velez et al., »Accountability of AI Under the Law: The Role of Explanation«, arXiv: 1711.01134 (2017).

11 Sandra Wachter, Brent Mittelstadt und Chris Russell, »Counterfactual Explanations Without Opening the Black Box: Automated Decisions and the GDPR«, *Harvard Journal of Law & Technology* 31, Nr. 2 (2018), S. 841–888; Eliza Mik, »Persuasive Technologies: From Loss of Privacy to Loss of Autonomy«, in: Kit Barker, Karen Fairweather und Ross Grantham (Hg.), *Private Law in the 21st Century*, Oxford 2017, S. 377.

12 Robert Baldwin, Martin Cave und Martin Lodge, *Understanding Regulation: Theory, Strategy, and Practice*, Oxford 2012, S. 120; Cass Sunstein, *Free Markets and Social Justice*, New York 1997, S. 338. Zu den möglichen Risiken der Transparenz allgemein siehe Adrian Weller, »Challenges for Transparency«, arXiv: 1708.01870v1 (2017).

13 Ranking Digital Rights, »2019 Ranking Digital Rights Corporate Accountability Index«, Mai 2019, https://rankingdigital-
rights.org/index2019/assets/static/download/RDRindex2019
report.pdf

14 Julie E. Cohen, *Between Truth and Power: The Legal Constructions of Informational Capitalism*, Oxford 2019, S. 135.

15 Natasha Tusikov, *Chokepoints: Global Private Regulation on the
Internet*, Oakland 2017, S. 233.

16 Nicolas P. Suzor, *Lawless: The Secret Rules that Govern Our
Digital Lives*, Cambridge 2019, S. 136 f.

17 Cohen, *Between Truth and Power*, S. 136.

18 Ebenda, S. 45.

19 Tarleton Gillespie, *Custodians of the Internet: Platforms, Content
Moderation, and the Hidden Decisions that Shape Social Media*,
New Haven 2018, S. 193.

20 Ebenda, S. 199.

21 Cohen, *Between Truth and Power*, S. 189.

22 Siehe z. B. DSGVO, Artikel 12–15.

23 DSGVO, Artikel 15.

24 Sandra Wachter und Luciano Floridi, »Why a right to explana-
tion of automated decision-making does not exist in the Gen-
eral Data Protection Regulation«, *International Data Privacy
Law* 7, Nr. 2 (2017), S. 76–99; vgl. Andrew D. Selbst und Julia
Powles, »Meaningful information and the right to explanation«,
International Data Privacy Law 7, Nr. 4 (2017), S. 233–242.

25 Lilian Edwards und Michael Veale, »Slave to the Algorithm?
Why a ›Right to an Explanation‹ Is Probably Not the Remedy
You Are Looking For«, *Duke Law & Technology Review* 16, Nr. 1
(2017), S. 18–84.

Kapitel 31

1 Eine sehr gute Erklärung zur Bedeutung der Wettbewerbs-
fähigkeit bieten Talia B. Gillis und Josh Simons, »Explanation
< Justification: GDPR and the Perils of Privacy«, *Pennsylvania
Journal of Law and Innovation* 2 (2019), S. 71–99.

2 Siehe ebenda; Miles Brundage et al., »Toward Trustworthy AI
Development: Mechanisms for Supporting Verifiable Claims«,
arXiv: 2004.07213v2 (2020). Vergleiche dazu die Verpflichtung
im Vorschlag zum EU-Gesetz über Künstliche Intelligenz, Ar-

tikel 13: »Hochrisiko-KI-Systeme werden so konzipiert und entwickelt, dass ihr Betrieb hinreichend transparent ist, damit die Nutzer die Ergebnisse des Systems angemessen interpretieren und verwenden können.«

3   Vgl. Artikel 15 im Vorschlag für ein Gesetz über digitale Dienste.

4   Finale Doshi-Velez et al., »Accountability of AI Under the Law: The Role of Explanation«, arXiv: 1711.01134 (2017).

5   Ebenda.

6   Ebenda; Sandra Wachter, Brent Mittelstadt und Chris Russell, »Counterfactual Explanations Without Opening the Black Box: Automated Decisions and the GDPR«, *Harvard Journal of Law & Technology* 31, Nr. 2 (2018), S. 841–888.

7   Lilian Edwards und Michael Veale, »Slave to the Algorithm? Why a ›Right to an Explanation‹ Is Probably Not the Remedy You Are Looking For«, *Duke Law & Technology Review* 16, Nr. 1 (2017), S. 18–84.

8   Doshi-Velez et al., »Accountability«.

9   Ebenda.

10 Siehe Edwards und Veale, »Slave«. Siehe außerdem Gillis und Simons, »Explanation < Justification«.

11 In *Future Politics* nannte ich in diesem Zusammenhang eine Faustregel für die Gerechtigkeit eines Algorithmus: Liefert [das System, Verfahren, Feature oder die Funktion] Ergebnisse, die sich mit einem relevanten Gerechtigkeitsprinzip decken? Jamie Susskind, *Future Politics: Living Together in a World Transformed by Tech*, Oxford 2018, S. 280.

12 Doshi-Velez et al., »Accountability«.

13 Cliff Kuang und Robert Fabricant, *User Friendly: How the hidden rules of design are changing the way we live, work, and play*, London 2019, S. 210.

14 Toby Walsh, *Android Dreams: The Past, Present and Future of Artificial Intelligence*, London 2017, S. 111.

15 Siehe Artikel 52(1).

16 Siehe z. B. DSGVO, Artikel 24(1) und 82(3).

Kapitel 32

1   Tess Townsend, »Keith Ellison and the New ›Antitrust Caucus‹ Want to Know Exactly How Bad Mergers Have Been for the

American Public«, *Intelligencer*, 4. Dezember 2017, https://
nymag.com/intelligencer/2017/12/antitrust-bill-from-keith-
ellison-seek-info-on-mergers.html

2   Demokraten im US-Senat, »A Better Deal: Cracking Down
    on Corporate Monopolies«, Juni 2017, https://www.democrats.
    senate.gov/imo/media/doc/2017/07/A-Better-Deal-on-Compe
    tition-and-Costs-1.pdf

3   Elizabeth Warren, »Here's how we can break up Big Tech«,
    Team Warren, 8. März 2019, https://medium.com/@teamwarren/
    heres-how-we-can-break-up-big-tech-9ad9e0da324c

4   Daniel A. Crane, »Antitrust's Unconventional Politics« (2018),
    University of Michigan Law & Economics Working Paper
    Nr. 153.

5   Steve Lohr, »The Week in Tech: How Is Antitrust Enforcement
    Changing?«, *The New York Times*, 22. Dezember 2019, https://
    www.nytimes.com/2019/12/22/technology/the-week-in-tech-
    how-is-antitrust-enforcement-changing.html

6   Clare Duffy, »Marc Benioff says it's time to break up Facebook«,
    CNN, 17. Oktober 2019, https://edition.cnn.com/2019/10/16/
    tech/salesforce-marc-benioff-break-up-facebook-boss-files/
    index.html

7   Lina Khan, »The New Brandeis Movement: America's Anti-
    monopoly Debate«, *Journal of European Competition Law &
    Practice* 9, Nr. 3 (2018), S. 131 f.

8   Tim Wu, *The Curse of Bigness: Antitrust in the New Gilded Age*,
    New York 2018.

9   Ebenda, S. 123 f.

10 Adam Satariano, »Google Fined $ 1.7 Billion by E. U. for Unfair
    Advertising Rules«, *The New York Times*, 20. März 2019, https://
    www.nytimes.com/2019/03/20/business/google-fine-advertising.
    html?module=inline

11 Samuel Stolton, »Vestager distances Commission from option
    of ›Big Tech Breakups‹«, *Euractiv*, 27. Oktober 2020, https://
    www.euractiv.com/section/digital/news/vestager-distances-
    commission-from-option-of-big-tech-breakups/

12 Martin Moore und Damian Tambini, »Introduction«, in: Mar-
    tin Moore und Damian Tambini (Hg.), *Digital Dominance: The
    Power of Google, Amazon, Facebook, and Apple*, Oxford 2018.

13 Ebenda, S. 5.

14 Alexi Mostrous und Peter Hoskin, »Welcome to Apple: A one-party state«, *Tortoise Media*, 6. Januar 2020, https://www.tortoisemedia.com/2020/01/06/day-1-apple-state-of-the-nation-2/

15 Siehe Julie E. Cohen, *Between Truth and Power: The Legal Constructions of Informational Capitalism*, Oxford 2019, S. 236.

16 Diane Coyle, *Markets, State, and People: Economics for Public Policy*, Princeton 2020, S. 94.

17 Anthony Cuthbertson, »Who Controls the Internet? Facebook and Google Dominance Could Cause the ›Death of the Web‹«, *Newsweek*, 11. Februar 2017, https://www.newsweek.com/facebook-google-internet-traffic-net-neutrality-monopoly-699286

18 Moore und Tambini, »Introduction«, S. 5.

19 Binyamin Appelbaum, *Die Stunde der Ökonomen: Falsche Propheten, freie Märkte und die Spaltung der Gesellschaft*, übers. von Martina Wiese, Frankfurt am Main 2020, S. 194 ff.

20 Siehe David Dayen, »The Final Battle in Big Tech's War to Dominate Your World«, *The New Republic*, 8. April 2019, https://newrepublic.com/article/153515/final-battle-big-techs-war-dominate-world

21 Ebenda.

22 Siehe die Diskussion des Metcalfe'schen Gesetzes in Jamie Susskind, *Future Politics: Living Together in a World Transformed by Tech*, Oxford 2018, S. 320.

23 Zephyr Teachout, *Break 'Em Up: Recovering our Freedom from Big Ag, Big Tech, and Big Money*, New York 2020, S. 50.

24 Paul Arnold, »How enforcement of antitrust law can enliven American innovation«, *San Francisco Chronicle*, 14. August 2020, https://www.sfchronicle.com/opinion/openforum/article/How-enforcement-of-antitrust-law-can-enliven-15482922.php

25 Jacques Crémer, Yves-Alexandre de Montjoye und Heike Schweitzer, »Competition policy for the digital era: Final Report«, Europäische Kommission, Luxemburg 2019.

26 Jamie Susskind, *Future Politics*, S. 322.

27 Siehe Gerald f. Davis, »Corporate Power in the Twenty-First Century«, in: Subramanian Rangan (Hg.), *Performance & Progress: Essays on Capitalism, Business, and Society*, Oxford 2017.

28 Jane Chung, »Big Tech, Big Cash: Washington's New Power

Players«, *Public Citizen*, März 2021, https://www.citizen.org/
article/big-tech-lobbying-update/ Danke an Meredith Broussard, die mich darauf aufmerksam machte.

29 Ebenda.

30 Rana Faroohar, *Don't be Evil: The Case Against Big Tech*, London
2019, S. XVIII, 216; Chung, »Big Tech«.

31 Lawrence Lessig, *Republic, Lost: How Money Corrupts Congress –
and a Plan to Stop It*, New York 2011; Alexi Mostrous und Peter
Hoskin, »Domestic policy: facing both ways«, *Tortoise Media*,
8. Januar 2020, https://www.tortoisemedia.com/2020/01/08/
tech-states-apple-domestic-policy/

32 Faroohar, *Don't be Evil*, S. 230.

33 Siehe z. B. David Dayen, »Fiona, Apple, and Amazon: How Big
Tech Pays to Win the Battle of Ideas«, *The American Prospect*,
20. Juli 2020, https://prospect.org/power/fiona-apple-amazon-
how-big-tech-pays-to-win-battle-ideas/

34 Tony Romm, »Amazon, Facebook and Google turn to deep
network of political allies to battle back antitrust probes«,
Washington Post, 10. Juni 2020, https://www.washingtonpost.
com/technology/2020/06/10/amazon-facebook-google-political-
allies-antitrust/; Alex Kantrowitz, »Inside Big Tech's Years-Long
Manipulation Of American Op-Ed Pages«, *Big Technology*,
16. Juli 2020, https://bigtechnology.substack.com/p/inside-big-
techs-years-long-manipulation

35 Melissa Lane, *Greek and Roman Political Ideas*, London 2014,
S. 21 f.; Philip Pettit, *Republicanism: A Theory of Freedom and
Government*, Oxford 1997, S. 179.

36 John W. Maynor, *Republicanism in the Modern World*, Cambridge 2003, S. 21.

37 Bernard Bailyn, *The Ideological Origins of the American Revolution*, Cambridge, MA 1992, S. 76; siehe auch Hannah Arendt,
Über die Revolution, München 1963, S. 53 und 151.

38 Judith N. Shklar, »Montesquieu and the new republicanism«,
in: Gisela Bock, Quentin Skinner und Maurizio Viroli (Hg.),
Machiavelli and Republicanism, Cambridge 1993, S. 269.

39 Melvin Richter, *The Political Theory of Montesquieu*, New York
1977, S. 3.

40 Bailyn, *Ideological Origins*, S. 76.

41 Alexander Hamilton, James Madison und John Jay, *Die Feder-*

alist Papers, übers. von Barbara Zehnpfennig, Darmstadt 1993, Paper Nr. 9, S. 89.

42 Madison, *Federalist Papers*, Paper Nr. 47, S. 301.

43 Prateek Raj, »›Antimonopoly Is as Old as the Republic‹«, *Promarket*, 22. Mai 2017, https://promarket.org/2017/05/22/antimonopoly-old-republic/

44 Siehe Zephyr Teachout, *Break 'Em Up: Recovering our Freedom from Big Ag, Big Tech, and Big Money*, New York 2020, S. XI; Wu, *Curse*.

45 Zitiert in K. Sabeel Rahman, »Monopoly Men«, *Boston Review*, 11. Oktober 2017, https://bostonreview.net/class-inequality/k-sabeel-rahman-monopoly-men

46 Jacques Crémer, Yves-Alexandre de Montjoye und Heike Schweitzer, »Competition policy for the digital era: Final Report«, Europäische Kommission, Luxemburg 2019; Makan Delrahim, »›I'm Free‹: Platforms and Antitrust Enforcement in the Zero-Price Economy«, Boulder: Department of Justice 2019.

47 Siehe Stigler Committee on Digital Platforms, »Final Report«, Stigler Centre for the Study of the Economy and the State 2019, https://www.chicagobooth.edu/-/media/research/stigler/pdfs/digital-platforms---committee-report---stigler-center.pdf

48 Wu, *Curse*, S. 128 f.

49 Ebenda, S. 133.

50 Rory Cellan-Jones, »Parler social network sues Amazon for pulling support«, BBC, 11. Januar 2021, https://www.bbc.co.uk/news/technology-55615214

51 Teachout, *Break 'Em Up*, S. 216. Siehe auch K. Sabeel Rahman, »Regulating Informational Infrastructure: Internet Platforms as the New Public Utilities«, *Georgetown Law and Technology Review* 2, Nr. 2 (2018), S. 234–251.

52 Wu, *Curse*, S. 17. Siehe auch Daniel A. Crane, »The Tempting of Antitrust: Robert Bork and the Goals of Antitrust Policy«, *Antitrust Law Journal* 79, Nr. 3 (2014), S. 835–853.

53 Aus diesen Jahren stammen der Sherman Act und der Clayton Act, die wichtigsten Bundesgesetze zur Antitrust-Regelung. Siehe Lina M. Khan, »Amazon's Antitrust Paradox«, *The Yale Law Journal* 126, Nr. 3 (2017), S. 710–805 (Anmerkung).

54 Wu, *Curse*, S. 74.

55 Megan Slack, »From the Archives: President Teddy Roosevelt's

New Nationalism Speech«, The White House: President Barack
Obama, 6. Dezember 2011, https://obamawhitehouse.archives.
gov/blog/2011/12/06/archives-president-teddy-roosevelts-new-
nationalism-speech

Kapitel 33

1   Megan Slack, »From the Archives: President Teddy Roosevelt's
New Nationalism Speech«, The White House: President Barack
Obama, 6. Dezember 2011, https://obamawhitehouse.archives.
gov/blog/2011/12/06/archives-president-teddy-roosevelts-new-
nationalism-speech

2   Paul De Hert et al., »The right to data portability in the GDPR:
Towards user-centric interoperability of digital services«, *Computer Law & Security Review* 34, Nr. 2 (2018), S. 193–203.

3   Inge Graef, Martin Husovec und Nadezhda Purtova, »Data
Portability and Data Control: Lessons for an Emerging Concept
in EU Law«, *German Law Journal* 19, Nr. 6 (2018), S. 1359–1398.

4   De Hert et al., »The right to data portability«.

5   Taylor Lyles, »Facebook's new tool makes it easy to transfer
photos and videos to Google Photos«, *The Verge*, 30. April
2020, https://www.theverge.com/2020/4/30/21241093/facebook-
google-photos-transfer-tool-data

6   Wie Graef et al. in »Data Portability and Data Control« feststellen: »Die Auswirkungen des RaDÜ werden wahrscheinlich
begrenzt sein, da das Recht – gemäß Artikel 20 Absatz 1
DSGVO – nur in Bezug auf personenbezogene Daten geltend
gemacht werden kann, die aufgrund einer Einwilligung oder
eines Vertrags verarbeitet wurden. Dieser Vorbehalt schließt
praktisch die Verpflichtung des für die Verarbeitung Verantwortlichen aus, eine Kopie der Daten zur Verfügung zu stellen,
die aus anderen Gründen verarbeitet wurden, einschließlich
eines berechtigten Interesses. Dadurch stellt sich die Frage, ob
die für die Verarbeitung Verantwortlichen die Betroffenen davon abhalten können, sich auf das RaDÜ zu berufen, indem sie
ein berechtigtes Interesse als Grund für die Verarbeitung personenbezogener Daten anstelle einer Einwilligung oder eines
Vertrags geltend machen.«

7   Lilian Edwards, *Law, Policy and the Internet*, Oxford 2019, S. 109.

8   Siehe Digital Competition Expert Panel, »Unlocking digital

competition«, 2019, https://assets.publishing.service.gov.
uk/government/uploads/system/uploads/attachment_data/
file/785547/unlocking_digital_competition_furman_review_
web.pdf

9   Tom Wilson und Kate Starbird, »Cross-platform disinformation
    campaigns: Lessons learned and next steps«, *The Harvard
    Kennedy School Misinformation Review* 1, Nr. 1 (2020).

10 Shin-Shin Hua und Haydn Belfield, »AI & Antitrust: Recon-
    ciling Tensions Between Competition Law and Cooperative AI
    Development«, *Yale Journal of Law & Technology* 23 (Frühjahr
    2021), S. 417–541.

11 J. Matthew Hoye und Jeffrey Monaghan, »Surveillance, freedom
    and the republic«, *European Journal of Political Theory* 17, Nr. 3
    (2018), S. 343–363.

12 Das ist auch die aktuelle Vorgehensweise der Europäischen
    Kommission, siehe Natasha Lomas, »Don't break up big tech –
    regulate data access, says EU antitrust chief«, *TechCrunch*,
    11. März 2019, https://techcrunch.com/2019/03/11/dont-break-
    up-big-tech-regulate-data-access-says-eu-antitrust-chief/
    ?guccounter=1

13 Tim Wu, *The Curse of Bigness: Antitrust in the New Gilded Age*,
    New York 2018, S. 54.

14 Jamie Susskind, *Future Politics: Living Together in a World
    Transformed by Tech*, Oxford 2018, Kapitel 19.

15 Rana Faroohar, *Don't be Evil: The Case Against Big Tech*, London
    2019, S. 190.

16 Lina Khan, »The Separation of Platforms and Commerce«,
    Columbia Law Review 119, Nr. 4 (2019), S. 973–1098; Martin
    Moore und Damian Tambini, »Introduction«, in: Martin Moore
    und Damian Tambini (Hg.), *Digital Dominance: The Power of
    Google, Amazon, Facebook, and Apple*, Oxford 2018, S. 3.

17 Daniel A. Crane, »A Premature Postmortem on the Chicago
    School of Antitrust«, *Business History Review* 93, Nr. 4: New
    Perspectives in Regulatory History (2019), S. 759–776.

Kapitel 34

1   Neil Richards und Woodrow Hartzog, »Privacy's Constitutional
    Moment and the Limits of Data Protection«, *Boston College Law
    Review* 61, Nr. 5 (2020), S. 1687–1761.

2   Ebenda.
3   Katherine J. Strandburg, »Monitoring, Datafication, and Consent: Legal Approaches to Privacy in the Big Data Context«, in: Julia Lane, Victoria Stodden, Stefan Bender und Helen Nissenbaum (Hg.), *Privacy, Big Data, and the Public Good: Frameworks for Engagement*, New York 2014, S. 6; Abraham L. Newman, »The Governance of Privacy«, in: David Levi-Faur (Hg.), *The Oxford Handbook of Governance*, Oxford 2014, S. 601.
4   Strandburg, »Monitoring«, S. 7 f.
5   Richards und Hartzog, »Privacy's Constitutional Moment«.
6   Ebenda.
7   Ebenda.
8   Siehe grundlegend dazu Viktor Mayer-Schönberger und Kenneth Cukier, *Big Data: Die Revolution, die unser Leben verändern wird*, München 2013.
9   Data Dividend Project, 2021, https://www.datadividendproject. com
10 Siehe Joris van Hoboken, »The Privacy Disconnect«, in: Rikke Frank Jørgensen (Hg.), *Human Rights in the Age of Platforms*, Cambridge, MA, 2019, S. 257.
11 Carissa Véliz, *Privacy is Power: Why and How you Should Take Back Control of Your Data*, London: Transworld Publishers 2020, S. 126–129. Véliz argumentiert, dass dieser Ansatz selbst für anonyme Daten gelten sollte. Da Daten relativ einfach reidentifiziert oder entanonymisiert werden können, erscheint das sinnvoll.
12 Ebenda, S. 136.
13 Darrell M. West, »10 actions that will protect people from facial recognition software«, The Brookings Institution, 31. Oktober 2019, https://www.brookings.edu/research/10-actions-that-will-protect-people-from-facial-recognition-software/; Véliz, *Privacy is Power*, S. 147.
14 Lilian Edwards und Michael Veale, »Slave to the Algorithm? Why a ›Right to an Explanation‹ Is Probably Not the Remedy You Are Looking For«, *Duke Law & Technology Review* 16, Nr. 1 (2017), S. 18–84.
15 Anouk Ruhaak, »When One Affects Many: The Case For Collective Consent«, Mozilla, 13. Februar 2020, https://foundation. mozilla.org/en/blog/when-one-affects-many-case-collective-

consent/; »Data trusts: what are they and how do they work?«,
The RSA, 11. Juni 2020, https://www.thersa.org/blog/2020/06/
data-trusts-protection; Matt Prewitt, »A View Of The Future
Of Our Data«, *Noēma Magazine*, 23. Februar 2021, https://www.
noemamag.com/a-view-of-the-future-of-our-data/

16   Ruhaak, »Data trusts«.

17   Siehe in Teilen: Anna Artyushina, »The EU is launching a
market for personal data. Here's what that means for privacy«,
MIT Technology Review, 11. August 2020, https://www.techno
logyreview.com/2020/08/11/1006555/eu-data-trust-trusts-
project-privacy-policy-opinion/

18   Lilian Edwards, *Law, Policy and the Internet*, Oxford 2019,
S. 162 f.

19   Tom Sorell und John Guelke, »Liberal Democratic Regulation
and Technological Advance«, in: Roger Brownsword, Eloise
Scotford und Karen Yeung (Hg.), *The Oxford Handbook of Law,
Regulation, and Technology*, Oxford 2017, S. 108.

20   Melissa Lane, *Greek and Roman Political Ideas*, London 2014,
S. XX.

21   Siehe Christopher Kuner, Lee A. Bygrave und Christopher
Docksey (Hg.), *The EU Data Protection Regulation (GDPR): A
Commentary*, Oxford 2020, S. 330.

22   Artikel 6 (4): »Beruht die Verarbeitung zu einem anderen
Zweck als zu demjenigen, zu dem die personenbezogenen
Daten erhoben wurden, nicht auf der Einwilligung der betroffenen Person [...]«. Die Tatsache, dass die Einwilligung trotz
der Nichtanwendbarkeit von Artikel 6 (1) und trotz des Fehlens
eines Verweises auf die Einwilligung in Artikel 23 ausdrücklich
als Rechtsgrundlage für eine Weiterverarbeitung in Artikel 6 (4)
genannt wird, muss als Anerkennung der rechtlichen Möglichkeit akzeptiert werden, dass die betroffenen Personen auf ein
Grundrecht verzichten können. Waltraut Kotschy, »Article 6.
Lawfulness of processing«, in: Christopher Kuner, Lee A. Bygrave und Christopher Docksey (Hg.), *The EU Data Protection
Regulation (GDPR): A Commentary*, Oxford 2020, S. 343.

23   Véliz, *Privacy is Power*, S. 131. Siehe »Entschließung des Europäischen Parlaments zu dem Bewertungsbericht der Kommission über die Durchführung der Datenschutz-Grundverordnung zwei Jahre nach Beginn ihrer Anwendung«, https://www.

europarl.europa.eu/doceo/document/TA-9-2021-0111_DE.html: »Das Europäische Parlament [...] ist besorgt darüber, dass das ›berechtigte Interesse‹ sehr häufig missbräuchlich als Rechtsgrundlage für die Verarbeitung genannt wird; weist darauf hin, dass sich die Verantwortlichen weiterhin auf ein berechtigtes Interesse stützen, ohne die erforderliche Prüfung der Interessenabwägung und ohne eine Bewertung im Hinblick auf die Wahrung der Grundrechte durchzuführen; ist besonders besorgt darüber, dass einige Mitgliedstaaten nationale Rechtsvorschriften erlassen, um die Bedingungen für die Verarbeitung auf der Grundlage eines berechtigten Interesses festzulegen, indem sie eine Abwägung zwischen den jeweiligen Interessen des Verantwortlichen und der betroffenen Personen vorsehen, während nach der DSGVO jeder einzelne Verantwortliche verpflichtet ist, eine solche Abwägungsprüfung für jeden Einzelfall vorzunehmen und sich dabei auf die genannte Rechtsgrundlage zu stützen [...]«.

24 Ruhaak, »When One Affects Many«.

25 »Gegenwärtig ist dies im Erwägungsgrund 43 [der DSGVO] nicht eindeutig formuliert«, Lilian Edwards, *Law, Policy, and the Internet*, S. 98.

26 Wachter und Mittelstadt, »A Right to Reasonable Inferences«.

27 Van Hoboken, »The Privacy Disconnect«, S. 264.

28 Siehe dazu Helen Nissenbaum, die sich ausführlich und grundlegend mit der Bedeutung des kontextbezogenen Datenschutzes befasst hat.

Kapitel 35

1 Katie Deighton, »Tech Firms Train Voice Assistants to Understand Atypical Speech«, *The Wall Street Journal*, 24. Februar 2021, https://www.wsj.com/articles/tech-firms-train-voice-assistants-to-understand-atypical-speech-11614186019?mod=e2tw

2 Abubakar Abid, Maheen Farooqi und James Zou, »Persistent Anti-Muslim Bias in Large Language Models«, arXiv: 2101.05783v1 (2021).

3 Danke an Sam Gilbert, der mir bei dieser Metapher half.

4 Sandra Wachter und Brent Mittelstadt, »A Right to Reasonable Inferences: Re-Thinking Data Protection Law in the Age of Big

Data and AI«, *Columbia Business Law Review* 2019, Nr. 2 (2019), S. 494–620.

5   Solon Barocas und Andrew D. Selbst, »Big Data's Disparate Impact«, *California Law Review* 104, Nr. 3 (2016), S. 671–732; Charles A. Sullivan, »Employing AI«, *Villanova Law Review* 63, Nr. 3 (2018), S. 395–430.

6   Tyler Vigen, *Spurious Correlations*, New York 2015, S. 5.

7   James Grimmelmann und Daniel Westreich, »Incomprehensible Discrimination«, *California Law Review* 7 (2017), S. 164–177.

8   Siehe allgemein Wachter und Mittelstadt, »A Right to Reasonable Inferences«.

9   Diese Anerkennung steht im Zusammenhang mit dem Antidiskriminierungsverbot, das nachteilige Entscheidungen untersagt, die direkt oder indirekt auf der Grundlage bestimmter Merkmale wie Alter oder Ethnie getroffen werden. Und sie wäre eine natürliche Erweiterung des verwaltungsrechtlichen Grundsatzes, der es staatlichen Entscheidungsträgern verbietet, irrelevante Erwägungen zu berücksichtigen (wie die Verweigerung einer Restaurantlizenz, weil der Beamte chinesisches Essen nicht mag). Eine Politik der »verbotenen Variablen« wäre eine zeitgemäße Weiterentwicklung des Gesetzes, keine Abkehr davon: Rick Swedloff, »The New Regulatory Imperative for Insurance«, *Boston College Law Review* 61, Nr. 6 (2020), S. 2031–2084.

10 Frederick Schauer, *Profiles, Probabilities, and Stereotypes*, Cambridge, MA, 2003, S. 46.

11 Philip Sales, »Algorithms, Artificial Intelligence and the Law«, *Sir Henry Brooke Lecture for BAILII*, London, Freshfields Bruckhaus Deringer LLP, 12. November 2019; Schauer, *Profiles*, S. 46.

12 Schauer, *Profiles*, S. 48 f.

13 Ebenda.

14 Als aktuelles Beispiel für ein System, das Satire nicht erkannte, siehe Mike Isaac, »For Political Cartoonists, the Irony Was That Facebook Didn't Recognize Irony«, *The New York Times*, 10. Juni 2021, https://www.nytimes.com/2021/03/19/technology/political-cartoonists-facebook-satire-irony.html?referringSource=articleShare

15 David Weinberger, »How Machine Learning Pushes Us to Define Fairness«, *Harvard Business Review*, 6. November 2019,

https://hbr.org/2019/11/how-machine-learning-pushes-us-to-define-fairness

16 Adrian Weller, »Challenges for Transparency«, arXiv: 1708.01870v1 (2017); Karen Yeung, »Why Worry about Decision-Making by Machine?«, in: Karen Yeung und Martin Lodge, *Algorithmic Regulation*, Oxford 2019, S. 29.

Kapitel 36

1 Der Ansatz von Facebook wird zusammengefasst von Monika Bickert, Head of Global Policy Management: »Ziel unserer Gemeinschaftsstandards ist es, einen Ort der Meinungsäußerung zu schaffen und den Menschen eine Stimme zu geben. Der Aufbau einer Gemeinschaft und die Annäherung der Welt hängen von der Fähigkeit der Menschen ab, unterschiedliche Ansichten, Erfahrungen, Ideen und Informationen auszutauschen. Wir möchten, dass Menschen offen über die Themen sprechen können, die ihnen wichtig sind, auch wenn manche vielleicht eine andere Meinung vertreten oder sie als anstößig empfinden. In einigen Fällen erlauben wir Content, der sonst gegen unsere Gemeinschaftsstandards verstößt – wenn der Content nachrichtenwürdig ist oder im öffentlichen Interesse liegt. Wir tun dies jedoch erst, nachdem wir das öffentliche Interesse gegen den möglichen Schaden abgewogen haben, und orientieren uns bei diesen Entscheidungen an internationalen Standards und den Menschenrechten.«

2 Cass Sunstein, *Democracy and the Problem of Free Speech*, New York 1995, S. 122.

3 Ebenda, S. 3.

4 Irini Katsirea, »›Fake News‹: reconsidering the value of untruthful expression in the face of regulatory uncertainty«, *Journal of Media Law* 10, Nr. 2 (2018), S. 159–188, 173; Frederick Schauer, »Every Possible Use of Language?«, in: Lee C. Bollinger und Geoffrey R. Stone, *The Free Speech Century*, New York 2019.

5 Neil Chilson und Casey Mattox, »[The] Breakup Speech: Can Antitrust Fix the Relationship Between Platforms and Free Speech Values?«, Knight First Amendment Institute, 5. März 2020, https://knightcolumbia.org/content/the-breakup-speech-can-antitrust-fix-the-relationship-between-platforms-and-free-speech-values

6 Monika Bickert, »Defining the Boundaries of Free Speech on Social Media«, in: Bollinger und Stone, *Free Speech Century*, S. 268; Tarleton Gillespie, *Custodians of the Internet: Platforms, Content Moderation, and the Hidden Decisions that Shape Social Media*, New Haven 2018, S. 88.

7 Io Dodds und Mike Wright, »Instagram removed nearly 10,000 suicide and self-harm images per day after the Molly Russell scandal«, *The Telegraph*, 13. November 2019, https://www. telegraph.co.uk/technology/2019/11/13/instagram-removed-nearly-10000-suicide-self-harm-images-day/

8 Gillespie, *Custodians*, S. 77, 142.

9 Bickert, »Defining«, S. 269.

10 Julie E. Cohen, *Between Truth and Power: The Legal Constructions of Informational Capitalism*, Oxford 2019, S. 95.

11 Siehe z. B. die Arbeiten von Siva Vaidhyanathan, vor allem *Antisocial Media: How Facebook Disconnects Us And Undermines Democracy*, Oxford 2018.

12 Nathaniel Persily, *The Internet's Challenge to Democracy: Framing the Problem and Assessing Reforms*, Stanford, Kofi Annan Foundation 2019.

13 Siehe Gillespie, *Custodians*, S. 19.

14 Shoshana Zuboff, *Das Zeitalter des Überwachungskapitalismus*, übers. von Bernhard Schmid, Frankfurt am Main 2018.

15 Uri Bram und Martin Schmalz, *The Business of Big Data: How to Create Lasting Value in the Age of AI*, San Francisco 2019, S. 99. Siehe auch Zuboff, *Überwachungskapitalismus*, S. 116; Evgeny Morozov, »Capitalism's New Clothes«, *The Baffler*, 4. Februar 2019, https://thebaffler.com/latest/capitalisms-new-clothes-morozov

16 Ian Bogost und Alexis C. Madrigal, »How Facebook Works For Trump«, *The Atlantic*, 17. April 2020, https://www.theatlantic.com/technology/archive/2020/04/how-facebooks-ad-technology-helps-trump-win/606403/

17 Siehe James Ball, *The System: Who Owns the Internet, and How it Owns Us*, London 2020, S. 122 und folgende.

18 Anthony Nadler, Matthew Crain und Joan Donovan, »Weaponizing the Digital Influence Machine: The Political Perils of Online Ad Tech«, Data & Society Research Institute 2018,

https://datasociety.net/library/weaponizing-the-digital-influence-machine/

19 Ryan Mac und Craig Silverman, »Facebook Has Been Showing Military Gear Ads Next To Insurrection Posts«, *BuzzFeed News*, 13. Januar 2021, https://www.buzzfeednews.com/article/ryan mac/facebook-profits-military-gear-ads-capitol-riot
20 Zuboff, *Überwachungskapitalismus*, S. 583.
21 Joe Tidy, »Twitter apologises for letting ads target neo-Nazis and bigots«, BBC, 16. Januar 2020, https://www.bbc.co.uk/news/technology-51112238
22 Siehe z. B. Stuart Russell, *Human Compatible: Künstliche Intelligenz und wie der Mensch die Kontrolle über superintelligente Maschinen behält*, übers. von Guido Lenz, Frechen 2020, S. 119.
23 Shanti Das und Geoff White, »Instagram sends paedophiles to accounts of children as young as 11«, *The Sunday Times*, 1. Dezember 2019, https://www.thetimes.co.uk/article/instagram-sends-predators-to-accounts-of-children-as-young-as-11-j2gn5hq83?utm_medium=Social&utm_source=Twitter#Echobox=1575174896
24 Mark Townsend, »Facebook algorithm found to ›actively promote‹ Holocaust denial«, *The Guardian*, 16. August 2020, https://www.theguardian.com/world/2020/aug/16/facebook-algorithm-found-to-actively-promote-holocaust-denial; Jakob Guhl und Jacob Davey, »Hosting the ›Holohoax‹: A Snapshot of Holocaust Denial Across Social Media«, London, Institute for Strategic Dialogue, 10. August 2020, https://www.isdglobal.org/isd-publications/hosting-the-holohoax-a-snapshot-of-holocaust-denial-across-social-media/
25 Cliff Kuang und Robert Fabricant, *User Friendly: How the hidden rules of design are changing the way we live, work, and play*, London 2019, S. 292; James Williams, *Stand Out of Our Light: Freedom and Resistance in the Attention Economy*, Cambridge 2018, S. 33; Rana Faroohar, *Don't be Evil: The Case Against Big Tech*, London 2019, S. XVI; Mark Bergen, »YouTube Executives Ignored Warnings, Letting Toxic Videos Run Rampant«, *Bloomberg*, 2. April 2019, https://www.bloomberg.com/news/features/2019-04-02/youtube-executives-ignored-warnings-letting-toxic-videos-run-rampant

26 Siehe v. a. Williams, *Stand Out.*

27 Nathaniel Persily, *The Internet's Challenge to Democracy: Framing the Problem and Assessing Reforms*, Stanford, Kofi Annan Foundation, 2019; Center for Humane Technology, »Ledge of Harms«, Juni 2021, https://ledger.humanetech.com

28 Davey Alba, »On Facebook, Misinformation Is More Popular Now Than in 2016«, *The New York Times*, 12. Oktober 2020, https://www.nytimes.com/2020/10/12/technology/on-facebook-misinformation-is-more-popular-now-than-in-2016.html

29 Joey D'Urso und Alex Wickham, »YouTube Is Letting Millions Of People Watch Videos Promoting Misinformation About The Coronavirus«, *BuzzFeed News*, 19. März 2020, https://www.buzzfeed.com/joeydurso/youtube-coronavirus-misinformation; Ella Hollowood und Alexi Mostrous, »The Infodemic: Fake news in the time of C-19«, *Tortoise Media*, 23. März 2020, https://www.tortoisemedia.com/2020/03/23/the-infodemic-fake-news-coronavirus/?sig=kidXw_lEkCKAedQIRVIyXO1L FE3_xVcTKtUB2-bZ35A&utm_source=twitter&utm_medium= Social&utm_campaign=fakenewsc19&utm_term=internal& utm_content=fakenews_c19

30 James Callery und Jacqui Goddard, »Most-clicked link on Facebook spread doubt about Covid vaccine«, *The Times*, 23. August 2021, https://www.thetimes.co.uk/article/most-clicked-link-on-facebook-spread-doubt-about-covid-vaccine-flknpp9n5

31 Center for Humane Technology, »Ledger of Harms«, Juni 2021, https://ledger.humanetech.com

32 Anjana Susarla, »Biases in algorithms hurt those looking for information on health«, *The Conversation*, 14. Juli 2020, https://theconversation.com/biases-in-algorithms-hurt-those-looking-for-information-on-health-140616

33 Craig Silverman und Jane Lytvynenko, »Amazon Is Pushing Readers Down A ›Rabbit Hole‹ Of Conspiracy Theories About The Coronavirus«, *BuzzFeed News*, 15. März 2021, https://www.buzzfeednews.com/article/craigsilverman/amazon-covid-conspiracy-books

34 Gilad Edelman, »Stop Saying Facebook Is ›Too Big to Moderate‹«, *Wired*, 28. Juli 2020, https://www.wired.com/story/stop-saying-facebook-too-big-to-moderate/

35 Alexander Hamilton, James Madison und John Jay, *Die Federalist Papers*, übers. von Barbara Zehnpfennig, Darmstadt 1993, Paper Nr. 1, S. 54.

36 Marchamont Nedham [1656], zitiert in Frank Lovett, »Algernon Sidney, Republican Stability, and the Politics of Virtue«, *Journal of Political Science* 48, Nr. 1, Artikel 3 (2020), S. 59–83. Siehe auch Axel Bruns, *Are Filter Bubbles Real?*, Cambridge 2019.

37 Yochai Benkler, Robert Faris und Hal Roberts, *Network Propaganda: Manipulation, Disinformation, and Radicalization in American Politics*, New York 2018.

38 Ebenda, S. 13.

39 Elizabeth Dubois und Grant Blank, »The echo chamber is overstated: the moderating effect of political interest and diverse media«, *Information, Communication & Society* 21, Nr. 5: Communication, Information Technologies, and Media Sociology (CITAMS), Sonderheft (2018), S. 729–745; Judith Möller et al., »Do Not Blame It on the Algorithm: An Empirical Assessment of Multiple Recommender Systems and Their Impact on Content Diversity«, *Information, Communication & Society* 21, Nr. 7 (2018), S. 959–977.

40 Clive Thompson, *Coders: Who They Are, What They Think And How They Are Changing Our World*, London 2019, S. 318. Siehe auch die Arbeiten von Joan Donavan, Renee DiResta und Alice Marwick.

41 Williams, *Stand*, S. 34.

42 Center for Humane Technology, »Ledger«.

43 Alexandra A. Siegel, »Online Hate Speech«, in: Nathaniel Persily and Joshua A. Tucker (Hg.), *Social Media and Democracy: The State of the Field and Prospects for Reform*, New York 2020, S. 63.

44 Kevin Roose, »The Making of a YouTube Radical«, *The New York Times*, 8. Juni 2019, https://www.nytimes.com/interactive/2019/06/08/technology/youtube-radical.html

45 Persily, *Internet's Challenge*.

46 Thompson, *Coders*, S. 317.

47 Max Fisher und Amanda Taub, »How YouTube Radicalized Brazil«, *The New York Times*, 11. August 2019, https://www.nytimes.com/2019/08/11/world/americas/youtube-brazil.html; vgl. Mark Bergen, »YouTube Executives Ignored Warnings, Letting Toxic Videos Run Rampant«, *Bloomberg*, 2. April 2019, https://www.

bloomberg.com/news/features/2019-04-02/youtube-executives-ignored-warnings-letting-toxic-videos-run-rampant

48 Fisher und Taub, »How YouTube Radicalized Brazil«.

49 Muhammad Ali et al., »Ad Delivery Algorithms: The Hidden Arbiters of Political Messaging«, arXiv: 1912.04255v3 (2019).

50 Siehe John Rawls, »The Idea of Public Reason Revisited«, v. a. S. 445 und folgende in: John Rawls, *Politischer Liberalismus*, übers. von Wilfried Hinsch, Frankfurt am Main 2003.

51 Unternehmen verfahren genauso: Jeremy B. Merrill, »How Facebook's Ad System Lets Companies Talk Out of Both Sides of Their Mouths«, *The Markup*, 13. April 2021, https://the markup.org/news/2021/04/13/how-facebooks-ad-system-lets-companies-talk-out-of-both-sides-of-their-mouths

52 Sue Halpern, »The Problem of Political Advertising on Social Media«, *The New Yorker*, 24. Oktober 2019, https://www.newyorker.com/tech/annals-of-technology/the-problem-of-political-advertising-on-social-media

53 Faroohar, *Don't be Evil*, S. 233.

54 Niall Ferguson, »What Is To Be Done? Safeguarding Democratic Governance In The Age Of Network Platforms«, in: Hoover Institution, *Governance in an Emerging World*, Herbst-Serie, Nr. 318 (2018).

55 BBC, »Russian disinformation ›ongoing problem‹ says FBI chief«, 6. Februar 2020, https://www.bbc.co.uk/news/techno logy-51399568

56 Robin Emmott, »Russia deploying coronavirus disinformation to sow panic in West, EU document says«, *Reuters*, 18. März 2020, https://www.reuters.com/article/us-health-coronavirus-disinformation-idUSKBN21518F

57 Andrew M. Guess und Benjamin A. Lyons, »Misinformation, Disinformation, and Online Propaganda«, in: Persily und Tucker (Hg.), *Social Media and Democracy*, S. 14.

58 Donie O'Sullivan, »The biggest Black Lives Matter page on Facebook is fake«, *CNN*, 9. April 2018, https://money.cnn.com/2018/04/09/technology/fake-black-lives-matter-facebook-page/index.html

59 Daphne Keller, »Dolphins in the Net: Internet Content Filters and the Advocate General's *Glawischnig-Piesczek v. Facebook Ireland* Opinion«, Stanford Center for Internet and Society,

4. September 2019, https://cyberlaw.stanford.edu/files/Dolphins-in-the-Net-AG-Analysis.pdf

60 Matthew Arnold (1822–1888), »Dover Beach«, https://www.poetryfoundation.org/poems/43588/dover-beach

61 Peter Pomerantsev, *Das ist keine Propaganda: Wie unsere Wirklichkeit zertrümmert wird*, übers. von Klaus-Dieter Schmidt, München 2020, S. 185.

62 John Milton, *Areopagitica: Eine Rede für die Pressefreiheit*, übers. von Richard Roepell, Grafrath 2019.

63 John Stuart Mill, »Von der Freiheit des Denkens und der Rede«, in: *Über die Freiheit*, übers. von Else Wentscher, Hamburg 2009, S. 68.

64 Nathaniel Persily, *The Internet's Challenge to Democracy: Framing the Problem and Assessing Reforms*, Kofi Annan Foundation, Stanford, 2019.

Kapitel 37

1 Louis Edward Ingelhart, *Press and Speech Freedoms in the World, from Antiquity until 1998: A Chronology*, Westport 1998, S. 4 f.

2 Ebenda, S. 15.

3 Ebenda, S. 31.

4 Ebenda, S. 39.

5 James S. Coleman, *Power and the Structure of Society*, New York 1974, S. 8.

6 Ebenda, S. IX.

7 Robert Walker, »The First Amendment and Article Ten: Sisters Under The Skin?«, Holdsworth Club Presidential Address, Birmingham Law School, 24. Oktober 2008; Monika Bickert, »European Court Ruling Raises Questions About Policing Speech«, *Facebook*, 14. Oktober 2019, https://about.fb.com/news/2019/10/european-court-ruling-raises-questions-about-policing-speech/

8 Priscilla M. Regan, »Reviving the Public Trustee Concept and Applying it to Information Privacy Policy«, *Maryland Law Review* 76, Nr. 4 (2017), S. 1025–1043, 1025. Siehe auch den Radio Act von 1927 und den Communications Act von 1934; Mike Feintuck, »Regulatory Rationales beyond the Economic: in search of the Public Interest«, in: Robert Baldwin, Martin Cave

und Martin Lodge (Hg.), *The Oxford Handbook of Regulation*, Oxford 2013, S. 52.

9 Cass Sunstein, *Democracy and the Problem of Free Speech*, New York 1995, S. 54.

10 Robert Britt Horwitz, *The Irony of Regulatory Reform: The Deregulation of American Telecommunications*, New York 1989, S. 13.

11 Feintuck, »Regulatory Rationales«, S. 53.

12 Sunstein, *Democracy*, S. 49.

13 Im Gegensatz dazu verlangt die FCC seit 1996 von Breitband-Internetanbietern, dass sie im öffentlichen Interesse handeln. Siehe Regan, »Reviving«, S. 1032 f.

14 Siehe Victor Pickard, »The Strange Life and Death of the Fairness Doctrine: Tracing the Decline of Positive Freedoms in American Policy Discourse«, *International Journal of Communication* 12 (2018), S. 3434–3453.

15 Jacob Rowbottom, *Media Law*, Oxford 2018, S. 257.

16 Ebenda, S. 280.

17 Ebenda, S. 259.

18 Office of Communications, The Ofcom Broadcasting Code (with the Cross-promotion Code and the On Demand Programme Service Rules), 2020.

19 Communications Act 2003, S. 321(2).

20 Rowbottom, *Media Law*, S. 281.

21 Ebenda, S. 279.

22 Kevin Roose, »The Making of a YouTube Radical«, *The New York Times*, 8. Juni 2019, https://www.nytimes.com/interactive/2019/06/08/technology/youtube-radical.html

23 Yochai Benkler, Robert Faris und Hal Roberts, *Network Propaganda: Manipulation, Disinformation, and Radicalization in American Politics*, New York 2018, S. 6.

24 Francis Fukuyama und Andrew Grotto, »Comparative Media Regulation in the United States and Europe«, in: Nathaniel Persily und Joshua A. Tucker (Hg.), *Social Media and Democracy: The State of the Field and Prospects for Reform*, New York 2020, S. 201.

25 Rowbottom, *Media Law*, S. 286.

Kapitel 38

1 *Redmond-Bate v Director of Public Prosecutions* (1999) 7 BHRC 375, per Sedley LJ at [20].

2 Lee C. Bollinger, »Dialogue«, in: Lee C. Bollinger und Geoffrey R. Stone, *The Free Speech Century*, New York 2019, S. 1.

3 Ebenda, S. 4.

4 Ebenda, S. 5.

5 Siehe vor allem die Arbeiten von Zeynep Tufekçi, Peter Pomerantsev und Tim Wu.

6 Tim Wu, »Is the First Amendment Obsolete?«, in: Bollinger und Stone (Hg.), *Free Speech Century*, S. 272; siehe auch Peter Pomerantsev, *Das ist keine Propaganda: Wie unsere Wirklichkeit zertrümmert wird*, übers. von Klaus-Dieter Schmidt, München 2020.

7 Milan Kundera, *Die unerträgliche Leichtigkeit des Seins*, übers. von Susanna Roth, Frankfurt am Main 1987, S. 100.

8 Damian Tambini, Danilo Leonardi und Chris Marsden, »The privatisation of censorship: self regulation and freedom of expression«, in: Damian Tambini, Danilo Leonardi und Chris Marsden (Hg.), *Codifying cyberspace: communications self-regulation in the age of internet convergence*, Abingdon 2008; Daphne Keller, »Six Constitutional Hurdles For Platform Speech Regulation«, *Stanford Center for Internet and Society Blog*, 22. Januar 2021, http://cyberlaw.stanford.edu/blog/2021/01/six-constitutional-hurdles-platform-speech-regulation-0

9 *Virginia v. Black*, 538 U. S. 343 (2003).

10 Emily B. Laidlaw, *Regulating Speech in Cyberspace: Gatekeepers, Human Rights and Corporate Responsibility*, Cambridge 2017.

11 Europäischer Gerichtshof für Menschenrechte, *Research Report: Positive obligations on member States under Article 10 to protect journalists and prevent impunity*, Europarat und Europäischer Gerichtshof für Menschenrechte, Dezember 2011.

12 Cass Sunstein, *Democracy and the Problem of Free Speech*, New York 1995, S. XIV.

13 Laura Weinrib, »Rethinking the Myth of the Modern First Amendment«, in: Bollinger und Stone (Hg.), *Free Speech Century*, S. 53.

14 *Red Lion Broadcasting Co. v FCC*, 395 U. S. 367 (1969).

15 Tim Wu, »Is the First Amendment Obsolete?«.

16 Siehe die Diskussion zu *Packingham v. North Carolina* bei Heather Whitney, »Search Enginers, Social Media, and the Editorial Analogy«, in: David E. Pozen (Hg.), *The Perilous Public Square: Structural Threats to Free Expression Today*, New York 2020, S. 117.

17 Siehe Alexander Meiklejohn, *Free Speech and its Relation to Self-Government*, Clark 2014.

18 Sunstein, *Democracy*, S. 19.

19 Meiklejohn, *Free Speech*, S. 16.

20 Ebenda, S. 25 f.

21 *R v Shayler* [2003] 1 AC 247, per Lord Bingham at [21].

22 Siehe z. B. Daphne Keller, »Amplification and its Discontents«, Knight First Amendment Institute, 8. Juni 2021, https://knight columbia.org/content/amplification-and-its-discontents; »Six Constitutional Hurdles«.

Kapitel 39

1 John Milton, *Areopagitica: Eine Rede für die Pressefreiheit*, übers. von Richard Roepell, Grafrath 2019, S. 42.

2 Jillian C. York und Ethan Zuckerman, »Moderating the Public Sphere«, in: Rikke Frank Jørgensen (Hg.), *Human Rights in the Age of Platforms*, Cambridge, MA, 2019, S. 145. Siehe auch Philip M. Napoli, *Social Media and the Public Interest: Media Regulation in the Disinformation Age*, New York 2019, S. 197 f.

3 Siehe Eric Goldman und Jess Miers, »Regulating Internet Services by Size« (Mai 2021), *CPI Antitrust Chronicle*, Santa Clara University Legal Studies Research Paper.

4 Vorschlag für eine Verordnung über einen Binnenmarkt für digitale Dienste (Gesetz über digitale Dienste): https://eur-lex. europa.eu/legal-content/DE/TXT/?uri=CELEX:52020PC0825

5 Entwurf für die Online Safety Bill.

6 Siehe z. B. Department for Digital, Culture, Media and Sport, *Online Harms White Paper* (White Paper, Cm 57, 2019); William Perrin, »Regulation, misinformation and COVID19«, Carnegie UK, 30. April 2020, https://www.carnegieuktrust.org.uk/blog-posts/regulation-misinformation-and-covid19/; Monika Bickert, *Online Content Regulation: Charting a Way Forward*, Facebook 2020; Vorschlag der EU für ein Gesetz über digitale Dienste, Ar-

tikel 26 und 27. Siehe auch allgemein die Arbeiten von William Perrin und Lorna Woods.

7 Richard Allan, »Harm Reduction Plans«, *regulate.tech*, 29. Dezember 2020, https://www.regulate.tech/harm-reduction-plans-29th-dec-2020/

8 Siehe z. B. Nathaniel Persily und Joshua A. Tucker (Hg.), *Social Media and Democracy: The State of the Field and Prospects for Reform*, New York 2020.

9 Soweit ich weiß, stammt die Idee ursprünglich von dem amerikanischen Journalisten Ezra Klein.

10 Ein erheblicher Teil der Content-Moderation wird bereits von externen Dienstleistern übernommen: Jem Bartholomew, »The rise of the truth industry«, *New Humanist*, 28. Juni 2021, https://newhumanist.org.uk/articles/5818/the-rise-of-the-truth-industry; Adam Satariano und Mike Isaac, »The Silent Partner Cleaning Up Facebook for $ 500 Million a Year«, *The New York Times*, 31. August 2021, https://www.nytimes.com/2021/08/31/technology/facebook-accenture-content-moderation.html
Es würde dem Markt nicht schaden, wenn dieser Geschäftszweig weiterhin wachsen würde.

11 Siehe Monika Bickert, »European Court Ruling Raises Questions About Policing Speech«, *Facebook*, 14. Oktober 2019, https://about.fb.com/news/2019/10/european-court-ruling-raises-questions-about-policing-speech/; William Perrin, »Regulation, misinformation and COVID19«, Carnegie UK, 30. April 2020, https://www.carnegieuktrust.org.uk/blog-posts/regulation-misinformation-and-covid19/

12 Neil Gunningham, »Enforcement and Compliance Strategies«, in: Robert Baldwin, Martin Cave und Martin Lodge (Hg.), *The Oxford Handbook of Regulation*, Oxford 2013, S. 136.

13 Siehe den Vorschlag der EU für ein Gesetz über digitale Dienste, Artikel 12, 13, 23, 24, 29, 30, 31, 33.

14 Daphne Keller und Paddy Leerssen, »Facts and Where to Find Them: Empirical Research on Internet Platforms and Content Moderation«, in: Persily und Tucker (Hg.), *Social Media and Democracy*, S. 232 f.

15 Wie Daphne Keller bemerkt, kann es nach dem Ersten Verfassungszusatz problematisch sein, Plattformen dazu zu

verpflichten, Inhalte, die sie fälschlicherweise entfernt haben, erneut zu veröffentlichen, da dies darauf hinauslaufen könnte, sie zu einer Meinungsäußerung zu zwingen: Daphne Keller, »Who Do You Sue? State and Platform Hybrid Power Over Online Speech« (2019), Hoover Institution, Aegis Series Paper Nr. 1902. Auf keinen Fall dürften Plattformen zur Verantwortung gezogen werden für Inhalte, die sie veröffentlichen mussten.

16 Zur Haftung allgemein siehe die Beiträge in David E. Pozen (Hg.), *The Perilous Public Square: Structural Threats to Free Expression Today*, New York 2020, vor allem Danielle Keats Citron, »Section 230's Challenge to Civil Rights and Civil Liberties«; siehe außerdem Danielle Keats Citron und Benjamin Wittes, »The Internet Will Not Break: Denying Bad Samaritans § 230 Immunity«, *Fordham Law Review* 86, Nr. 2 (2017), S. 401–423; Niall Ferguson, »What Is To Be Done? Safeguarding Democratic Governance In The Age Of Network Platforms«, Hoover Institution, *Governance in an Emerging World*, Herbst-Serie, Nr. 318 (2018); Karen Kornbluh und Ellen P. Goodman, »Safeguarding Digital Democracy: Digital Innovation and Democracy Initiative Roadmap«, Washington, D.C., The German Marshall Fund of the United States, 2020.

17 Siehe allgemein die Arbeiten von Tim Wu.

Schluss

1 Stephen L. Elkin, *Reconstructing the Commercial Republic: Constitutional Design after Madison*, Chicago 2006. Eigentlich bezog sich Montesquieu auf eine »Verfassung«.

2 Siehe z. B. Yong Suk Lee et al., »AI regulation and firm behaviour«, *VoxEU.org*, 14. Dezember 2019, https://voxeu.org/article/ai-regulation-and-firm-behaviour

3 Tim Büthe und Walter Mattli, »International Standards and Standard-Setting Bodies«, in: Davin Coen, Wyn Grant und Graham Wilson (Hg.), *The Oxford Handbook of Business and Government*, Oxford 2011, S. 442.

4 Diane Coyle, »Three Cheers for Regulation«, *Project Syndicate*, 17. Juli 2018, https://www.project-syndicate.org/commentary/positive-effects-market-regulation-by-diane-coyle-2018-07

5 Büthe und Mattlei, »International Standards«, S. 442.

6 Mireille Hildebrandt, *Law for Computer Scientists and Other Folk*, Oxford 2020, S. 136.

7 Coyle, »Three Cheers for Regulation«.

8 Julie E. Cohen, *Between Truth and Power: The Legal Constructions of Informational Capitalism*, Oxford 2019, S. 92.

9 Tarleton Gillespie, *Custodians of the Internet: Platforms, Content Moderation, and the Hidden Decisions that Shape Social Media*, New Haven 2018, S. 108; Cohen, *Between Truth and Power*, S. 190.

10 David Hume, *Politische und ökonomische Essays in 2 Bänden*, Hamburg 1988, Bd. 1, S. 136.

BIBLIOGRAPHIE

Abbott, Ryan, »The Reasonable Computer: Disrupting the Paradigm of Tort Liability«, *George Washington Law Review* 86, Nr. 1 (2018), S. 1–45.

Abid, Abubakar, Maheen Farooqi und James Zou, »Persistent Anti-Muslim Bias in Large Language Models«, arXiv: 2101.05783v1 (2021).

Ada Lovelace Institute, *The Citizens' Biometrics Council*, März 2021, https://www.adalovelaceinstitute.org/report/citizens-biometrics-council

Addis, Donna Rose, Alana T. Wong und Daniel L. Schacter, »Remembering the Past and Imagining the Future: Common and Distinct Neural Substrates During Event Construction and Elaboration«, *Neuropsychologia* 45, Nr. 7 (2007), S. 1363–1367.

Ajunwa, Ifeoma, »Algorithms at Work: Productivity Monitoring Applications and Wearable Technology as the New Data-Centric Research Agenda for Employment and Labor Law«, *Saint Louis University Law Journal* 63, Nr. 1, Artikel 4 (2018), S. 21–54.

Alba, Davey, »On Facebook, Misinformation Is More Popular Now Than in 2016«, *The New York Times*, 12. Oktober 2020, https://www.nytimes.com/2020/10/12/technology/on-facebook-misinformation-is-more-popular-now-than-in-2016.html

–, »Facial Recognition Moves Into a New Front: Schools«, *The New York Times*, 6. Februar 2020, https://www.nytimes.com/2020/02/06/business/facial-recognition-schools.html?referringSource=articleShare

–, »Fake ›Likes‹ Remain just a Few Dollars Away, Researchers Say«,

The New York Times, 6. Dezember 2019, https://www.nytimes.com/2019/12/06/technology/fake-social-media-manipulation.html

Ali, Muhammad et al., »Ad Delivery Algorithms: The Hidden Arbiters of Political Messaging«, arXiv: 1912.04255v3 (2019).

Allan, Richard, »Harm Reduction Plans«, *regulate.tech*, 29. Dezember 2020, https://www.regulate.tech/harm-reduction-plans-29th-dec-2020/

Allenby, Braden R. und Daniel Sarewitz, *The Techno-Human Condition*, Cambridge, MA, 2011.

Alpaydin, Ethem, *Machine Learning: The New AI*, Cambridge, MA, 2016.

Alston, Philip, »Landmark ruling by Dutch court stops government attempts to spy on the poor – UN expert«, Büro des Hochkommissars für Menschenrechte der Vereinten Nationen, 5. Februar 2020, https://www.ohchr.org/EN/NewsEvents/Pages/DisplayNews.aspx?NewsID=25522&LangID=E

Amoore, Louise, »Why ›Ditch the algorithm‹ is the future of political protest«, *The Guardian*, 19. August 2020, https://www.theguardian.com/commentisfree/2020/aug/19/ditch-the-algorithm-generation-students-a-levels-politics?CMP=twt_a-education_b-gdnedu

Angwin, Julia, *Dragnet Nation: A Quest for Privacy, Security, and Freedom in a World of Relentless Surveillance*, New York 2014.

Appelbaum, Binyamin, *Die Stunde der Ökonomen: Falsche Propheten, freie Märkte und die Spaltung der Gesellschaft*, übers. von Martina Wiese, Frankfurt am Main 2020.

Appleby, Joyce, *Capitalism and a New Social Order: The Republican Vision of the 1790s*, New York 1984.

Arendt, Hannah, *Über die Revolution* [1963], München 2020.

–, *Vita activa oder Vom tätigen Leben* [1958], München 2016.

–, *Elemente und Ursprünge totaler Herrschaft* [1951], München 1995.

Arnold, Matthew, »Dover Beach«, https://www.poetryfoundation.org/poems/43588/dover-beach

Arnold, Paul, »How enforcement of antitrust law can enliven American innovation«, *San Francisco Chronicle*, 14. August 2020, https://www.sfchronicle.com/opinion/openforum/article/How-enforcement-of-antitrust-law-can-enliven-15482922.php

Artyushina, Anna, »The EU is launching a market for personal data. Here's what that means for privacy«, *MIT Technology Review*, 11. August 2020, https://www.technologyreview.com/2020/08/11/1006555/eu-data-trust-trusts-project-privacy-policy-opinion/

Atiyah, Patrick S., *The Damages Lottery*, Oxford 1997.

–, *The Rise and Fall of Freedom of Contract*, Oxford 1979.

Azevedo, Mary Ann, »Untapped Opportunity: Minority Founders Still Being Overlooked«, *crunchbase*, 27. Februar 2019, https://news.crunchbase.com/news/untapped-opportunity-minority-founders-still-being-overlooked/?utm_campaign=wp_the_technology_202&utm_medium=email&utm_source=newsletter&wpisrc=nl_technology202

Bago, Bence, David G. Rand und Gordon Pennycook, »Fake News, Fast and Slow: Deliberation Reduces Belief in False (but Not True) News Headlines«, *Journal of Experimental Psychology: General* 149, Nr. 8 (2020), S. 1608–1613.

Bailyn, Bernard, *The Ideological Origins of the American Revolution*, Cambridge, MA, 1992.

Baker, Tom und Benedict G. C. Dellaert, »Regulating Robo Advice Across the Financial Services Industry«, *Iowa Law Review* 103 (2018), S. 713–750.

Baldwin, Robert, Martin Cave und Martin Lodge (Hg.), *The Oxford Handbook of Regulation*, Oxford 2013.

–, *Understanding Regulation: Theory, Strategy, and Practice*, Oxford 2012.

Balkin, Jack M., »Information Fiduciaries in the Digital Age«, *Balkinization*, 5. März 2014, https://balkin.blogspot.com/2014/03/information-fiduciaries-in-digital-age.html

Balkin, Jack M. und Jonathan Zittrain, »A Grand Bargain to Make Tech Companies Trustworthy«, *The Atlantic*, 3. Oktober 2016, https://www.theatlantic.com/technology/archive/2016/10/information-fiduciary/502346/

Ball, James, *The System: Who Owns the Internet, and How it Owns Us*, London 2020.

Ball, Kirstie und Lauren Snider (Hg.), *The Surveillance-Industrial Complex: A political economy of surveillance*, Abingdon 2013.

Barber, Gregory, »Deepfakes Are Getting Better, But They're Still Easy to Spot«, *Wired*, 26. Mai 2019, https://www.wired.com/story/deepfakes-getting-better-theyre-easy-spot/?mbid=synd_digg

Barfield, Woodrow und Ugo Pagallo (Hg.), *Research Handbook on the Law of Artificial Intelligence*, Cheltenham 2018.

Barker, Kit, Karen Fairweather und Ross Grantham (Hg.), *Private Law in the 21st Century*, Oxford 2017.

Barocas, Solon und Andrew D. Selbst, »Big Data's Disparate Impact«, *California Law Review* 104, Nr. 3 (2016), S. 671–732.

Bartholomew, Jem, »The rise of the truth industry«, *New Humanist*, 28. Juni 2021, https://newhumanist.org.uk/articles/5818/the-rise-of-the-truth-industry

Bartlett, Jamie, *The People Vs Tech: How the internet is killing democracy (and how we save it)*, London 2018.

Basu, Tanya, »How a ban on pro-Trump patterns unraveled the online knitting world«, *MIT Technology Review*, 6. März 2020, https://www.technologyreview.com/2020/03/06/905472/ravelry-ban-on-pro-trump-patterns-unraveled-the-online-knitting-world-censorship-free/

BBC, »Russian disinformation ›ongoing problem‹ says FBI chief«, 6. Februar 2020, https://www.bbc.co.uk/news/technology-51399568

–, »Apple ›sorry‹ that workers listened to Siri voice recordings«, 28. August 2019, https://www.bbc.co.uk/news/technology-49502292

Beer, David, *The Quirks of Digital Culture*, Bingley 2019.

Beer, Samuel H., *To Make a Nation: The Rediscovery of American Federalism*, Cambridge, MA, 1993.

Beitz, Charles R., *The Idea of Human Rights*, Oxford 2013.

Belli, Lyca und Jamila Venturini, »Private ordering and the rise of terms of service as cyber-regulation«, *Internet Policy Review* 5, Nr. 4 (2016).

Belong.co, https://belong.co/hireplus/

Benaich, Nathan und Ian Hogarth, »State of AI Report«, 28. Juni 2019, https://www.stateof.ai/2019

Benjamin, Ruha, *Race After Technology: Abolitionist Tools for the New Jim Code*, Cambridge 2019.

Benkler, Yochai, Robert Faris und Hal Roberts, *Network Propaganda: Manipulation, Disinformation, and Radicalization in American Politics*, New York 2018.

Berg, Tobias et al., »On the Rise of FinTechs – Credit Scoring using Digital Footprints« (2018), National Bureau of Economic Research Working Paper Nr. 24551.

Bergen, Mark, »YouTube Executives Ignored Warnings, Letting Toxic Videos Run Rampant«, *Bloomberg*, 2. April 2019, https://www.bloomberg.com/news/features/2019-04-02/youtube-exe cutives-ignored-warnings-letting-toxic-videos-run-rampant

Bernholz, Lucy, Hélène Landemore und Rob Reich (Hg.), *Digital Technology and Democratic Theory*, London 2021.

Besson, Samantha und John Tasioulas (Hg.), *The Philosophy of International Law*, Oxford 2010.

Besson, Samantha und José Luis Martí (Hg.), *Legal Republicanism: National and International Perspectives*, Oxford 2009.

Bhatt, Umang et al., »Explainable Machine Learning in Deployment«, arXiv: 1909.06342 (2020).

Bickert, Monika, *Online Content Regulation: Charting a Way Forward*, Facebook, Februar 2020.

–, »European Court Ruling Raises Questions About Policing Speech«, *Facebook*, 14. Oktober 2019, https://about.fb.com/news/2019/10/european-court-ruling-raises-questions-about-policing-speech/

Biddle, Sam, Paulo Victor Ribeiro und Tatiana Dias, »Invisible Censorship: TikTok Told Moderators to Suppress Posts by ›Ugly‹ People and the Poor to Attract New Users«, *The Intercept*, 16. März 2020, https://theintercept.com/2020/03/16/tiktok-app-moderators-users-discrimination/

Bietti, Elettra, »Consent as a Free Pass: Platform Power and the Limits of the Informational Turn«, *Pace Law Review* 40, Nr. 1 (2020), S. 307–397.

Bijker, Wiebe E., Thomas P. Hughes und Trevor Pinch (Hg.), *The Social Construction of Technological Systems: New Directions in the Sociology and History of Technology*, Cambridge, MA, 2012.

Bimber, Bruce, *The Politics of Expertise in Congress: The Rise and Fall of the Office of Technology Assessment*, Albany 1996.

Birks, Peter, *The Roman Law of Obligations*, Oxford 2014.

Blair, Tony, *Mein Weg*, übers. von Helmut Dierlamm u. a., München 2010.

Blavatskyy, Pavlo, »Obesity of politicians and corruption in post-Soviet countries«, *Economics of Transition and Institutional Change* 29, Nr. 2 (2020), S. 343–356.

Bloch-Wehba, Hannah, »Automation in Moderation«, *Texas A&M University School of Law Legal Studies Research Paper Series, Research Paper* Nr. 20–33 (2020).

Bock, Gisela, Quentin Skinner und Maurizio Viroli (Hg.), *Machiavelli and Republicanism*, Cambridge 1993.

Bogost, Ian und Alexis C. Madrigal, »How Facebook Works For Trump«, *The Atlantic*, 17. April 2020, https://www.theatlantic. com/technology/archive/2020/04/how-facebooks-ad-technology-helps-trump-win/606403/

Bohman, James und William Rehg (Hg.), *Deliberative Democracy: Essays on Reason and Politics*, Cambridge, MA, 2002.

Bollinger, Lee C. und Geoffrey R. Stone, *The Free Speech Century*, New York 2019.

Bourke, Richard und Raymond Geuss (Hg.), *Political Judgement: Essays for John Dunn*, Cambridge 2009.

Bowles, Samuel, *Microeconomics: Behavior, Institutions, and Evolution*, Princeton 2004.

Bowles, Samuel und Herbert Gintis, *Democracy and Capitalism: Property, Community, and the Contradictions of Modern Social Thought*, London 1986.

Boyle, James, *The Public Domain: Enclosing the Commons of the Mind*, New Haven 2008.

Bradner, Eric und Sarah Mucha, »Biden campaign launches petition lambasting Facebook over refusal to remove political misinformation«, CNN, 11. Juni 2020, https://edition.cnn.com/ 2020/06/11/politics/joe-biden-facebook-open-letter/index.html

Braithwaite, John und Philip Pettit, *Not Just Deserts: A Republican Theory of Criminal Justice*, Oxford 1992.

Bram, Uri und Martin Schmalz, *The Business of Big Data: How to Create Lasting Value in the Age of AI*, San Francisco 2019.

Broad, Ellen, *Made by Humans*, Carlton 2018.

Brockman, John (Hg.), *Possible Minds: 25 Ways of Looking at AI*, 1. Auflage, New York 2019.

Broussard, Meredith, *Artificial Unintelligence: How Computers Misunderstand the World*, Cambridge, MA, 2019.

Brownsword, Roger, *Law, Technology and Society: Re-Imagining the Regulatory Environment*, Abingdon 2019.

Brownsword, Roger und Morag Goodwin, *Law and the Technologies of the Twenty-First Century: Texts and Materials*, Cambridge 2012.

Brownsword, Roger, Eloise Scotford und Karen Yeung (Hg.), *The Oxford Handbook of Law, Regulation, and Technology*, Oxford 2017.

Brundage, Miles et al., »Toward Trustworthy AI Development: Mechanisms for Supporting Verifiable Claims«, arXiv: 2004.07213v2 (2020).

Bruns, Axel, *Are Filter Bubbles Real?*, Cambridge 2019.

Bucher, Taina, *If … Then: Algorithmic Power and Politics*, Oxford 2018.

Burbank, Stephen B., Sean Farhang und Herbert Kritzer, »Private Enforcement«, *University of Pennsylvania Law School Public Law Research Paper* Nr. 13–22 (2013).

Busch, Lawrence, *Standards: Recipes for Reality*, Cambridge, MA, 2013.

Caliskan-Islam, Aylin, Joanna J. Bryson und Arvind Narayanan, »Semantics derived automatically from language corpora necessarily contain human biases«, arXiv: 1608.07187v2 (2016).

Callery, James und Jacqui Goddard, »Most-clicked link on Facebook spread doubt about Covid vaccine«, *The Times*, 23. August 2021, https://www.thetimes.co.uk/article/most-clicked-link-on-facebook-spread-doubt-about-covid-vaccine-flknpp9n5

Calo, Ryan, »Against Notice Skepticism in Privacy (and Elsewhere)«, *Notre Dame Law Review* 87, Nr. 3 (2012), S. 1027–1072.

Canadian Citizens' Assembly on Democratic Express, *Canadian Citizens' Assembly on Democratic Express: Recommendations*

Bibliographie

to strengthen Canada's response to new digital technologies and reduce the harm caused by their misuse, Ottawa 2021.

Cane, Peter, *Administrative Law*, 5. Auflage, Oxford 2011.

Carr, Nicholas, *Abgehängt: Wo bleibt der Mensch, wenn Computer entscheiden*, übers. von Karin Miedler und Sigrid Schmid, München 2014.

Case, R. H., »The Market for Goods and the Market for Ideas«, *The American Economic Review* 64, Nr. 2 (1974), S. 381–391.

Castells, Manuel, »Communication, Power and Counter-power in the Network Society«, *International Journal of Communication* 1 (2007), S. 238–266.

Cellan-Jones, Rory, »Parler social network sues Amazon for pulling support«, *BBC*, 11. Januar 2021, https://www.bbc.co.uk/news/technology-55615214

Center for Humane Technology, »Ledge of Harms«, Juni 2021, https://ledger.humanetech.com

Centre for Data Ethics and Innovation, *Snapshot Paper – Deepfakes and Audiovisual Disinformation*, 12. September 2019, https://www.gov.uk/government/publications/cdei-publishes-its-first-series-of-three-snapshot-papers-ethical-issues-in-ai/snapshot-paper-deepfakes-and-audiovisual-disinformation

Česnulaitytė, Ieva, »Models of representative deliberative processes«, in: OECD (Hg.), *Innovative Citizen Participation and New Democratic Institutions*, Paris 2020.

Cheney-Lippold, John, *We Are Data: Algorithms and the Making of our Digital Selves*, New York 2017.

Chernow, Ron, *Grant*, London 2017.

Chesney, Robert und Danielle Keats Citron, »Deep Fakes: A Looming Challenge for Privacy, Democacy, and National Security«, *California Law Review* 107 (2019), S. 1753.

Chilson, Neil und Casey Mattox, »[The] Breakup Speech: Can Antitrust Fix the Relationship Between Platforms and Free Speech Values?«, Knight First Amendment Institute, 5. März 2020, https://knightcolumbia.org/content/the-breakup-speech-can-antitrust-fix-the-relationship-between-platforms-and-free-speech-values

Chung, Jane, »Big Tech, Big Cash: Washington's New Power Players«, *Public Citizen*, März 2021, https://www.citizen.org/article/big-tech-lobbying-update/

Chwalisz, Claudia, »Introduction: Deliberation and new forms of governance«, in: OECD (Hg.), *Innovative Citizen Participation and New Democratic Institutions*, Paris 2020.

Cicero, Marcus Tullius, *De re publica – Vom Staat*, übers. von Michael von Albrecht, Ditzingen 2013.

Ciepley, David, »Beyond Public and Private: Toward a Political Theory of the Corporation«, *American Political Science Review* 107, Nr. 1 (2013), S. 139–158.

Cihon, Peter, Matthijs M. Maas und Luke Kemp, »Should Artificial Intelligence Governance be Centralised? Design Lessons from History«, *Proceedings of the AAAI / ACM Conference on AI, Ethics and Society* (2020), S. 228–234.

Citron, Danielle Keats und Mary Anne Franks, »The Internet as a Speech Machine and Other Myths Confounding Section 230 Reform«, University of Chicago Legal Forum 2020, Artikel 3 (2020), S. 45–75.

Citron, Danielle Keats und Benjamin Wittes, »The Internet Will Not Break: Denying Bad Samaritans § 230 Immunity«, *Fordham Law Review* 86, Nr. 2 (2017), S. 401–423.

Coeckelbergh, Mark, *AI Ethics*, Cambridge, MA, 2020.

Coen, David, Wyn Grant und Graham Wilson (Hg.), *The Oxford Handbook of Business and Government*, Oxford 2011.

Coglianese, Cary (Hg.), *Achieving Regulatory Excellence*, Washington, D.C., 2017.

–, *Regulatory Breakdown: The Crisis of Confidence in U.S. Regulation*, Philadelphia 2012.

Cohen, Jared und Richard Fontaine, »Uniting the Techno-Democracies«, *Foreign Affairs*, November / Dezember 2020, https://www.foreignaffairs.com/articles/united-states/2020-10-13/uniting-techno-democracies

Cohen, Julie E., »How (Not) to Write a Privacy Law«, Knight First Amendment Institute, 23. März 2021, https://knightcolumbia.org/content/how-not-to-write-a-privacy-law

–, *Between Truth and Power: The Legal Constructions of Informational Capitalism*, Oxford 2019.

–, *Configuring the Networked Self: Law, Code, and the Play of Everyday Practice*, New Haven 2012.

Coleman, James S., *Macht und Gesellschaftsstruktur*, übers. von Viktor Vanberg, Tübingen 1979.

Collins, Hugh, *Regulating Contracts*, Oxford 2002.

Committee of Experts on Internet Intermediaries, Algorithms and Human Rights, *Study on the human rights dimensions of automated data processing techniques and possible regulatory implications*, DGI(2017)12, Europarat, Straßburg 2017.

Constant, Benjamin, *Über die Freiheit* [1816], übers. von Walter Lüthi, Basel 1946.

Cook, Katy, *The Psychology of Silicon Valley: Ethical Threats and Emotional Unintelligence in the Tech Industry*, London 2020.

Copeland, David A., *The Idea of a Free Press: The Enlightenment and Its Unruly Legacy*, Evanston 2006.

Cox, Joseph, »Zoom iOS App Sends Data to Facebook Even if You Don't Have a Facebook Account«, *Vice*, 26. März 2020, https://www.vice.com/en/article/k7e599/zoom-ios-app-sends-data-to-facebook-even-if-you-dont-have-a-facebook-account

Cox, Kate, »Unredacted suit shows Google's own engineers confused by privacy settings«, *Ars Technica*, 25. August 2020, https://arstechnica.com/tech-policy/2020/08/unredacted-suit-shows-googles-own-engineers-confused-by-privacy-settings/?utm_medium=social&utm_source=twitter&utm_brand=ars&utm_social-type=owned

Coyle, Diane, *Markets, State, and People: Economics for Public Policy*, Princeton 2020.

–, »Three Cheers for Regulation«, *Project Syndicate*, 17. Juli 2018, https://www.project-syndicate.org/commentary/positive-effects-market-regulation-by-diane-coyle-2018-07

Crane, Daniel A., »A Premature Postmortem on the Chicago School of Antitrust«, *Business History Review* 93, Nr. 4: New Perspectives in Regulatory History (2019), S. 759–776.

–, »Antitrust's Unconventional Politics«, *University of Michigan Law & Economics Working Paper* Nr. 153 (2018).

–, »The Tempting of Antitrust: Robert Bork and the Goals of Antitrust Policy«, *Antitrust Law Journal* 79, Nr. 3 (2014), S. 835–853.

Crémer, Jacques, Yves-Alexandre de Montjoye und Heike Schweitzer, »Competition policy for the digital era: Final Report«,
Luxemburg: Europäische Kommission 2019.

Croft, Jane, »Chatbots join the legal conversation«, *Financial Times*,
7. Juni 2018, https://www.ft.com/content/0eabcf44-4c83-11e8-
97e4-13afc22d86d4

Crootof, Rebecca, »Accountability for the Internet of Torts«, *The
Law and Political Economy Project*, 17. Juli 2018, https://lpeproject.
org/blog/accountability-for-the-internet-of-torts/

Cuthbertson, Anthony, »Google Admits Workers Listen to Private
Audio Recordings From Google Home Smart Speakers«, *The
Independent*, 11. Juli 2019, https://www.independent.co.uk/life-
style/gadgets-and-tech/news/google-home-smart-speaker-audio-
recordings-privacy-voice-spy-a9000616.html?utm_medium=
Social&utm_source=Twitter#Echobox=1562854117

–, »Who Controls the Internet? Facebook and Google Dominance
Could Cause the ›Death of the Web‹«, *Newsweek*, 11. Februar 2017,
https://www.newsweek.com/facebook-google-internet-traffic-
net-neutrality-monopoly-699286

Dagger, Richard, »Neo-republicanism and the civic economy«,
Politics, Philosophy & Economics 5, Nr. 2 (2006), S. 151–173.

Das, Shanti und Geoff White, »Instagram sends paedophiles to
accounts of children as young as 11«, *The Sunday Times*, 1. Dezember 2019, https://www.thetimes.co.uk/article/instagram-
sends-predators-to-accounts-of-children-as-young-as-11-j2gn
5hq83?utm_medium=Social&utm_source=Twitter#Echobox=
1575174896

Daskal, Jennifer C., »Borders and Bits«, *Vanderbilt Law Review* 71
(2018), S. 179–240.

Data Dividend Project 2021, https://www.datadividendproject.com

Dayen, David, »Fiona, Apple, and Amazon: How Big Tech Pays
to Win the Battle of Ideas«, *The American Prospect*, 20. Juli 2020,
https://prospect.org/power/fiona-apple-amazon-how-big-tech-
pays-to-win-battle-ideas/

–, »The Final Battle in Big Tech's War to Dominate Your World«,
The New Republic, 8. April 2019, https://newrepublic.com/arti-
cle/153515/final-battle-big-techs-war-dominate-world

Dearden, Lizzie, »Iran's Supreme Leader claims gender equality is ›Zionist plot‹ aiming to corrupt role of women in society«, *The Independent*, 21. März 2017, https://www.independent.co.uk/news/world/middle-east/iran-supreme-leader-ayatollah-khamenei-gender-equality-women-zionist-plot-society-role-islamic-leader-theocracy-a7641041.html

deepsense.ai, https://deepsense.ai

De Hert, Paul et al., »The right to data portability in the GDPR: Towards user-centric interoperability of digital services«, *Computer Law & Security Review* 34, Nr. 2 (2018), S. 193–203.

Deighton, Katie, »Tech Firms Train Voice Assistants to Understand Atypical Speech«, *The Wall Street Journal*, 24. Februar 2021, https://www.wsj.com/articles/tech-firms-train-voice-assistants-to-understand-atypical-speech-11614186019?mod=e2tw

Dekker, Sidney, *Drift into Failure: From Hunting Broken Components to Understanding Complex Systems*, Boca Raton 2011.

Delrahim, Makan, »›I'm Free‹: Platforms and Antitrust Enforcement in the Zero-Price Economy«, Boulder: Department of Justice 2019.

Denardis, Laura, *The Internet in Everything: Freedom and Security in a World with No Off Switch*, New Haven 2020.

Department for Digital, Culture, Media and Sport (UK), *Online Harms White Paper* (White Paper, Cm 57, 2019).

Desai, Deven R. und Joshua A. Kroll, »Trust But Verify: A Guide to Algorithms and the Law«, *Harvard Journal of Law & Technology* 31, Nr. 1 (2017), S. 1–64.

Desmaris, Sacha, Pierre Dubreuil und Benoît Loutrel, »Creating a French Framework to Make Social Media Platforms More Accountable: Acting in France with a European Vision«, Abschlussbericht an das französische Digitalministerium (Mai 2019).

Desrosières, Alain, *Die Politik der großen Zahlen: Eine Geschichte der statistischen Denkweise*, übers. von Manfred Stern, Berlin 2005.

Develle, Yuji, »Why we cannot trust Big Tech to be apolitical«, *Wonk Bridge*, 4. Mai 2020, https://medium.com/wonk-bridge/why-we-cannot-trust-big-tech-to-be-apolitical-f031af9386cf

Dewan, Shaila und Serge F. Kovaleski, »Thousands of Complaints

Do Little to Change Police Ways«, *The New York Times*, 8. Juni 2020, https://www.nytimes.com/2020/05/30/us/derek-chauvin-george-floyd.html

Dewey, John, *Die Öffentlichkeit und ihre Probleme*, übers. von Wolf-Dietrich Junghanns, Berlin 2001.

Dickson, Ben, »Your Next Car Will Be Watching You More Than It's Watching the Road«, *Gizmodo*, 28. November 2019, https://gizmodo.com/your-next-car-will-be-watching-you-more-than-its-watchi-1840055386

Digital Competition Expert Panel, »Unlocking digital competition«, Finanzministerium (UK) 2019, https://assets.publishing.service.gov.uk/government/uploads/system/uploads/attachment_data/file/785547/unlocking_digital_competition_furman_review_web.pdf

Dodds, Io und Mike Wright, »Instagram removed nearly 10,000 suicide and self-harm images per day after the Molly Russell scandal«, *The Telegraph*, 13. November 2019, https://www.telegraph.co.uk/technology/2019/11/13/instagram-removed-nearly-10000-suicide-self-harm-images-day/

Dormehl, Luke, *The Formula: How Algorithms Solve All our Problems … and Create More*, London 2014.

Doshi-Velez, Finale et al., »Accountability of AI Under the Law: The Role of Explanation«, arXiv: 1711.01134 (2017).

Dryzek, John S. et al., »The crisis of democracy and the science of deliberation«, *Science* 363 (2019), S. 1144–1146.

Dryzek, John S., *Democracy in Capitalist Times: Ideas, Limits, and Struggles*, New York 1996.

Dubois, Elizabeth und Grant Blank, »The echo chamber is overstated: the moderating effect of political interest and diverse media«, *Information, Communication & Society* 21, Nr. 5: Communication, Information Technologies, and Media Sociology (CITAMS) (2018), S. 729–745.

Duff, R. A. und Stuart P. Green (Hg.), *Philosophical Foundations of Criminal Law*, Oxford 2013.

Duffy, Clare, »Marc Benioff says it's time to break up Facebook«, CNN, 17. Oktober 2019, https://edition.cnn.com/2019/10/16/tech/salesforce-marc-benioff-break-up-facebook-boss-files/index.html

D'Urso, Joey und Alex Wickham, »YouTube Is Letting Millions Of People Watch Videos Promoting Misinformation About The Coronavirus«, *BuzzFeed News*, 19. März 2020, https://www.buzzfeed.com/joeydurso/youtube-coronavirus-misinformation

Dyzenhaus, David und Malcolm Thorburn (Hg.), *Philosophical Foundations of Constitutional Law*, Oxford 2019.

Dzhanova, Yelena, »Facebook did not hire Black employees because they were not a ›culture fit‹, report says«, *Business Insider*, 6. April 2021, https://www.businessinsider.com/facebook-workplace-hiring-eeoc-black-employees-culture-fit-2021-4?r=US&IR=T

The Economist, »The EU wants to set the rules for the world of technology«, *The Economist*, 20. Februar 2020, https://www.economist.com/business/2020/02/20/the-eu-wants-to-set-the-rules-for-the-world-of-technology

Edelman, Gilad, »Stop Saying Facebook Is ›Too Big to Moderate‹«, *Wired*, 28. Juli 2020, https://www.wired.com/story/stop-saying-facebook-too-big-to-moderate/

Edwards, Lilian, *Law, Policy and the Internet*, Oxford 2019.

Edwards, Lilian, Burkhard Schafer und Edina Harbinja (Hg.), *Future Law: Emerging Technology, Regulation and Ethics*, Edinburgh 2020.

Edwards, Lilian und Michael Veale, »Slave to the Algorithm? Why a ›Right to an Explanation‹ Is Probably Not the Remedy You Are Looking For«, *Duke Law & Technology Review* 16, Nr. 1 (2017), S. 18–84.

Eggerton, John, »Hill Briefing: DETOUR Act on Right Road«, *Multichannel News*, 25. Juni 2019, https://www.nexttv.com/news/hill-briefing-detour-act-on-right-road

Eichstaedt, Johannes C. et al., »Facebook Language Predicts Depression in Medical Records«, *Proceedings of the National Academy of Sciences of the United States of America* 115, Nr. 44 (2018), S. 11203–11208.

Elazar, Yiftah und Geneviève Rousselière (Hg.), *Republicanism and the Future of Democracy*, Cambridge 2019.

Eling, Martin, »How insurance can mitigate AI risks«, The Brookings Institution, 7. November 2019, https://www.brookings.edu/research/how-insurance-can-mitigate-ai-risks/

Elkin, Stephen L., *Reconstructing the Commercial Republic: Constitutional Design after Madison*, Chicago 2006.

Elster, Jon und Aanund Hylland, *Foundations of Social Choice Theory*, Cambridge 1989.

Emmott, Robin, »Russia deploying coronavirus disinformation to sow panic in West, EU document says«, *Reuters*, 18. März 2020, https://www.reuters.com/article/us-health-coronavirus-dis information-idUSKBN21518F

Engler, Alex, »The case for AI transparency requirements«, The Brookings Institution, 22. Januar 2020, https://www.brookings. edu/research/the-case-for-ai-transparency-requirements/

Epstein, Robert und Robert E. Robertson, »The search engine manipulation effect (SEME) and its possible impact on the outcomes of elections«, *Proceedings of the National Academy of Sciences of the United States of America* 112, Nr. 33 (2015), S. E4512–E4521.

Epstein, Robert, Roger Mohr Jr. und Jeremy Martinez, »The Search Suggestion Effect (SSE): How Search Suggestions Can Be Used to Shift Opinions and Voting Preferences Dramatically and Without People's Awareness«, 98th Annual Meeting of the Western Psychological Association, Portland, OR, 26. April 2018.

Eubanks, Virginia, *Automating Inequality: How High-Tech Tools Profile, Police, and Punish the Poor*, New York 2019.

Europäische Kommission, »Liability for Emerging Digital Technologies«, Commission Staff Working Document SWD (2018) 137 final.

Europäischer Gerichtshof für Menschenrechte, *Research Report: Positive obligations on member States under Article 10 to protect journalists and prevent impunity*, Europarat und Europäischer Gerichtshof für Menschenrechte, Dezember 2011.

Europäisches Parlament, *Bewertungsbericht der Kommission über die Durchführung der Datenschutz-Grundverordnung zwei Jahre nach Beginn ihrer Anwendung*, https://www.europarl.europa.eu/ doceo/document/TA-9-2021-0111_DE.pdf

Expert Committee on Human Rights Dimensions of Automated Data Processing and Different Forms of Artificial Intelligence, *Responsibility and AI*, DGI(2019)05, Europarat, Straßburg 2019.

Facebook, »Oversight Board Charter«, September 2019, https://

about.fb.com/wp-content/uploads/2019/09/oversight_board_charter.pdf

Fairfield, Joshua A. T. und Christoph Engel, »Privacy as a Public Good«, *Duke Law Journal* 65, Nr. 3 (2015), S. 385–457.

Fang, Lee, »Facebook Pitched New Tool Allowing Employers to Suppress Words Like ›Unionize‹ in Workplace Chat Product«, *The Intercept*, 11. Juni 2021, https://theintercept.com/2020/06/11/facebook-workplace-unionize/

Farhang, Sean, *The Litigation State: Public Regulation and Private Lawsuits in the U. S.*, Princeton 2010.

Farkas, Johan und Jannick Schou, *Post-Truth, Fake News and Democracy: Mapping the Politics of Falsehood*, New York 2020.

Faroohar, Rana, *Don't be Evil: The Case Against Big Tech*, London 2019.

Fassler, Ella, »Here's How Easy It Is for Cops to Get Your Facebook Data«, *OneZero*, 17. Juni 2020, https://onezero.medium.com/cops-are-increasingly-requesting-data-from-facebook-and-you-probably-wont-get-notified-if-they-5b7a2297df17

Feiner, Lauren und Megan Graham, »Pelosi says advertisers should use their ›tremendous leverage‹ to force social media companies to stop spreading false and dangerous information«, CNBC, 16. Juni 2020, https://www.cnbc.com/2020/06/16/pelosi-says-advertisers-should-push-platforms-to-combat-disinformation.html

Feldstein, Steven, »How Should Democracies Confront China's Digital Rise? Weighing the Merits of a T-10 Alliance«, Council on Foreign Relations, 30. November 2020, https://www.cfr.org/blog/how-should-democracies-confront-chinas-digital-rise-weighing-merits-t-10-alliance

Felton, James, »AI Camera Ruins Soccer Game For Fans After Mistaking Referee's Bald Head For Ball«, *IFLScience*, 29. Oktober 2020, https://www.iflscience.com/technology/ai-camera-ruins-soccar-game-for-fans-after-mistaking-referees-bald-head-for-ball/

Ferguson, Adam, *Versuch über die Geschichte der bürgerlichen Gesellschaft* [1768], übers. von Hans Medick, Frankfurt am Main 1988.

Ferguson, Niall, »What Is To Be Done? Safeguarding Democratic

Governance In The Age Of Network Platforms«, Hoover Institution, *Governance in an Emerging World*, Fall Series, Nr. 318 (2018).

Fernandez, Sonia, »WiFi System Identifies People Through Walls By Their Walk«, *Futurity*, 1. Oktober 2019, https://www.futurity. org/wifi-video-identification-through-walls-2173442/

Fiesler, Casey, »What do we teach when we teach tech & AI ethics?«, *CUInfoScience*, 17. Januar 2020, https://medium.com/ cuinfoscience/what-do-we-teach-when-we-teach-tech-ai-ethics-81059b710e11

Financial Conduct Authority, »Factsheet: Becoming an approved person«, Nr. 029, 2020, https://www.fca.org.uk/publication/other/ fs029-becoming-an-approved-person.pdf

Finck, Michèle, *Blockchain Regulation and Governance in Europe*, Cambridge 2019.

Fisher, Max und Amanda Taub, »How YouTube Radicalized Brazil«, *The New York Times*, 11. August 2019, https://www.nytimes.com/ 2019/08/11/world/americas/youtube-brazil.html

Fishkin, James S., *Democracy When the People Are Thinking: Revitalising Our Politics Through Public Deliberation*, Oxford 2018.

Fjeld, Jessica et al., »Principled Artificial Intelligence: Mapping Consensus in Ethical and Rights-Based Approaches to Principles for AI«, *Berkman Klein Center Research Publication* Nr. 2020-1 (2020).

Fleischman, Gary M. et al., »Ethics Versus Outcomes: Managerial Responses to Incentive-Driven and Goal-Induced Employee Behavior«, *Journal of Business Ethics* 158, Nr. 4 (2019), S. 951–967.

Foucault, Michel, »Das Auge der Macht: Gespräch mit J.-P. Barou und M. Perrot«, in: Michel Foucault, *Dits et écrits*, Bd. 3: *Schriften 1976–1979*, Frankfurt am Main 2003.

Fowler, Geoffrey A., »You downloaded FaceApp. Here's what you've just done to your privacy«, *The Washington Post*, 17. Juli 2019, https://www.washingtonpost.com/gdpr-consent/?next_url=https %3a%2f%2fwww.washingtonpost.com%2ftechnology%2f2019% 2f07%2f17%2fyou-downloaded-faceapp-heres-what-youve-just-done-your-privacy%2f

Franks, Mary Anne, »How The Internet Unmakes Law«, *The Ohio Technology Law Journal* 16, Nr. 1 (2020), S. 10–24.

Frenkel, Sheera und Cecilia Kang, *Inside Facebook: Die hässliche Wahrheit*, übers. von Henning Dedekind u. a., Frankfurt am Main 2021.

Friends of Andrew Yang, »Revive the Office of Technology Assessment«, 2020, https://2020.yang2020.com/policies/reviveota/

Frier, Bruce W., *The Rise of the Roman Jurists: Studies in Cicero's »Pro Caecina«*, Princeton 1985.

Fries, Martin, »Law and Autonomous Systems Series: Smart consumer contracts – The end of civil procedure?«, *Oxford Business Law Blog*, 29. März 2018, https://www.law.ox.ac.uk/business-law-blog/blog/2018/03/smart-consumer-contracts-end-civil-procedure

Froomkin, A. Michael, »Regulating Mass Surveillance as Privacy Pollution: Learning from Environmental Impact Statements«, *University of Illinois Law Review* 2015, Nr. 5 (2015), S. 1713–1790.

Fukuyama, Francis, *Identität: Wie der Verlust der Würde unsere Demokratie gefährdet*, übers. von Bernd Rullkötter, Hamburg 2019.

Fuller, Lon, *The Morality of Law*, New Haven 1969.

Gabriel, Iason, »Artificial Intelligence, Values, and Alignment«, *Minds and Machines* 30, Nr. 3 (2020), S. 411–437.

Galbraith, J. K., *Der amerikanische Kapitalismus im Gleichgewicht der Wirtschaftskräfte*, Stuttgart 1956.

Gardels, Nathan und Nicolas Berggruen, *Renovating Democracy: Governing in the Age of Globalisation and Digital Capitalism*, Oakland 2019.

Garton Ash, Timothy, Robert Gorwa und Danaë Metaxa, »Glasnost! Nine ways Facebook can make itself a better forum for free speech and democracy«, Oxford-Stanford Report, Reuters Institute for the Study of Journalism, Oxford 2019.

Gaus, Gerald F., »Backwards into the Future: Neorepublicanism as a Postsocialist Critique of Market Society«, *Social Philosophy and Policy* 20, Nr. 1 (2003), S. 59–91.

Geistfeld, Mark A., »Tort Law in the Age of Statutes«, *Iowa Law Review* 99, Nr. 3 (2014), S. 967–1020.

Gershgorn, Dave, »Amazon's ›holy grail‹ recruiting tool was actually just biased against women«, *Quartz*, 10. Oktober 2018, https://qz.com/1419228/amazons-ai-powered-recruiting-tool-was-biased-against-women/

Ghaffary, Shirin, »Facebook is taking down some, but not all, quarantine protest event pages«, *Vox*, 20. April 2020, https://www.vox.com/recode/2020/4/20/21228224/facebook-coronavirus-covid-19-protests-taking-down-content-moderation-freedom-speech-debate

Ghaffary, Shirin und Jason Del Rey, »The real cost of Amazon«, *Vox*, 29. Juni 2020, https://www.vox.com/recode/2020/6/29/21303643/amazon-coronavirus-warehouse-workers-protest-jeff-bezos-chris-smalls-boycott-pandemic

Ghosh, Dipayan, *Terms of Disservice: How Silicon Valley is Destructive by Design*, Washington, D. C., 2020.

Gillespie, Tarleton, *Custodians of the Internet: Platforms, Content Moderation, and the Hidden Decisions that Shape Social Media*, New Haven 2018.

Gillis, Talia B. und Josh Simons, »Explanation < Justification: GDPR and the Perils of Privacy«, *Pennsylvania Journal of Law and Innovation* 2 (2019), S. 71–99.

Gilman, Nils und Henry Farrell, »Three Moral Economies of Data«, *The American Interest*, 7. November 2018, https://www.the-american-interest.com/2018/11/07/three-moral-economies-of-data/

Glaeser, Edward L. und Andre Shleifer, »The Rise of the Regulatory State«, *Journal of Economic Literature* 41, Nr. 2 (2003), S. 401–425.

Glaser, April, »Is a Tech Company Ever Neutral?«, *Slate*, 11. Oktober 2019, https://slate.com/technology/2019/10/apple-chinese-government-microsoft-amazon-ice.html

Gold, Andrew S. und Paul B. Miller (Hg.), *Philosophical Foundations of Fiduciary Law*, Oxford 2016.

Goldman, Eric und Jess Miers, »Regulating Internet Services by Size«, *CPI Antitrust Chronicle*, Santa Clara University Legal Studies Research Paper (Mai 2021).

Goldsmith, Jack und Andrew Keane Woods, »Internet Speech Will Never Go Back to Normal«, *The Atlantic*, 25. April 2020, https://www.theatlantic.com/ideas/archive/2020/04/what-covid-revealed-about-internet/610549/

Gourevitch, Alex, *From Slavery to the Cooperative Commonwealth:*

Labor and Republican Liberty in the Nineteenth Century, Cambridge 2015.

Graef, Inge, Martin Husovec und Nadezhda Purtova, »Data Portability and Data Control: Lessons for an Emerging Concept in EU Law«, *German Law Journal* 19, Nr. 6 (2018), S. 1359–1398.

Gray, David und Stephen E. Henderson (Hg.), *The Cambridge Handbook of Surveillance Law*, New York 2019.

Gray, Tim, *Freedom*, Basingstoke 1991.

Greene, Daniel, Anna Lauren Hoffman und Luke Stark, »Better, Nicer, Clearer, Fairer: A Critical Assessment of the Movement for Ethical Artificial Intelligence and Machine Learning«, *Proceedings of the 52nd Hawaii International Conference on System Sciences* (2019), S. 2122–2131.

Greenfield, Adam, *Radical Technologies: The Design of Everyday Life*, London 2017.

Grimmelmann, James, »Saving Facebook«, *NYLS Legal Studies Research Paper* Nr. 08/09-7 (2008).

Grimmelmann, James und Daniel Westreich, »Incomprehensible Discrimination«, *California Law Review* 7 (2017), S. 164–177.

Grossman, Wassili, *Leben und Schicksal*, übers. von Madeleine von Ballestrem u. a., Berlin 2020.

Guhl, Jakob und Jacob Davey, »Hosting the ›Holohoax‹: A Snapshot of Holocaust Denial Across Social Media«, London: Institute for Strategic Dialogue, 10. August 2020, https://www.isdglobal. org/isd-publications/hosting-the-holohoax-a-snapshot-of-holo-caust-denial-across-social-media/

Gurley, Lauren Kaori und Joseph Cox, »Inside Amazon's Secret Program to Spy On Workers' Private Facebook Groups«, *Vice*, 1. September 2020, https://www.vice.com/en/article/3azegw/ amazon-is-spying-on-its-workers-in-closed-facebook-groups-internal-reports-show

Haas, Leonard und Sebastian Gießler mit Veronika Thiel, »In the realm of paper tigers – exploring the failings of AI ethics guidelines«, *Algorithm Watch*, 28. April 2020, https://algorithmwatch. org/en/ai-ethics-guidelines-inventory-upgrade-2020/

Hadavas, Chloe, »Why We Should Care That Facebook Accidentally Deplatformed Hundreds of Users«, *Slate*, 12. Juni 2020, https://slate.com/technology/2020/06/facebook-anti-racist-skinheads.html

Hadfield, Gillian K., *Rules for a Flat World: Why Humans Invented Law and How to Reinvent it for a Complex Global Economy*, Oxford 2017.

Halegoua, Germaine R., *Smart Cities*, Cambridge, MA, 2020.

Halpern, Sue, »The Problem of Political Advertising on Social Media«, *The New Yorker*, 24. Oktober 2019, https://www.new yorker.com/tech/annals-of-technology/the-problem-of-political-advertising-on-social-media

Hamilton, Alexander, James Madison und John Jay, *Die Federalist Papers*, übers. von Barbara Zehnpfennig, Darmstadt 1993.

Hand, Billings Learned, *Das Wesen der Freiheit: Aufsätze und Reden*, übers. von Walter Theimer, Frankfurt am Main 1953.

Hao, Karen, »We read the paper that forced Timnit Gebru out of Google. Here's what it says«, *MIT Technology Review*, 4. Dezember 2020, https://www.technologyreview.com/2020/12/04/1013294/google-ai-ethics-research-paper-forced-out-timnit-gebru/

Harcourt, Bernard E., *Exposed: Desire and Disobedience in the Digital Age*, Cambridge, MA, 2015.

–, *The Illusion of Free Markets: Punishment and the Myth of Natural Order*, Cambridge, MA, 2012.

Harrington, James, *Oceana* [1656], übers. von Klaus Udo Szudra, Leipzig 1991.

Hart, H. L. A., *Recht und Moral: Texte zur Rechtsphilosophie*, übers. von Norbert Hoerster, Göttingen 1971.

Harvard Business Review, *HBR's 10 must reads on AI, analytics, and the new machine age*, Cambridge, MA, 2019.

Haugaard, Mark, *Power: A Reader*, Manchester 2002.

Hayek, Friedrich August von, *Die Verfassung der Freiheit* [1960], Tübingen 1991.

Hazell, Will, »A-level results 2020: 39 % of teacher predicted grades downgraded by algorithm amid calls for U-turn«, *inews*, 13. August 2020, https://inews.co.uk/news/education/a-level-results-2020-grades-downgraded-algorithm-triple-lock-u-turn-result-day-578194

Heaven, Will Douglas, »IBM's Debating AI Just Got a Lot Closer to Being a Useful Tool«, *MIT Technology Review*, 21. Januar 2020, https://www.technologyreview.com/2020/01/21/276156/ibms-debating-ai-just-got-a-lot-closer-to-being-a-useful-tool/

Hecht, B. et al., »It's Time to Do Something: Mitigating the Negative Impacts of Computing Through a Change to the Peer Review Process«, *ACM Future of Computer Blog*, 29. März 2018, https://acm-fca.org/2018/03/29/negativeimpacts/

Helberger, Natali, »The Political Power of Platforms: How Current Attempts to Regulate Misinformation Amplify Opinion Power«, *Digital Journalism* 8, Nr. 6 (2020), S. 842–854.

Held, David, *Models of Democracy*, Cambridge 2006.

Hellman, Deborah und Sophia Moreau, *Philosophical Foundations of Discrimination Law*, Oxford 2013.

Hern, Alex, »TikTok's local moderation guidelines ban pro-LGBT content«, *The Guardian*, 26. September 2019, https://www.the guardian.com/technology/2019/sep/26/tiktoks-local-moderation-guidelines-ban-pro-lgbt-content?utm_term=Autofeed&CMP= twt_b-gdnnews&utm_medium=Social&utm_source=Twitter# Echobox=1569520484

–, »Revealed: how TikTok censors videos that do not please Beijing«, *The Guardian*, 25. September 2019, https://www.theguar-dian.com/technology/2019/sep/25/revealed-how-tiktok-censors-videos-that-do-not-please-beijing?CMP= Share_iOSApp_Other

Hildebrandt, Mireille, *Law for Computer Scientists and Other Folk*, Oxford 2020.

Hildebrandt, Mireille und Katja de Vries (Hg.), *Privacy, Due Process and the Computational Turn: The Philosophy of Law Meets the Philosophy of Technology*, Abingdon 2013.

Hill, Kashmir, »Wrongfully Accused by an Algorithm«, *The New York Times*, 24. Juni 2020, https://www.nytimes.com/2020/06/24/technology/facial-recognition-arrest.html

Hobbes, Thomas, *Leviathan* [1651], übers. von Kai Kilian, Köln 2020.

Hodge, Lord Patrick, »The Potential and Perils of Financial Technology: Can the Law adapt to cope?«, *Edinburgh FinTech Law Lecture*, University of Edinburgh, Edinburgh, 14. März 2019.

Hoffman, Reid und Chris Yeh, *Blitzscaling: Wie Sie in Rekordzeit weltweit führende Unternehmen aufbauen,* übers. von Irene Fried, Kulmbach 2020.

Hogarth, Ian, »AI Nationalism«, *Ian Hogarth Blog,* 13. Juni 2018, https://www.ianhogarth.com/blog/2018/6/13/ai-nationalism

Hollowood, Ella und Alexi Mostrous, »The Infodemic: Fake news in the time of C-19«, *Tortoise Media,* 23. März 2020, https://www.tortoisemedia.com/2020/03/23/the-infodemic-fake-news-corona virus/?sig=kidXw_lEkCKAedQIRVIyXO1LFE3_xVcTKtUB2-bZ35A&utm_source=twitter&utm_medium=Social&utm_campaign=fakenewsc19&utm_term=internal&utm_content=fakenews_c19

Holmes Jr., Oliver, *Das gemeine Recht Englands und Nordamerikas: In elf Abhandlungen dargestellt* [1912], übers. von Rudolf Leonhard, Berlin 2006.

Honohan, Iseult, *Civic Republicanism,* Abingdon 2002.

Honohan, Iseult und Jeremy Jennings (Hg.), *Republicanism in Theory and Practice,* Abingdon 2006.

Hoofnagle, Chris Jay, Woodrow Hartzog und Daniel J. Solove, »The FTC can rise to the privacy challenge, but not without help from Congress«, The Brookings Institution, 8. August 2019, https://www.brookings.edu/blog/techtank/2019/08/08/the-ftc-can-rise-to-the-privacy-challenge-but-not-without-help-from-congress/

Horwitz, Jeff, »The Facebook Files: Facebook Says Its Rules Apply to All. Company Documents Reveal a Secret Elite That's Exempt«, *The Wall Street Journal,* 13. September 2021, https://www.wsj.com/articles/the-facebook-files-11631713039

Horwitz, Morton J., *The Transformation of American Law 1870–1960: The Crisis of Legal Orthodoxy,* New York 1992.

Horwitz, Robert Britt, *The Irony of Regulatory Reform: The Deregulation of American Telecommunications,* New York 1989.

Hosonagar, Kartik, *A Human's Guide to Machine Intelligence: How Algorithms Are Shaping Our Lives and How We Can Stay in Control,* New York 2020.

Hoye, J. Matthew und Jeffrey Monaghan, »Surveillance, freedom and the republic«, *European Journal of Political Theory* 17 (2018), S. 343–363.

Hua, Shin-Shin und Haydn Belfield, »AI & Antitrust: Reconciling Tensions Between Competition Law and Cooperative AI Development«, *Yale Journal of Law and Technology* 23 (2021), S. 415–541.

Hurley, Mikella und Julius Adebayo, »Credit Scoring in the Era of Big Data«, *Yale Journal of Law and Technology* 18, Nr. 1 (2016), S. 148–216.

Hyland, Paul und Neil Sammells (Hg.), *Writing & Censorship in Britain*, London 1992.

Hymas, Charles, »AI used for first time in job interviews in UK to find best applicants«, *The Telegraph*, 27. September 2019, https://www.telegraph.co.uk/news/2019/09/27/ai-facial-recognition-used-first-time-job-interviews-uk-find/

IBM AI Research, »Project Debater«, IBM, 2021, https://www.research.ibm.com/artificial-intelligence/project-debater/

Ingelhart, Louis Edward, *Press and Speech Freedoms in the World, from Antiquity until 1998: A Chronology*, Westport 1998.

Instagram Inc., »Gemeinschaftsrichtlinien«, 2021, https://help.instagram.com/477434105621119

Isaac, Mike, »For Political Cartoonists, the Irony Was That Facebook Didn't Recognize Irony«, *The New York Times*, 10. Juni 2021, https://www.nytimes.com/2021/03/19/technology/political-cartoonists-facebook-satire-irony.html?referringSource=articleShare

Jackson, Lauren und Desiree Ibekwe, »Jack Dorsey on Twitter's Mistakes«, *The New York Times*, 7. August 2020, https://www.nytimes.com/2020/08/07/podcasts/the-daily/Jack-dorsey-twitter-trump.html?smid=tw-share

Jacobs, Julia, »Will Instagram Ever ›Free the Nipple‹?«, *The New York Times*, 22. November 2019, https://www.nytimes.com/2019/11/22/arts/design/instagram-free-the-nipple.html

Jeevanjee, Kiran et al., »All the Ways Congress Wants to Change Section 230«, *Slate*, 23. März 2021, https://slate.com/technology/2021/03/section-230-reform-legislative-tracker.html

Jerome, Joseph, »Private right of action shouldn't be a yes-no proposition in federal US privacy legislation«, *International Association of Privacy Professionals*, 3. Oktober 2019, https://iapp.org/news/a/private-right-of-action-shouldnt-be-a-yes-no-proposition-in-federal-privacy-legislation/

Johnson, Khari, »Google employee group urges Congress to strengthen whistleblower protections for AI researchers«, *VentureBeat*, 8. März 2021, https://venturebeat.com/2021/03/08/google-employee-group-urges-congress-to-strengthen-whistleblower-protections-for-ai-researchers/

Joint Committee on Human Rights (britisches Parlament), *Oral Evidence: The Right to Privacy (Article 8) and the Digital Revolution (HC 1810)*.

–, *The Right to Privacy (Article 8) and the Digital Revolution (HC 122)*.

Jones, Lora, »›I monitor my staff with software that takes screenshots‹«, BBC, 29. September 2020, https://www.bbc.co.uk/news/business-54289152

Jørgensen, Rikke Frank (Hg.), *Human Rights in the Age of Platforms*, Cambridge, MA, 2019.

Joss, Simon und John Durant (Hg.), *Public participation in science: The role of consensus conferences in Europe*, Chippenham 1995.

Kaminski, Margot E. und Andrew D. Selbst, »The Legislation That Targets the Racist Impacts of Tech«, *The New York Times*, 7. Mai 2019, https://www.nytimes.com/2019/05/07/opinion/tech-racism-algorithms.html

Kantrowitz, Alex, »Inside Big Tech's Years-Long Manipulation Of American Op-Ed Pages«, *Big Technology*, 16. Juli 2020, https://bigtechnology.substack.com/p/inside-big-techs-years-long-manipulation

Karr, Timothy, »Why Facebook Filtering Will Ultimately Fail«, *Start It Up*, 15. November 2019, https://medium.com/swlh/why-facebook-filtering-will-ultimately-fail-90606ec98c11

Katsirea, Irini, »›Fake News‹: reconsidering the value of untruthful expression in the face of regulatory uncertainty«, *Journal of Media Law* 10, Nr. 2 (2018), S. 159–188.

Kaye, David, »The surveillance industry is assisting state suppression. It must be stopped«, *The Guardian*, 26. November 2019, https://www.theguardian.com/commentisfree/2019/nov/26/surveillance-industry-suppression-spyware

–, *Speech Police: The Global Struggle to Govern the Internet*, New York 2019.

Keller, Daphne, »Amplification and its Discontents«, Knight First Amendment Institute, 8. Juni 2021, https://knightcolumbia.org/content/amplification-and-its-discontents

–, »Six Constitutional Hurdles For Platform Speech Regulation«, *Stanford Center for Internet and Society Blog*, 22. Januar 2021, http://cyberlaw.stanford.edu/blog/2021/01/six-constitutional-hurdles-platform-speech-regulation-0

–, »Dolphins in the Net: Internet Content Filters and the Advocate General's Glawischnig-Piesczek v. Facebook Ireland Opinion«, Stanford Center for Internet and Society, 4. September 2019, https://cyberlaw.stanford.edu/files/Dolphins-in-the-Net-AG-Analysis.pdf

–, »Who Do You Sue? State and Platform Hybrid Power Over Online Speech«, Hoover Institution, Aegis Series Paper Nr. 1902 (2019).

Kersely, Andrew, »Couriers say Uber's ›racist‹ facial identification tech got them fired«, *Wired*, 3. Januar 2021, https://www.wired.co.uk/article/uber-eats-couriers-facial-recognition

Kessler, Sarah, »Companies Are Using Employee Survey Data to Predict – and Squash – Union Organizing«, *OneZero*, 30. Juli 2020, https://onezero.medium.com/companies-are-using-employee-survey-data-to-predict-and-squash-union-organizing-a7e28a8c2158

Kettemann, Matthias C., *The Normative Order of the Internet*, Oxford 2020.

Khan, Lina, »The Separation of Platforms and Commerce«, *Columbia Law Review* 119, Nr. 4 (2019), S. 973–1098.

–, »The New Brandeis Movement: America's Antimonopoly Debate«, *Journal of European Competition Law & Practice* 9, Nr. 3 (2018), S. 131 f.

–, »Amazon's Antitrust Paradox«, *The Yale Law Journal* 126, Nr. 3 (2017), S. 710–805 (Anmerkung).

Klass, Gregory, George Letsas und Prince Saprai (Hg.), *Philosophical Foundations of Contract Law*, Oxford 2016.

Klonick, Kate, »The New Governors: The People, Rules, and Processes Governing Online Speech«, *Harvard Law Review* 131, Nr. 6 (2018), S. 1598–1670.

Knight, Will, »Washington Must Bet Big on AI or Lose Its Global Clout«, *Wired*, 17. Dezember 2019, https://www.wired.com/story/washington-bet-big-ai-or-lose-global-clout/

Kobie, Nicole, »Germany says GDPR could collapse as Ireland dallies on big fines«, *Wired*, 27. April 2020, https://www.wired.co.uk/article/gdpr-fines-google-facebook

Kornbluh, Karen und Ellen P. Goodman, »Safeguarding Digital Democracy: Digital Innovation and Democracy Initiative Roadmap«, The German Marshall Fund of the United States, Washington, D.C., 2020.

Kosinski, Michal, David Stillwell und Thore Graepel, »Private traits and attributes are predictable from digital records of human behavior«, *Proceedings of the National Academy of Sciences of the United States of America* 110, Nr. 15 (2013), S. 5802–5805.

Koskimaa, Vesa und Lauri Rapeli, »Fit to govern? Comparing citizen and policymaker perceptions of deliberative democratic innovations«, *Policy & Politics* 48, Nr. 4 (2020), S. 637–652(16).

Kosseff, Jeff, *The Twenty-Six Words that Created the Internet*, Ithaca 2019.

Kozlowska, Hanna, »Each platform's approach to political ads in one table«, *Quartz*, 13. Dezember 2019, https://qz.com/1767145/how-facebook-twitter-and-others-approach-political-advertising/?utm_source=Twitter&utm_medium=qz-organic&utm_campaign=hootsuite&hootPostID=0128ff52812fc158d4650a43ef71006c

Kroll, Joshua A. et al., »Accountable Algorithms«, *University of Pennsylvania Law Review* 165, Nr. 3 (2017), S. 633–705.

Kuang, Cliff und Robert Fabricant, *User Friendly: How the hidden rules of design are changing the way we live, work, and play*, London 2019.

Kundera, Milan, *Die unerträgliche Leichtigkeit des Seins*, übers. von Susanna Roth, Frankfurt am Main 1987.

Kuner, Christopher, Lee A. Bygrave und Christopher Docksey (Hg.), *The EU Data Protection Regulation (GDPR): A Commentary*, Oxford 2020.

Laborde, Cécile und John Maynor (Hg.), *Republicanism and Political Theory*, Oxford 2008.

Laidlaw, Emily B., *Regulating Speech in Cyberspace: Gatekeepers, Human Rights and Corporate Responsibility*, Cambridge 2017.

LaJeunesse, Ross, »I Was Google's Head of International Relations. Here's Why I Left«, *Ross LaJeunesse*, 2. Januar 2020, https://medium.com/@rossformaine/i-was-googles-head-of-international-relations-here-s-why-i-left-49313d23065

Lakoff, George, *Moral Politics: How Liberals and Conservatives Think*, Chicago 2016.

Lande, Robert H., »A Traditional and Textualist Analysis of the Goals of Antitrust: Efficiency, Preventing Theft from Consumers, and Consumer Choice«, *University of Baltimore Legal Studies Research Paper* Nr. 2013-10 (2013).

Landemore, Hélène, *Open Democracy: Reinventing Popular Rule for the Twenty-First Century*, Princeton 2020.

Lane, Julia et al. (Hg.), *Privacy, Big Data, and the Public Good: Frameworks for Engagement*, New York 2014.

Lane, Melissa, *Greek and Roman Political Ideas*, London 2014.

Lanier, Jaron, *Anbruch einer neuen Zeit: Wie Virtual Reality unser Leben und unsere Gesellschaft verändert*, übers. von Heike Schlatterer und Sigrid Schmid, Hamburg 2018.

Larson, Rob, *Bit Tyrants: The Political Economy of Silicon Valley*, Chicago 2020.

Latham, Mark, Victor E. Schwartz und Christopher E. Appel, »The Intersection of Tort and Environmental Law: Where the Twains Should Meet and Depart«, *Fordham Law Review* 80, Nr. 2 (2011), S. 737–773.

Lay, Paul, *Providence Lost: The Rise & Fall of Cromwell's Protectorate*, London 2020.

Lazaro, Christophe und Daniel Le Métayer, »Control over Personal Data: true Remedy or Fairy Tale?«, *Scripted* 12, Nr. 1 (Juni 2015), S. 3–34.

Lecher, Colin, »How Amazon Automatically Tracks and Fires Warehouse Workers for ›Productivity‹«, *The Verge*, 25. April 2019, https://www.theverge.com/2019/4/25/18516004/amazon-warehouse-fulfillment-centers-productivity-firing-terminations

Lee, Yong Suk et al., »AI regulation and firm behaviour«, *VoxEU*.

org, 14. Dezember 2019, https://voxeu.org/article/ai-regulation-and-firm-behaviour

LePan, Nicholas, »Visualizing the Length of the Fine Print, for 14 Popular Apps«, *Visual Capitalist*, 18. April 2020, https://www.visualcapitalist.com/terms-of-service-visualizing-the-length-of-internet-agreements/

Leprince-Ringuet, Daphne, »Facial Recognition: This New AI Tool Can Spot When You Are Nervous or Confused«, *ZDNet*, 21. Oktober 2019, https://www.zdnet.com/article/this-new-ai-tool-can-spot-if-you-are-nervous-or-confused/?mod=djemAIPro

Lessig, Lawrence, *Republic, Lost: How Money Corrupts Congress – and a Plan to Stop It*, New York 2011.

–, *Code Version 2.0*, New York 2006.

Levi-Faur, David (Hg.), *The Oxford Handbook of Governance*, Oxford 2014.

Lipson, Hod und Melba Kurman, *Driverless: Intelligent Cars and the Road Ahead*, Cambridge, MA, 2016.

Litman-Navarro, Kevin, »We Read 150 Privacy Policies. They Were an Incomprehensible Disaster«, *The New York Times*, 12. Juni 2019, https://www.nytimes.com/interactive/2019/06/12/opinion/facebook-google-privacy-policies.html

Liu, Hin-Yan, »The power structure of artificial intelligence«, *Law, Innovation and Technology* 10, Nr. 2 (2018), S. 197–229.

Liu, Wendy, *Abolish Silicon Valley: How to Liberate Technology from Capitalism*, London 2020.

Lohr, Steve, »The Week in Tech: How Is Antitrust Enforcement Changing?« *The New York Times*, 22. Dezember 2019, https://www.nytimes.com/2019/12/22/technology/the-week-in-tech-how-is-antitrust-enforcement-changing.html

Lomas, Natasha, »Don't break up big tech – regulate data access, says EU antitrust chief«, *TechCrunch*, 11. März 2019, https://techcrunch.com/2019/03/11/dont-break-up-big-tech-regulate-data-access-says-eu-antitrust-chief/?guccounter=1

Loughlin, Martin, *Foundations of Public Law*, Oxford 2014.

Lovett, Frank, »Algernon Sidney, Republican Stability, and the Politics of Virtue«, *Journal of Political Science* 48, Nr. 1, Artikel 3 (2020), S. 59–83.

–, *A General Theory of Domination and Justice*, Oxford 2012.

Lukes, Steven, *Individualism*, Colchester 2006.

Lunt, Peter und Sonia Livingstone, *Media Regulation: Governance and the Interests of Citizens and Consumers*, London 2012.

Lyles, Taylor, »Facebook's new tool makes it easy to transfer photos and videos to Google Photos«, *The Verge*, 30. April 2020, https://www.theverge.com/2020/4/30/21241093/facebook-google-photos-transfer-tool-data

Lynn, Barry C., *Liberty from all Masters: The new American Autocracy vs. the Will of the People*, New York 2020.

Lyons, Kim, »Twitter removes tweets by Brazil, Venezuela presidents for violating COVID-19 content rules«, *The Verge*, 30. März 2020, https://www.theverge.com/2020/3/30/21199845/twitter-tweets-brazil-venezuela-presidents-covid-19-coronavirus-jair-bolsonaro-maduro

Mac, Ryan, »Facebook Apologizes After A. I. Puts ›Primates‹ Label on Video of Black Men«, *The New York Times*, 14. September 2021, https://www.nytimes.com/2021/09/03/technology/facebook-ai-race-primates.html

Mac, Ryan und Craig Silverman, »Facebook Has Been Showing Military Gear Ads Next To Insurrection Posts«, *BuzzFeed News*, 13. Januar 2021, https://www.buzzfeednews.com/article/ryanmac/facebook-profits-military-gear-ads-capitol-riot

Macaulay, Thomas, »Someone let a GPT-3 bot loose on Reddit – it didn't end well«, *The Next Web*, 7. Oktober 2020, https://thenextweb.com/news/someone-let-a-gpt-3-bot-loose-on-reddit-it-didnt-end-well

Machiavelli, Niccolò, *Discourses on Livy*, Oxford 2008.

Magaziner, Ira C., »Creating a Framework for Global Electronic Commerce«, The Progress & Freedom Foundation, *Future Insight*, Juli 1999, http://www.pff.org/issues-pubs/futureinsights/fi6.1globaleconomiccommerce.html

Mann, Monique und Tobias Matzner, »Challenging algorithmic profiling: The limits of data protection and anti-discrimination in responding to emergent discrimination«, *Big Data & Society* 6, Nr. 2 (2019), S. 1–11.

Marchant, Gary E., Kenneth W. Abbott und Braden Allenby (Hg.),

Innovative Governance Models for Emerging Technologies, Cheltenham 2013.

Marcus, Gary und Ernest Davis, *Rebooting AI: Building Artificial Intelligence We Can Trust*, New York 2019.

Margetts, Helen et al., *Political Turbulence: How Social Media Shape Collective Action*, Woodstock 2016.

»Mark Zuckerberg Testimony Transcript: Zuckerberg Testifies on Facebook Cryptocurrency Libra«, *Rev*, 23. Oktober 2019, https://www.rev.com/blog/transcripts/mark-zuckerberg-testimony-transcript-zuckerberg-testifies-on-facebook-cryptocurrency-libra

Marsh, Sarah, »Councils let firms track visits to webpages on benefits and disability«, *The Guardian*, 4. Februar 2020, https://www.theguardian.com/technology/2020/feb/04/councils-let-firms-track-visits-to-webpages-on-benefits-and-disability

Marx, Karl und Friedrich Engels, *Manifest der Kommunistischen Partei*, London 1848.

Mayer-Schönberger, Viktor und Kenneth Cukier, *Big Data: Die Revolution, die unser Leben verändern wird*, übers. von Dagmar Mallett, München 2013.

Mayer-Schönberger, Viktor und Thomas Ramge, *Reinventing Capitalism in the Age of Big Data*, London 2018.

Maynor, John W., *Republicanism in the Modern World*, Cambridge 2003.

Mazzucato, Mariana, *Das Kapital des Staates: Eine andere Geschichte von Innovation und Wachstum*, übers. von Ursel Schäfer, München 2014.

McCormick, John P., *Machiavellian Democracy*, Cambridge 2013.

McDonald, Sean, »The Fiduciary Supply Chain«, *Centre for International Governance Innovation Online*, 28. Oktober 2019, https://www.cigionline.org/articles/fiduciary-supply-chain

McGurk, Brendan, *Data Profiling and Insurance Law*, London 2019.

McKinnon, John D. und James V. Grimaldi, »Justice Department, FTC Skirmish Over Antitrust Turf«, *The Wall Street Journal*, 5. August 2019, https://www.wsj.com/articles/justice-department-ftc-skirmish-over-antitrust-turf-11564997402?mod=article_inline

McNamee, Roger, *Die Facebook-Gefahr: Wie Mark Zuckerbergs*

Schöpfung die Demokratie bedroht, übers. von Matthias Schulz, Kulmbach 2019.

McStay, Andrew, *Emotional AI: The Rise of Empathic Media*, London 2018.

Meadows, Donella H., *Die Grenzen des Denkens: Wie wir sie mit System erkennen und überwinden können*, übers. von Karen Bossel u. a., München 2010.

Meiklejohn, Alexander, *Free Speech and its Relation to Self-Government*, Clark 2014.

Menke, Christoph, *Kritik der Rechte*, Berlin 2018.

Merrill, Jeremy B., »How Facebook's Ad System Lets Companies Talk Out of Both Sides of Their Mouths«, *The Markup*, 13. April 2021, https://themarkup.org/news/2021/04/13/how-facebooks-ad-system-lets-companies-talk-out-of-both-sides-of-their-mouths

Metcalf, Jacob, Emanuel Moss und Danah Boyd, »Owning Ethics: Corporate Logics, Silicon Valley, and the Institutionalization of Ethics«, *Social Research: An International Quarterly* 82, Nr. 2 (2019), S. 449–476.

Mighty Recruiter, https://www.mightyrecruiter.com

Mill, John Stuart, *Über die Freiheit* [1859], übers. von Bruno Lemke, Stuttgart 2020.

Miller, Carl, »Taiwan is making democracy work again. It's time we paid attention«, *Wired*, 26 November 2019, https://www.wired.co.uk/article/taiwan-democracy-social-media

Miller, Catherine, Jacob Ohrvik-Stott und Rachel Coldicutt, *Regulating for Responsible Technology: Capacity, Evidence and Redress: a new system for a fairer future*, London 2018.

Miller, Paul B. und Andrew S. Gold, *Contract, Status, and Fiduciary Law*, Oxford 2016.

Milton, John, *Areopagitica: Eine Rede für die Pressefreiheit*, übers. von Richard Roepell, Grafrath 2019.

–, *Political Writings* (hg. von Martin Dzelzainis), Cambridge 1998.

MIS Integrity, *Not Fit-for-Purpose: The Grand Experiment of Multi-Stakeholder Initiatives in Corporate Accountability, Human Rights and Global Governance (Summary Report)*, Juli 2020.

Mittelstadt, Brent, »Principles alone cannot guarantee ethical AI«, *Nature Machine Intelligence* 1 (2019), S. 501–507.

Möller, Judith et al., »Do Not Blame It on the Algorithm: An Empirical Assessment of Multiple Recommender Systems and Their Impact on Content Diversity«, *Information, Communication & Society* 21, Nr. 7 (2018), S. 959–977.

Montesquieu, Charles de, *Vom Geist der Gesetze* [1784], übers. von Kurt Weigand, Stuttgart 2011.

Moore, Martin und Damian Tambini (Hg.), *Digital Dominance: The Power of Google, Amazon, Facebook, and Apple*, Oxford 2018.

Moore, Matthew, »Facebook poaches social media regulator Tony Close from Ofcom«, *The Times*, 29. April 2020, https://www.thetimes.co.uk/article/facebook-poaches-tony-close-from-ofcom-mdrkv7t2w

Morgan, Bronwen und Karen Yeung, *An Introduction to Law and Regulation: Texts and Materials*, Cambridge 2007.

Morozov, Evgeny, »Capitalism's New Clothes«, *The Baffler*, 4. Februar 2019, https://thebaffler.com/latest/capitalisms-new-clothes-morozov

Morris, Steven, »Facebook apologises for flagging Plymouth Hoe as offensive term«, *The Guardian*, 27. Januar 2021, https://www.theguardian.com/uk-news/2021/jan/27/facebook-apologises-flagging-plymouth-hoe-offensive-term

Mostrous, Alexi und Peter Hoskin, »Domestic policy: facing both ways«, *Tortoise Media*, 8. Januar 2020, https://www.tortoisemedia.com/2020/01/08/tech-states-apple-domestic-policy/

–, »Foreign policy: the great game«, *Tortoise Media*, 7. Januar 2020, https://www.tortoisemedia.com/2020/01/07/tech-states-apple-foreign-policy/

–, »Part II: The constitution«, *Tortoise Media*, 7. Januar 2020, https://www.tortoisemedia.com/2020/01/07/tech-states-apple-constitution/

–, »Welcome to Apple: A one-party state«, *Tortoise Media*, 6. Januar 2020, https://www.tortoisemedia.com/2020/01/06/day-1-apple-state-of-the-nation-2/

Mulgan, Geoff, »Anticipatory Regulation: 10 ways governments can better keep up with fast-changing industries«, *Nesta*, 15. Mai 2017, https://www.nesta.org.uk/blog/anticipatory-regulation-10-ways-governments-can-better-keep-up-with-fast-changing-industries/

Mulhall, Stephen und Adam Swift, *Liberals & Communitarians*,
2. Auflage, Oxford 1996.

Muris, Timothy J. und Jonathan E. Nuechterlein, »Antitrust in the
Internet Era: The Legacy of United States v A&P«, *George Mason
Law & Economics Research Paper* No. 18–15 (2018).

Murphy W., Laura et al., *Facebook's Civil Rights Audit – Final Report*,
Facebook 2020.

Nadler, Anthony, Matthew Crain und Joan Donovan, »Weaponizing the Digital Influence Machine: The Political Perils of Online
Ad Tech«, Data & Society Research Institute 2018, https://data
society.net/library/weaponizing-the-digital-influence-machine/

Napoli, Philip M., *Social Media and the Public Interest: Media Regulation in the Disinformation Age*, New York 2019.

Nelson, Eric, *The Greek Tradition in Republican Thought*, Cambridge 2006.

Nesta, »vTaiwan«, 2020, https://www.nesta.org.uk/feature/six-
pioneers-digital-democracy/vtaiwan/

Newell, Bryce Clayton, Tjerk Timan und Bert-Jaap Koops (Hg.),
Surveillance, Privacy and Public Space, Abingdon 2018.

Newell, Bryce Clayton, »Privacy as Antipower: In Pursuit of Non-
Domination«, *European Data Protection Law Review* 4, Nr. 1
(2018), S. 12–16.

Nietzsche, Friedrich, *Also sprach Zarathustra*, Chemnitz 1883.

Nisbett, Richard E., *The Geography of Thought*, London 2005.

Nix, Naomi, »Facebook Ran Multi-Year Charm Offensive to Woo
State Prosecutors«, *Bloomberg*, 27. Mai 2020, https://www.bloom
berg.com/news/articles/2020-05-27/facebook-ran-multi-year-
charm-offensive-to-woo-state-prosecutors

Noble, Safiya Umoja, *Algorithms of Oppression: How Search Engines
Reinforce Racism*, New York 2018.

Noordyke, Mitchell, »US state comprehensive privacy law comparison«, *International Association of Privacy Professionals*, 18. April
2019, https://iapp.org/news/a/us-state-comprehensive-privacy-
law-comparison/

Nouwens, Midas et al., »Dark Patterns after the GDPR: Scraping
Consent Pop-ups and Demonstrating their Influence«, arXiv:
2001.02479 (2020).

Ober, Josiah, *Demopolis: Oder was ist Demokratie?*, übers. von Karin Schuler und Andreas Thomsen, Darmstadt 2017.

Oberdiek, John (Hg.), *Philosophical Foundations of the Law of Torts*, Oxford 2018.

Obermeyer, Ziad et al., »Dissecting racial bias in an algorithm used to manage the health of populations«, *Science* 366, Nr. 6464 (2019), S. 447–453.

Ochigame, Rodrigo, »The Invention of ›Ethical AI‹«, *The Intercept*, 20. Dezember 2019, https://theintercept.com/2019/12/20/mit-ethical-ai-artificial-intelligence/

O'Connor, Sarah, »When your boss is an algorithm«, *Financial Times*, 8. September 2016, https://www.ft.com/content/88fdc58e-754f-11e6-b60a-de4532d5ea35

OECD (Hg.), »Executive Summary«, in: OECD (Hg.), *Innovative Citizen Participation and New Democratic Institutions*, Paris 2020.
– *Innovative Citizen Participation and New Democratic Institutions: Catching the Deliberative Wave: Highlights 2020*, Paris 2020.

Office of Communications, *The Ofcom Broadcasting Code (with the Cross-promotion Code and the On Demand Programme Service Rules)*, 2020.

O'Hara, Kieron und Nigel Shadbolt, *The Spy in the Coffee Machine: The End of Privacy as We Know it*, London 2008.

O'Hara, Kieron und Wendy Hall, »Four Internets: The Geopolitics of Digital Governance«, *Centre for International Governance Innovation Paper* Nr. 206 (Dezember 2018).

Ohm, Paul, »Broken Promises of Privacy: Responding to the Surprising Failure of Anonymization«, *UCLA Law Review* 57 (2010), S. 1701–1777.

O'Neil, Cathy, *Angriff der Algorithmen: Wie sie Wahlen manipulieren, Berufschancen zerstören und unsere Gesundheit gefährden*, übers. von Karsten Petersen, München 2017.

Orts, Eric W. und Craig N. Smith, *The Moral Responsibility of Firms*, Oxford 2017.

Osnos, Evan, »Can Mark Zuckerberg Fix Facebook Before It Breaks Democracy?«, *The New Yorker*, 17. September 2018, https://www.

newyorker.com/magazine/2018/09/17/can-mark-zuckerberg-fix-facebook-before-it-breaks-democracy

O'Sullivan, Donie, »The biggest Black Lives Matter page on Facebook is fake«, CNN, 9. April 2018, https://money.csnn.com/2018/04/09/technology/fake-black-lives-matter-facebook-page/index.html

Oversight Board, »Bekanntgabe der ersten Fallentscheidungen des Oversight Boards«, Januar 2021, https://oversightboard.com/news/165523235084273-announcing-the-oversight-board-s-first-case-decisions/

Ovide, Shira, »Facebook and Its Secret Policies«, *The New York Times*, 28. Mai 2020, https://www.nytimes.com/2020/05/28/technology/facebook-polarization.html

Owen, David, »Should We Be Worried About Computerized Facial Recognition?«, *The New Yorker*, 10. Dezember 2018, https://www.newyorker.com/magazine/2018/12/17/should-we-be-worried-about-computerized-facial-recognition?utm_source=twitter&utm_social-type=owned&mbid=social_twitter&utm_medium=social&utm_brand=tny

Pałka, Przemysław, »Terms of Service Are Not Contracts – Beyond Contract Law in the Regulation of Online Platforms«, in: Stefan Grundmann et al. (Hg.), *European Contract Law in the Digital Age*, Cambridge 2018.

Pardes, Arielle, »How Facebook and Other Sites Manipulate Your Privacy Choices«, *Wired*, 12. August 2020, https://www.wired.com/story/facebook-social-media-privacy-dark-patterns/

Parfit, Derek, *Reasons and Persons*, Oxford 1987.

Park, Seung-min et al., »A mountable toilet system for personalized health monitoring via the analysis of excreta«, *Nature Biomedical Engineering* 4, Nr. 6 (2020), S. 624–635.

Pasquale, Frank, »Data-Informed Duties in AI Development«, *Columbia Law Review* 119, Nr. 7 (2019), S. 1917–1940.

–, »The Automated Public Sphere«, *University of Maryland Legal Studies Research Paper* Nr. 2017–31 (2017).

–, *The Black Box Society: The Secret Algorithms that Control Money and Information*, Cambridge, MA, 2015.

Patel, Nilay, »Facebook's $ 5 billion FTC fine is an embarrassing joke«, *The Verge*, 12. Juli 2019, https://www.theverge.com/2019/7/12/20692524/facebook-five-billion-ftc-fine-embarrassing-joke

Paton, Graeme, »Admiral charges Hotmail users more for car insurance«, *The Times*, 23. Januar 2018, https://www.thetimes.co.uk/article/admiral-charges-hotmail-users-more-for-car-insurance-hrzjxsslr#:~:text=One%20of%20Britain's%20biggest%20car,they%20use%20certain%20email%20addresses

Pennycook, Gordon und David G. Rand, »Lazy, not biased: Susceptibility to partisan fake news is better explained by lack of reasoning than by motivated reasoning«, *Cognition* 188 (2019), S. 39–50.

Peppet, Scott R., »Regulating the Internet of Things: First Steps Toward Managing Discrimination, Privacy, Security, and Consent«, *Texas Law Review* 93 (2014), S. 85–176.

Perrin, William, »Regulation, misinformation and COVID19«, Carnegie UK, 30. April 2020, https://www.carnegieuktrust.org.uk/blog-posts/regulation-misinformation-and-covid19/

Persily, Nathaniel, *The Internet's Challenge to Democracy: Framing the Problem and Assessing Reforms*, Kofi Annan Foundation, Stanford 2019.

Persily, Nathaniel und Joshua A. Tucker (Hg.), *Social Media and Democracy: The State of the Field and Prospects for Reform*, New York 2020.

Pettit, Philip, »Is Facebook Marking Us Less Free?«, The Institute of Art and Ideas, 26. März 2018, https://iai.tv/articles/the-big-brotherhood-of-digital-giants-is-taking-away-our-freedom-auid-884

–, »Two Concepts of Free Speech«, in: Jennifer Lackey (Hg.), *Academic Freedom*, Oxford 2018.

–, »Political Realism Meets Civic Republicanism«, *Critical Review of International Social and Political Philosophy* 20, Nr. 3 (2017), S. 331–347.

–, »A Brief History of Liberty – And Its Lessons«, *Journal of Human Development and Capabilities* 17, Nr. 1 (2016), S. 5–21.

–, *On the People's Terms: A Republican Theory and Model of Democracy*, Cambridge 2014.

–, *Gerechte Freiheit: Ein moralischer Kompass für eine komplexe Welt*, übers. von Karin Wördemann, Berlin 2015.

–, *Republicanism: A Theory of Freedom and Government*, Oxford 2010.

–, »Freedom as Antipower«, *Ethics* 106, Nr. 3 (April 1996), S. 576–604.

–, »On Corporate Governance: Comments on Ravi Kailas«.

Pickard, Victor, »The Strange Life and Death of the Fairness Doctrine: Tracing the Decline of Positive Freedoms in American Policy Discourse«, *International Journal of Communication* 12 (2018), S. 3434–3453.

The Pillar, »Location-based apps pose security risk for Holy See«, *The Pillar*, 27. Juli 2021, https://www.pillarcatholic.com/p/location-based-apps-pose-security

Pistor, Katharina, *Der Code des Kapitals: Wie das Recht Reichtum und Ungleichheit schafft*, übers. von Frank Lachmann, Berlin 2020.

Pocock, J. G. A., *The Machiavellian Moment: Florentine Political Thought and the Atlantic Republican Tradition*, Princeton 1975.

Pomerantsev, Peter, *Das ist keine Propaganda: Wie unsere Wirklichkeit zertrümmert wird*, übers. von Klaus-Dieter Schmitz, München 2020.

Popper, Nathaniel, »Lost Passwords Lock Millionaires Out of Their Bitcoin Fortunes«, *The New York Times*, 12. Januar 2021, https://www.nytimes.com/2021/01/12/technology/bitcoin-passwords-wallets-fortunes.html

Posner, Richard A., »Natural Monopoly and Its Regulation«, *Stanford Law Review* 21, Nr. 3 (1968), S. 548–643.

Pozen, David E. (Hg.), *The Perilous Public Square: Structural Threats to Free Expression Today*, New York 2020.

Prewitt, Matt, »A View Of The Future Of Our Data«, *Noēma Magazine*, 23. Februar 2021, https://www.noemamag.com/a-view-of-the-future-of-our-data/

Price II., W. Nicholson, »Regulating Black-Box Medicine«, *Michigan Law Review* 116, Nr. 3 (2017), S. 421–474.

Radin, Margaret Jane, *Boilerplate: The Fine Print, Vanishing Rights, and the Rule of Law*, Princeton 2013.

Rahman, K. Sabeel, »Regulating Informational Infrastructure:

Internet Platforms as the New Public Utilities«, *Georgetown Law and Technology Review* 2, Nr. 2 (2018), S. 234–251.

–, »Monopoly Men«, *Boston Review*, 11. Oktober 2017, https://bostonreview.net/class-inequality/k-sabeel-rahman-monopoly-men

–, *Democracy Against Domination*, Oxford 2017.

Rahman, K. Sabeel und Zephyr Teachout, »From Private Bads to Public Goods: Adapting Public Utility Regulation for Information Infrastructure: Dismantling surveillance-based business models«, Knight First Amendment Institute, 4. Februar 2020, https://knightcolumbia.org/content/from-private-bads-to-public-goods-adapting-public-utility-regulation-for-informational-infrastructure

Raj, Prateek, »›Antimonopoly Is as Old as the Republic‹«, *Promarket*, 22. Mai 2017, https://promarket.org/2017/05/22/antimonopoly-old-republic/

Rajkomar, Alvin et al., »Ensuring Fairness in Machine Learning to Advance Health Equity«, *Annals of Internal Medicine* 169, Nr. 12 (2018), S. 866–872.

Randell, Charles, »How can we ensure that Big Data does not make us prisoners of technology?«, Reuters Newsmaker Event, London: Reuters News & Media Ltd, 11. Juli 2018, https://www.fca.org.uk/news/speeches/how-can-we-ensure-big-data-does-not-make-us-prisoners-technology

Rangan, Subramanian (Hg.), *Performance & Progress: Essays on Capitalism, Business, and Society*, Oxford 2017.

Ranking Digital Rights, »2019 Ranking Digital Rights Corporate Accountability Index«, Mai 2019, https://rankingdigitalrights.org/index2019/assets/static/download/RDRindex2019report.pdf

Raub, McKenzie, »Bots, Bias, and Big Data: Artificial Intelligence, Algorithmic Bias and Disparate Impact Liability in Hiring Practices«, *Arkansas Law Review* 71, Nr. 2 (2018), S. 529–570.

Rauber, Jonas, Emily B. Fox und Leon A. Gatys, »Modeling patterns of smartphone usage and their relationship to cognitive health«, arXiv: 1911.05683 (2019).

Rawls, John, *Politischer Liberalismus*, übers. von Wilfried Hinsch, Frankfurt am Main 1998.

–, *Eine Theorie der Gerechtigkeit*, übers. von Hermann Vetter, Frankfurt am Main 1978.

Reality Check Team, »Social media: How do other governments regulate it?«, BBC, 12. Februar 2020, https://www.bbc.co.uk/news/technology-47135058

Regan, Priscilla M., »Reviving the Public Trustee Concept and Applying it to Information Privacy Policy«, *Maryland Law Review* 76, Nr. 4 (2017), S. 1025–1043.

Reidenberg, Joel R. et al., »Privacy Harms and the Effectiveness of the Notice and Choice Framework«, *I/S: A Journal of Law and Policy* 11, Nr. 2 (2014), S. 485–524.

Reinsel, David, John Gantz und John Rydning, »The Digitization of the World: From Edge to Core«, IDC White Paper Nr. US44413318 (2019).

Reisman, Dillon et al., »Algorithmic Impact Assessments: A Practical Framework for Public Agency Accountability«, AI Now Institute, April 2018, https://ainowinstitute.org/aiareport2018.pdf

Rességuier, Anaïs und Rowena Rodrigues, »AI ethics should not remain toothless! A call to bring back the teeth of ethics«, *Big Data & Society* 7, Nr. 2 (2020), S. 1–5.

Richards, Neil, *Intellectual Privacy: Rethinking Civil Liberties in the Digital Age*, Oxford 2017.

Richards, Neil und Woodrow Hartzog, »Privacy's Constitutional Moment and the Limits of Data Protection«, *Boston College Law Review* 61, Nr. 5 (2020), S. 1687–1761.

–, »The Pathologies of Digital Consent«, *Washington University Law Review* 96 (2019), S. 1461–1503.

–, »Trusting Big Data Research«, *DePaul Law Review* 66, Nr. 2 (2017), S. 579–590.

–, »Privacy's Trust Gap: A Review«, *Yale Law Journal* 126, Nr. 4 (2017), S. 1180–1224.

–, »Taking Trust Seriously in Privacy Law«, *Stanford Technology Law Review* 19 (2016), S. 431–472.

Richter, Melvin, *The Political Theory of Montesquieu*, New York 1977.

Rigillo, Nichole, »AI Must Explain Itself«, *Noēma Magazine*, 16. Juni 2020, https://www.noemamag.com/ai-must-explain-itself/

Roberts, Sarah T., *Behind the Screen: Contend Moderation in the Shadows of Social Media*, New Haven 2019.

Robertson, Adi, »Facebook and Twitter are restricting a disputed New York Post story about Joe Biden's son«, *The Verge*, 14. Oktober 2020, https://www.theverge.com/2020/10/14/21515972/facebook-new-york-post-hunter-biden-story-fact-checking-reduced-distribution-election-misinformation?scrolla=5eb6d68b7fedc32c19ef33b4%5C

Robitzski, Dan, »Ex-Googler: Company Has ›Voodoo Doll, Avatar-Like Version of You‹«, *Futurism*, 2. Mai 2019, https://futurism.com/google-company-voodoo-doll-avatar/amp

Romm, Tony, »Amazon, Facebook and Google turn to deep network of political allies to battle back antitrust probes«, *The Washington Post*, 10. Juni 2020, https://www.washingtonpost.com/technology/2020/06/10/amazon-facebook-google-political-allies-antitrust/

Roose, Kevin, »The Making of a YouTube Radical«, *The New York Times*, 8. Juni 2019, https://www.nytimes.com/interactive/2019/06/08/technology/youtube-radical.html

Rovatsos, Michael, Brent Mittelstadt und Ansgar Koene, »Landscape Summary: Bias in Algorithmic Decision-Making«, Centre for Data Ethics and Innovation, 19. Juli 2019, https://assets.publishing.service.gov.uk/government/uploads/system/uploads/attachment_data/file/819055/Landscape_Summary_-_Bias_in_Algorithmic_Decision-Making.pdf

Rowbottom, Jacob, *Media Law*, Oxford 2018.

Rubenstein, Ira S. und Nathaniel Good, »Privacy by Design: A Counterfactual Analysis of Google and Facebook Privacy Incidents«, *Berkeley Technology Law Journal* 28, Nr. 2 (2013), S. 1333–1413.

Rudin, Cynthia, »Stop explaining black box machine learning models for high stakes decisions and use interpretable models instead«, *Nature Machine Intelligence* 1 (Mai 2019), S. 206–215.

Ruhaak, Anouk, »Data trusts: what are they and how do they work?«, *The RSA*, 11. Juni 2020, https://www.thersa.org/blog/2020/06/data-trusts-protection

–, »When One Affects Many: The Case For Collective Consent«,

Mozilla, 13. Februar 2020, https://foundation.mozilla.org/en/blog/when-one-affects-many-case-collective-consent/

Russell, Stuart, *Human Compatible: Künstliche Intelligenz und wie der Mensch die Kontrolle über superintelligente Maschinen behält*, übers. von Guido Lenz, Frechen 2020.

Ryan, Johnny and Alan Toner, »Europe's enforcement paralysis: ICCL's 2021 report on the enforcement capacity of data protection authorities«, Irish Council for Civil Liberties 2021, https://www.iccl.ie/digital-data/2021-gdpr-report/

–, »Europe's governments are failing the GDPR«, *Brave* 2020, https://brave.com/wp-content/uploads/2020/04/Brave-2020-DPA-Report.pdf

Sales, Philip, »Algorithms, Artificial Intelligence and the Law«, *Sir Henry Brooke Lecture for BAILII*, London: Freshfields Bruckhaus Deringer, 12. November 2019.

Sallust, *Werke,* übers. von Thorsten Burkard, Darmstadt 2010.

Sandel, Michael (Hg.), *Democracy's Discontent: America in Search of a Public Philosophy*, Cambridge, MA, 1998.

–, *Liberalism and its Critics*, New York 1984.

Satariano, Adam, »Europe's Privacy Law Hasn't Shown Its Teeth, Frustrating Advocates«, *The New York Times*, 27. April 2020, https://www.nytimes.com/2020/04/27/technology/GDPR-privacy-law-europe.html

–, »Europe Is Toughest on Big Tech, Yet Big Tech Still Reigns«, *The New York Times*, 11. November 2019, https://www.nytimes.com/2019/11/11/business/europe-technology-antitrust-regulation.html

–, »Google Fined $1.7 Billion by E. U. for Unfair Advertising Rules«, *The New York Times*, 20. März 2019, https://www.nytimes.com/2019/03/20/business/google-fine-advertising.html?module=inline

Satariano, Adam und Mike Isaac, »The Silent Partner Cleaning Up Facebook for $500 Million a Year«, *The New York Times*, 31. August 2021, https://www.nytimes.com/2021/08/31/technology/facebook-accenture-content-moderation.html

Scharff, Robert C. und Val Dusel (Hg.), *Philosophy of Technology: The Technological Condition: An Anthology*, 2. Auflage, Maldon 2014.

Schauer, Frederick, *Profiles, Probabilities, and Stereotypes*, Cambridge, MA, 2003.

Schick, Nina, *Deepfakes: Wie gefälschte Botschaften im Netz unsere Demokratie gefährden und unsere Leben zerstören können*, übers. von Kristin Lohmann und Johanna Ott, München 2021.

Schmitt, Carl, *Politische Theologie: 4 Kapitel zur Lehre von der Souveränität*, München 1922.

Schneier, Bruce, »We're Banning Facial Recognition. We're Missing the Point«, *The New York Times*, 20. Januar 2020, https://www.nytimes.com/2020/01/20/opinion/facial-recognition-ban-privacy.html

– *Click Here to Kill Everybody: Sicherheitsrisiko Internet und die Verantwortung von Unternehmen und Regierungen*, übers. von Knut Lorenzen, Frechen 2019.

Sciencewise, »Supporting socially informed policy making«, 2021, https://sciencewise.org.uk

Scott, Mark, Laurens Cerulus und Steven Overly, »How Silicon Valley gamed Europe's privacy rules«, *Politico*, 22. Mai 2019, https://www.politico.eu/article/europe-data-protection-gdpr-general-data-protection-regulation-facebook-google/

Scruton, Roger, *England: An Elegy*, London 2006.

Seddon, Max und Madhumita Murgia, »Apple and Google drop Navalny app after Kremlin piles on pressure«, *Financial Times*, 17. September 2021, https://www.ft.com/content/faaada81-73d6-428c-8d74-88d273adbad3

Sedley, Stephen, *Lions Under the Throne: Essay on the History of English Public Law*, Cambridge 2015.

Sejnowski, Terrence J., *The Deep Learning Revolution*, Cambridge, MA, 2018.

Selbst, Andrew D. und Julia Powles, »Meaningful information and the right to explanation«, *International Data Privacy Law* 7, Nr. 4 (2017), S. 233–242.

Selbst, Andrew D. und Solon Barocas, »The Intuitive Appeal of Explainable Machines«, *Fordham Law Review* 87, Nr. 3 (2018), S. 1085–1140.

Senate Democrats, »A Better Deal: Cracking Down on Corporate Monopolies«, Juni 2017, https://www.democrats.senate.gov/imo/

media/doc/2017/07/A-Better-Deal-on-Competition-and-Costs-
1.pdf

Shapiro, Carl, »Protecting Competition in the American Economy:
Merger Control, Tech Titans, Labor Markets«, *Journal of Economic Perspectives* 33, Nr. 3 (Sommer 2019), S. 69–93.

Sherman, Justin, »Data Brokers and Sensitive Data on U. S. Individuals: Threats to American Civil Rights, National Security, and
Democracy«, Duke University Sanford Cyber Policy Program
2021, https://sites.sanford.duke.edu/techpolicy/report-data-
brokers-and-sensitive-data-on-u-s-individuals/

–, »Data Brokers Are a Threat to Democracy«, *Wired*, 13. April 2021,
https://www.wired.com/story/opinion-data-brokers-are-a-threat-
to-democracy/

Silverman, Craig und Jane Lytvynenko, »Amazon Is Pushing
Readers Down A ›Rabbit Hole‹ Of Conspiracy Theories About
The Coronavirus«, *BuzzFeed News*, 15. März 2021, https://www.
buzzfeednews.com/article/craigsilverman/amazon-covid-
conspiracy-books

Simon, Matt, »This Robot Can Guess How You're Feeling by the
Way You Walk«, *Wired*, 18. Mai 2020, https://www.wired.com/
story/proxemo-robot-guesses-emotion-from-walking/

Simonite, Tom, »The AI Text Generator That's Too Dangerous to
Make Public«, *Wired*, 14. Februar 2019, https://www.wired.com/
story/ai-text-generator-too-dangerous-to-make-public/

Singer, Natasha und Cade Metz, »Many Facial-Recognition Systems
Are Biased, Says U. S. Study«, *The New York Times*, 19. Dezember
2019, https://www.nytimes.com/2019/12/19/technology/facial-
recognition-bias.html?smid=tw-nytimesbits&smtyp=cur

Skinner, Quentin, *Hobbes and Republican Liberty*, Cambridge 2008.

–, *Liberty before Liberalism*, Cambridge 1998.

Slack, Megan, »From the Archives: President Teddy Roosevelt's
New Nationalism Speech«, *The White House: President Barack
Obama*, 6. Dezember 2011, https://obamawhitehouse.archives.
gov/blog/2011/12/06/archives-president-teddy-roosevelts-new-
nationalism-speech

Smith, Brad und Carol Ann Browne, *Tools and Weapons: Digitalisierung am Scheideweg – Versprechen, Gefahren und neue Verant-*

wortung im digitalen Zeitalter, übers. von Norbert Juraschitz und Anja Lerz, München 2020.

Smith, Robert Elliott, *Rage Inside the Machine: The Prejudice of Algorithms, and How to Stop the Internet Making Bigots of Us All*, London 2019.

Solove, Daniel J., »Introduction: Privacy Self-Management and the Consent Dilemma«, *Harvard Law Review* 126 (2013), S. 1880–1903.

Solove, Daniel J. und Woodrow Hartzog, »The FTC and the New Common Law of Privacy«, *Columbia Law Review* 114 (2014), S. 583.

Statt, Nick, »Google expands AI calling service Duplex to Australia, Canada, and the UK«, *The Verge*, 8. April 2020, https://www.theverge.com/2020/4/8/21214321/google-duplex-ai-automated-calling-australia-canada-uk-expansion

Stewart, Fenner L., »Dominium and the Empire of Laws«, *Windsor Yearbook of Access to Justice* 35 (2019), S. 36–62.

Stigler Committee on Digital Platforms, »Final Report«, Stigler Centre for the Study of the Economy and the State 2019, https://www.chicagobooth.edu/-/media/research/stigler/pdfs/digital-platforms---committee-report---stigler-center.pdf

Stilgoe, Jack, *Who's Driving Innovation? New Technologies and the Collaborative State*, Cham 2020.

Stokel-Walker, Chris, »If You're a Remote Worker, You're Going to Be Surveilled. A Lot«, *OneZero*, 23. April 2020, https://onezero.medium.com/if-youre-a-remote-worker-you-re-going-to-be-surveilled-a-lot-f3f8d4308ee

Stolton, Samuel, »Vestager distances Commission from option of ›Big Tech Breakups‹«, *Euractiv*, 27. Oktober 2020, https://www.euractiv.com/section/digital/news/vestager-distances-commis sion-from-option-of-big-tech-breakups/

Storbeck, Olaf, Madhumita Murgia und Rochelle Toplensky, »Germany blocks Facebook from pooling user data without consent«, *Financial Times*, 7. Februar 2019, https://www.ft.com/content/3a0351b6-2ab9-11e9-88a4-c32129756dd8

Storr, Will, *The Science of Storytelling*, London 2019.

Sullivan, Charles A., »Employing AI«, *Villanova Law Review* 63, Nr. 3 (2018), S. 395–430.

Sumption, Jonathan, *Trials of the State: Law and the Decline of Politics*, London 2019.

Sunstein, Cass, *Free Markets and Social Justice*, New York 1997.

–, *Democracy and the Problem of Free Speech*, New York 1995.

–, *After the Rights Revolution: Reconceiving the Regulatory State*, Cambridge, MA, 1993.

Susarla, Anjana, »Biases in algorithms hurt those looking for information on health«, *The Conversation*, 14. Juli 2020, https://theconversation.com/biases-in-algorithms-hurt-those-looking-for-information-on-health-140616

Susskind, Jamie, »Chatbots Are a Danger to Democracy«, *The New York Times*, 4. Dezember 2018, https://www.nytimes.com/2018/12/04/opinion/chatbots-ai-democracy-free-speech.html

–, *Future Politics: Living Together in a World Transformed by Tech*, Oxford 2018.

–, »What we need from social media is transparency, not apologies«, *The New Statesman*, 6. September 2018, https://www.newstatesman.com/science-tech/2018/09/what-we-need-social-media-transparency-not-apologies

Susskind, Richard, »The Future of Courts«, *The Practice* 6 (Juli/August 2020).

–, *Online Courts and the Future of Justice*, Oxford 2019.

–, *The Future of Law: Facing the Challenges of Legal Technology*, Oxford 1996.

Susskind, Richard und Daniel Susskind, *The Future of the Professions: How Technology will Transform the Work of Human Experts*, Oxford 2015.

Sutton, Richard S. und Andrew G. Barto, *Reinforcement Learning: An Introduction*, 2. Auflage, Cambridge, MA, 2018.

Suzor, Nicolas P., *Lawless: The Secret Rules that Govern Our Digital Lives*, Cambridge 2019.

Suzor, Nicolas P. et al., »What Do We Mean When We Talk About Transparency? Toward Meaningful Transparency in Commercial Content Moderation«, *International Journal of Communication* 13 (2019), S. 1526–1543.

Swedloff, Rick, »The New Regulatory Imperative for Insurance«, *Boston College Law Review* 61, Nr. 6 (2020), S. 2031–2084.

Tambini, Damian, Danilo Leonardi und Chris Marsden, »The privatisation of censorship? Self-regulation and freedom of expression« in: Damian Tambini, Danilo Leonardi und Chris Marsden (Hg.), *Codifying cyberspace: Communications self-regulation in the age of internet convergence*, Abingdon 2008.

Tamò-Larrieux, Aurelia, *Designing for Privacy and its Legal Framework: Data Protection by Design and Default for the Internet of Things*, Cham 2018.

Taylor, Charles, »Data Protection Commission criticised as WhatsApp decision nears«, *The Irish Times*, 15. Januar 2020, https://www.irishtimes.com/business/technology/data-protection-commission-criticised-as-whatsapp-decision-nears-1.4139804

–, *Philosophy and the Human Sciences: Philosophical Papers* 2, Cambridge 1999.

Taylor, Robert S., *Exit Left: Markets and Mobility in Republican Thought*, Oxford 2017.

Teachout, Zephyr, *Break 'Em Up: Recovering our Freedom from Big Ag, Big Tech, and Big Money*, New York 2020.

Tegmark, Max, *Leben 3.0: Mensch sein im Zeitalter künstlicher Intelligenz*, übers. von Hubert Mania, Berlin 2017.

Thaler, Richard H. und Cass Sunstein, *Nudge: Wie man kluge Entscheidungen anstößt*, übers. von Christoph Bausum, Berlin 2009.

Thierer, Adam, »The Perils of Classifying Social Media Platforms as Public Utilities«, *CommLaw Conspectus – Journal of Communications Law and Policy* 21, Nr. 2 (2013), S. 249–297.

Thompson, Clive, *Coders: Who They Are, What They Think And How They Are Changing Our World*, London 2019.

Thompson, Stuart A. und Charlie Warzel, »How to Track President Trump«, *The New York Times*, 20. Dezember 2019, https://www.nytimes.com/interactive/2019/12/20/opinion/location-data-national-security.html

–, »Twelve Million Phones, One Dataset, Zero Privacy«, *The New York Times*, 19. Dezember 2019, https://www.nytimes.com/interactive/2019/12/19/opinion/location-tracking-cell-phone.html

Tidy, Joe, »Twitter apologises for letting ads target neo-Nazis and bigots«, BBC, 16. Januar 2020, https://www.bbc.co.uk/news/technology-51112238

Tiffany, Kaitlyn, »No, the Internet Is Not Good Again«, *The Atlantic*, 16. April 2020, https://www.theatlantic.com/technology/archive/2020/04/zoom-facebook-moderation-ai-coronavirus-internet/610099/

Timmins, Nicholas, *The Five Giants: A Biography of the Welfare State*, London 2017.

Townsend, Mark, »Facebook algorithm found to ›actively promote‹ Holocaust denial«, *The Guardian*, 16. August 2020, https://www.theguardian.com/world/2020/aug/16/facebook-algorithm-found-to-actively-promote-holocaust-denial

Townsend, Tess, »Keith Ellison and the New ›Antitrust Caucus‹ Want to Know Exactly How Bad Mergers Have Been for the American Public«, *Intelligencer*, 4. Dezember 2017, https://nymag.com/intelligencer/2017/12/antitrust-bill-from-keith-ellison-seek-info-on-mergers.html

Transatlantic High Level Working Group on Content Moderation, »Freedom and Accountability: A Transatlantic Framework for Moderating Speech Online«, Philadelphia: Annenberg Public Policy Center, Juni 2020.

Tucker, Ian, »Yaël Eisenstat: ›Facebook is ripe for manipulation and viral misinformation‹«, *The Guardian*, 26. Juli 2020, https://www.theguardian.com/technology/2020/jul/26/yael-eisenstat-facebook-is-ripe-for-manipulation-and-viral-misinformation

Tucker, Paul, *Unelected Power: The Quest for Legitimacy in Central Banking and the Regulatory State*, Princeton 2018.

Tufekci, Zeynep, »The Latest Data Privacy Debacle«, *The New York Times*, 30. Januar 2018, https://www.nytimes.com/2018/01/30/opinion/strava-privacy.html

Turner, Fred, *From Counterculture to Cyberculture: Stewart Brand, the Whole Earth Network, and the Rise of Digital Utopianism*, Chicago 2008.

Turner, Jacob, *Robot Rules: Regulating Artificial Intelligence*, London 2019.

Turvill, William, »Apple may be forced to disclose censorship requests from China«, *The Guardian*, 25. Februar 2020, https://www.theguardian.com/technology/2020/feb/25/apple-censorshiprequests-china-shareholder-groups-proposal?CMP=fb_a-techno logy_b-gdntech

Tusikov, Natasha, *Chokepoints: Global Private Regulation on the Internet*, Oakland 2017.

Vaidhyanathan, Siva, *Antisocial Media: How Facebook Disconnects Us And Undermines Democracy*, New York 2018.

–, *The Googlization of Everything (and Why We Should Worry)*, Berkeley 2011.

Vallor, Shannon, *Technology and the Virtues: A Philosophical Guide to a Future Worth Wanting*, Oxford 2016.

Van Gelderen, Martin und Quentin Skinner (Hg.), *Republicanism: A Shared European Heritage*, Bd. I, Cambridge 2006.

–, *Republicanism: A Shared European Heritage*, Bd. II, Cambridge 2006.

Van Loo, Rory, »The New Gatekeepers: Private Firms as Public Enforcers«, *Virginia Law Review* 106, Nr. 2 (2020), S. 467–522.

–, »The Missing Regulatory State: Monitoring Businesses in an Age of Surveillance«, *Vanderbilt Law Review* 72, Nr. 5 (2019), S. 1563–1631.

Veale, Michael, »A Critical Take on the Policy Recommendations of the EU High-Level Expert Group on Artificial Intelligence«, *European Journal of Risk Regulation* (2020), S. 1–10.

Veale, Michael, Reuben Binns und Lilian Edwards, »Algorithms that remember: model inversion attacks and data protection law«, *Philosophical Transactions of the Royal Society of London: Series A* 376, Nr. 2133 (2018), S. 2018.0083-2018.0098.

Véliz, Carissa, *Privacy is Power: Why and How you Should Take Back Control of Your Data*, London 2020.

–, »Three things digital ethics can learn from medical ethics«, *Nature Electronics* 2, Nr. 8 (2019), S. 1–3.

Vetterli, Richard und Gary Bryner, *In Search of the Republic: Public Virtue and the Roots of American Government*, Lanham 1996.

Vibert, Frank, *The Rise of the Unelected: Democracy and the New Separation of Powers*, Cambridge 2007.

Vigen, Tyler, *Spurious Correlations*, New York 2015.

Vinocur, Nicholas, »›We have a huge problem‹: European tech regulator despairs over lack of enforcement«, *Politico*, 27. Dezember

2019, https://www.politico.com/news/2019/12/27/europe-gdpr-technology-regulation-089605

Wachter, Sandra und Brent Mittelstadt, »A Right to Reasonable Inferences: Re-Thinking Data Protection Law in the Age of Big Data and AI«, *Columbia Business Law Review* (2019), S. 494–620.

Wachter, Sandra, Brent Mittelstadt und Chris Russell, »Why fairness cannot be automated: Bridging the gap between EU non-discrimination law and AI«, *Computer Law & Security Review* 41 (2021), S. 105567–105597.

–, »Counterfactual Explanations Without Opening the Black Box: Automated Decisions and the GDPR«, *Harvard Journal of Law & Technology* 31, Nr. 2 (2018), S. 841–888.

Wachter, Sandra und Luciano Floridi, »Why a right to explanation of automated decision-making does not exist in the General Data Protection Regulation«, *International Data Privacy Law* 7, Nr. 2 (2017), S. 76–99.

Wagner, Ben, »Ethics as an escape from regulation: From ›ethics-washing‹ to ethics-shopping?«, in: Emre Bayamlıoğlu et al. (Hg.), *Being Profiled: Cogitas Ergo Sum. 10 Years of Profiling the European Citizen*, Amsterdam 2018.

Waldron, Jeremy, *Political Political Theory: Essays on Institutions*, Cambridge, MA, 2016.

Walker, Robert, »The First Amendment and Article Ten: Sisters Under The Skin?«, Holdsworth Club Presidential Address, Birmingham Law School, Birmingham, 24. Oktober 2008.

Walsh, Toby, *Android Dreams: The Past, Present and Future of Artificial Intelligence*, London 2017.

Walzer, Michael, »The Communitarian Critique of Liberalism«, *Political Theory* 18, Nr. 1 (1990), S. 6–23.

–, *Exodus und Revolution*, übers. von Bernd Rullkötter, Berlin 1988.

–, *Spheres of Justice: A Defense of Pluralism and Equality*, New York 1983.

Warren, Elizabeth, »Here's how we can break up Big Tech«, *Team Warren*, 8. März 2019, https://medium.com/@teamwarren/heres-how-we-can-break-up-big-tech-9ad9e0da324c

Warren, Samuel D. und Louis D. Brandeis, »The Right to Privacy«, *Harvard Law Review* 4 (1980), S. 193–220.

Waters, Richard, »Google scraps ethics council for artificial intelligence«, *Financial Times*, 4. April 2019, https://www.ft.com/content/6e2912f8-573e-11e9-91f9-b6515a54c5b1

Watts, Edward J., *Mortal Republic: How Rome Fell Into Tyranny*, New York 2018.

Webb, Amy, *Die großen Neun: Wie wir die Tech-Titanen bändigen und eine künstliche Intelligenz zum Wohle aller entwickeln können*, übers. von Petra Pyka, Kulmbach 2019.

Weinberger, David, »How Machine Learning Pushes Us to Define Fairness«, *Harvard Business Review*, 6. November 2019, https://hbr.org/2019/11/how-machine-learning-pushes-us-to-define-fairness

–, *Everyday Chaos: Technology, Complexity, and How We're Thriving in a New World of Possibility*, Boston 2019.

Weller, Adrian, »Challenges for Transparency«, arXiv: 1708.01870v1 (2017).

Werbach, Kevin, *The Blockchain and the New Architecture of Trust*, Cambridge, MA, 2018.

West, Darrell M., »10 actions that will protect people from facial recognition software«, The Brookings Institution, 31. Oktober 2019, https://www.brookings.edu/research/10-actions-that-will-protect-people-from-facial-recognition-software/

Wichowski, Alexis, *The Information Trade: How Big Tech Conquers Countries, Challenges our Rights, and Transforms our World*, New York 2020.

Wikipedia, »Drakon (athenischer Gesetzgeber)«, 30. Juni 2021, https://de.wikipedia.org/wiki/Drakon

Williams, James, *Stand Out of Our Light: Freedom and Resistance in the Attention Economy*, Cambridge 2018.

Wilson, Tom und Kate Starbird, »Cross-platform disinformation campaigns: Lessons learned and next steps«, *The Harvard Kennedy School Misinformation Review* 1, Nr. 1 (2020).

Wilson, Woodrow, »The Study of Administration«, *Political Science Quarterly* 2, Nr. 2 (Juni 1887), S. 197–222.

Wollstonecraft, Mary, *Ein Plädoyer für die Rechte der Frau* [1790], übers. von Irmgard Hölscher, Weimar 1999.

Wong, Julia Carrie und Hannah Ellis-Petersen, »Facebook planned to remove fake accounts in India – until it realized a BJP politician was involved«, *The Guardian*, 15. April 2021, https://www.theguardian.com/technology/2021/apr/15/facebook-india-bjp-fake-accounts

Wu, Tim, »A TikTok Ban Is Overdue«, *The New York Times*, 18. August 2020, https://www.nytimes.com/2020/08/18/opinion/tiktok-wechat-ban-trump.html?smid=tw-nytopinion&smtyp=cur

–, *The Curse of Bigness: Antitrust in the New Gilded Age*, New York 2018.

–, *The Attention Merchants: The Epic Scramble to Get Inside our Heads*, New York 2016.

–, *Der Master Switch: Aufstieg und Niedergang der Medienimperien*, übers. von Martina Hesse-Hujber, Heidelberg 2012.

Yeung, Karen und Martin Lodge, *Algorithmic Regulation*, Oxford 2019.

Zittrain, Jonathan, »A Jury of Random People Can Do Wonders for Facebook«, *The Atlantic*, 14. November 2019, https://www.theatlantic.com/ideas/archive/2019/11/let-juries-review-facebook-ads/601996/

–, »How to Exercise the Power You Didn't Ask For«, *Harvard Business Review*, 19. September 2018, https://hbr.org/2018/09/how-to-exercise-the-power-you-didnt-ask-for

Zuboff, Shoshana, *Das Zeitalter des Überwachungskapitalismus*, übers. von Bernhard Schmid, Frankfurt am Main 2018.

Zuckerberg, Mark, »Mark Zuckerberg: Big Tech needs more regulation«, *Financial Times*, 16. Februar 2020, https://www.ft.com/content/602ec7ec-4f18-11ea-95a0-43d18ec715f5

TEXTNACHWEIS

Buchmotto

Zitiert aus John Keats, »On Peace«, 1814.

Motto Teil II

Zitiert aus Hannah Arendt: *Über die Revolution.* München: Piper, 1965, S. 8 f.

Motto Teil III

Zitiert aus Wassili Grossman: *Leben und Schicksal.* Ungekürzte Neuausgabe, übers. von M. von Ballestrem, A. Dorfmann, E. Markstein und A. Nitschke. Berlin: Ullstein, 2020, S. 659.

Motto Teil IV

Zitiert aus Marcus Tullius Cicero, *De re publica – Vom Staat.* Übers. von Michael von Albrecht. Stuttgart: Reclam, 2013, S. 55.

Motto Teil V

Zitiert aus Thomas Jefferson, *Kentucky Resolutions of 1798.*

Motto Teil VI

Zitiert aus Niccolò Machiavelli, *Discorsi vom Staate.* Übers. von Johann Ziegler und Franz Nicolaus Baur. Hamburg: Nikol, 2017, S. 112.

Motto Teil VII

Zitiert aus Charles Louis de Montesquieu: *Betrachtungen über die Ursachen von Größe und Niedergang der Römer.* Übers. von Lothar Schuckert. Bremen: Schünemann, 1958, S. 77.

Motto Teil VIII

Zitiert aus Learned Hand: *Das Wesen der Freiheit: Aufsätze und Reden.* Übers. von Irving Dilliard. Frankfurt am Main: Europäische Verlagsanstalt, 1955, S. 103.

Motto Teil IX

Zitiert aus Blaise Pascal, *Gedanken.* Übers. von Ulrich Kunzmann. Stuttgart: Reclam, 2021, S. 29 (58a/332).

Motto Teil X

Zitiert aus Thomas Emerson, *Toward a General Theory of the First Amendment*, New York: Vintage, 1966, S. 19.